圖1　丁曰健進攻北勢湳路線示意圖

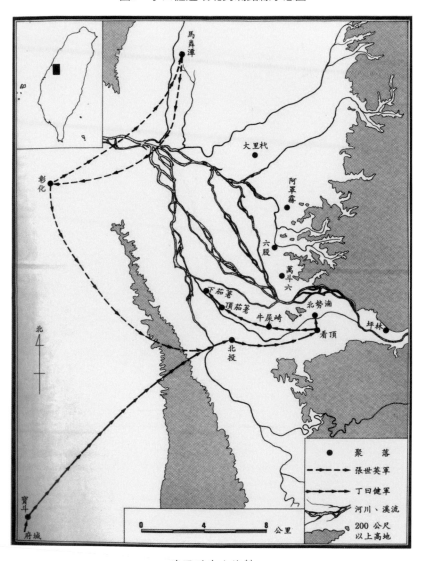

陳國川先生繪製

圖2　林文明攻萬斗六路線圖

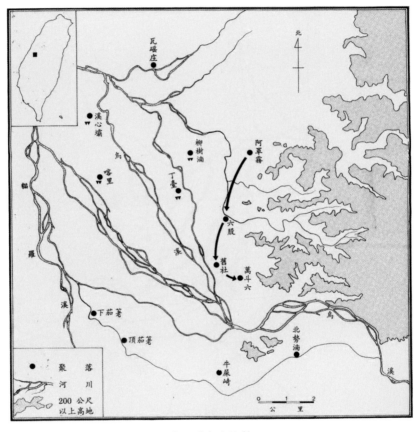

陳國川先生繪製

1. 同3,12月中旬，把守溪心壩、喀里、柳樹湳等地，截斷北勢湳外援

2. 同3,12,20，攻入六股

3. 同3,12,27，攻入舊社

4. 同4,1月8至9日，破萬斗六，並毀土城、番社等地。

5. 同4,1,16，擒斬洪花

图3（據表3）　下厝林家田園分佈圖

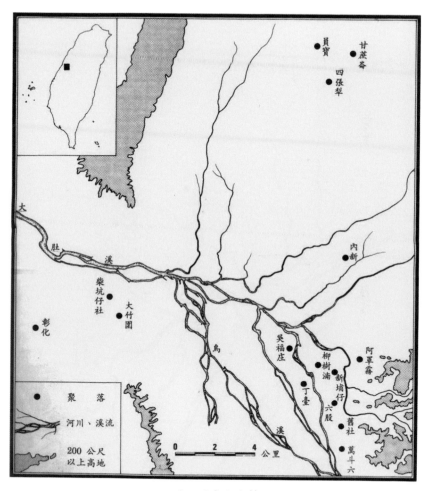

陳國川先生繪製

① 阿罩霧近鄰最多：丁臺、六股、舊社、萬斗六、柳樹湳、內新、
　　阿罩霧、新埔仔等地，共計43件。

② 彰化城近鄰：彰化城4件、柴坑仔社2件、大竹園1件，共7件。

③ 四張犁近鄰：四張犁、員寶莊、甘蔗崙各1件，共3件。

圖4（據表4,5） 頂厝林家田園分佈圖

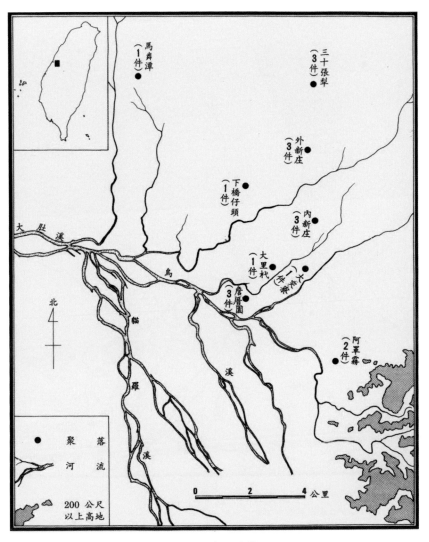

陳國川先生繪製

圖5　林文明正法案相關地點

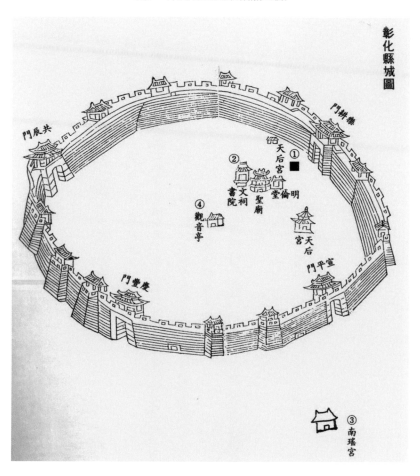

彰化縣城圖

① 林家公館之概略位置
② 白沙書院：審案與正法處
③ 南瑤宮：信徒迎此媽祖赴北港
④ 觀音亭：官府將媽祖神像移置於此

文書契字

即補分府署彰化縣正堂加五級紀錄十次張

移請事本年十二月十六日蒙　泉道憲丁　札開准

林協戎移開巨逆洪孽巳經擊覽該族匪黨屍抗拒所恃張厝三姓脫匪勾通枚應多

由客哩庄請札截塞匪援等由仰即札飭該處紳耆截拏逆援各匪因蒙此又查拏閩庄

漏逆林泉即林用後敢附和洪逆抗拒官兵合就移請　為此備移

貴協台請煩查照來移事理希即查明開列各庄頭人姓名移喪過縣以便轉飭堵截

援逆各匪幸切有綏望切切…湏至移者

右　　移　揀東紳士協鎮府林

同治三年十二月十七

日移

1.彰化縣令張世英移文林文明搜捕林泉（訟案（二），頁9）

貴泉憲謨交差弁李有福来火藥八桶鉛子四包收入備資軍用敝協遵 <small>縂邑</small>

照 憲台諭立將楊獲現犯八名績拏洪番偽先鋒洪古一名陣前生拏匪黨

一名共十名仍交李有福解赴 行營以憑訊明分别懲辦除本日咨報打破賊巢

外合將遵解情由咨知為此備咨 貴泉憲察核施行須至咨者

右咨 台澎兵備道丁

同治 三年 十二月 廿六

日

2. ⓐ 林文明解交洪古等人至丁曰健處咨文

都督府林

為請派幹員帶隊會擊以杜嫌疑事為照舊社庄既被我軍攻破則萬

斗六早晚無難傾霞切思徹協籍係本地雖蒙

憲臺不棄樗櫟委用会剿若不恣請迅派幹員会攻誠恐將來易生嫌隙

合亟催請為此備咨

貴臬憲請煩查照布即派撥幹員拔隊会同攻擊以杜嫌疑萬斗六若再

打開諒應駐紮抑要焚燬望即賜示遵行寔叨恩便望切望切須至

咨者

右　咨

台澎兵備道丁

2. ⓑ 林文明請示丁曰健派員助攻萬斗六咨文
（訟案（二），頁17－20）

利卿大兄愜戎麾下頃接　來文寫懟　令箭鉛藥進攻萬斗六逆庄等因當經

由營齊撥火藥八桶鉛子四乇交　尊處差弁李有福護解查收惟　令箭一部

此着並無多帶不數鈌送且日前既有專移　貴營轉令各頭人堵剿字樣呈覆

彈歷眾心諒頭人如敢推延希即　賜示移知定當照辦也專泐並請

捷安諸惟

凱照不具　　　　愚弟丁曰健頓首　甲子十二月廿六辰

林大人台電

　　愚弟丁曰健頓　現在分縶外庄多慮兵勇己不敷勻懟

後來文二件已收解犯洪古等十名已頃足見

軍政勤明辦理要速莫名欽佩萬斗六係洪逆黨與著名要地人所共知無所

嫌疑萬斗六自當乘勢闖捏大匪住庄焚燬平民被齊者從寬免究嚴

禁外庄搶护莫名感眼此覆

利卿愜台捷安不一　　十二月廿六申

2.ⓒ丁曰健覆林文明有關押解洪古與進攻萬斗六事

利卿火九協我夫人麾下正月初十午刻持到
大捷如萬斗六匪巣綱
麾下於初八夜派隊暗襲明攻初九巳將其賊巣攻破
俾瀹逆黨洪和尚（一名黿匪甚多餘逃從山上
進往平林一帶尾追莫及現將該庄逆唇焚燬
移令派隊搜獲淨除醜類各等因趨聽之餘不勝
欣甚尺見
謀勇起羣將內克敵欽佩美似細查萬斗六逃匪
尚未寬往平林間偹在附近村庄運須籍重
長才束勝窮搜挻捕共滅餘氣至該庄應否駐紮
抑或撤隊即希
詧奪情形自行裁酌片平朴益庄弟處帝有派隊
寮捕知
系附陳魯汕復頌
提禧順請
卅安諸唯
荃照不具

　　　愚弟丁曰健頓首初十南投師次沙

3. 丁曰健致函林文明，頌其戰功

為遵諭殲除解送鑒驗事切敕協屢以攻用萬斗六一帶連累先後容報在

案延准

貴某憲疊諭敕協務頂寬搜探捕等同准此敕協經派逃先外委林成功等

帶勇前往外鄉以及附廓暗中查復本月拾六夕查連首洪花於十五夜降從

半林山頂奮回賊毅屬實敕協誠恐復被逃隨兵募首林瑞祥等令帶

丁勇二百名截賊外路進晚即令弟兄同烈衝林父凤伶先郭目林廷棟等選練

得力親勇八名暗例竹圍割空子刺敕協親靜林文凤廷棟等冬帶親勇

掩軍架入放火焚燒賊巢時火燼張天該送洪花惺恐走出剛被林文凤

部勇五六名截住不料洪花景驚兆常拼命衝用陳咔逃脫章林文凤用鏡

剌倒即將首級割叙其餘党翼拼命竄逃尾追莫及容候另行搜捕以期

報効令擬迸首洪花首級一顆專遠侭先外委林成功解送

憲轅以冀鑒驗示眾俾昭烱戒為此備咨

貴某憲電察施行頂至咨呈者

右

台澎兵備道丁

咨

4. 林文明報丁曰健斬殺洪花咨文（訟案（二），頁26-7）

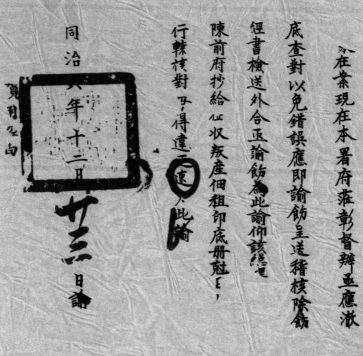

陳前府分晰，以印發各該總理找李砡叔

⋯在案現在本署府莊彰督辦亟應澈

底查對以免錯誤應即諭飭呈送稽核除飭

經書檢送外合亟諭飭為此諭仰該總里

陳前府抄給仰收叛產佃租印底冊魁⋯

行轉檢對毋得違⋯此繳

同治六年十二月廿三日諭

5. 臺灣知府葉宗元「諭新案叛產總理林文明」
（訟案散件（一），No. 5）

諭新案叛三總犯林文明

十二月二十八日奉到

署福建臺灣府正堂加十級紀錄十次蔡　為

飭抄鈔主繳事照得彰屬戴逆滋事案內

股首以及甘心從逆各犯名下應行抄封叛產田

屋等項先經

凍前府親臨彰城督屬查辦業經各委員

勘丈核定祖親銀各迅具冊撥送經

全立杜賣盡根厝地基契字人林好天暨侄正明川等有承祖父遺下闊分應份厝地基壹所址在阿罩霧庄前東至牆

圍外小巷西至門滂南至大路北至滴水溝四至界址明白今公司之別置故侭相商願將此應分厝地基壹賣盡找盡大員正其根

盡門房親人等俱不敢承受外托中引就與林錦榮出首承買當中三面議定時值杜賣厝地基價銀壹員壹大員正其銀

契即日全中兩相交收足訖其厝地基隨即踏明界址交付買主前去字修連厝宇永遠居住為此一賣千休寸土不留

日後子孫不敢言贖生端事保此厝地基係天叔侭應浮物業與別房親人等異干亦無重張典掛他人財物

以及工手來歷不明等情如有此情天等出首紙當不干買主之事此係二此甘願各母卻勃反悔口恐無憑仝立杜賣盡

契根厝地基契字壹帋付执為照

　即日仝中親收過杜賣厝地基契內佛銀壹員壹大員正完足再照

批明大眾閩書內有四圍左右滴水分管使用明大眾圖書取字帋引

批明契內係杜字一字批明引

同治柒年正月

　　　　　　　　　　　代筆人王士彥　県
　　　　　　　　　　　為中人林海童　図
　　　　　　　　　　　知見人胞兄明月日
日仝立杜賣盡根厝地基契字人林好天㊞　侄明川
　　　　　　　　　　　　　　　　　　　正順日

6. ⓐ 林錦榮向林天好等人買入阿罩霧厝地基契
　（〈鶴年契〉，天15，1/1）

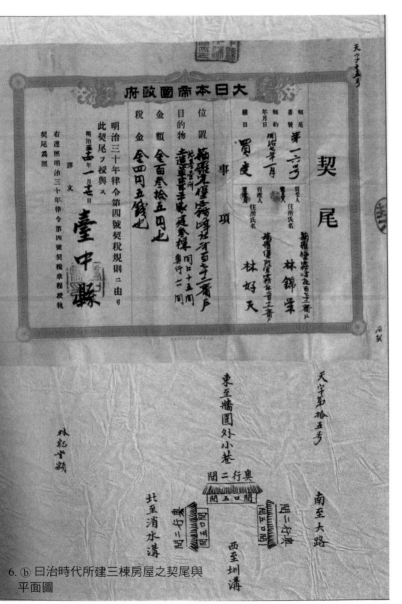

6. ⓑ 日治時代所建三棟房屋之契尾與平面圖

謹將本善堂贊就地籌捐各捐戶住址姓名及估救大里栬草湖庄

抄封祖谷開列敬呈恖邊

計開

同治二年十一月分

撮捐生林美國等來警報捐洋番銀二十六百兩

同治三年正月分

撮捐生林文鳳等來警報捐洋番錢一十四百兩

三月分

撮牛埔庄各捐戶公撮銀三百元計二百十兩

撮焉日庄各捐戶公捐銀一百八十三元計首二十八兩一錢

撮義首楊原捐銀三百元計二百二十兩

撮頂培脬庄各捐戶公捐銀二百二十八元計百五十二兩六錢

撮王田庄義首陳妁公捐銀六百元計四百二十兩

撮漢為楹抨神十林雅溧報捐軍餉銀二萬元計一萬四千兩

撮下勝睛庄各捐戶公捐銀二百五十八元計一百八十兩六錢

撮三下張犁庄義首親八生捐銀一千元計七百兩此次讀捐尚未支取

通報捐需軍餉銀兩數目由

為咨明軍需熟本署提督此次渡臺幫辦軍務當事理的等技標精兵要
由事　調臺光生員三十五百名前赴各處征剿惟因粟帶餉根三
萬兩早已吉罄無遺耗續傳文赴省請領僅有兩次接濟臺郡撥
到廈門業捐架八千京屬林水車薪不能接濟雷此防剿需生
餉需亟意捐錢本署提督措謀臺陽旬應設法挪墊但為時已
火實難為繼不得本就地勘捐以補本餉之不足喬本署某廳行
兵內渡所肖捐過各戶軍需及佐攻大里代草期扑封各核明宜在
數目先計洋者銀三萬五千二百零五兩三錢肉撥免
署水新提督曹　珍領金廈等營措捐兵口報銀三千五百兩寔捐
銀三萬一千七百零五兩五錢支應本署提督所部兵勇口報恰為
行造將報捐共各捐過各戶住址姓名開具清單先行咨送為此
咨呈
　餉咨
本　部院
貴題局司道　請煩查照施行
　計呈請招
　計開　卓
一咨呈　撫部院　一移　臺灣道　一照會　臺灣府　福提督
同治三年二月二十三日

7. 林文察「通報捐需軍餉銀兩數目由」

掭義首題眸公捐銀一千四百元計九百八分兩元股捐寔本支歲怖是

掭態理胡元吉捐銀五百五十九計二百八十五兩此歇捐捐由未以傷疑

估汱大里柷舘折封扛柤念二十三百石價銀二百九十九元計二千零九三兩

牧草潮庄箸欠朴封柤各四百石價銀五百二十九元計三百六十四兩

以上題共捐通銀計室三萬五十二百零五兩三錢內

陰掖兔金廈等學拮共口粮銀三千五百兩外置

捐銀三萬一千七百零五兩三錢

同治三年七月二十三日通報

五月分

接頂橋庄義首林大炤捐銀三千二百元計二千一百四十兩

接頂橋庄捐戶林樹生捐銀一千一百六十九元計八百一十三兩

接頂橋庄義首林懷生捐銀七百三十九元計五百一十一兩

接頂橋庄義首林瑞生捐銀七百四十元計五百一十八兩

接頂橋庄義首林長海捐銀七百七十九元計五百三十九兩

接公館庄林喜熺捐銀四百元計二百八十兩

接義首盧發捐銀八百元計五百六十兩

接頂橋庄義首林謙捐銀九百元計六百三十兩

六月分

接義首陳九叺公捐銀二百元計一百四十兩

接義首佛良懷捐銀二百元計一百四十兩

接彰化敘論劉時昌捐銀四百元計二百八十兩

接義首林閥簪遠公捐銀六十元計四十二兩

接義首林進來等公捐銀六十元計四十二兩

接義首林金英捐銀七百元計四百九十兩

華辦監收叛產委員　　　　　　華

福運補用府正堂即補分府調補彰化縣正堂王

通札諭飭支厥事竊奉

府憲札飭所有彰屬萬斗六叛產租谷車一概撥谷二千石每石

折倉斗九斗三升係歸林神文明究納之歓應行另儲量處查明

市憤照歓發難歸罗撥銷等圖藉此飭派閃丁馳赴鹽果黃

難外合行補飭為此飭仰諒神智熟立即府有頒谷各一千石

魚歓賈重交給閃丁另儲只度以便發難解厰繳加母違延

敬予夫切之此諭

英桂

五月初六

9.閩浙總督英桂奏報誅殺林文明摺

黎道印示

欽命按察使銜福建臺澎兵備道兼提督學政黎　　示

　　諭爾小民　據實稟訴

所霸田產　給還原主

其兄忠臣　須妥安置

文明伏誅　脅從罔治

同治玖年　正月、十六　　　　　　　日給

台澎道印

臺　　副將林文明　謀反有實據

澎　　現在已伏誅　脅從皆罔法

兵

俻　　諭爾衆民人　安業勿驚懼

道

黎　　倘有造謠言　擒斬决不貸

示

10. 黎兆棠預發之誅林文明二印示

全立杜賣盡根田契字人林應時堂兄弟大房等有承林水來等公下買過林天鐘水田壹段址在草湖庄古□□四至界址俱載在上手契內明白經丈□大□□分或壹坵伍三年納大租谷肆石貳斗陸升陸合委約蒲斗正原□克足前定此田經賣與林本堂官前中侵用田價銀以致□□歷年今賣拾丈員正即日當堂賣我清楚銀與兩相交收足訖遷即踏明界址係蕭師付買□當堂憑收相□□等處不致言及貼贖洗我□言□事□事情□□此田係□□□□□□其□力抵富不干四至之事□此田甘屑兩□□□□□□如有此情應時□□□□承物業全無重張典掛等□情□□□□□□借用人財物□□□□□紙買與壹概□□武□□□□□永□為約

署理彰化縣正堂朱 批

委員前署彰化縣正堂王 批

即日收過堂斷田價銀武拾大員正完足再照

盧林應時京控各田經係公業並無各房出名僉
控今據林應時遵斷立契將斷情林本堂掌管自
毋庸各房到堂纷多拖累至當堂斷給之銀應
為何分派之處着令林應時具結領回句行分
給日鑽各房子孫不得籍詞找贖希圖翻異此判

公親人 林泉
林振芳 施清珠 吳春華 林文先

11. 林應時族人與林家結案之契字與批文

奏 何璟等

12. 何璟總督、岑毓英巡撫奏結林家京控案摺（部分）

照片

1. 北勢湳大籬笆民宅（洪欉曾居此）

2. 林氏宗廟今址（臺中市）

3. 南瑤宮（在今彰化市）

4. 觀音寺（又名開元寺，在今彰化市）

5. 漳州平和土樓（2000年，林玉茹、洪麗完訪查）

6. 漳州平和五寨墟林氏家廟（同上）

7. 漳州林文察專祠兼宮保第殘蹟，2000年訪查

8. 漳州林文察專祠與宮保第旁窄巷（同上）

9. 京控案林戴氏在福州之住宅位置：豆芽巷（今東牙巷，黃富三攝）

10. 京控案林戴氏在福州之住宅位置：豆芽巷（今東牙巷，黃富三攝）

11. 衛前街（林戴氏、林朝棟住宅位置）

12. 衛前街（林戴氏、林朝棟住宅位置）

II

霧峰林家的中挫

宦途巔峰到存亡關頭　　(1864～1882)

黃富三　著

序

　　1987年，《霧峰林家的興起》一書出版後，學術界與社會各界的反應大致不錯。受此激勵，「素貞興慈會」秉持初衷，繼續贊助「霧峰林家」之研究，分別由臺大城鄉研究所所長王鴻楷教授、賴志彰先生負責建築與舊照部分，臺大歷史系黃富三教授負責歷史部分。1988年，王教授主持完成之《臺灣霧峰林家建築圖集》二冊與賴志彰先生編撰之《臺灣霧峰林家留真集》一冊，先後問世，深獲各界好評。一分耕耘，一分收穫，我們的努力能有此成果，良堪自慰、自豪。

　　霧峰林家是貫穿清代、日治及民國三大時代的重要家族，其興衰過程對闡明臺灣歷史深具意義，理當成為重要的研究課題，因此素貞興慈會繼續贊助黃富三教授進行兩年的密集研究工作，本書《霧峰林家的中挫》即其成果。本書原定於1988年出版，不幸原稿在紐約甘乃迪機場（Kennedy Airport）失竊而延誤。今經黃教授鼓足餘勇，終於完成其力作而付梓，本人身為素貞興慈會負責人與林家一份子，聞此喜訊，不勝欣慰，謹草數語，聊表賀忱。

林正方

1991年6月1日

自序

　　《霧峰林家的興起》問世後，學者專家的反應尚稱不惡。有在雜誌賜予書評者，如近代史研究所陳秋坤博士。[1]有以書函賜教者，如林文龍先生。至於私下指正或鼓勵者則更多，如許雪姬博士、施添福教授、翁佳音先生等。專家學者的期許，大大增強筆者繼續進行霧峰林家歷史研究的意願。各方賜教的意見，筆者銘記在心，並以之為寫作的重要參考。其中必須特別指出的是拙著「索引」頁碼之錯誤。由於付梓時，筆者在美研究進修，正文頁碼變動而索引頁碼未隨之調整，以致二者不相符，謹向讀者深深的歉意。筆者已另編一勘誤表，並改正一些缺點，請已購拙著者，向自立晚報文化出版部索取。

　　1986年，《霧峰林家的興起》付梓後，筆者即赴美研究進修二年。在此期間，除搜集臺灣的貿易資料外，全力進行第二冊林家歷史的寫作。經二年的纏鬥，總算勉強熬出來了，只待進一步修飾。不幸，在回國前，原稿失落，以致必須從頭寫起，延至今日方能付梓。在此謹向「臺中縣素貞興慈會」董事長林正方先生致歉。

　　寫作本書耗盡了筆者全部心力，甚至到黔驢技窮的地步。首先是原始資料的龐大與繁雜，造成整理上的困難。《林家訟案文書》是

1　陳秋坤，〈臺灣住民的歷史命運〉，《當代》（臺北），28（1988.8），頁63－72。

林家四次京控案的原始文件，數量遠超過林家在清代曾編輯印行的《臺灣冤錄》，[2]內容更是豐富複雜，遠非已刊著作與檔案可比。

第二是文書的缺損。不少文件，欠列日期或來往對象，須花極大心力方能予以定位。此外，百年舊文書，蛀損不少，又增研讀之困難。

第三是對文書格式問題。筆者以往接觸的文書以契字與洋行檔案為主，本書所用之林家文書多為稟詞與官府公文，其行文規矩另有一套，初讀時，真是一頭霧水。經相當時日後，方能摸清其中脈絡，掌握其意旨。

第四是專門知識問題。筆者不通法學，對清代司法制度、律例亦不甚了了，而本書所處理的問題主要為訟案，頗有力不從心之感。

第五是霧峰林家歷史的複雜性。林家在政治、經濟、社會等方面之活動，性質極不單純，很難作適切的綜論與細析。

筆者一向不耐煩雜，在寫作過程中，數度因心緒紛亂、苦惱難熬而信念動搖，幾欲放棄此項研究，或降低研究深度。然而，珍貴原始資料的呼喚聲，畢竟難以充耳不聞，終於在猶豫徘徊中，寫寫停停，走到了「騎虎難下」，非寫出不可的地步。

雖然，筆者自認已耗盡心力，然而由於上述所列理由，本書的缺點必然甚多，深盼學者專家一本愛護鼓勵之心，不吝賜予批評、匡正。[3]

黃富三

1991年9月，於臺大歷史系

2　鄭喜夫，《林朝棟傳》（臺中：臺灣省文獻會，1979），頁20。

3　本書此次再版，內文原則上保持原貌，僅更新註解格式、修改部分錯誤。索引則改為電子形式，請所需讀者至聯經出版公司網頁下載參考。

誌謝

　　本書之能完成可說是集眾力而成的。這些功臣，筆者在《霧峰林家的興起》一書之「誌謝」中，已詳細交代過，在此不贅。不過，臺中縣素貞興慈會（董事長林正方先生）之贊助兩年研究經費，使本書得以順利問世，須再申謝忱。再者，撰寫過程中，第五章第三節與第三章先後以單篇文章發表，並獲國科會獎助，謹致謝意。[1]

　　1988年，筆者在哥倫比亞大學研究期間，承蒙 Meskill 教授慨贈其當年所搜集到之資料，實感銘五內。

　　林文龍先生二度賜函指正，並介紹彰化王友芬老先生接受訪談，使本書中之數項疑點得獲澄清，謹向二位先生致謝。

　　承蒙許雪姬博士、翁佳音先生撥冗閱讀初校本，提出高見指正，更蒙惠賜訪探平和縣之珍貴照片，謹致謝意。

　　又蒙師大地理系施添福教授與陳國川講師撥冗協助繪製地圖，

1　ⓐ 黃富三，〈林文明正法案真相試析〉，《臺灣風物》，39卷4期（1989年12月）。先於〈臺大創校六十週年臺灣史研討會〉上發表，再整理刊出。78年度國科會獎助。
　　ⓑ 黃富三，〈霧峰林家的挫折與轉向〉，79年度國科會優等獎。
　　ⓒ 黃富三，〈從霧峰林家的財富擴張看清代臺灣的紳權性格〉，近世家族與政治比較歷史國際學術研討會，加州大學戴維斯校區歷史系與中央研究院近代史研究所合辦，臺北南港，1992年1月3日至5日。

為本書增光不少。至於校對則偏勞曾士榮、林玉茹、黃朝進等臺大歷史所研究生。

在文獻資料方面，除臺大圖書館外，臺北故宮博物院圖書館所藏檔案、哈佛燕京圖書館（Harvard-Yenching Library）、哥倫比亞大學東亞圖書館、普林斯頓大學東亞圖書館之豐富典藏，對本研究進行均有極大助益。其中，哈佛燕京圖書館副館長賴永祥等數位先生熱心指導圖書、資料等之利用，荷恩良多。

當然，林氏族人所提供之原始資料最稱珍貴。沒有他們的全力合作與支持，不可能有本書之問世。

目次

簡稱表

臺文叢　臺灣銀行經濟研究室，臺灣文獻叢刊。

省文獻會　臺灣省文獻委員會。

同治實選　清穆宗實錄選輯，臺文叢190。

光緒實選　清德宗實錄選輯，臺文叢193。

軍機檔　軍機處月摺包奏摺錄副

族譜　臺灣霧峰林氏族譜，臺文叢298。

拙著　黃富三，《霧峰林家的興起》，臺北，自立晚報社文化出版部，1987年10月。

導論

　　本書乃霧峰林家歷史研究的一部分，接續第一冊《霧峰林家的興起》。

　　花兒會開會謝，月兒有圓有缺，霧峰林家之族運亦如此。林家在1729至1864年崛起為清代臺灣最具影響力之家族後，好景不常，緊接而來的是風雨飄搖的危機期（1864-1885年，同治三年至光緒八年）。在此期間，林家因宦途險阻而退居鄉紳，因行為脫序而遭官、民之夾擊，導致林奠國之入獄、林文明之遇害，家產亦面臨清查之厄。林家為自救，乃展開前後四次的京控，但終歸敗訴。幸而，經官紳妥協後，林家僅蒙受有限的金錢損失，而仍保有其鄉紳地位。本書除敘述分析這段時期林家的無常家運外，並藉此一案例探討清代臺灣的三個問題，一是中部豪族間的關係，一是官紳關係，一是司法問題。一葉知秋，透過此一重要家族的經歷，也許可進一步了解清代臺灣史深層結構的問題，從而略窺林家族運興衰之理。

　　本書基本上是依據新發現之大量一手資料寫成的，因此，可資參考之作品較有限。惟仍有數書可一提。最重要的，當推美籍 J. M. Meskill 教授所著之 *A Chinese Pioneer Family* 一書。[1]書中第八章

1　Johanna Menzel Meskill, *A Chinese Pioneer Family, the Lins of Wu-feng, Taiwan, 1729-1895*（Princeton University Press, 1979）.

Testing Time、第九章 The Scapegoat、第十章 The Trying Years、第十二章 Pillars of the Community、第十四章 Wealth and Power 之論述，可資本書之參考。其它可供參考利用之作品有連橫《臺灣通史》、《臺灣霧峰林氏族譜》、鄭喜夫《林朝棟傳》等。[2]另外，許雪姬《龍井林家的歷史》是近日出版的臺灣中部家族史著作。由於主角林永尚（元龍）、林永山據稱在林文察麾下的「十八大老」之列，此家族（龍井鄉山腳村林家）的發展史可補霧峰林家歷史之不足。[3]

其它本書所涉及之紳權、宗族、清代司法等問題，請參閱各章節所列參考書文，不贅述。

本書所用之一手資料主要是霧峰林家所保有的文書，由於此文書與林家長年訟案有關，筆者名之曰《林家訟案文書》。此類文書數量龐大，價值極高。不但可用於研究林家歷史，而且也是研究清代政治與司法問題的重要資料。按，中央圖書館臺灣分館藏有《臺灣冤錄》刻本，經吳幅員先生編輯增補，發表在《臺北文獻》，[4]乃與本研究相關性最高之一手材料。惟其所收之資料有限，只佔林家文書之一小部分。再者，該書乃挑選過的資料，客觀性較低，而本文書乃原件，兩造文書（包括對林家不利者）均有，其價值相差不可以道里計。

林家另一重要資料是地契，可用以了解林家的經濟活動，並澄清若干訟案疑點。其它珍貴史料仍不少，如當時臺灣道臺丁曰健所編

2　參見黃富三，〈林文明正法案真相試探〉，《臺灣風物》（臺北），39：4（1989.12），頁2。

3　許雪姬，《龍井林家的歷史》（臺北：中央研究院近代史研究所，1990）。

4　吳幅員，〈臺灣冤錄──林文明案叢輯〉，《臺北文獻》（臺北），直字55/56（1981.6），頁55－56。

著之《治臺必告錄》5乃當事人之奏摺、書信等文書,深具價值。另外,故宮博物院所藏之檔案,尤其是軍機檔(軍機處月摺包奏摺錄副),價值亦高。

此外,有一民間故事〈壽至公堂〉與本書直接相關。6此故事雖訛誤甚多,但有其事實核心,且反映民情,亦有其獨特之價值。

除文獻、著作外,為了印證史、地,也為了補文獻所遺漏之資料,筆者亦進行無數次田野調查工作。訪談林家後人與當地耆老是重點工作,對史料的驗證與充實,有相當多的助益。其次,對林家與鄰族間的相關歷史地點,也作了不少的實地踏勘工作,7對問題的澄清與資料的增補均有貢獻。

本書基本上依事件發生的順序,論述林家的滄桑史。第一章首先介紹林氏家族領袖之新舊傳承及其因應政治環境所採取的新策略—即鄉紳價值取向,以了解林家發展方向轉變的背景。第二章論述林家在平定戴案餘黨之役中,努力協助官府,以建立與官府間的良好關係,鞏固紳權的政治基礎。林家甚至於藉機剷除族敵,成為臺灣中部惟我獨尊的地方領袖。第三章介紹林家藉政治上的優勢,擴張經濟利益與社會影響力,而發展為臺灣中部的富豪巨紳,奠定紳權的經濟、社會基礎。然而,林家財勢的膨脹卻也藏伏著重大隱憂。換言之,其紳權之過度擴張侵凌官權、威脅皇權,並傷害族敵,破壞了政

5　丁曰健,《治臺必告錄》(臺北:臺灣銀行經濟研究室,臺灣文獻叢刊〔以下簡稱「臺文叢」〕第17種,1959;1867年原刊)。

6　守愚(楊茂松),見李獻璋編,《臺灣民間文學集》(臺中:臺灣新文學社,1936;臺北:龍文出版社重印,1989)

7　林高岳、林富雄、林助等林氏族人及洪敏麟先生不辭辛勞,帶領筆者訪遍霧峰、草屯各相關史蹟,助益甚大。

治、經濟、社會生態的平衡體系，為其日後之族運投下了變數[8]。第四章述介在環境轉趨不利的情況下，林家開始遭鄰族的反撲；而官府也因利害關係，結合民間力量，裁抑林家。同治九年（1870）三月，林文明在「謀反」的嫌疑下，被就地正法於彰化縣公堂，林家遭遇突如其來的重挫。第六章敘述林家採取京控的方式，以求在皇權的支持下，抗衡官權，為林文明平反復仇，並挽救族運的努力。第七章介紹林家在第一次京控無效後，再接再厲，進行第二、三次的京控，以迫使官府制裁凌定國。第八章顯示林家之京控只是徒勞無功的困獸之鬥，官府之制裁步步逼緊。第九章論述林家在認知勝訴無望後，向官府屈服，以解除抄產失人的厄運，官紳遂在共利的條件下尋出一妥協方案，即林家的京控不能成立，但民人之控林案亦撤銷。林家雖未勝訴，但除了付出部分買賣貼補銀外，田產安然無恙，而且重建與官府的關係，其豪紳的地位再獲確立。至於民人，則被犧牲了。十餘年的風波至此告一段落，一切回歸原點，皇權、官權、紳權、民權的位階關係證明是強固的、不可改變的。

　　本書的骨幹是林家的訴訟過程，為恐失真，筆者引用不少原文，可能造成閱讀上的不暢。再者，兩造訟詞大多重複，但也不時有新說、新證，處理上不易乾淨俐落，致使行文繁雜。但為了使這難得一見的官紳衝突案例的真相得以顯現，筆者只好不憚其煩地引用。至於讀者閱讀時，不妨酌情跳讀。

8　此部分曾先獲國科會獎助，謹申謝忱。

第一章　林家新領袖之繼起與發展方向之轉變
——由仕宦至鄉紳

　　同治三年（1864）十一月三日，林文察之戰歿漳州，不僅意味著林家輝煌宦業之終結，而且導致接二連三的挫折與災難。繼起的家族領袖逐漸調整發展方向，即由過去之仕宦取向退回為鄉紳取向，以建立其地方領袖的地位。領導新方向的族長是下厝的林文明與頂厝的林文鳳。

第一節　林家新領袖之繼起——林文明、林文鳳之領導下厝、頂厝系

「家族」是傳統中國社會的基本單位，它不但具備固有的經濟、社會功能，而且有廣泛的政治功能。何以中國人如此倚重「家族」呢？至少有二個理由。

第一、專制王朝有賴嚴緊的家族組織維護帝國秩序：中國歷史上，做為生活共同體的「家」，原本與政治共同體的「國」有密不可分的關係。專制王朝以「家」為國之本，目的在於透過這個人類最原始，也是最強力的血緣組織，簡易地達到控制全國國民的目的。因此，歷代王朝莫不力倡孝道，賦予家長對其成員的絕對權威，以維護家庭倫理，從而鞏固王朝之統治。[1]家長與國君，父權與君權，是不可分的。帝王稱父君，即國之大家長，家長稱家君，乃家中之小皇帝。[2]

此外，專制王朝亦推行族長制。凡聚族而居的大家族，須推舉族長一人或正、副二人，用以統領全族。族長是輩份最高的家長，也是祭祖的主持人。他既是祖宗的代言人，又是族產的管理人，身兼精神與物質領袖的身分，具有極大威權。[3]族長制實是家長制的進一步發展，乃因應帝國版圖擴大，人口增加而衍生的制度，目的仍是協助王朝，控制萬民。

如此，專制王朝可以透過家長、族長之發揮對其家人、族人的

1　參見王玉坡，《歷史上的家長制》（臺北：谷風出版社，1988），頁74-75。
2　王玉坡，《歷史上的家長制》，頁1-2。
3　王玉坡，《歷史上的家長制》，頁72。

精神感化力與實質制裁力，協助官府，維持帝國秩序。

　　第二、士大夫、富戶等有產者亦傾向維持大家族制，以保障其權益：傳統中國，一般人，尤其是士紳階級，重視大家族的維持。戴炎輝教授指出他們不分財異居的理由是：（一）節省家計或通力合作，（二）自衛自警之需要，（三）保持全家之資產、聲譽等。[4]此外，傳統中國是政治主導型的社會，朝中若無人，家族權益無保障。因此，大家望族莫不盡力擴大家族規模，以提高族人中舉入仕的或然率，並藉有官職之族人維護其利益。諺云：「一人成佛，雞犬皆仙」，只要眾多族人中有一出仕，族人即可分享特權。[5]原因是有功名或官位的家族往往成為士紳之家，充當地方領袖，從而擴張其政治、經濟及社會權益。如果說專制帝國的地方權力基礎是紳權的話，那麼紳權的基礎則是族權。也可以說紳權是地方領袖的外在權力，而族權則是其內在權力，二者密不可分。[6]

　　由上可知，皇權與紳權有相互為用的關係，而二者均仰賴族權的發揮。透過族權，士紳可將地主、農民等不同階級的利益統合起來，形成地方上的主導力量，帝王藉之以安定秩序，甚至對付反叛者。反之，士紳亦藉王朝權威維護其地方上的優勢地位，以獲取政治、經濟、社會權益。

　　由於族權具有進攻退守之功用，士紳之家均盡力維持大家族的存在，林家亦不例外，並由有力之族人任族長。在同治三年（1864）

4　戴炎輝，〈清代臺灣之家制及家產〉，《臺灣文獻》（臺中），14：3（1963.9），頁1。

5　王亞南，《中國官僚政治研究》（臺北：谷風出版社翻印，1987），頁66-67。

6　王玉坡，《歷史上的家長制》，頁72-73。

林文察、林奠國內渡後，特別是林文察戰歿與林奠國長年繫獄後，林家之族長交由新人充任。下厝系由林文察弟文明繼任，頂厝系則由林奠國長子文鳳繼任。按清代在地方推行保甲制，一家必設一家長或戶主。家長以嫡長子優先出任；但有時不拘輩份，而以有才幹者出任。[7]顯然，由於家族利益重要，傳嫡原則頗有彈性，有時容許由非嫡子之有才者出任。故林文察死後，下厝系由有官職之林文明，而非林文察嫡子林朝棟傳承。至於，頂厝系自然由能幹的嫡長子林文鳳承繼。茲略述二人之經歷。

一、下厝系新族長與霧峰林家領導人林文明

林定邦有三子，長子文察，次子文明，三子文彩。文察戰歿漳州，僅餘文明、文彩。林文彩，一名有緣，諡儉質，生於道光二十八年（1848），卒於光緒七年（1881），享年盧歲三十四。[8]但無論家傳或公文書，均未見有林文彩事蹟之記載，或許他的表現不甚出色罷。不過，據林文欽（林奠國之子，林獻堂之父）中舉之硃卷，林文彩獲有「武生五品銜」。[9]至於何時得，因何而得，無資料可稽。（系譜參見表1）

7　①戴炎輝，〈清代臺灣之家制及家產〉，頁4。②仁井田陞，《中國身分法史》（司法行政部，1959），頁29。

8　林獻堂等編，《臺灣霧峰林氏族譜》（臺北：臺灣銀行經濟研究室，臺文叢第298種，1971；1935年原刊），頁243。

9　林文欽，「光緒癸巳恩科，福建鄉試硃卷」，頁2。

表1. 下厝林家系譜

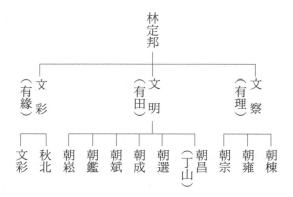

　　林文明乃林家下厝系僅次於林文察的重要族人，輩份最尊，官職也最高（副將），家長職自然由其接任。對外，他甚至代表整個霧峰林氏族人。茲敘其簡歷如下。

　　林文明（道光十三年九月二十四日至同治九年三月十七日，1833-1870）乃林定邦次子。也許因林文明被官府所處死等理由，因此，他雖曾官拜副將，《族譜》中未立有家傳。林文明之事跡只能自其他族人的連帶記載與傳聞，以及官書、訟案資料中拾綴重建。

　　據〈林文察家傳〉，道光二十八年，林定邦遇害後，林文明與兄文察曾集鄉里子弟搏擊林和尚（媽盛）以報父仇。[10]其後，二人被官府通緝而逃亡。咸豐四年（1854），林文察獲赦，在小刀會之役中，戴罪立功。依常理推斷，林文明當參與是役，但官方文書與林家族譜均未言及。[11]據林家日後之訟案資料，林文明在咸豐六年（1856）五

<hr />

10　ⓐ 林獻堂等編，《臺灣霧峰林氏族譜》，臺文叢298，頁116。ⓑ 林家復仇事，內情曲折複雜，參見黃富三，《霧峰林家的興起》（臺北：自立晚報社文化出版部，1987），頁132-150。（以下簡稱「拙著」）

11　同上ⓑ，頁169-74。

月間，由縣府送考，經臺灣道臺兼學政使裕鐸「取進彰化縣學武庠」。[12]換言之，林文明曾是彰化縣學武庠生。林氏後代亦言，林文明體格魁梧，驍勇善戰，與兄文察之短小多謀成對比，乃林文察事功之一大助力。其後，林文明亦參加平定太平軍與戴萬生之役，立下不少戰功。咸豐十一年（1861）清軍克復福建省汀州、武平、連城之役中，林文明（武生身份）與其他臺勇勇首帶勇連克兩城，乃獲陞為千總，留閩儘先補用。[13]同治元年（1862），在援浙之役中，與林文察合軍，以寡擊眾，大敗太平軍，攻克浙江省遂昌。[14]同治元年四至六月的松陽、宣平之役中，又出力協助克復二城。[15]林文明因屢建戰功，升為參將，時間當在同治元年上半年。[16]

戴潮春之役發生後，林文明在同治元年七月間請假回臺保鄉兼平亂。[17]在此役中，林文明因與省方齟齬，似未全力效命清廷，以致戰績平平。不過，在打擊戴黨勢力之攻防戰中仍有不少戰功，如攻佔石崗仔、葫蘆墩、四張犂、大里杙（均在今臺中縣境）之役中，林文明與叔林奠國出力不少。[18]同治二年（1863），林文察帶勇回臺平戴

12　同治13年3月7日，林戴氏呈按察司稟，「為法不敵弊，案化冤沉，粘結泣懇提訊雪誣事」，〈訟案〉（十四），頁4。

13　ⓐ 參見黃富三，《霧峰林家的興起》，頁192-193。ⓑ《月摺檔》，咸豐11年8月22日，閩浙總督慶端奏。

14　參見黃富三，《霧峰林家的興起》，頁197-199。

15　參見黃富三，《霧峰林家的興起》，頁199-202。

16　林文明由千總急升至參將的日期未有明確日期，但同治元年春，已見「參將林文明」字眼，見〈林文察列傳稿〉（臺北，故宮博物院圖書館），頁23。又，同治元年七月十日之清廷批示亦有「參將林文明」字眼，見臺灣銀行經濟研究室編，《清穆宗實錄選輯》（臺北：臺灣銀行經濟研究室，臺文叢第190種，1963），頁27。可見在同治元年上半，林文明已升至參將職位。

17　參見黃富三，《霧峰林家的興起》，頁234-235、239。

18　參見黃富三，《霧峰林家的興起》，頁239-244。

潮春之役時，林文明也隨林文察轉戰，立下不少戰功，其中最著者為四塊厝（在今霧峰鄉四德村）之包圍殲滅戰。[19]由於「戰功卓著」，同治三年三月二十三日，清廷准予免補參將，而升為儘先補用副將；[20]其後，又獲賞戴花翎。[21]

同治三年，林文察奉令內渡協辦福建軍務。六月十五日，他在犁頭店（今臺中市南屯區）將軍務移交臺灣鎮、道；但將剿平內山之軍務交予林文明接辦。[22]七月二十六日，林文察離臺前，再度札飭林文明換用新印戳，負責辦理內山軍務。[23]表面上，這是林文明更上一層樓之良機，實際上，事後證明是閩臺官員誘使林氏兄弟就範之策。（容後述）

二、頂厝系新族長林文鳳

林奠國生有三子，即文鳳（萬得）、文典（萬秩）、文欽（萬安）；三女，即敬、勸、香。[24]（參見表2）同治三年七月間，林奠國隨林文察內渡。文察戰歿後，他因訟案留福州，乃將家事委長子文鳳。[25]

19　參見黃富三，《霧峰林家的興起》，頁293-295。

20　《軍機檔》，95239號，徐宗幹奏片，同治三年三月二十三日諭。

21　同治12年12月13日，林戴氏「為誣逆陷殺，籲懇提質律究，伸雪奇冤事」，〈訟案〉（十一），頁77。

22　《軍機檔》，98687號，同治3年8月24日，林文察奏，「擒獲股首陳啞狗弄、張三顯等，先後誅戮，臺地軍務大局底定，彰屬一帶餘匪，飭交副將林文明分別搜捕，趕緊撤隊內渡，商辦邊防」。

23　黃富三，《霧峰林家的興起》，頁329-330。

24　據「林奠國神位」所載。

25　「林奠國列傳」，連橫，《臺灣通史》（臺北：臺灣銀行經濟研究室，臺文叢第128種，1962；1920年原刊），頁899。

表2. 頂厝系系譜

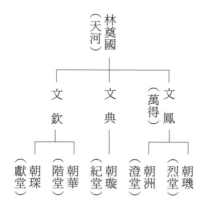

　　林文鳳，一名萬得，字儀卿，號丹軒，生於道光二十年（1840），卒於光緒八年（1882）。林獻堂所撰之〈文鳳公家傳〉，稱其「性任俠，結交多奇士」，可見他交遊廣闊，頗有江湖豪氣；又稱其「濟困扶危，萬金不稍惜，故人爭效命」，可知深具領袖氣度、風範。[26]又據稱他「少年英勇，極為矯捷」，自是一勇將。[27]

　　林文鳳早年事跡不明，惟在同治元年戴潮春之役中頗有表現。一是在同治元年（1862）三月「阿罩霧防衛戰」中，率莊民以寡敵眾，成功地擊敗林日成（或稱林晟，憨虎晟）之進犯。其後，在洪、林二族之夾攻中，堅守阿罩霧，直至同治二年（1863）冬林文察率兵返臺。[28]二是同治元年林文明自浙江回臺募勇平戴潮春之役時，林文

26　林獻堂等編，「先伯父文鳳公家傳」，《臺灣霧峰林氏族譜》，臺文叢298，頁108-109。

27　蔡青筠，《戴案紀略》（臺北：臺灣銀行經濟研究室，臺文叢第206種，1964；1923年原刊），頁54。

28　① 參看黃富三，《霧峰林家的興起》，頁229、231。② 林獻堂等編，《臺灣霧峰林氏族譜》，臺文叢298，頁109。

鳳亦出力協助，其中以攻破四張犁（在今臺中市北屯區，係戴潮春家鄉）之功最著。[29]三是在同治三年正月攻四塊厝之役時，據稱林文鳳單挑林日成弟林狗母，力戰五十餘回合而斃之，林日成黨人勢衰，終至敗亡。[30]

同治二年時，林文鳳可能在地方組織中已有某種地位，「戴施兩案記略」內有「職員林文鳳」之記載，[31]可見已有官府職位。至遲在同治四年（1865）時，林文鳳已有「同知銜」。[32]

第二節　宦途受挫與鄉紳化取向

林文明、林文鳳之繼起為林家新領袖也象徵林家發展方向之逐漸轉變，即由過去之官宦取向轉變為鄉紳取向。其所以如此，與情勢之劇變有關。

如前所已述，同治三年七月間，林文察在臺灣道臺丁曰健彈劾下，怏怏內渡，惟行前，已請准由弟文明接掌內山軍務之職。顯然，林文察仍意圖以其弟承繼軍權，而與丁曰健對抗。然而，政治環境對林家已日益不利。

林文明接掌軍權後，似乎未有重大表現。當時阿罩霧附近的萬

29　參見黃富三，《霧峰林家的興起》，頁243-244、281。四張犁今址，見洪敏麟，《臺灣舊地名之沿革》，冊二下（臺中：臺灣省文獻會，1984），頁56-57。

30　① 黃富三，《霧峰林家的興起》，頁297。ⓑ 蔡青筠，《戴案紀略》，臺文叢206，頁54-55。

31　吳德功，《戴施兩案紀略》（臺北：臺灣銀行經濟研究室，臺文叢第47種，1959；原刊年不詳），頁44。

32　林文明，「為遵諭職除解送鑒驗事」，〈訟案〉（二），頁26。

斗六（今霧峰鄉萬豐、舊正、峰谷、六股等村）與北投（今草屯鎮）地區仍在洪欉為首之洪氏族人手中，林文明未曾採取任何行動。惟據日後發生訟案時，他呈送彰化縣之稟文稱，曾防範了「烏旂會」之舉事。稟中稱：「彼時萬斗六一帶猶為賊藪，與揀中諸股匪結會烏旂，屢謀煽動，幸明（文明）防堵嚴密，得以不發」。臺灣民間結會相助之風本盛，以林、洪二族之對抗情勢判斷，洪氏族人為防林家假藉官權侵入其勢力範圍，而組成某種組織，是極為可能的。[33]然因語焉不詳，無法得知「烏旂會」事件之細節。

事實上，林文明並未能長保其統兵權，自然影響其事功之建立。原來，林文察內渡後不久，丁曰健即呈請巡撫徐宗幹解除林文明之軍權，改由鎮（曾元福）、道（丁曰健）接掌，理由是林文明「以本地之人辦本地之匪，易生嫌隙」。[34]同治三年十月五日，清廷諭准。[35]

從前後各種跡象判斷，林文明接掌兵權一事可能是丁曰健事先與徐宗幹設計好之策略，目的在促使林文察早日離臺內渡。理由是，第一、若本地人辦本地事確有嫌隙，何以徐宗幹不在林文察請求林文明接辦軍務時立予否決？又，何以在林文察內渡後，立即欲解除林文明兵權，其為計誘，昭然若揭。第二、丁曰健日後在平北勢湳之役中，又起用林文明，此又與其所稱「易生嫌隙」的說法頗有矛盾。（此事後述）可見閩省當局已決心翦除林家的政治、軍事權力了。

33　「同治6年4月10日，林文明呈彰化縣令李時英，「為懼罪圖脫，恃黨扛陷，懇請核案研訊，澈底究辦事」稟，〈訟案〉（五），頁5。

34　《軍機檔》，99651號，同治三年九月六日，丁曰健「彰化餘匪續獲未淨，現在定期酌帶精勇，先往督飭剿捕，並辦理善後事宜，俾絕根株而固疆圉」摺。

35　臺灣銀行經濟研究室編，《清穆宗實錄選輯》，臺文叢190，頁84。

　　更不幸的是，同治三年十二月，林文察戰歿漳州，林家之宦場支柱頓失。此後，家運每下愈況，挫折連連。林文察死後不久，林奠國訟案即發生。

　　原來，丁曰健、曾元福、凌定國等人聯合對付林文察時，亦同時彈劾其叔林奠國。甚至於為了獲致立即的戰果，乃以未有實職實權的林奠國（保舉知府）為第一目標。

　　按同治三年，丁、林二派互訐詆過，勢成水火。三月間青旗之變（即戴案黨人再度舉事，圍攻彰化城之役），引發更激烈的衝突。[36]淡水廳在籍道員林占梅稟報督撫稱，亂事再起乃由於未妥辦善後；林文察亦函報「地方官撫輯未善」。然而，總兵曾元福、道臺丁曰健則稟稱，林奠國「倚勢作威、截水霸田」，以致餘黨再起，欲圖報復。丁曰健甚至進一步指控林文察、曾玉明兵勇「騷擾地方」。[37]

　　同治三年八（？）月六日，左宗棠、徐宗幹乃奏請委派署汀漳龍道胡肇智前往臺灣，調查雙方互控之實情。摺中除責備文武官互訐之不該外，並飭令嚴查林奠國截水霸田一事，「是否因派捐而起」，還是「倚勢妄為」。[38]

　　林文察有功於清朝，又位居提督，反林派欲擊敗他，自非一蹴可幾。事實上，同治三年九月十一日，徐宗幹以林文察已遵命內渡而奏請免予議處；十月一日議准。[39]反之，林奠國尚無實職，欠缺自衛能力，反林派乃揀軟的先下手。

36　參見黃富三，《霧峰林家的興起》，頁312-313。

37　《軍機檔》，98558號，同治3年8月（？）6日上，8月15日批，左宗棠、徐宗幹奏「臺灣文武藉詞議過，派委大員確查，以憑參辦」。

38　《軍機檔》，98558號，同治3年8月（？）6日上，8月15日批，左宗棠、徐宗幹奏「臺灣文武藉詞議過，派委大員確查，以憑參辦」。

39　《軍機檔》，99569號，徐宗幹「請開林文察處分」摺。

　　林文察之所以帶同林奠國內渡，當含有避禍甚至使其立功獲賞以自保之意。不幸，一波未平，一波又起，林文察戰歿後，為了餉銀事，林奠國又捲入與賴正修等人之訟案中。賴正修當是林文察麾下臺勇將弁之一，同治三年為遊擊，在四、五月間，曾奉命水灌陳弄之據點小埔心。[40]同治三年漳州之役時，賴正修亦在麾下。同治四年，林奠國（候選知府）與郭什春（前護漳州鎮總兵）稟告總督左宗棠，稱林文察在危急時，部將蔡茹、顧飛熊、許忠勝未應援；其後又吞沒餉銀；三人遂被革職。但在同治五年（1866），布政、按察使會審時，賴正修卻將兵敗責任歸於林奠國。五月三十日，左宗棠、徐宗幹將林奠國奏參，並「革職究辦」。[41]自此林奠國繫身省城，無法返臺，直至光緒六年（1880）亡於獄中。

　　林文明之解除兵權與林奠國之纏訟，象徵林氏家族宦業之重挫。何以林氏族人效力清廷，不但未獲酬報，反遭一連串挫折呢？考其因，至少有四。

（一）官場恩怨：林文察、文明兄弟等與丁曰健有長而深之怨。前書已述，不贅。

（二）政治環境之變化：太平天國之役乃清帝國存亡之關鍵時期，故清廷對效力有功者，不惜破例重用。亂後，政治秩序逐漸恢復，為鞏固皇權，清廷回歸重視科舉與正途文官之路。同治五年十一月，閩浙總督左宗棠上摺稱閩省武營捐班太多，流弊甚

40　《軍機檔》，98687號，同治3年6月22日奏，8月24日批，林文察奏「搶獲股首陳啞狗弄、張三顯等，先後誅戮，臺地軍務大局底定，彰屬一帶餘匪飭交副將林文明分別搜捕，趕緊撤隊內渡，商辦邊防」。

41　參看黃富三，《霧峰林家的興起》，頁341-343。

大，請予停辦。清廷批准，並通令各省，一體遵行。[42]由此可見政治氣候之丕變，而此種發展不利於以軍功、捐納進身的林氏族人。

（三）官府對臺人頗有疑忌：由於明鄭曾據臺抗清、臺灣多亂、以及遠隔重洋，不易統治等因素，清廷對臺統治自始即採「為防臺而治臺」政策，十分忌諱臺灣本土勢力之壯大。清廷除採取海禁、山禁政策外，對起用臺地之人亦極謹慎。例如不徵臺人入伍而以班兵駐臺，僅在有亂時，徵募鄉紳、鄉勇助官，而在亂平後即予以解散。官府甚至對所募用的臺勇都吝於給予正規操練。如鴉片戰爭時，臺灣道臺招募之臺灣壯勇與團練丁勇比綠營兵加倍，鑑於臺勇乃烏合之眾，而外省兵弁與臺民不洽，水師提督王得祿建議將團練交綠營一起訓練；但道臺姚瑩拒絕，理由之一是此舉將遺患無窮。他說：

臺人勇悍好亂，所以尚易撲滅者，正為其烏合也。若入營操演，教以紀律，則營中所長，彼且有之，更習營中應實，異日不可復制矣！[43]

其它提防臺人之官方意見，史不絕書。

（四）林家權勢威脅官府：林家一門數傑，林文察高居提督職，林文

42　ⓐ 臨時臺灣舊慣調查會，《清國行政法》，第一卷下（東京：臨時臺灣舊慣調查會，1914），頁246-247。ⓑ 許大齡，《清代捐納制度》（臺北：文海書局印，1977；據燕京大學，哈佛燕京學社，1950），頁61-62。

43　姚瑩，《中復堂選集》（臺北：臺灣銀行經濟研究室，臺文叢第83種，1960；1850年原刊），頁133。

明躋身副將,林奠國亦為候選知府,隱然成為臺灣最有勢力之家族;加以林家財多,地方勢力大,在在威脅官府之管轄權,甚至皇權。丁曰健在同治三年之奏摺中指控林文察之叔天河(奠國)「倚勢作威,截水霸田」[44],此固有可能林奠國有不法之處,但林家勢力之壯大當是更大的忌諱。故丁氏誓稱「不容林天河勢豪巨族,恃強橫行」,而同治三年七月十八日之上諭亦令丁氏對「林天河在籍逞強」,「應行隨事裁抑」。[45]

一個人遭挫折後必然產生緊張與焦慮,並尋求舒解之道,方法包括攻擊對方(attack)與轉移(displacement)等。[46]林家在宦途受挫後如何因應呢?由於林家無力攻擊對方,乃採取轉移方式以求有利出路,即發展紳權。此種選擇可說受到中國傳統社會的權力結構──皇權、官權、紳權──的制約。

傳統的專制王朝,政治、經濟大權集於帝王一人之手。然而,一人之力實無法掌管大中國的大大小小事務,因此勢須將執行權分散於其下之官僚、士大夫。而官僚、士大夫亦須強力皇權為後盾,以形成支配萬民之特權階級。[47]簡言之,皇朝的維護需要一個中央集權的官僚組織與地方分權的士紳階級充分配合,方能圓滿運作。

官僚組織可說是維護專制王朝合法性權威的政治機器,透過

---

44 丁曰健,「會攻小埔心,生擒得西王陳啞狗弄、張三顯等懲辦摺」,《治臺必告錄》,臺文叢17,頁468。

45 丁曰健,《治臺必告錄》,臺文叢17,頁470-471。

46 「攻擊」為消除緊張的方法之一,其它還有淡漠、幻想、刻板反應(stereotype)、退回等。「轉移」為消除焦慮的自衛機制(defense mechanism)之一,其它尚有文飾作用、投射作用、反向作用、理智作用、消解、壓抑等,參看熊祥林譯,E. R. Hilgard, R. C. Atkinson, R. L. Atkinson 著,《心理學導論》(臺北:譯者自印,1983),頁561-566及569-577。

47 王亞南,《中國官僚政治研究》,頁52。

它，帝王可以綱舉目張地控制大帝國。官僚主要來自科舉考試，而其榮華富貴乃帝王所賜，因此忠君成了它的根性。然而，官僚對人民的控制有其限度。首先，清代的地方基層行政單位僅及於縣，而縣的管轄範圍廣、業務繁，編制又極小，根本無法全面掌握地方。再者，清代行官員迴避本籍制度，調動又頻，外來官員對本地情形相當隔閡，對職權的行使更感力不從心。在此情況下，官府須藉助社會力量，以補其力之所不及，地方士紳（gentry）乃成為官府所倚賴的左右手。事實上，官僚的歸宿（甚至出身）亦是士紳，自然全力維護紳權，以保障其自身利益。不少士紳之所以參加科考出仕，亦含有保家、保產之目的，非必為當官。[48]在此情況下，士紳與官僚自然緊密結合，成為地方上領袖，而充當維繫專制王朝的另一支柱。[49]

　　在中國專制政治下的士紳階層，享有政治、經濟、社會特權，如司法特權（不必親自出庭應訊等）、免服勞役與人頭稅、有代表身份之特殊服飾等，成為地方上有異萬民的優勢階級。[50]他們在社會上的功能極廣泛，由意識型態的領導至實際政治、社會、經濟事務之參與都在內。[51]總之，他們是地方領袖，充當官府的配角，參與各類公共事務，協助地方官解決問題，政治、社會地位因而提升。

　　由於士紳具有僅次於官員的地位與特權，林家在宦途受挫後，自然退而求其次，往紳權方面發展。下一章即論述林家如何在平定戴

48　Kung-Chuan Hsiao, *Rural China: Imperial Control in the Nineteenth Century*（Seattle, University of Washington Press, 1960）, p. 507.

49　王玉坡，《歷史上的家長制》，頁106。

50　Chang Chung-li, *The Chinese Gentry: Studies on their Role in Nineteenth Century Chinese Society*（Seattle, 1955）, pp. 31-50.

51　楊超塵譯，Franz Michael 著，〈紳士研究導言〉，《亞洲研究譯叢》，3/4（臺北：國立臺灣大學歷史學系，1978），頁108。

潮春事件餘黨中效力官府，以建立地方領袖的地位，第三章則論述林
家之擴張財富與提高社會影響力，以強化其紳權基礎。

第二章 林家之效力官府與獨尊一方
——戴潮春事件餘黨之平定

（同治三年至同治四年；1864-1865）

臺灣道臺丁曰健與林家原有宿怨，丁氏甚至於還稟請巡撫徐宗幹，解除林文明的統兵權。但奇特的是，丁氏在北勢湳之役中，竟然徵召林氏族人助戰，而林氏族人也欣然應徵出戰，道理何在，頗費猜測。推想官紳間必有共利，方能棄前嫌而相結合。丁氏似欲利用林家力量助剿而隱沒其功，由此而獲獎陞；而林家一方面為維護紳權，只好聽命於官府，另一方面亦欲打倒最後、最大之族敵——洪家，以建立唯我獨尊的地方領袖地位。

第一節　丁曰健與北勢湳之役

在北勢湳之役中，丁曰健為獨享戰功，排除臺灣總兵曾元福之參戰要求。同治三年年底，在丁氏領軍猛攻之下，北勢湳雖稱險阻，洪氏集團雖財雄勢壯，終歸孤掌難鳴，莊破人亡。戴潮春之役至此大致結束，僅有少數殘餘續作困獸之鬥。

一、丁曰健獨任征剿之職

如拙著《霧峰林家的興起》所述，戴潮春事件之數股勢力，戴潮春、林日成、陳弄已於同治二、三年間先後撲滅，殘餘之最大一股勢力乃雄踞北勢湳之洪氏集團。臺灣道丁曰健與臺灣總兵曾元福將林文察、曾玉明逼回內地後，自然須擔起征剿重任。清廷也極關心洪氏集團之結局，同治三年七月十八日降諭稱：

> 洪欉等皆係著名巨匪，現在逃往何處？裹脅人眾，當亦不少，各摺均未言其下落，著左宗棠、徐宗幹嚴飭曾元福、丁曰健等上緊緝拿務獲，免致再行勾結生事。[1]

在清廷與長官諭令下，丁、曾二人乃積極佈署攻剿北勢湳之工作。

丁曰健於同治三年九月六日奏稱，洪欉踞北勢湳（今南投縣草屯鎮北勢、中原二里），「恃與番界（指埔里）接壤，往來莫定，出沒靡常」，而逃亡揀東馬璘潭（今臺中市西屯區龍潭里）之陳鮒亦

1　丁曰健，「會攻小埔心，生擒偽西王陳啞狗弄、張三顯等懲辦摺」，《治臺必告錄》，臺文叢17，頁471。

「恃竹圍堅厚，暗與黨結，遂至日久抗拒」，須早日剿滅。[2]由於林文明已解除統兵權，改由鎮、道負責征剿。征剿之事原應由臺灣總兵負責，但當曾元福回府城清理口糧，裁撤病弱兵勇，準備挑選精銳前往搜捕時，丁曰健與之商量，請其暫留府城，「另行察看情形辦理」，而由其本人「先行親往督剿」。丁曰健並定於同治三年九月十日自府城出發赴彰化，督飭前後任彰化知縣凌定國、張世英等剿辦。[3]同治三年十月五日，清廷依丁氏所奏，解除林文明之職，令曾元福留守府城，由丁氏率兵親剿，並飭臺灣知府陳懋烈寬籌餉項，支援剿辦工作。[4]

丁曰健以道臺身份主掌征剿北勢湳之責，而總兵曾元福卻受命留守府城，在臺灣史上乃少見之特例。首先，道臺應以民政為重，不宜過分越權取代武官之職責。其次，臺灣史上，鎮權（總兵）一向凌駕道權（道臺），[5]丁氏竟能破例而成為強勢道臺，頗不尋常。惟一的解釋是人事因素。原來丁曰健深得福建巡撫徐宗幹之寵信，倚為左右手，而曾元福之名望也遠不及丁曰健，而有道侵鎮權事件的發生。

2　ⓐ《軍機檔》，99651號，丁曰健奏「為彰化餘匪續獲未淨；現在定期酌帶精勇，先往督飭剿捕，並辦理善後事宜，俾絕根株而固疆圉」。ⓑ丁曰健，《治臺必告錄》，臺文叢17，頁473，同ⓐ之摺，但略改摺名為「……酌帶精勇，督飭剿捕，查辦善後事宜摺。」ⓒ北勢湳、馬璘潭今地名係據洪敏麟，《臺灣舊地名之沿革》，冊二下，頁454、5。

3　ⓐ《軍機檔》，99651號，丁曰健奏「為彰化餘匪續獲未淨；現在定期酌帶精勇，先往督飭剿捕，並辦理善後事宜，俾絕根株而固疆圉」。ⓑ丁曰健，《治臺必告錄》，臺文叢17，頁473。

4　①臺灣銀行經濟研究室編，《清穆宗實錄選輯》，臺文叢190，頁84。②丁曰健，《治臺必告錄》，臺文叢17，頁474。

5　有關道鎮關係，權力消長等情，參閱張世賢，〈清代臺灣鎮道關係〉，《臺灣風物》（臺北），26：3（1976.9），頁85-90。許雪姬，《清代臺灣的綠營》（臺北：中央研究院近代史研究所，1987），頁225-255。

曾元福對丁曰健之以文官代武職，似不甚愉快而有抵制之動作。同治三年九（？）月二十三日，臺灣知府陳芍亭（懋烈）、臺灣海防同知葉峭巖（宗元）以道臺離府城而攻占漳州之太平軍有侵臺之虞，函告丁曰健，請求總兵曾元福駐茅港尾以兼顧郡城。[6]但同日，曾元福卻函告丁氏稱，欲暫駐鹽水港。九月二十四日曾氏又函告丁氏稱，將移師至嘉義城。丁氏很緊張，回函誡其不宜離府城太遠，並稱輕進有後路糧運被斷之慮，促留在嘉義拿辦搶匪，兼顧中、南路，「切勿北行，貽誤事機」。[7]

同治三年九（？）月二十六日，曾元福函告丁曰健已入駐嘉義城。顯然，曾氏不接受勸阻，欲北上參加剿亂工作。丁氏又回函阻止，請其回駐鹽水港，「內顧郡城，外防嘉邑」，以免太平軍竄臺或南路有變。丁氏又指出雖則二人「同係奉旨剿捕餘匪」，但「軍情變遷」，應「為國宣勤」，而「無分彼此」；並警告稱：「設若罔籌兼顧，偏注一方，事變滋生，糧道斷絕，則大局決裂，何堪設想！」[8]依理依法，丁氏警告之語應由曾氏針對他說方是，畢竟道臺是文官，主要職責在於行政。自此可見丁氏欲獨占平亂之功，竟至阻止總兵之參與。難怪曾元福不快。

曾元福對丁曰健之平亂策略似亦不滿。曾氏指責由于丁氏之「威逼」之策，導致「馬璘潭匪黨麕聚」。丁氏則辯稱：「若云威逼，匪氛四起，夏間已然；失策之咎，另有其人（按，指林文察）」。曾元福又稱亂首之一的廖有於在拿獲後，已令其「交犯贖罪」，但丁氏回

6　丁曰健，「復臺府陳芍亭、臺防廳葉峭巖書」，《治臺必告錄》，臺文叢17，頁574。丁氏于23日收到此函，據前後事判斷，當係同治3年9月之23日。

7　丁曰健，「復臺府陳芍亭、臺防廳葉峭巖書」，《治臺必告錄》，臺文叢17，頁574。

8　丁曰健，「覆臺鎮曾輯五（元福）書」，《治臺必告錄》，臺文叢17，頁577。

稱「細窺其意，則又以懍懼軍威，故有是請」。他又進一步說「由此觀之，恐不致因威聲之重，匪氛復起也」。[9]可見丁氏對戴案餘黨仍採強力的鎮壓威逼之策，而全面駁斥曾元福之說法。丁氏為人苛刻，處處爭第一，甚至強詞，在此又得一證明。

左宗棠、徐宗幹對丁氏之領軍平亂可能亦有意見，而欲其退兵。丁氏卻回稱：「屢次進攻獲勝，若即遽退，轉恐愈張匪膽，又起戎心，殊與大局有礙」。至於南路之安全問題，他回稱，已經商請總兵曾元福折回府城籌防。[10]

丁、曾之相爭引起不少疑慮，臺灣海防同知葉宗元於同治三年十月六日函告丁曰健稱「外間傳聞岐出」。[11]葉氏又以「古名臣」為喻，[12]婉言文臣應大度，不宜與武人相競。葉氏同意攻剿行動「除卻硬攻，更有何術」，[13]也許其意是應由武將負責攻堅。但丁氏卻回稱，此言「切中機宜」，正是他所想的。[14]他又批評曾元福與余辰（不知何人）主張用「撫」之非，指稱他們兩次派弁前往誘降，但洪欉卻延宕不答，簡直「忘君父之誥誡」，因此「非決計力除不可」。[15]

由上可知，丁氏決心採取軍事行動，並排除曾元福之參與，獨力進攻北勢湳等地，以致雙方頗有爭執。

9　丁曰健，《治臺必告錄》，臺文叢17，頁578。

10　丁曰健，「上督撫憲將軍稟，並致司道書」，《治臺必告錄》，臺文叢17，頁576。

11　同治年10月6日同知葉宗元函告丁曰健，見丁曰健，「覆臺防廳葉峭巖書」，《治臺必告錄》，臺文叢17，頁578。

12　丁曰健，「覆臺防廳葉峭巖書」，《治臺必告錄》，臺文叢17，頁578。

13　丁曰健，「覆臺防廳葉峭巖書」，《治臺必告錄》，臺文叢17，頁578。

14　丁曰健，「覆臺防廳葉峭巖書」，《治臺必告錄》，臺文叢17，頁578。

15　丁曰健，「覆臺防廳葉峭巖書」，《治臺必告錄》，臺文叢17，頁578-579。

二、丁曰健征剿北勢湳情形

丁曰健於同治三年九月十日，率勇自府城北上赴彰化征剿，一開始即旗開得勝。丁曰健於同治三年十月六日有一奏摺，報告「到地督剿獲勝情形」。[16]因此摺不見於故宮博物院圖書館，無從得知作戰情形，惟推測進攻目標是馬𥑮潭與北投（今草屯鎮）。據丁曰健摺，他曾調「剿勝馬𥑮潭各軍」，助攻北投，可見第一步先攻馬𥑮潭之陳鮴，而主攻者當是彰化知縣張世英。[17]在該役中，張世英曾向林文明調借林文察所留下之大炮二尊以助攻。[18]清軍攻破馬𥑮潭後，陳鮴受傷，隻身逃竄，其餘則星散。[19]

同治三年九月二十三日，丁曰健移軍攻北勢湳，但因莊大，「未能速破」，戰局膠著。[20]北勢湳之所以難攻有幾個理由：

（一）地理：因位於山區，「路徑險惡」；且「地勢深險，銃櫃密布，且兼竹圍、濠溝重疊」，易守難攻。[21]該地又鄰近番界，特別是與洪家關係密切的埔裡（今南投縣埔里鎮）有後路可退。[22]

16　ⓐ 丁曰健，「親赴彰化內山，督軍剿滅全股踞逆摺」，《治臺必告錄》，臺文叢17，頁477。ⓑ 此摺似於同治3年12月27日上，同治4年2月29日批，參見丁氏另一摺「乘勝嚴督各軍，分路搜拏，並查辦善後事宜，暨凱旋妥籌防海情形摺」，《治臺必告錄》，臺文叢17，頁492。ⓑ 同治4年2月13日，丁曰健。

17　丁曰健，「親赴彰化內山，督軍剿滅全股踞逆摺」，《治臺必告錄》，臺文叢17，頁477、479。

18　同治3年12月15日，林文明咨丁曰健，〈訟案〉，（二），頁3。

19　丁曰健，《治臺必告錄》，臺文叢17，頁493。

20　丁曰健，「復鹿港廳興宜泉書」，《治臺必告錄》，臺文叢17，頁575。

21　丁曰健，「親赴彰化內山，督軍剿滅全股踞逆摺」，《治臺必告錄》，臺文叢17，頁478-479。

22　丁曰健，「親赴彰化內山，督軍剿滅全股踞逆摺」，《治臺必告錄》，臺文叢17，頁478-479。

（二）**同姓聚落，族大而且凝聚力高**：如丁曰健所稱洪氏「族類尤多」。[23]按洪姓族人自乾隆初年後開始移入茄老、牛屎崎（今草屯鎮御史里）、北勢湳（今草屯鎮北勢里）等地，並越烏溪散佈於萬斗六、柳樹湳等地，不但族人眾多，佔地廣大，而且形成洪姓佔優勢之準同姓聚落，凝聚力強。[24]

（三）**洪欉、洪璠弟兄能力強，號召力大**：考洪登榜四子水浮生有苟、羌、璠、才、西、欉、柔、益八子，其中洪欉過繼予洪必祥子攀龍。[25]洪璠、洪欉兄弟能力均出色，丁曰健言洪璠「心懷詭譎，洪欉之敢於悖亂，亦係專用其謀」；而且洪氏族眾中，「素又稱其有才，更相比附」。[26]至於洪欉，丁氏亦稱其「生性狡悍」，「素為戴、林二逆所倚賴」。[27]

（四）**財力足**：如拙著已述，洪欉、洪璠乃北投之農商富豪，[28]戴案發生後，又擴張財勢，兼併田地。例如，北投社內木柵（在今草屯鎮土城里）北勢湳中埔之屯丁田園128甲，即在此時被洪欉霸收。[29]

23　丁曰健，「親赴彰化內山，督軍剿滅全股踞逆摺」，《治臺必告錄》，臺文叢17，頁478。

24　ⓐ 參洪敏麟，〈草屯、茄老洪姓移殖史〉，《臺灣風物》（臺中），15：1（1965.4），頁3-7。ⓑ 戴炎輝，《清代臺灣之鄉治》（臺北：聯經出版公司，1979），頁789-790。ⓒ 石田浩，《臺灣漢人村落の社會經濟構造》（大阪：關西大學出版社，1985），頁125-126。

25　洪敏麟，〈草屯、茄老洪姓移殖史〉，頁13。

26　丁曰健，《治臺必告錄》，臺文叢17，頁478。

27　丁曰健，《治臺必告錄》，臺文叢17，頁478。

28　參黃富三，《霧峰林家的興起》，頁222-229。

29　光緒29年，「北投社通事謝潘元稟報屯田園抄封口糧大租事」，洪敏麟主編，《草屯鎮志》（南投：草屯鎮志編纂委員會，1986），頁847。

由於北勢湳洪氏具有這些優越條件，故雖歷經曾玉明、林文察等人攻剿，也只能將附近之「偽造宮殿燬滅，仍難搗穴擒渠」，故丁曰健稱「其為狡惡之尤，迥非他逆可比」。[30]（洪欉住宅，參見圖版1）

以下依丁曰健之奏摺，簡述攻下北勢湳之大要。（參見圖1）

如上述，丁曰健之大軍似分二路，一路攻馬舜潭，已獲勝；另一路攻北投，則戰局膠著。他先派六品軍功范義庭（與丁氏結親之臺人）等率勇，會集紳團進攻，隨後又派隨營委員候補都司凌定邦（凌定國族弟）、通判王修業、守備陳兆麟帶領兵勇，又調馬舜潭得勝軍，前往助攻。雖然日有進展，佔紮銃櫃數座，擊毀屋宇，斃敵不少，但路徑險惡，敵方又銃櫃林立，洪軍防務堅強，甚至有力率眾攻營，因而清軍攻勢受阻。[31]

據傳清軍砲攻北勢湳時，洪欉中砲震斃，但餘眾仍頑強抗拒。丁曰健一者恐洪璠散佈洪欉死亡之假消息，「逞其詐術，懈我軍心」；二者擔心洪欉死後，洪璠自立為首，憑其能力，號召族人頑抗，更難剿辦；乃決定親赴前線督陣。[32]據日後被捕之奸細與洪璠所供，洪欉確已於同治三年十一月十日震斃，而洪璠則自立為北王，繼續抗清。[33]同治三年十一月二十日，丁曰健督率親軍，由寶斗（今彰化縣北斗鎮）移駐內山之清軍看頂（北勢湳附近一山丘，亦稱頂崁仔，在今草屯鎮中原里）營壘，策劃破巢之策。[34]

當時清軍在北勢湳之正南方看頂一帶已建連營二十餘座，並造

30　丁曰健，《治臺必告錄》，臺文叢17，頁478。
31　丁曰健，《治臺必告錄》，臺文叢17。
32　丁曰健，《治臺必告錄》，臺文叢17，頁479。
33　丁曰健，《治臺必告錄》，臺文叢17，頁480、482。
34　ⓐ 丁曰健，《治臺必告錄》，臺文叢17，頁479。ⓑ 看頂今址，參見洪敏麟主編，《草屯鎮志》，頁885-886。

有銃櫃砲臺，丁曰健乃佈署攻莊兵力。丁氏本人督軍攻其中堅，而分遣各路軍攻北勢湳之西、東兩面，並派兵由黑水大溪（烏溪）攻其後路。[35]

同治三年十一月二十七日起，清兵開始進攻北投莊。經迭次鏖戰，清兵攻取篙仔園、上茄苳、下茄苳等地，並毀牛崎崎一帶洪氏銃櫃。接著丁曰健命義首、勇首由距離洪氏據地最近之兩抱竹銃櫃內開挖兩處地道，直通北勢湳莊內。[36]

在受困時，洪瑤曾遣人赴萬斗六、舊社、石頭埔、番仔田等地求助於洪姓族人。萬斗六（在今霧峰鄉）股首洪戇古回報，促洪瑤堅守待援，但信差均經清軍截獲，並由此得知洪欉已斃，清兵士氣一振。[37]眼看外援不至，同治三年十二月十三日，洪瑤又潛往新莊，號召族眾救援北勢湳。[38]

同治三年十二月二十日，清軍守備鄭榮攻陷牛崎崎要隘。至此，北勢湳糧盡援絕，且地道已築成，清軍乃發動最後之攻擊。由於洪瑤已赴新莊求援，北勢湳群龍無首，內部驚慌。[39]同治三年十二月二十一日丑刻，清兵引發地道之火藥，直轟洪氏宅。丁曰健又令各軍鎗砲火箭齊射，並令各軍急攻，破北勢湳。洪黨大潰四散，僅殘餘逃入深林中。[40]

十二月二十二日，丁曰健查看洪宅，尋覓洪欉屍棺，並緝捕洪瑤。隨即捕獲洪瑤，經訊供後，以極刑處死，傳首示眾。洪欉屍棺亦

35　丁曰健，《治臺必告錄》，臺文叢17，頁479。
36　丁曰健，《治臺必告錄》，臺文叢17，頁480。
37　丁曰健，《治臺必告錄》，臺文叢17，頁480。
38　丁曰健，《治臺必告錄》，臺文叢17，頁482。
39　丁曰健，《治臺必告錄》，臺文叢17，頁480-481。
40　丁曰健，《治臺必告錄》，臺文叢17，頁481。

在洪宅後竹林最深處掘出，經開棺驗明，「戮取首級，寸礫其屍」，並予以火焚，首級則傳示被擾地方。[41]

　　丁曰健因舊社等莊曾豎旂響應洪璠，乃派鄭榮、王楨、張顯貴、凌定邦等人，率勇赴萬斗六、舊社、石頭埔、番仔田等莊共二十八處，會集該地紳團進剿。結果搜獲洪戇古、洪熊、洪江水、薛元、紀業等31名，均訊明斬決。[42]

　　至此，北勢湳之役告一段落，丁曰健並請獎有功人員。[43]內包括凌定國族弟凌定邦（藍翎儘先都司），及臺籍人士林鳳池（內閣額外中書）、洪鍾英（廩生，洪氏族人效力清廷者）等。[44]

　　據以上資料，北勢湳之役可謂是丁曰健一人領導之功。然而，事實不盡如此。

第二節　林家在北勢湳之役的角色

　　依丁曰健之奏報，彼一人指揮北勢湳之役，其後又分兵攻萬斗六、舊社等莊二十八處，獲股首洪戇古等人。但根據筆者新獲之林家資料，在攻剿洪氏之役中，丁曰健曾尋求林文明之助力。以林文明為首的林氏族人在此役中，提供二項助力：一是，間接助攻北勢湳；二

41　ⓐ 丁曰健，《治臺必告錄》，臺文叢17，頁482-483。ⓑ 洪氏後代亦流傳著此役戰況，如官兵如何自烏溪底攻上，王姓帶兵官（當是王春）自山上攻下等。訪自1985年9月21日新庄洪番薯老先生。

42　丁曰健，《治臺必告錄》，臺文叢17，頁483。

43　ⓐ 丁曰健，《治臺必告錄》，臺文叢17，頁484-489。ⓑ 同治4年2月29日批丁曰健摺，臺灣銀行經濟研究室編，《清穆宗實錄選輯》，臺文叢190，頁91。

44　丁曰健，《治臺必告錄》，臺文叢17，頁485-488。

是，林文明率勇攻破萬斗六一帶洪氏村莊。但奇怪的是，丁氏之捷報
奏摺中隻字未提，受獎官民名單中也未列林氏族人。箇中消息，耐人
尋味。以下將予敘述、探討。

一、林文明之間接助攻北勢湳

　　在丁曰健圍攻北勢湳之役中，林文明至少提供二項協助，一是
應召提供大炮一尊助攻；二是率勇於喀哩莊、六股等地，堵截北勢湳
洪氏之外援。

　　在同治三年十二月十四日，丁曰健大舉進攻北勢湳時，曾移文
向林文明調借大炮四尊至看頂大營，內稱：

> （北勢湳）藩籬已破，內穴仍堅，溝險巢深，銃櫃林立。我軍
> 地廣營多，雖有大炮數尊，尚屬不敷應用……。茲內山阿罩
> 霧，前經林提軍（即林文察）紮營，存有大炮四尊，堪以轉運
> 看頂大營，以茲應用而壯軍威。[45]

同治三年十二月十五日，林文明回稱，林文察所留大炮只有三尊，而
彰化縣令張世英攻馬轔潭時已調借二尊，尚未歸還，只餘「大將軍天
字號」一尊可供借，請派夫前來解送。林文明不但願提供大炮一尊助
攻，而且進一步要求斷絕洪氏之外援。他在咨文中稱，洪欉已死，而
北勢湳仍頑抗之因，乃恃張、廖二姓族人互為犄角，彼此勾通救援；
其人員之往來大多駐宿於喀哩莊（今臺中縣烏日鄉北里村）。他請示

45　「欽加二品頂戴按察使司銜福建分巡臺澎兵備道兼提督學政統辦全臺軍務丁
　　曰健，移文保陞儘先協鎮林文明」，〈訟案〉（二），頁1-2。

丁曰健是否應率義首、紳士從中截拿？[46]

　　同治三年十二月十六日，丁曰健不但同意林文明之請求，而且進一步要求率帶丁勇，進攻萬斗六、險圳（在今草屯鎮茄荖山附近）一帶。移文中稱，北勢湳在新莊、牛崎崎之外援已絕，但仍有一漏洞，即烏溪「溪底險圳，可通萬斗六，內山匪徒藉以出沒，必須斷絕接應」，促請林文明「傳諭各莊紳、耆、總、董、義首等，率帶莊丁，出紮萬斗六、險圳一帶」，以便截拿「往助洪逆」之「匪徒」，並勉其督促紳耆義首，認真剿辦。[47]丁、林雙方原本勢同水火，如今似已水乳交融、合作無間了。原因不外各有所求，丁氏欲早日建功，而林家則圖乘機消滅洪姓族敵。

　　十二月十八日，林文明向丁曰健提報義首名單，計有：溪心林水盛、九張犁林款、石螺潭林大茂、林田中、樹仔腳林金裕、五張犁林金謁、頂廓莊林呼、草湖林金宇、柳樹湳李秋眉。[48]由彰化縣族間對抗之盛行看來，這些地方頭人必與林家有共利關係，因而加入抗洪陣營。

　　此外，彰化縣令張世英也在同治三年十二月十七日移文林文明，稱「草湖莊漏逆林泉，即林用，復敢附合洪逆，抗拒官兵」，請其開列各莊頭人姓名，以便「轉飭截堵援逆各匪」。[49]（參見文書1）十八日，林文明覆文稱「林泉早已逃移在四莊內，毋住草湖」，因此

46　ⓐ 林文明移文丁曰健，〈訟案〉（二），頁3-4。ⓑ 險圳築於乾隆年間，在北勢湳溪底引烏溪水灌溉北投。
47　林文明移文丁曰健，〈訟案〉（二），頁5-7。
48　林文明移文丁曰健，〈訟案〉（二），頁8。
49　即補分府署彰化縣正堂加五級、紀錄十次張，移文林文明，〈訟案〉（二），頁9。

只開具各莊頭人名單回覆。[50]按林泉之事，內情頗複雜，日後控訴林文明之主角即林泉之弟林應時，詳情後敘。

同治三年十二月十八日，丁曰健因恐公文往來耽擱，乃先行趕辦札諭十道，交由林文明自行填列義首紳耆姓名，以便即日率帶莊丁，駐紮要地，「堵截各犯」，並確定進剿日期，以期同時會攻北勢湳。[51]

林文明接文後，於十二月十九日，覆文稱，萬斗六、險圳與阿罩霧「相隔數莊」，且係僻路，途中「銃櫃重疊，關山難越，未易一朝襲取」。因此，林文明暫時只能把守樹仔腳、五張犁、溪心壩、石螺潭、柳樹湳等莊，防範洪氏黨人潛越喀哩莊，進入下茄荖、北勢湳之洪氏巢穴；再俟機進紮萬斗六一帶。[52]

二、林文明攻破萬斗六一帶洪氏村莊

在丁曰健指令下，林文明自同治三年十二月二十日起進攻六股、舊社、萬斗六等地之洪氏之村莊，以配合丁氏對北勢湳之總攻勢。（參見圖2）

六股之進駐（同治三年十二月二十日）

同治三年十二月二十日，丁曰健對北勢湳發動最後攻擊，林文明亦奉檄進攻萬斗六地區之洪氏村莊。當日正午，林文明點齊得力莊丁二百名，於二更時分（夜九至十一時）進駐六股莊，牽制洪氏族人。但萬斗六「銃櫃重疊，哨探未深」，林文明不敢輕進，移文請示

50　林文明覆張世英，〈訟案〉（二），頁10。

51　丁曰健移文林文明，〈訟案〉（二），頁11-2。

52　林文明咨丁曰健，〈訟案〉（二），頁13-14。

丁曰健是否進軍攻莊。[53]十二月二十二日，丁曰健諭林文明立即攻萬斗六，林文明乃募精勇四百名會攻。[54]

同治三年十二月二十五日，林文明又請求丁氏撥發令箭、鉛藥，以便進攻萬斗六等莊。丁氏即於二十六日差弁撥送火藥八桶、鉛子四包至林文明處，但稱令箭無多，不敷發送，而前次移文中有「督同各頭人堵截」字樣，「足資彈壓眾心」。[55]顯然，丁氏不願林文明藉機擴大兵權。

十二月二十六日，林文明收到鉛、藥，並將捕獲之現犯八名，生擒一名，及續擒之洪璠先鋒洪古一名，共十名，派差弁解赴丁曰健行營訊辦。[56]（參見文書2 ⓐ）按洪古即洪戇古，乃洪氏渠魁之一，據聞常斷人水源，無怪林文明立予捕拿。

同日，林文明以雖被委用攻剿萬斗六，但為恐「將來易生嫌隙」，咨請丁曰健「派撥幹員，拔隊會同攻擊，以杜嫌疑」；並請示萬斗六莊攻破後，應駐紮兵勇或應焚燬。[57]（參見文書2 ⓑ）林文明似已察覺丁曰健對他的疑忌，故有此請。

丁曰健對林文明之解送洪古等十人，表示激賞，同治三年十二月二十六日函稱「足見軍政嚴明，辦理妥速，莫名欽佩」。但對林文明請求派員會剿一節，丁氏稱「現在分紮外莊多處，兵勇已不敷勻撥」，無法遣派。並指出「萬斗六係洪逆黨與著名要地，人所共知」，因此，不必避嫌，要求林文明乘勢攻莊；並指示攻下後之處置方式為

53　林文明咨丁曰健，〈訟案〉（二），頁156。

54　同治4年，丁曰健飭知事，〈訟案〉（二），頁2。

55　同治3年12月26日辰刻，丁〈訟案〉（二），頁17。

56　林文明移文丁曰健，〈訟案〉（二），頁18-19。

57　林文明移文丁曰健，〈訟案〉（二），頁19-20。

「大匪住屋焚燬，平民被脅者從寬免究，嚴禁外莊搶擄」。[58]（參見文書2ⓒ）

舊社莊之攻佔（同治三年十二月二十七日）

　　林文明率勇順利紮駐六股後，繼續向萬斗六地區推進。同治三年十二月二十七日二更時，他率領職員林文鳳（堂弟）、總帶林廷棟、協帶林瑞麟，以及勇首、莊丁，分三面用火進擊，攻占舊社莊尾之四座竹圍，斬股首等二名，捕獲洪玉之弟一名，其餘逃走。[59]

萬斗六莊之役（同治四年，正月八至九日）

　　過農曆年後，林文明又率勇攻萬斗六莊。同治四年（1865）正月初八夜，派隊明襲暗攻。九日，攻破萬斗六，陣擒洪和尚，斃敵甚多，殘餘潛從山上逃往平林（今南投縣草屯鎮平林里）一帶，追趕不及。林文明乃焚燬萬斗六、土城、番社等處「逆窠」，並派隊搜索殘餘。[60]同日，林文明報捷音至丁曰健處。[61]當時丁曰健師次南投，於同治四年正月初十午刻接訊後，立即覆函稱「逖聽之餘，不勝欣甚」；並推崇林文明「謀勇超群，所向克敵，欽佩奚似」。丁氏又稱殘餘未竄往平林，仍在附近村莊，望林文明發揮其「長才」，「乘勝窮搜極捕，共滅餘氛」。[62]至於萬斗六莊應駐紮或撤隊，丁氏表示委由林文

58　同治3年12月26日申刻，丁曰健致林文明函，〈訟案〉（二），頁17-18。

59　林文明咨報丁曰健。此件未列日期，推測當是12月28日，〈訟案〉（二），頁21-22。

60　ⓐ 同治4年1月10日，丁曰健予林文明文，〈訟案〉（二），頁23。ⓑ 同治4年2月6日，林文明予臺灣知府陳懋烈移文，〈訟案〉（二），頁29。

61　同治4年1月10日或11日，林文明予丁曰健文，〈訟案〉（二），頁24。

62　丁曰健予林文明文，〈訟案〉（二），頁23。

明「察看情形，自行裁酌」；而平林各莊，則由其本人「派隊密捕」。[63]（參見文書3）

　　林文明奉諭後，派儘先外委林成功、林瑞麟等，率勇至各莊搜捕餘黨。當時，餘黨逃散者仍多，如馬潾潭之廖友有、賴厝廓之賴阿矮、鎮平莊之陳榮林、山仔頂之陳仁等處，均有餘黨逃往依附。林文明乃請丁氏准予乘勝進剿。[64]

　　萬斗六之役中，林家之另一大功是同治四年正月十六日之擊斃洪軍元帥洪花。[65]按洪花與妻李氏乃悍將，據稱戴萬生攻斗六時，洪花與李氏騎馬上陣，衝鋒陷陣，兇悍無比。[66]關於斬殺洪花夫婦事，林文明與丁曰健之報告頗有出入，隨後再補敘。

北勢湳之役的善後

　　丁曰健攻破北勢湳後，轉赴南投，督兵分赴水沙連、溪州、北投等地搜捕殘餘。計捕獲股首莊明德、廖阿螺及屢與官軍接仗之洪欉胞兄洪狗、胞姪洪盞、洪竃等人，均分別正法。[67]

　　同治四年一月十六日，丁曰健由內山移駐彰化縣城。[68]同治四年一月十七日，移文林文明稱，叛首洪欉、洪璠均已處極刑，目前一面搜捕殘餘，一面妥辦善後，要求林文明將其駐於萬斗六等處之精勇

63　丁曰健予林文明文，〈訟案〉（二），頁23-24。

64　林文明，「為咨請剿滅以靖地方事」，〈訟案〉（二），頁24-25。

65　林文明，「為遵諭殲除解送鑒事」，〈訟案〉（二），頁26-27。本件未列日期，當為同治4年正月16日。

66　丁曰健，同治4年2月13日奏，「乘勝嚴督各軍分路搜挐，並查辦善後事宜暨凱旋妥籌防海情形摺」，《治臺必告錄》，臺文叢17，頁492。

67　丁曰健，《治臺必告錄》，臺文叢17，頁492。

68　丁曰健，《治臺必告錄》，臺文叢17，頁492。

「即日遣撤」，「以安生業」。[69]

　　同治四年一月二十八日，丁曰健自彰化起程返府城；二月二日抵達。丁氏除奏報戰果外，並飭令臺灣知府陳懋烈辦理北勢湳之役的善後工作，如招撫失業窮民歸莊復耕，及對應查抄入官之叛產，籌議如何開設屯田等。[70]

　　對善後問題，林文明亦擔任重要角色。同治四年二月六日，林文明移文知府陳懋烈商議並請示二大善後問題：

（一）**叛產問題**：林文明指出「洪逆罪大惡極，既已擒殺焚燬，凡有家產，亟應查抄入官」。[71]他也報告洪氏叛產情形，內稱北勢湳距其紮營處較遠，無法查報洪欉、洪璠兄弟田產有若干，至於駐營所在地的六股、舊社、萬斗六、土城、番社等五莊，洪璠、洪欉、洪花等置有田租千餘石與民耕種，故依附洪氏，抗官拒捕，在洪氏被誅後，各佃逃逸。[72]另外，「被洪逆霸佔抄封及良民田業」，因現有原佃「具請暫回耕作」，林文明請陳知府裁決辦理方式。[73]

（二）**治安問題**：因萬斗六一帶乃洪氏餘黨「出沒要處」，而原佃民又欲歸莊復耕；一旦撤營，安全可虞，林文明提議先僱勇百名，分紮要隘。然而僱勇守紮，須「口糧月價」，「無從開銷」，難以久駐，他請求該地文武官員到地彈壓，以便解散僱勇。[74]

勇餉多年來一直是林家與官府不和的原因之一 [74] 其後，臺灣知府委

69　丁曰健移文林文明，〈訟案〉（二），頁28。

70　丁曰健，《治臺必告錄》，臺文叢17，頁494。

71　林文明移文臺灣知府陳懋烈，〈訟案〉（二），頁29-30。

72　林文明移文臺灣知府陳懋烈，〈訟案〉（二），頁30。

73　林文明移文臺灣知府陳懋烈，〈訟案〉（二），頁30。

74　林文明移文臺灣知府陳懋烈，〈訟案〉（二），頁30-31。

由林文明管萬斗六叛產，可能含有酬償之意。然而，此事又加深了林
家與族敵間的衝突，並成為官府壓制林家的理由之一。（後敘）

三、丁曰健之壓抑林文明

　　由上可知，在北勢湳之役中，林文明立下不少汗馬功勞，然而
在丁曰健之奏報中卻未見隻字，丁氏似有用其勇而沒其功之嫌。

　　首先，丁曰健言行不符，自相矛盾。如前所述，丁曰健既以本
地人剿「本地之賊」會滋生嫌隙的理由，稟奏解除林文明之統兵權，
理當將此原則貫徹到底。但事實正好相反，在北勢湳之役中，丁氏屢
次徵召林文明助戰，並嘉許其戰功。而且，當林文明以本地人應避嫌
的理由，請求派員會攻萬斗六時，丁氏回稱「萬斗六係洪逆黨與著名
要地，人所共知，無所嫌疑」，促其獨力進擊。[75]既解其兵權，又私
自用其勇力，丁氏之人格似有瑕疵。

　　其次，丁曰健有隱匿林文明戰功之嫌。同治三年底四年初間，
林文明率丁勇攻入六股、萬斗六等地，立下不少功勞，然丁曰健之奏
報中未見片言。茲舉三例為證。（一）、同治三年十二月二十六日，
林文明將擒獲萬斗六股首（洪瑤先鋒）洪古（戇古）等十人解交丁曰
健，[76]功勞不小。丁曰健回文盛讚其「軍政嚴明，辦理妥適」，表示
「莫名欽佩」；但在十二月二十七日之奏摺中，丁氏僅稱派員率勇赴
萬斗六、舊社等處、會集紳團，而捕獲股逆洪戇古、洪熊、洪江水等
人。[77]（二）、林文明在同治四年正月八日至九日攻下萬斗六等莊，

75　同治3年12月26日申刻，丁曰健移文林文明，〈訟案〉（二），頁18。

76　同治3年12月26日申刻，丁曰健移文林文明，〈訟案〉（二），頁18-19。

77　丁曰健，「親赴彰化內山督軍剿滅全股踞逆摺」，《治臺必告錄》，臺文叢
　　17，頁483。

丁曰健亦回文讚其「謀勇超群，所向克敵」，「欽佩奚似」。[78]然而，同樣地，丁曰健之摺亦不提及。[79]（三）、最明顯之例是擒殺洪氏元帥洪花夫婦之事，茲補敘如下。

　　據同治四年二月十三日丁曰健之奏摺稱，洪氏族人中以洪花夫婦在臨陣拒敵時，最稱兇悍，萬斗六莊破後，潛於該莊之坪林山頂地方，乃飭王楨、鄭榮等率勇，約會紳團圍拿而予以擊斃。[80]摺中稱擊殺經過是：

> 洪花潛逆在坪林山頂竹圍之內，經該員等（王楨、鄭榮）會合在籍都司林廷棟、外委林成功、職員何春林、義首林瑞麟等疊次圍捕，該逆竟率死黨抗拒。迨經我軍施放火箭焚燒逆屋，該逆奔出，被我軍用鎗刺斃，割取首級。其妻李氏逆赴萬斗六山後，併經我軍追獲，亦因身受傷甚重，梟取首級，先後解驗。[81]

據上摺，林家人與洪花夫婦之圍斬無關。然而，據同治四年正月十七日（？）林文明予丁曰健之報告，顯示洪花乃林文明率林文鳳、林瑞麟、林廷棟等人在同治四年正月十六日夜間所攻殺，並解往丁曰健處的。咨文中對擒斬經過有相當詳盡的描繪，茲錄之如下：

> 本月拾六早，查逆首洪花於十五夜，潛從平林山頂奔回賊藪屬實。敝協（即文明）誠恐復被逃脫，隨點義首林瑞麟等，合帶

78　同治3年1月10日，丁曰健移文林文明，〈訟案〉（二），頁23。

79　丁曰健，《治臺必告錄》，臺文叢17，頁491-492。

80　丁曰健，《治臺必告錄》，臺文叢17，頁492-493。

81　丁曰健，《治臺必告錄》，臺文叢17，頁493。

丁勇二百名截賊外路。追晚即令堂弟同知銜林文鳳、儘先都司
林廷棟等，遴揀得力親勇八名，暗將竹圍割空。子刻（午
夜）敝協親督林文鳳、林廷棟等，各帶親勇掩軍縶入，放火焚
燒賊巢。時火焰張天，該逆洪花惶恐走出，剛被林文鳳部勇
五、六名截住。不料洪花梟驁非常，拼命衝開，險些逃脫。幸
林文鳳用鎗刺倒，即將首級割取，其餘黨翼拼命竄逃，尾追莫
及。容俟另行搜捕，以期報效。合將逆首洪花首級一顆，專遣
儘先外委林成功解送憲轅（即丁曰健處），以憑鑒驗示眾。[82]
（參見文書4）

相較之下，林文明之咨文較詳細，有日期、時間與經過之細述，且指
明洪花係由林文鳳「用鎗刺倒」，經斬首後，派林成功將首級解赴丁
曰健處。此外，洪花之妻李氏亦林文明軍所擒殺的。同治四年二月六
日，林文明予臺灣知府陳懋烈之文中，稱「殺斃偽二元帥洪花全逆婦
李氏各一名」，並且「均梟首後」，解赴丁曰健道臺處。[83]然而，丁氏
奏摺卻相當籠統，僅稱洪花「被我軍用鎗刺斃」，李氏「經我軍追
獲……梟取首級」。洪花夫婦既是丁氏心目中的悍將，予以擊斃乃一
大功，何以未明言是何人所為？很顯然地，丁氏不願將林文明、文鳳
立功之事呈報。

事實上，萬斗六之役係林文明所主導的，而洪氏又是林家族
敵，其必全力以赴當可理解。而其時丁曰健之軍在烏溪之南，衡之常
情，不可能越溪參與萬斗六之役。因此，丁曰健似難脫隱沒林氏族人

82　林文明，「為遵諭殲除解送鑒驗事」，〈訟案〉（二），頁26-27。
83　林文明，「為移請示覆事」，〈訟案〉（二），頁29。

功績之嫌。更甚者，丁曰健之「保獎清單」中之眾多請獎人員中，獨不列林文明、林文鳳，更啟人疑竇。[84]事實上，民間亦有丁曰健冒林文察（或林文明）之功的傳聞。[85]

　　丁曰健之所以隱沒林氏族人之功，除了長年宿怨外，另有一不得已的理由。原來，他曾以本地人為避嫌，不應「平本地之賊」的理由，稟請解除林文明之統兵權，如今卻自相矛盾，起用林家人，豈非犯了欺君之罪？因此，只好橫起心腸，全盤匿報林家參戰之事。

　　部分由於本身之戰功，部分由於匿報林文明等林氏族人之功，丁曰健獲極大之榮譽、獎賞。同治四年四月十一日，清廷因丁曰健攻破北勢湳，又捕獲洪欉胞兄洪狗等，及斃「悍賊洪花」夫婦之功，賞予布政使銜。[86]五月二十日，丁曰健奉到諭旨，[87]為感謝皇恩，乃上一「賞加布政使銜謝恩摺」，頗為自得。[88]

　　由於萬斗六之役有此複雜之內情，丁氏似縱容林家自其族敵取得某些經濟利益，以為酬償，例如私佔叛產等。於是丁氏、林家、林家族敵三者間的複雜關係導引出清代臺灣最嚴重的官紳衝突、紳民衝突以及官民夾擊鄉紳之一連串事件。（後敘）

84　丁曰健，「親赴彰化內山，督軍剿滅全股踞逆摺」，《治臺必告錄》，臺文叢17，頁484-491。

85　據月眉厝龍德廟一耆者所言。按丁曰健在北勢湳之役後，在此立有「刑期無刑」匾，參見林文龍，〈刑期無刑匾及其他〉，《臺灣風物》（臺北），27：1（1977.3），頁117。匾與匾文見洪敏麟主編，《草屯鎮志》，頁810、877。

86　ⓐ 臺灣銀行經濟研究室編，《清穆宗實錄選輯》，臺文叢190，頁93。ⓑ 丁曰健，《治臺必告錄》，臺文叢17，頁510-511。

87　同治4年4月11日上諭，〈訟案〉（二），頁36。

88　丁曰健，《治臺必告錄》，臺文叢17，頁510-511。

第三節　林文明與戴案殘餘之平定——洪益、張阿乖

同治四年（1865）正月十日，林文明攻破萬斗六後，請求丁曰健准予續剿殘餘黨徒。他指出「廖友有盤踞馬凌潭（即馬瑞潭）、賴阿矮負嵎賴厝廊、陳榮林久抗鎮平莊、陳仁死拒山仔頂」（均在今臺中市及其鄰地），均應剿除。[89]林文明提出此議，當有藉機翦除族敵之意，如賴阿矮即與林家有隙。丁曰健如何回應，因無資料，無由得知。但此後，林家人顯然仍參與平定殘餘之工作，在平定嚴辦、呂梓之役與洪益、張昆之役中，分別立功。

一、嚴辦、呂梓之平定一二重溝之役

嚴辦、呂梓乃同治元年戴案發生時之嘉義股首，嚴辦曾受元帥之職，[90]呂梓亦受封為總制大元帥，但一度降清效力。[91]同治四年二月初，在逃之嚴辦潛回嘉義，搶劫水堀頭等莊，並勾結呂梓在二重溝抗清。後經嘉義營、縣與紳團之圍剿，陣斬嚴辦（當在二月十三日前）。[92]

89　ⓐ 林文明移文丁曰健，〈訟案〉（二），頁25。ⓑ 地名今址，參洪敏麟，《臺灣舊地名之沿革》，冊二下，頁45、43、49等。

90　丁曰健，同治4年2月13日奏，「潛回股首嚴辦，勾結搶匪滋事片」，《治臺必告錄》，臺文叢17，頁495。

91　丁曰健，「剿滅嘉義二重溝逆巢並會同籌辦防海事宜摺」，《治臺必告錄》，臺文叢17，頁497。

92　ⓐ 丁曰健，《治臺必告錄》，臺文叢17，頁495。ⓑ 丁曰健，「剿滅嘉義二重溝逆巢，並會同籌辦防海事宜摺」，《治臺必告錄》，臺文叢17，頁498。又，吳德功與蔡青筠稱嚴、呂在三月豎旗二重溝，見吳德功，《戴施兩案紀略》，臺文叢47，頁53-54；蔡青筠，《戴案紀略》，臺文叢206，頁58。但丁曰健2月13日之奏片稱已斬嚴辦，故暫以官書為準。

嚴辦死後，其餘黨逃往二重溝，依附呂梓。丁曰健飭令當地文武，迅速進剿。清軍自二月二十二日起開始進攻，迭有斬獲。但因二重溝堅固，呂梓將兵猛悍，甚至有女將謝秀娘、王大媽。直至四月二日清兵方攻破二重溝，呂梓逃逸，十二日在布袋嘴被捕處死。[93]

據《戴案紀略》，林文明亦曾參與二重溝之役。據稱，清軍在進攻二重溝時中伏大敗，丁曰健檄調林文明催兵助戰。官軍大集後，四面進攻，陣斬嚴辦，呂梓逃至布袋嘴，為蔡沙誘拿而沈之于海。又，女將王大媽、謝秀娘，猛悍異常，殺出重圍，清兵不敵，適逢林文明前鋒林烏狗衝到，接戰。但林烏狗亦不敵，正欲逃時，忽聞嚴辦已死，乃反敗為勝。[94]此段記載與丁曰健之奏報略有出入，不知可信度如何。如基本事實不假，則林文明再一次奉丁曰健之召，參與平定工作。

二、洪益、張昆（張阿乖？）之平定

洪欉另有一弟洪益，猛悍異常。同治元年九月間，戴黨攻破斗六營盤時，他是割取總兵林向榮、副將王國忠等人首級的勇將。北勢湳之役時，洪益疊次執旗對陣，殺傷官兵。北勢湳破後，洪益逃入番社，接任北王，繼續抗清。[95]據聞清軍追至龜子頭（今南投縣國姓鄉

93　ⓐ 丁曰健，《治臺必告錄》，臺文叢17，頁498-500。ⓑ 蔡青筠，《戴案紀略》，臺文叢206，頁58；吳德功，《戴施兩案紀略》，臺文叢47，頁54-55。內稱此等女將均驍悍，尤其是王新婦之母王大媽，能挺18斤長刀，作旋風舞，「壯士二十人不能近」。

94　蔡青筠，《戴案紀略》，臺文叢206，頁59-60。

95　丁曰健，同治5年4月28日奏，「會奏妥籌善後摺」，《治臺必告錄》，臺文叢17，頁513-514。

福龜村），擒洪狗等人，但遭洪益數次督陣拒敵，未能深入。[96]丁曰健稱「此害不除，彰化諸事掣肘」。[97]原來埔里以 Hoanya 之 Arikun 族居領導地位，其故地在北投，與洪氏關係密切。[98]洪欉素通番語，早在該地墾田耕種，聲勢極大，故洪氏族人有難即逃入埔里。例如，同治二年年底，曾玉明亦僅追擊洪欉至龜子頭而止。[99]洪益自不例外，甚至以此為根據地，圖謀再舉。

洪家乃林家之族敵，林文明於公於私，均不會輕易放過，因此，對洪益之動向極為注意。同治四年正月，林文明率精勇四百名，攻破萬斗六地區洪氏村莊後，並未裁撤所有丁勇，仍然雇用一百名，駐紮於萬斗六、舊社、土城、番社、六股等五莊，以防洪族殘餘遁回再舉，並報請臺灣知府派遣文武官員到地接管後，方遣散丁勇。[100]林文明駐勇於萬斗六地區，可能亦有藉機壓制洪族，甚至謀取經濟利益之動機。日後林文明被控佔產或迫賣田產等罪名，即是萬斗六之役期間之事。

的確，洪家在北勢湳、萬斗六有巨大利益，不可能忘懷。同治四年三、四月間，洪益又竄至揀東上堡一帶，招集陳鯡、王仔春、陳仁、林泉、張九齡、江雲等餘黨，在馬崗厝、神岡莊、圳頭等地，搶劫商販，其間亦有蓄髮圖謀抗清者，並有挾怨報仇之意。同治四年九

96　劉枝萬，〈南投縣革命志稿〉，《南投文獻叢輯》，冊七（南投：南投縣文獻會，1959），頁60-61。

97　丁曰健，《治臺必告錄》，臺文叢17，頁513。

98　劉枝萬，〈南投縣革命志稿〉，《南投文獻叢輯》，冊七，頁64。

99　《軍機檔》，96839號，同治3年4月13日，曾玉明奏「為逆匪復擾彰化縣城，連夜分隊往援解圍，暨擒獲股口，會師剿捕各情形摺」。

100　同治4年4月15日，林文明移文北路協、臺灣府、彰化縣，「為移請查挐懲辦，以絕根株事」，〈訟案〉（二），頁32。

月八日，洪益糾集黨徒八百多人，從犁頭店（在今臺中市）潛至客哩莊（在今烏日鄉）林海瑞處，合謀欲自烏溪底攻紮北投大堀王竹圍（在番子田，即今草屯鎮新豐里），為林文明派駐六股等地的精勇所探知。林文明因眾寡懸殊，不敢堵截，只能飛報大堀王等處，促加強戒備。洪益黨人圍攻不下，被銃斃、殺傷者甚夥，乃四散分逃，群聚於馬崗厝（在今臺中縣大雅鄉三和村）林泉處。林文明深恐死灰復燃，同治四年四月十五日，移文北路副將湯得陞及臺灣府、彰化縣，請求會剿。[101]

同治四年冬初，洪益勾結前先鋒張阿乖，糾集黨夥數百人搶割稻穀；接著攻破粿仔寮，佔紮石城仔等莊（當在今草屯鎮），黨羽日眾，並盤踞莊內，深掘濠溝，建造銃櫃，殺義首洪三統一家人，「意圖死灰復燃」。[102]丁曰健以該地「山路崎嶇，並通番界」，實有賴洪氏頭人幫拿，乃令候選訓導洪鍾英、武生洪青選等選派族丁，於十月十五、十六等日，隨同代理彰化知縣韓慶麟、北路協副將湯得陞、守備葉保國進剿。大隊由粿子寮莊進兵，出其不意攻入，連破二十餘莊。越日，又紮牛峙崎，斷其外援、糧道，並由前、後分兵夾攻。洪益不敵，乘夜竄至近番昇之龜子頭，清軍追至平林，與洪青選義勇合拿，擒住洪益。經訊明後，在軍前凌遲處死。[103]

據林文明日後之呈詞，他也曾助平洪益之擾。他說，洪益再起後，北勢湳復為所踞，張世英、韓慶麟二縣令相繼親臨攻剿；他督同

101　ⓐ 同治4年4月15日，林文明移文北路協、臺灣府、彰化縣，「為移請查拏懲辦，以絕根株事」，〈訟案〉（二），頁32-33。ⓑ 地名參見洪敏麟，《臺灣舊地名之沿革》，冊二下，頁47-48、131、449、101。

102　同治5年4月28日，丁曰健，「會奏妥籌善後摺」，《治臺必告錄》，臺文叢17，頁513。

103　丁曰健，《治臺必告錄》，臺文叢17，頁513-514。

堂弟林文鳳等派勇協剿，運助鉛、藥（軍火），前後供應將近一年，同治四年十二月間，洪益終告就擒。[104]同樣，林家族人的表現未見諸丁曰健之奏摺。

清軍又繼續攻入內山，同治五年二月間，生擒洪老義。洪老義曾任戴萬生元帥，同治元年攻陷彰化城；三年三月，又欲豎旗攻莊，並勾結洪益復仇。被捕後，凌遲處死。[105]

洪益之另一股首張阿乖原奉派往擾南北路，以牽制清兵。張阿乖曾竄至淡水廳內山鯉魚潭（今苗栗縣三義鄉鯉魚村），清兵結合番目夾攻，乃逃竄。其後，張阿乖率黨竄至與嘉義交界之水沙連東勢坑，攻搶林杞埔街（在今南投縣竹山鎮）。彰化縣斗六門都司林振皋率勇圍拿，當場格斃張阿乖等人。[106]

又據林文明呈稟，他在同治五年七月間擒獲張昆，解縣正法，地方乃安靖。[107]未知張昆是否是張阿乖，如是，林文明另立一大功，但丁曰健之奏摺亦未言及。

無論如何，林文明在平亂過程中頗有功績，但丁氏之「彙獎清單」均未列其名。[108]此顯示丁氏確有匿報林氏族人功績之不善意圖。

---

104 同治6年4月10日，林文明呈彰化縣稟，「為懼罪圖脫恃黨扛陷，懇請核案研訊，澈底究辦事」，〈訟案〉（五），頁3-4。

105 丁曰健，《治臺必告錄》，臺文叢17，頁515。

106 丁曰健，《治臺必告錄》，臺文叢17，頁515-516。

107 同治6年4月10日，林文明呈彰化縣稟，「為懼罪圖脫恃黨扛陷，懇請核案研訊，澈底究辦事」，〈訟案〉（五），頁4。

108 參查丁曰健，同治五年初所提「彙獎清單」，《治臺必告錄》，臺文叢17，頁519-534。

小結

　　本章顯示丁曰健與林文明官紳間之共利又相剋的關係。丁曰健一方面利用林家力量協助平亂，一方面又壓制它，使其無法出頭。而林文明一方面順從丁氏旨意，一方面暗中乘機消除族敵，擴張林家勢力與利益，建立獨霸中部的地位。官紳各懷鬼胎，各有圖謀，其後終究難免正面衝突，導致林家之挫折與林文明之慘死。

第三章　林家財勢之擴張
——地方王國之建立及其隱憂

　　林家在林文察死後，雖在宦途上未能進一步有所發展，然而藉著政治上的優勢，掌握變局，擴張財富，提升社會地位，而發展為臺灣最具實力的豪紳家族。

　　林家之躍起在臺灣官民間投下了不穩定的因子。它不但破壞了中部地區族與族間的勢力均衡關係，而且威脅到清廷與地方官府的權威利益，動搖了皇權→官權→紳權的權力位階金字塔，使其與官府間及與地方鄰族間的關係呈現緊張狀態，伏下了日後官、民聯手對抗林家之禍根。

第一節 經濟力量之擴張

傳統中國固然以科舉為任官的主要途徑，但事實上，財富亦扮演要角。財富除了提供富家子弟較佳教育機會與條件外，本身亦可成為出仕的工具（捐納為官），更是決定社會地位的重要依據之一。[1]此外，仕紳階級亦需相當數目的固定所得，以維持與其身分相稱的開支。例如地方上公益事業、救濟工作等的捐獻，均係士紳應盡的職責。[2]故中國官紳或明或暗，均追求其家族之財富的擴張。

臺灣的地方士紳或頭人亦不例外，甚至較大陸有過之而無不及。臺灣原是個移民社會，經濟取向強是其特徵之一。多數地方領袖藉財富的累積取得地方頭人的地位，進而效命清廷、結好地方官而取得一官半職或榮銜。[3]例如清水同發號楊家經乾隆至道光年間之經營致富後，族人出任甲首，並捐餉助軍，獻糧濟貧，同治年間，又募勇助官平戴潮春之亂，獲清廷獎賞，成為具有實力的地方領袖。[4]此類例子甚多，不贅舉。

此外，臺灣地方領袖即使已取得官職，仍重視經濟活動，以維持或擴大其影響力。此雖為多數社會之通例，但此種傾向在臺灣表現

---

1 參見 Ping-Ti Ho, *The Ladder of Success in Imperial China*（New York: Columbia University Press, 1964），p. 42；pp. 47-51。

2 Chung-li Chang, *The Income of the Chinese Gentry*（Seattle: University of Washington, 1962），pp. 211-213。

3 R. H. Myers, "Taiwan Under Ch'ing Rule, 1684-1895, the Traditional Society"，*Journal of the Institute of Chinese Studies of the Chinese Univ. of Hong Kong,* V. 2（1972），p. 445. 氏認為臺灣由於農商發展良好，生活較大陸好，致富較易，而有資力者常出任頭人。

4 楊玉姿，《清水同發號之研究》（高雄：復文圖書出版社，1988），頁104-105。

得特別顯著。[5]其因，一是臺灣致富的機會與管道較大陸多，臺人不一定須經升官的途徑才能發財。二是臺灣位屆邊陲，中央政府或省衙鞭長莫及，地方官又因各種理由苟且敷衍，導致公權力不張，地方頭人較易自由展現其理財本事。[6]

　　林家之經濟價值取向原本極強，而其所以能脫穎而出，打入官僚體系，擁有雄厚資產是原因之一，任官後自然不能忘情於財富之積蓄。再者，林家因與丁曰健等閩臺官員衝突劇烈，宦途暗淡，被迫進一步轉移目標於致富的工作。特別是在平戴潮春之亂時，林文明屢次被丁曰健壓抑，甚至冒功，心似不甘，更圖獲取實利以為補償。

　　由於以上理由，林家自同治初年後一反以往以捐資推進宦業之作風，轉而以官職協助擴張財富，強化紳權之經濟基礎。

　　林家擴張財富的方式大致可分為藉政治優勢之利得，田園之購買及其它經濟活動三項。

一、藉政治優勢之利得

　　任何權力（power）的運作都有某種程度的實際目的，即經濟利益之取得。[7]傳統中國，權與錢緊密相結，官員常假其權位，獲取私利甚或巨額財富。[8]林文察、文明兄弟任官後，亦不免於藉勢致富或維護己利之官場積習。茲舉四案說明。

5　蔡淵絜，〈清代臺灣的社會領導階層（1684-1895）〉（臺北：國立臺灣師範大學歷史研究所碩士論文，1980），頁81-82；279-280。

6　有關清代臺灣漢人的企業精神，參見溫振華，〈清代臺灣漢人的企業精神〉，《師大歷史學報》（臺北），9（1981.5），頁111-135。

7　全慰天，〈論紳權〉，見費孝通編，《皇權與紳權》（上海：觀察社，1948），頁123。

8　Chung-li Chang, *The Income of the Chinese Gentry*, p.196.

　　（一）**大里杙叛產租谷案**：同治三年間，林文明將應繳臺灣府之大里杙叛產租谷強行私收，引起林文明與丁曰健的另一項衝突。[9]此案涉及官府積欠林家勇糧事，內情不單純，下將補敘，在此不贅。然而，此至少證明，林文明藉其身分與助官平亂之功，得以保障自己權益。

　　（二）**罰捐**：清例，對罪行較輕之亂事參與者，可以罰捐餉銀抵罪。同治三年間，林文察因缺餉請准就地籌措，對某些戴案參與者處以罰捐。其後，丁曰健向總督指控林文察藉罰捐之名，謀取私利。[10]雙方各執一詞，難辨真偽。惟傳統中國，官僚常假藉職權，上下其手，幾乎可說是一種結構性的現象。因此，林文察藉籌餉之便，增進本族利益，當然極有可能。林家由此獲得多少私利，不得而知。罰捐案日後成了林家被控的罪名之一，其中以「林泉案」最重要，引發二林家間的長年纏訟。後述。

　　（三）**匿報叛產**：林氏族人在呈報抄封產時可能以多報少，從中獲利。同治十二年（1873），林應時在臺灣府指控林朝棟匿勘林日成、林豬母抄封產四千餘石。[11]如所控屬實，可證林家確有匿報叛產之事。

　　（四）**叛產之經營**：依清例，亂首除處刑外，財產須充公，列為叛產。在臺灣，叛產向由臺灣知府經營。其慣行方式是召勢豪為「佃首」，負責叛產之管理與叛租之徵收。戴潮春案自不例外，亂首之田

9　丁曰健，「為飭查事」，〈訟案〉（三），頁1-5。

10　ⓐ黃富三，《霧峰林家的興起》，頁326-327。ⓑ丁曰健，「稟督憲左宮保季高」，《治臺必告錄》，臺文叢17，頁583-584。

11　同治12年9月6日，林應時親供，〈訟案〉（十三），頁42。

園充公，由官府設立佃首，管理叛產。[12]其中萬斗六之叛產，交由林文明管理。此事內情複雜，略敘如下。

　　丁曰健於同治四年正月平定北勢湳後，即飭令臺灣府照成例辦理叛產事宜；並令其籌議開設屯田事。[13]由此看來，丁氏似欲以屯田制經營叛產，但不知其「屯田」之意為何？日後文件顯示，所行者仍為佃首制。據同治四年八月二十八日，丁曰健札飭臺灣府之文，稱：

　　　兹查此次抄封逆首戴萬生等田園，房屋共有若干？年收租銀谷各若干？坐落何處？何縣應完糧銀若干？招佃是何何姓名？<u>亟應委員候補布經歷黃培元，會同臺府督屬，認真確查</u>。[14]

可見有關叛產處理事，丁氏委由候補布經歷黃培元與臺灣知府陳懋烈督同屬下辦理。

　　戴案叛產之處理細節，因缺資料無從一一得知，惟萬斗六之洪氏叛產是委由林文明承辦的。原來林文明在同治四年正月攻下萬斗六洪氏村莊後，移文請臺灣知府陳懋烈派兵駐紮，並撥銀遣散其所募丁勇；陳知府卻將洪氏叛產交其辦理。[15]丁曰健與林文明本有嫌隙，何

12　ⓐ 陳盛韶，《問俗錄》（北京：書目文獻出版社，1983），頁133-134。ⓑ 連橫，《臺灣通史》，臺文叢128，頁183。ⓒ 原作者不詳，《新竹縣制度考》（臺北：臺灣銀行經濟研究室，臺文叢第101種，1961；原刊年不詳），頁96。

13　丁曰健，「乘勝嚴督各軍分路搜挐，並查辦善後事宜暨凱旋妥籌防海情形摺」，《治臺必告錄》，臺文叢17，頁494。

14　丁曰健札臺灣知府陳懋烈，〈訟案〉（三），頁1-5。

15　同治6年4月10日，林文明稟彰化縣令李時英，「為懼罪圖脫，恃黨扛陷，懇請核辦研訊，澈底究辦」，〈訟案〉（五），頁3。

以將萬斗六叛產事宜交由林文明辦理呢？據同治六年（1867）十二月
十五日林文明之稟，其原因是他「攻破洪花逆藪，熟悉地方」，而受
命辦理萬斗六叛產事宜。[16]但真正理由當是為酬庸其平亂之功；而
且，丁氏隱沒林文明之功，可能也有藉此補償之意。

　　對此項差事，林文明自是求之不得的。他隨即將萬斗六地區田
產逐一查勘，並繪製圖說，呈臺灣府查核。陳知府派委員葉、王、鄭
三人前來勘驗，並進行招佃耕墾工作。[17]但正當要招佃時，適逢洪益
復出竄擾，再據北勢湳，林文明與林文鳳隨張、韓二縣令率勇征
剿，以致未執行。[18]同治六年四月十日，林文明乃請示當時縣令李時
英裁決到底要「勘定叛產，招佃耕墾」，或歸還良民耕墾？[19]自上可
知，直至同治六年四月十日仍未招佃。至同治六年九月間，林文明又
稟辭佃首職，請求「另招別佃」，經理萬斗六叛產。[20]但直至十二月
下旬，似未招到，而仍由林文明負責叛產之管理。在此期間，林文明
之頭銜為「新案叛產總理」，負責叛產田租之徵收完納。[21]（參見文書5）
據同治八年（1869）十月二十七日彰化縣令王文棨所發出之諭，此項
叛產租谷額為一千石。[22]但不知此數是林文明積欠之租谷或是每年應

16　同治6年12月150，林文明呈葉宗元知府親供，〈訟案〉（五），頁63。

17　同治6年4月10日，林文明稟彰化縣令李時英，「為懼罪圖脫，恃黨扛陷，懇
　　請核辦研訊，澈底究辦」，〈訟案〉（五），頁3。

18　同治6年4月10日，林文明稟彰化縣令李時英，「為懼罪圖脫，恃黨扛陷，懇
　　請核辦研訊，澈底究辦」，〈訟案〉（五），頁3-4。

19　同治6年4月10日，林文明稟彰化縣令李時英，「為懼罪圖脫，恃黨扛陷，懇
　　請核辦研訊，澈底究辦」，〈訟案〉（五），頁6。

20　同治6年12月150，林文明呈葉宗元知府親供，〈訟案〉（五），頁64。

21　同治6年12月23日，葉宗元知府「諭新案叛產總理林文明」，〈訟案散件〉
　　（一），No. 5。

22　同治6年12月23日，葉宗元知府「諭新案叛產總理林文明」，〈訟案散件〉
　　（一），No. 5。

繳之額。

　　清代管理叛產之佃首（或總理）多為勢豪，常以溢收之叛產租自肥，故有利可圖。[23]然而，同治八年九月二十三日，林文明卻稟稱，他與堂弟林文鳳承辦抄封產，至同治七年（1868）時已累賠二千多石租了，[24]不知是情真抑只是藉口。無論如何，林家經管叛產成了日後洪氏族人控訴霸產的理由，也許林家有假藉職權、壓榨族敵以擴增本身田產之事。

二、田園之擴增

　　士紳階級除了仕宦有官餉、任教師有束修所得外，有餘力者通常投資於土地。其理由，一者因農業社會除土地外，投資管道少，故剩餘資金集中於田產之買賣。二者，田租所得雖不優厚，但田園通常是不毀損的，不須費心力經營的，而收入是恒久的、無風險的，極適合士紳之思想型態與生活方式。[25]三者，傳統社會重農抑商，田產之多寡亦象徵社會地位之高低。

　　林家原本即注意土地經營，咸、同年間打入官僚階層後，更藉職權之便，擴大田園之買賣。結果，在眾強族中脫穎而出，財雄一方，甚至可能發展成中部最大的地主。拙著《霧峰林家的興起》已述及咸豐十一年以前下厝林家與道光年間頂厝林家的經濟活動，[26]茲續述同治九年（1870）林文明遇害前林家之土地買賣活動。

23　陳盛韶，《問俗錄》，頁134。

24　同治8年9月23日，林文明呈彰化縣有關「萬斗六叛產」等親供，〈訟案〉（六），頁83-4。

25　Chung-li Chang, *The Income of the Chinese Gentry*, p.127。

26　參見黃富三，《霧峰林家的興起》，第二章第一至第三節、第三章第三、四節、及第五章第一節。

　　林家在林文明時代到底有多少田產，何時壓倒鄰族而發展為雄
峙一方的超級大地主，目前並無完整資料可供探究。日治初年（十九
世紀末），據估計林家有土地二千餘甲，年收租谷十二萬
石。[27]Meskill 教授估計，至1890年（光緒十六年）時，林甲寅三子之
支派（即定邦、奠國、振祥後代）共有田園近2,600甲，其中下厝（大
房）1,700甲，頂厝（二房）800甲，振祥系（三房）100甲。[28]可見，
一般估計，在日治前後，林家田產約為二千多甲。Meskill 氏又據日
治初年（1898-1903）土地申告書之資料，統計出林家田產佔各莊田
產總面積之比例分別為：旱溪莊35%，太平莊42%，內新莊56%，大
里杙14%，草湖莊18%，溪心壩30%，喀里18%，吳厝莊84%，霧峰
77%，柳樹湳92%，丁臺29%，萬斗六98%。[29]她又認為由霧峰附近
土地之高度集中於林家之手，而田產又多在族敵（洪氏、林氏）原居
地上，可證明林家取地之手段是武力的，而非買賣累積的。[30]換言
之，同治初年林文察、文明兄弟平戴萬生之亂時，趁機兼併族敵田園
而造成林家田產的大幅膨脹。[31]

　　林家藉平亂之職權，打擊族敵，壯大自己，大致是可信的。但
Meskill 氏以1890年代之「土地申告書」資料來推斷1860年代之林家
田產，頗有問題。第一、臺中地區林姓人口極多，來源不一，
Meskill 氏未加精確查核，即粗略地將林姓申告人歸為霧峰林家人，
顯有不妥。結果，林家在各莊之土地佔有率均被高估了。第二、以

27　《霧峯林家的研究》（臺大歷史系藏，口述歷史），頁8。

28　Meskill, *A Chinese Pioneer Family, the Lins of Wu-feng, Taiwan, 1729-1895,* p.233.

29　Meskill, *A Chinese Pioneer Family, the Lins of Wu-feng, Taiwan, 1729-1895,* p.141, 233.

30　Meskill, *A Chinese Pioneer Family, the Lins of Wu-feng, Taiwan, 1729-1895,* p.131.

31　Meskill, *A Chinese Pioneer Family, the Lins of Wu-feng, Taiwan, 1729-1895,* p.131.

1890年代之統計來推斷1860年代林家所擁有之田產，[32]亦有問題。據筆者所搜集到之林家地契，大量土地是在林文明遇害（同治九年，1870年）之後方入手的，可見1890年代之林家地產絕不能視同1860年代之地產。（此留待下冊書論述）

到底林家在林文明時代（1870年）以前，田產有多少呢？如何取得或經營呢？目前可供研判的資料有三，一是民間傳聞，一是訟案資料，一是地契。

戴萬生亂後，林家田產增加甚多，中部地區，民間盛傳林家兄弟帶兵平亂時，藉勢霸佔不少田園。[33]民間故事「壽至公堂」稱，林有田（文明）曾一夜間佔了十三個竹圍，而在平洪姓村莊之役時（當即同治三年底、四年初之萬斗六之役），乘機將洪姓族敵殺的殺、逐的逐，佔去不少田園，其它被蹂躪地區還有吳厝莊、四塊厝、柳樹湳等莊。[34]同治六年後，彰化縣百姓突然爆發控訴林家霸產的熱潮，前後不下數十件。例如洪朝隨等人指控林文明、林萬得（文鳳）、林清郊、黃河山等人，霸佔年收租谷一萬餘石之田產，並佔屋、燒屋。[35]林應時族人亦指控林家佔田，價值在一萬元以上。[36]又，洪大舟指控洪鍾英、林文明、林錫爵、李萬水、李得、李川、洪老等霸耕佔田。[37]

---

32 Meskill, *A Chinese Pioneer Family, the Lins of Wu-feng, Taiwan, 1729-1895*, p.131, 141. Meskill 氏以圖顯示1860末期林家在各莊田園所佔之比例。

33 據稱，臺中、彰化、南投縣流傳一句話，「插了牌子就成了他（林家）的土地」，見《霧峯林家的研究》（臺大歷史系藏，1968-69年口述歷史），頁3-4。

34 守愚，〈壽至公堂〉，李獻璋編，《臺灣民間故事集》，頁235、240-241。

35 佚名，光緒4年12月26日批，「奏為土豪強佔民產，請澈底清查，給還原主，並嚴治惡黨，以除民害而安生業摺」，〈訟案〉（二十三），頁1。

36 二個林家之互控乃林家訟案之主題，內情複雜，見隨後之詳述。

37 同治8年9月7日，王文棨縣令「飭拏訊解事」，〈訟案〉（四），頁54-55。

民間傳聞或指控多非空穴來風，但也不可盡信。如林文明「一夜之間霸佔十三個竹圍」事，當是作戰期間之攻陷村莊。又，百姓被「霸佔」之田園是被官府當叛產充公或被林家私佔，亦需分清。如上所述，萬斗六洪氏被抄沒之產不少，而林文明在戰後受臺灣知府陳懋烈委託管理叛產，民間難免將充公與私佔混為一談。林文明指出兩兄弟奉命平亂，他又經管叛產，以致引起民怨，[38]並非無據。事實上，臺灣最高長官丁曰健與林家不睦，果有此種嚴重劣跡，豈會放過？然而，林家是否全然奉公無私呢？恐怕也不盡然。林家與參加戴亂之族敵洪氏、林氏、賴氏、戴氏原本有宿仇，戴亂時，林日成與洪氏甚至有攻阿罩霧莊、斷絕水源，以及毀損林家祖墳之事。林文察、文明平亂時公報私仇之情，勢所難免。公然霸產雖未必有其事，但運用其它手法取得田園，當非虛假。林家常利用涉嫌叛亂罪名，迫使族敵低價出售田產，因而導致日後雙方之訴訟。如萬斗六之田園，林家稱係經由明買，「契寫明白」，而控方則稱係被霸或迫買。[39]由於訟案內情複雜，下章將論及，在此不贅。

林家在同治元年至九年間（1862-70）之田園擴增情形可從林家與鄰族之訟案中窺出大略情形。與林家發生田園糾紛的可分三批，一是瓦磘莊林應時族人，一是萬斗六洪壬厚等洪姓族人，三是其它個別民人。

（一）自林應時族人取得之田園：據光緒五年（1879）五月

其中洪鍾英乃洪姓族人，惟助清廷平戴亂。如此項指控屬實，則洪姓族人亦自相欺壓。

38　參見第二章及以下諸章。

39　ⓐ 同治6年12月14日，林文明呈葉宗元知府稟，〈訟案〉（五），頁64。ⓑ Meskill, *A Chinese Pioneer Family, the Lins of Wu-feng, Taiwan, 1729-1895*, p.132.

二十九日，林應時在福州督、撫會審廷上供稱，其族人被霸之田產共計200甲左右，年收租谷一萬數百石，田契93宗，被取去40宗，價值一萬多元。[40]據同治六年十二月十七日，林文明呈葉宗元知府之對質親供，林應時族人因林泉參加戴亂，以罰捐軍需抵罪，將40宗田契變賣與林戴氏（林义明母）以換現銀，共計田園厝地41段，年收租谷3,250石，時價銀9,500元；但其後按田核租，只有2,800餘石，值銀8,000元。[41]據林應時之說，被霸田產有200甲；但又說93宗契被取去40宗，似非全部田園均落入林家之手。如以平均數計，則40宗地契所佔之面積約為86甲左右。據林文明之說，林家買入之田園厝地共41段，年收租谷一說3,250石，一說2,800餘石。如以一般小租約30石計，則3,250石，約合108甲；如以2,800石計，約合93甲。但據林應時之說，200甲田，年收租一萬數百石，則每甲租高達52石左右，如以此為準計算，則林家所取得田園只有54甲左右至62.5甲。也許我們可暫估林家自林應時族人手中取得的田園在60甲至100甲之間。

（二）自洪壬厚等洪姓族人取得之田園：據洪氏族人之控訴，被霸佔田產有：

① 洪壬厚：水田16段，年租谷1,600石，座落萬斗六莊。[42]

② 洪清江：契據9宗，其它未明。[43]

③ 洪琴：田業8段，年租谷340餘石，座落萬斗六莊。[44]

40　光緒5年5月29日，督撫會審廷「林應時供」，〈訟案〉（二十三），頁75。

41　同治6年12月17日，林文明呈葉知府「與林應時對質親供」，〈訟案〉（五），頁80-81。

42　光緒5年5月29日，督、撫會審廷「洪壬厚供」，〈訟案〉（二十三），頁79。

43　同治8年11月，凌定國、王文棨堂訊之供，〈訟案〉（七），頁36。

44　同治8年11月，凌定國、王文棨堂訊之供，〈訟案〉（七），頁37。

④ 洪炎：田業5段，年租谷200餘石，座落萬斗六莊。[45]

⑤ 洪清溪：田1段，年租谷80餘石，座落溪底藔。[46]

⑥ 洪秋：溪埔1段，年租谷70-80石，座落萬斗六莊。[47]

⑦ 洪連池：田業7段，年租谷160石，座落萬斗六莊。[48]

⑧ 洪登俊：田業16段，年租谷1,700石，座落萬斗六莊。[49]

⑨ 洪金：田業14段，其它未明。[50]

以上除 ② 洪清江外，共計68段，年收租谷除 ② 洪清江、⑨ 洪金部分未明外，共約4160石計（② 與 ⑨ 除外），每段平均租額約為77石。那麼，68段加上未明之9宗契字（②），總租額為5236石，加上未知之9宗契。以小租約30石計，則田園當在174甲以上，也許200甲以上是合理的推計。

但據同治六年十二月十四日與八年九月二十三日林文明所提之對質親供，聲稱他奉陳懋烈知府委託管理叛產，並無霸佔之事；僅承認林本堂（下厝堂號）與林錦堂（或稱林錦榮、錦榮堂，係頂厝堂號）在萬斗六買入田業50餘段，均有契字可憑。[51]可見林家確曾在萬斗六取得50餘段田園。據一般契字粗淺判斷，每段田園通常在一甲上下，以此估計，則林家約取得50餘甲。但每段甲數不一，未敢斷言。又此額與上述洪家所報約200甲之數差距太大。依常理推想，原

45　同治8年11月，凌定國、王文榮堂訊之供，〈訟案〉（七），頁38。

46　同治8年11月，凌定國、王文榮堂訊之供，〈訟案〉（七），頁40。

47　同治8年11月，凌定國、王文榮堂訊之供，〈訟案〉（七），頁41。

48　同治8年11月，凌定國、王文榮堂訊之供，〈訟案〉（七），頁42。

49　同治8年11月，凌定國、王文榮堂訊之供，〈訟案〉（七），頁43。

50　同治8年11月，凌定國、王文榮堂訊之供，〈訟案〉（七），頁45。

51　ⓐ 同治6年12月14日，林文明親供，〈訟案〉（五），頁63-64。ⓑ 同治8年9月23日，林文明親供，〈訟案〉（六），頁84-85。ⓒ 林本堂、林錦堂，請參看第二節。

告必誇大甲數田租，而被告則相反，也許取其中數100甲上下，較為穩妥。

（三）其它：發生田產糾紛的案件仍甚多，例如林海瑞、林番、林丁案。

1. 林海瑞田產：林海瑞指稱其在柳樹湳、登臺、吳厝莊等處田業共六宗被林家霸佔，林文明則稱係買入的。原來，林海瑞曾參加戴亂，同治三年正月，林文察率軍攻四塊厝時，為求免罪，託中人林靖恭、林舜英將田產售予林本堂，價值2,930元。[52]

2. 林番田產：林番指控林家佔其新埔仔、內新莊、占（詹）厝園等處田業。但林文明稱，該田園係林番之兄林養變賣抵繳軍需的，因同治三年正月，四塊厝之役時，林養懼罪，託林火焰等三人報捐軍需二千元，將田產售予林本堂抵繳。[53]

3. 林丁田產：林丁指控其在四塊厝、登臺莊之田業、竹圍、厝屋被佔。林文明稱係買入的，因同治三年正月，攻四塊厝時，林丁驚恐，託謝天相等人出售六宗田產予林本堂，價值1,570元，贌租600餘石，於同治四年正月間，已畫押清楚。[54]

由於訴訟之田產均未載甲數，而田園價格又因肥瘠差距甚大，很難估計其面積。當時彰化地區田園每甲價格平均約為一百多元（參看表3、

52　ⓐ 同治6年12月16日，林文明「與林海瑞對質親供」，〈訟案〉（五），頁67。ⓑ 同治8年9月23日，林文明「與林海瑞對質親供」，〈訟案〉（六），頁87-88。

53　ⓐ 同治6年12月17日，林文明「與林番、林丁對質親供」，〈訟案〉（五），頁74。ⓑ 同治8年9月23日，林文明「與林番對質親供」，〈訟案〉（六），頁91-92。

54　ⓐ 同治6年12月17日，林文明「與林番、林丁對質親供」，〈訟案〉（五），頁76-77。ⓑ 同治8年9月23日，林文明「與林丁對質親供」，〈訟案〉（六），頁95-96。

4、5），以上三筆田園價格為5,960元，以120-150元計，則約為40至50甲。

以上有爭論之田園都與同治三至四年（1864-5）之四塊厝林日成之役與萬斗六洪氏之役有關。推測當是在戰亂時，族敵為恐遭林家報復而半捐獻半出售的，至林家勢衰時，在閩官（如凌定國等）支持下出面呈控的。林家也在戰亂時乘機假藉職權，私縱參與戴亂者以換取實質利益。此種公私不分的行為自有違官箴，更令其他官員嫉視，以致遭日後之重殃。

無論如何，在平戴萬生之亂時，林家之田產大有增加，其數當在數百甲以上。林家經營土地之熱絡可自其擁有之大量地契窺知。雖然目前殘存之地契無法藉以重建林家田產買賣之全貌，但仍有助於了解林家經營土地之方式、田園散佈地區等問題，以下即據筆者搜集之林家地契列表說明。

表3顯示下厝公號林本堂在同治年間之田園、厝地買賣較咸豐年間大為活絡。（參見拙著，第五章第一節）自這批契字可以歸納幾點。

（一）絕大部分契字是買田契，可見與一般士紳類似，林家以田園之買賣為主要經濟活動，以田租為主要收入來源。再者，買賣田園之頻率似乎隨時間而增大，此正反映林家財勢之擴張。惟現存契字有限，是否具代表性，暫時存疑。

表3　林本堂買入、典入田厝之殘存記錄（同治元年至九年間，1862-70）*

契名	地點	面積	易手人	年代	價格	資料來源
1. 杜賣田	柳樹湳莊土地廟後邊	1.1甲	林堆	同元. 2	164元	C地7(a), 4/4
2. 杜賣盡根田	柳樹湳莊前，土名西勢	2.497甲	林（業、海、影、銓、貓）	同 2. 1	300元	C地1(a) 1/1
3. 賣盡根，店連地基	彰邑北門口	一所	許成、石德昌、陳茂	同 3. 1	220元	S宿4, 5/6
4. 杜賣盡根田	崁仔腳大竹圍西勢		林高	同 3. 2	260元	C荒2, 1/1
5. 杜賣盡根厝地	縣城車路口中街後	一所	王通裕	同 3. 4	1500元	S宿1, 2/2
6. 典厝	彰化城房屋：① 中街仔店後 ② 陳家店後倉屋	二所，多間	王通裕兄弟	同 3. 4	190元	S宿2, 5/6
7. 杜賣盡根田厝	內新莊	3.5308甲	林待高	同 3. 8	400元	C日9, 6/6
8. 轉典田厝	甘蔗崙後北勢	5甲	陳（榮、冠、番）嫂（邱氏、林氏）	同 3. 9	296元	C辰5, 3/3
9. 杜賣盡根田	內新莊西柵門外		何群與侄（蒼沛、守禮）	同 3. 10	600元	C日21, 10/10
10.退典、轉典田厝	四張犁莊西勢		陳繼維、九水、興涼	同 3. 10	435元	C辰9, 4/9

契名	地點	面積	易手人	年代	價格	資料來源
11.杜賣盡根田	員寶莊東勢第二份	1.785甲	陳繼維等	同3.10	196元	C辰22, 4/4
12.杜賣盡根田	萬斗六，土名六股，田蔡南勢洋	4.5甲	洪（阿口、大舟、金泉）	同4.2	400元	C宙1, 3/3
13.杜賣盡根田	登臺莊東勢洋	1甲	林蔡氏	同4.2	92元	C宙117, 3/6
14.歸管田	阿罩霧莊水汴頭尾；柳樹湳莊東畔		林允固、允恭	同4.6	310元	C天47(a), 5/5
15.杜絕賣根田	柳樹湳莊之西畔、塘肚、六份仔等三段田	20.0234甲	黃鏞、黃福與侄黃老虎、黃守仁	同4.8	1200元	S地17, 10/10
16.杜賣盡根田	柳樹湳莊東畔	1.45甲	林錐	同4.10	260元	C地3, 10/10
17.杜賣盡根田	半線保柴坑仔社東勢		陳萍	同4.10	200元	C宿6, 3/3
18.杜盡絕根田	柴坑仔番社前東勢洋	1甲	陳善、陳彩、陳歪	同4.10	550元	C宿9, 8/8
19.典田	柳樹湳洋	5.9甲	洪鍾英與姪洪（子年、子陶、子喬）	同4.12	800元	S地14, 9/9
20.買抄封厝地	彰化城內大西門		臺灣府正堂陳懋烈	同4.12	300元	S宿10, 1/2

契名	地點	面積	易手人	年代	價格	資料來源
21.轉典厝地	新埔仔		蔡升殿	同 5.9	90元	C元56(a), 2/2
22.轉典田	吳福莊東勢洋		林（賜、漕、檀）	同 5.11	70元	C元114, 2/2
23.轉盡典田	萬斗六番社南坑仔口		洪道通、道明、存仁、萬種	同 6.1	253元	C宙27, 3/3
24.杜賣盡根田	萬斗六南洋坑仔口		洪道明、道通	同 6.1	253元	S宙27, 2/2
25.杜賣盡根田	萬斗六社前		洪（聯壽、聯水）	同 6.1	58元	S宙33, 8/8
26.杜賣盡根田	萬斗六北勢洋	1.25甲	洪章美、洪永吉	同 6.1	430元	C宙37, 4/4
27.杜賣盡根田	萬斗六番埒洋北勢		洪章美、洪永吉	同 6.1	20元	S 宙40, 3/3
28.轉典番租	萬斗六新社前北勢洋		洪章美、永吉	同 6.1	74元	C宙42, 3/3
29.杜賣盡根田	萬斗六番埒北勢		洪章美、永吉	同 6.1	128元	C宙43, 3/3
30.杜賣盡根田	萬斗六舊社莊		蘇金、蘇殿同侄蘇忠義	同 7.2	500元	S宙26, 8/8
31.杜賣盡根田	萬斗六平分	0.5甲	洪（道明、道通）	同 7.6	60元	C宙22, 2/2
32.杜賣盡根田	萬斗六洋		洪道明、洪道通	同 7.6	921元	S宙34, 6/6
33.杜賣盡根田	萬斗六莊後東勢	0.7775甲	洪道明、道通	同 7.6	303元	C宙38, 5/5

契名	地點	面積	易手人	年代	價格	資料來源
34.杜賣盡根田	萬斗六南勢洋	0.425甲	洪道明、道通	同 7.6	40元	C宙41,12/12
35.杜賣盡根田	萬斗六股首份北片	2.25甲	洪天德	同 7.10	140元	S宙44, 3/3
36.杜賣盡根田厝	登臺界排洋田藔	2.0285甲	林廷棟	同8	150元	C宙45, 2/2
37.典厝地	萬斗六新社塗城莊		洪德旺	同 8.2	40元	C宙17,11/11
38.杜賣盡根厝地	萬斗六社前	一所	洪德旺	同 8.2	20元	C宙31, 4/4
39.典田	貓羅保萬斗六南勢		洪德旺	同 8.2	140元	C宙56, 3/3
40.轉典田	萬斗六東勢田		洪道明、道通	同 8.6	921元	C宙34, 3/3
41.杜賣盡根田	登臺莊東南勢	4.4甲	林廷棟	同 8.12	200元	S宙68, 9/9
42.杜賣盡根田	番社頭		洪（阿口、大舟、金泉）	同 9.2	44元	S宙19, 3/3
43.轉典田	貓羅保萬斗六界埒洋		洪（阿口、大舟、金泉）	同 9.2	100元	S宙14, 7/7
44.杜賣盡根田	登臺莊土名界埒洋		洪大舟、洪金泉、洪阿口	同 9.2	34元	S 宙64, 4/4
45.轉典田	萬斗六（？）番埒洋第十五份		洪（阿口、大舟、金泉）	同 9.2	60元	C宙 9, 2/2

契名	地點	面積	易手人	年代	價格	資料來源
46.轉典田	登臺莊萬斗六		洪（阿口、大舟、金泉）	同 9.2	48元	C宙11, 7/7
47.轉典田	番垾洋		洪（阿口、大舟、金泉）	同 9.2	80元	C宙16, 2/2
48.退耕轉讓田（售大租田）	貓羅保萬斗舊社莊尾北勢	1甲	洪（大舟、阿口、金泉）	同 9.2	200元	C宙66, 5/5
49.杜賣盡根田厝	萬斗六界牌洋	4.7甲	柱德瑞、杜德用	同 9.5	360元	S宙32, 4/4
50.退耕轉讓田	萬斗六隘寮南勢洋	1.5481甲	蘇金、蘇殿	同9.8	400元	C宙52, 8/8
51.退耕轉讓田	萬斗六隘寮南勢洋		蘇金、蘇殿	同9.8	300元	C宙52, 1/1
52.杜賣盡根田	柳樹湳莊西南勢溪墘，土名埔尾	2.23甲	林（溪文，紅）與侄林（鳥肉，進）	同 9.10	330元	S地15(b),4/4
53.杜賣盡根田	萬斗六莊、土城份洋		洪眛、洪大舟、洪金泉	同 9.10	120元	S宙147, 1/1
54.杜賣盡根田	貓羅保柳樹湳莊		林（元吉瑯、溪梅）、林溝（姪）	同 9.10	60元	C地(b)16, 3/3
55.杜賣盡根田	登臺莊	2.75甲	林大茂	同 9.11	250元	S宙50, 3/3

契名	地點	面積	易手人	年代	價格	資料來源
56.轉典大 租田	不詳		李啟仁	同 9. 11	12元	C宙70, 2/2
57.杜賣盡 根田	坑口		蘇忠義等	同 9. 12	32元	C宙62, 3/3
58.杜賣盡 根田厝	萬斗六丁 臺洋		莊斗	同 9. 12	200元	C宙144, 2/2

資料來源項下之 C 代表〈正澍契〉，S 代表〈壽永契〉，H 代表〈鶴年契〉。

年代項下之「咸」為咸豐，「同」為同治。

（二）絕大部分田產是小租地：在58件地契中僅有第48、50、51件是買入大租田，第56件是轉典大租田。此亦印證清代土地買賣以小租權為主之史實。

（三）有一部分田產是典押者：計有第10、19、21、22、23、28、37、39、40、43、45、46、47、56等件。可見林家擁有財力，百姓急需現銀時以田典銀，有的久典無力還而杜賣。

（四）林家亦買入或典房產：有的是縣城之店面、厝地，如第3、4、5、20、37、38件地契，有的是帶田之厝，如第7、8、10、21、36、58件。其中縣城之店地意味著林家經濟活動擴及於城市與商業，而置厝地則象徵政治社會地位之提升與活動之頻繁。

表4為頂厝林奠國在咸豐年間買入之田園厝地，表5為頂厝公號錦榮堂（林錦榮、林錦堂）在咸、同年間買入之田產。自此可看出幾點。

（一）咸豐六年（1856）以前之田厝大多以林奠國之名買入，見表2第1、2、3、4、5件地契。咸豐七年（1857）後多以公號林

錦榮之名買入，見表3。表3地契可視為頂厝林家在此時成立
祭祀公業之證據，即至遲在咸豐七年，錦榮堂已成立。但奇
怪的是，在咸豐十、十一年，林奠國仍以自己名義買入二筆
產業，見表4第6、7件地契。未知此代表何意。

(二) 買入之田園全為小租田園，與表3相同，顯示清代臺灣土地
買賣主要在小租權的特徵。

表4　林天河（奠國）買入田厝殘存紀錄

　　　（咸豐四年－咸豐十一年，1854-1861）*

契名	地點	面積	易手人	年代	價格	資料來源
1. 杜賣園	占厝園莊西北勢	1.2408甲	林潤油	咸 4.4	180元	H黃8, 3/3
2. 杜賣田厝	占厝園西勢		林文賢	咸 4.7	36元	H黃9, 4/4
3. 杜賣田厝	揀東保下橋仔頭莊尾西勢洋	4.91甲	何江山、何隆枝等7人	咸 5.6	750元	H洪3, 3/6
4. 杜賣田	內新莊南勢	2.8728甲	林送等	咸 6.8	480元	H宙1, 6/6
5. 杜賣田	詹厝園莊尾	0.75甲	林（章、三、厓）與姪林港、林茂盛	咸 6.11	86元	H黃5, 5/5
6. 杜賣園	馬僯埔東畔		吳光便	咸 10.10	33元	C天44, 5/7
7. 杜賣田	阿罩霧社北勢洋坡仔頭份	3.3甲	林昭草、林昭玉	咸 11.9	690元	H天8, 9/9

　　　* 資料來源項下，C 為〈正澍契〉，H 為〈鶴年契〉。

表5　林錦榮買入田厝之殘存記錄（咸豐七年—同治八年，1857-1809）*

契名	地點	面積	易手人	年代	價格	資料來源
1. 杜賣田	三十張犁等		吳成記	咸 7. 3	492元	H洪29, 5/5
2. 杜賣田	三十張犁莊後、外新莊東畔車路下	7.5甲	吳興記	咸 7. 3	591元	H洪30, 4/4
3. 杜賣田	外新莊、三十張犁等		吳祿記	咸 7. 3	2163元	H洪31, 3/3
4. 杜賣田	大里杙莊西南勢	2段	林順章	咸 11. 3	300元	H宇11, 7/7
5. 杜賣田	大突藔莊西南勢，土名竹圍仔，又名大湖	3.124甲	林（汝泉、烏毛、彥性）	咸 4. 12	700元	H洪6, 2/2
6. 杜賣厝地	阿罩霧莊前		林好天與侄3人	咸 7. 1	135元	H天15, 1/1
7. 杜賣田	外新莊仔東柵門外東畔東路上	4.3甲	林阿麟、林阿輝	咸 7. 4	920元	H洪8, 2/2
8. 杜賣田	內新莊北勢，土名新田仔	0.92甲	林朝清	咸 8. 3	170元	H宙6, 3/3
9. 杜賣田	內新莊牛埔潭下	0.657甲	林雄	咸 8. 10	210元	H宙4, 4/4

＊H 表〈鶴年契〉。

（三）部分為厝地：有的是田帶厝，如表2第2、3件契。也有純厝
　　地一件，即表5第6件，〈鶴年契〉，天15，1/1號契。

　　綜觀林家買賣之地產所在地，均在彰化縣屬內，且以鄰近阿罩
霧之村莊為主。萬斗六與柳樹湳莊出現的頻率最高，而此二地是洪氏
與後厝林氏二大族敵的據點，顯示林家可能利用平亂機會或政治權勢
擴大地盤。臺灣械鬥的現象之一是「紮厝佔田」，林家似未擺脫這種
結構性的土豪作風。不同的是，因晉身官僚，藉助政治優勢，透過合
法的買賣、典贖等手段達成目的，而此發展為日後林家與族敵爭訟不
絕的根源。無論如何，林家已因地產的猛增成為彰化地區大地主與富
豪，為林家的紳權奠定更鞏固的基礎。（參見圖3、4）

三、其它經濟活動

　　林家的主要經濟活動在於土地的經營，但也從事某種程度的商
業、借貸業及房產經營活動。

　　中國傳統的專制政府一方面容許商人活動，一方面採取抑商政
策，以防民間經濟力量過度膨脹而動搖王朝的穩定性。[55]如明代有不
少人因富比王侯，被處以政治性罪名誅殺。[56]清代初亦採抑商政策，
惟隨時間而趨鬆弛，尤其在十九世紀後，受西方影響，商人地位日高
而影響力亦日增。[57]紳商階級乃應運而生，其中有商人取得士紳身分
者，亦有士紳而兼營商業者。如浙江海寧陳氏出身鹽商而出仕成為紳

55　金觀濤、劉青峯對封建專制王朝的超穩定結構有精闢的討論，參見金觀濤、
　　劉青峯，《興盛與危機——論中國封建社會的超穩定結構》（臺北：谷風出
　　版社，1987），頁60，以及全書此問題之探討。

56　參見傅衣凌，《明清時代商人及商業資本》（臺北：谷風出版社翻印，
　　1986），頁35。

57　Chung-li Chang, *The Income of the Chinese Gentry*, pp. 149-150。

商。[58]他們常投資於當地的商業與新型企業以創造新財源。[59]

　　來臺移民原本有重利之風，霧峰系祖林甲寅更以經商起家，自不會放棄此利源。據稱，在同治八年，林文明在大里杙提供資金開設店舖，並招徠商販，以復興其商業，造成了三十年左右的繁榮，方在二十世紀初為新興的臺中市所超越。[60]原來在乾隆五十一年至五十三年（1786-89）林爽文之亂後，大里杙夷為廢墟，但嘉慶年間又重建。大里杙因北經涼傘樹（今臺中縣大里鄉樹王、鷺村二村）至犁頭店街（今臺中市南屯區南屯里）、經內新（今大里鄉內新、東昇二村）至東大墩（今臺中市區）；南下可抵阿罩霧、柳樹湳等地（在今霧峰鄉），成陸路交通之要地。[61]它又是經由大里溪至烏日（今臺中縣烏日鄉烏日、湖日二村）、渡船頭（今彰化市三村里）的起訖站，亦成水運中心。因此，大里杙發展為一重要內陸市鎮。[62]由今日殘存之舊街道、店舖，依稀可想見當年之盛況。林家之投資於此，自是理所當然的。事實上，林家與大里杙之關係亦極密切，開臺祖林石在此發

58　ⓐ Chung-li Chang, *The Income of the Chinese Gentry*, pp.50-59。ⓑ 參見賴惠敏，〈明清浙西士紳家族的研究〉（臺北：國立臺灣大學歷史研究所博士論文，1988），頁35-40。

59　ⓐ Paul A. Cohen, *Discovering History in China*（New York, Columbia University Press, 1984），p.160。ⓑ 參見 Wellington K. K. Chan, *Merchants, Mandarins, and Modern Enterprise in Late Ch'ing China*（Cambridge: East Asian Research Center, Harvard University, 1977），pp. 39-63.

60　ⓐ Meskill, *A Chinese Pioneer Family, the Lins of Wu-feng, Taiwan, 1729-1895, p.*143。引自《大里莊管內概況及事務概要》（臺中：大里鄉公所編之小冊子，1938）。ⓑ 洪敏麟，《臺灣舊地名之沿革》，冊二下，頁103、105。

61　洪敏麟，《臺灣舊地名之沿革》，冊二下，頁105。各地名今址見同書，頁106、47、107、35、112、114。

62　洪敏麟，《臺灣舊地名之沿革》，冊二下，頁105。各地今名見同書，頁126、234。

跡，霧峰祖林甲寅在此重振家道，自血緣、地緣關係看，林家勢必全力促成此地之繁榮。據說林家所擁有之店舖在八間以上，接近市中心。[63]推測至少大部分當是在同治八年（1869）林文明所投資開設的。[64]部分大里杙老人仍記得某些店舖乃林家所有。[65]

林家在彰化縣城也可能擁有店舖。同治三年（1864），林本堂自許成、石德昌、陳茂等三人手中購入縣城北門口之店舖連地基一處，價值220元。[66]林家在彰化城仍購有其它厝地（下述），但不知其中是否包括店舖。再者，現存之契字不完整，無法確知擁有之店舖數。

林家所有之店舖由林家僱人經營抑或租予他人，不得而知。推測租予他人的可能性較大，因在傳統社會，官紳之家以不直接經商為多。但如係自己經營，則以米之出口的可能性最大。林家既擁有大量田產，每年之鉅額租谷自必出售以應開支。中部之米多經鹿港販售大陸，從而換取臺灣所需日用品，林家自不例外。據估計，在1890年代鹿港與梧棲出口之米為57萬擔，而林家之米占十分之一，約5至6萬擔。[67]但未知在1860年代，林家出口米有多少，推測當較此數少甚多。至於入口之大陸商品（食品、紡織品等）可能透過林家店舖轉售。[68]

傳統中國的地主士紳通常將其盈餘從事放貸業，甚至匯兌業，以創造更大利源。[69]由於中國銀行業興起甚晚，一般貧民或商人惟有

63　Meskill, *A Chinese Pioneer Family, the Lins of Wu-feng, Taiwan, 1729-1895,* p.239。Meskill 氏稱其資料取自林家之前大里杙商業夥伴。

64　洪敏麟，《臺灣舊地名之沿革》，冊二下，頁103、105。

65　參黃富三，《霧峰林家的興起》，頁114。

66　〈壽永契〉，宿4，5/6。

67　Meskill, *A Chinese Pioneer Family, the Lins of Wu-feng, Taiwan, 1729-1895,* p.238.

68　Meskill, *A Chinese Pioneer Family, the Lins of Wu-feng, Taiwan, 1729-1895,* p.238.

69　Chung-li Chang, *The Income of the Chinese Gentry,* pp. 151-152.

向財力較雄厚之富紳借貸，而富紳地主也借此獲取厚利，高利貸乃農村必然存在而且盛行之商業行為。約在道光年間，臺灣之大租戶迅速衰微，小租戶與郊商取代而為新富階級，自然也掌握了放貸業。[70]林家經多年之經營，儼然中部擁有鉅額小租權之大地主，放貸行為必然有之。茲舉數例為證：

①　同治三年五月，林英、林藏及姪林春成向林本堂胎借400元。[71]

②　同治三年六月，陳主生向林本堂胎借40元。[72]

③　同治三年六月，陳梓生向林本堂胎借30元。[73]

④　同治三年六月，陳主生向林本堂胎借800元。[74]

⑤　同治三年六月，陳主生向林本堂胎借80元。[75]

⑥　同治三年六月，陳主生向林本堂胎借60元。[76]

⑦　同治三年八月，陳榮、陳冠、陳香等向林本堂借銀69元。[77]

⑧　同治九年二月，洪阿□等向林本堂典借72元。[78]

⑨　同治九年二月，洪鳳鳴向林本堂轉胎供260元。[79]

以上之紀錄雖不完整，但可為林家從事放貸業之佐證。

此外，林家亦將部分資金購置房地產，大陸、臺灣均有。林家

70　東嘉生，〈清代臺灣之地租關係〉，收入《清代臺灣經濟史二集》（臺北：臺灣銀行經濟研究室，1955），頁70-71。

71　〈正澍契〉，地20(b)3/3。按胎借係以地契押借者。.

72　〈正澍契〉，辰7，5/5。

73　〈正澍契〉，辰8，2/2。

74　〈正澍契〉，辰10，2/2。

75　〈正澍契〉，辰15，4/4。

76　〈正澍契〉，辰18，5/5。

77　〈正澍契〉，辰6，3/3。

78　〈壽永契〉，宙18(a)，6/6。

79　〈正澍契〉，宙65，3/3。

至少在省城福州購有一屋做公館，位於荳芽巷，光緒年間，林朝棟常來此居住。[80]同治十年（1871）林家京控後，林文察母林戴氏常住於福州，當亦置有房產，但不知是否即上述荳芽巷之屋，也不知購入時間。

　　此外，林家在臺灣亦購入不少房產。過去之研究認為林家房地產多在大陸，不完全正確。[81]茲舉數例如下：

① 如上述，在同治三年一月所購入之彰化城店舖一處。

② 同治三年四月，林本堂向王通裕買入彰化城車路口中街後厝地一所，價值1,500元。由於價款甚高，佔地甚大，計有瓦厝一座，共21間，加上涼亭3座，門樓一座，並有水籬、花架，四週環以牆垣。[82]

③ 同治三年四月，王通裕兄弟以彰化城二所房屋向林本堂典銀190元。一處在中街仔店後，有瓦屋3間、廚房1間、碾房一架二間相通，及糠屋。一為陳家店後之倉屋一間。[83]至光緒五年（1879）四月，兩處產業以220元盡售予林本堂。[84]

④ 同治四年十二月，林本堂向臺灣府（陳懋烈知府）買進「逆犯呂佳」（按，當是呂梓）之叛產。此叛產位於彰化城內大西門街，計有瓦屋二座，連爐廠、曠地、內外廳房，大小共計19

80　光緒2年6月13日，黃連蒲呈丁日昌巡撫「為重案久懸，懇飭提追事」稟，〈訟案〉（二十），頁33-34。

81　Meskill 氏認為林家所置產業多在大陸城市，在本地城市者甚少，直至日治時期方在中部置巨產，見Meskill, *A Chinese Pioneer Family, the Lins of Wu-feng, Taiwan, 1729-1895,* p.239。由於 Meskill 氏研究林家歷史時，不少文書仍未見世，致有此誤斷。

82　〈壽永契〉，宿1，2/2。

83　〈壽永契〉，宿2，5/6。

84　〈壽永契〉，宿2，6/6。

間。[85]

⑤ 同治八年二月，洪德旺以萬斗六新社與塗城莊之厝地四所向林本堂典出40元，期限為20年。[86]

⑥ 同治八年二月，洪德旺售予林本堂萬斗六社前之厝地一所，價銀20元。[87]

⑦ 同治七年正月，林錦榮向林好天及其姪三人買入阿罩霧莊前厝地基一處，價135元。此地基所建之屋，日後為林紀堂（朝璇）所分得，據1901年之紀錄，位於臺中縣貓羅東堡霧峰莊第172番戶，建屋三棟。[88]目前為林松齡、林鶴年兄弟所有。（參見文書6ⓐ與ⓑ）

　　據彰化耆老王友芬先生言，在林日成佔彰化城時，士紳飽受需索，其先人亦然。至林文察入彰化城後，以「四福戶街」為「賊莊」，依律須燒燬。王家在此有新建大厝，街民協議將之獻予林文察駐紮，另行建屋補償王家，而免去該街焚燒厄運。四福戶街即市仔尾、中街、祖廟、北門口、竹篾街，即今彰化市中正路。王先生又指出此屋日後成為林家公館，林文明即住過。[89]此資料引起筆者好奇，乃進一步查詢，王友芬先生證實王通裕正是其家號。[90]如此看來，上述 ② 號屋當即所獻之屋，也是林家在城內之公館。不過，裡面仍有

85　〈壽水契〉，福10，1/2。

86　〈正澍契〉，宙17，11/11。

87　〈正澍契〉，宙31，4/4。

88　〈鶴年契〉，天15，1/1。

89　據1988年8月6日林文龍先生函指教，並介紹往訪王友芬先生。1988年10月16日，筆者往訪，再承王先生指教。後，又關其《莆山王氏族譜》（王桂木編），通裕號乃王友芬先生伯祖王索周所創，見頁19。

90　1990年8月9日，筆者以電話向王友芬先生查證所得。王先生並有族譜可證。

問題待澄清。王先生稱獻屋是在林日成佔彰化城而林文察攻城後。查林文察首次帶兵入彰化是在同治二年十二月六日，第二次帶兵入城是同治三年三月底，四月初之平「青旗」之變時。（參拙著）王通裕之屋係同治三年四月出售者，則與獻屋事相關之事件當是同治三年四月之「青旗」事件，而非林日城佔城事件。其次，王先生稱是獻屋，林家契字顯示是以1,500元買進的。其中真相，值得細考。

除了上述純粹房產外，林家亦買入不少田園帶房屋者。如同治三年八月，林本堂向林待高買入內新莊之田、厝地共3.5308甲，價值400元；[91]同治八年向林廷棟買入登臺界排洋田蔡2.0285甲，價值150元。[92]

由上可知林家在臺灣亦買入頗多之房產，除了供族人居住外，可能亦有出租者，尤其是縣城之店舖。這些房地產不論是否能另創利源，至少反映林家財力之急速膨脹。

綜上所述，林家雖在宦途上暫時受阻，但藉政治之優勢，全力擴張經濟力量，成果極為豐碩，隱然已成中部頭等富戶。

第二節　社會影響力的提升

林家在宦途受阻後，除了致力於經濟力的擴張外，亦設法提升其社會地位，以增強對地方的影響力。其方式包括：鞏固政治地位、強化林姓宗族的活動、參與社會事業等。

91　〈正澍契〉，日9，6/6。
92　〈正澍契〉，宙45，2/2。

一、鞏固政治地位

　　傳統中國的地方社會係由官、紳共治的。中國人的理想是進則為官，退則為紳。林家亦不例外，不管任官或退官，均致力於士紳地位的取得與鞏固。傳統中國也是政治優位的社會—政治地位乃社會地位的基礎，任何人若無功名、官職或官銜，即使富甲一方，亦不能躋身士紳階級，因此，林家也爭取功名、官職、官銜。林家一向重武輕文，自難由科舉方式取得官、紳身份，因此傾向經由非正式途徑。林文察、文明兄弟以軍功與捐獻取得官職是個典型例子。此外，其他林姓族人亦經由類似途徑，取得士紳地位，進一步鞏固林家在地方上的優勢地位。茲舉數人為例說明。

　　頂厝祖林奠國（天河）在同治元年戴萬生事件前夕曾率勇助官府剿天地會黨人。[93]同治二年二月，他奉林文明之命攻入戴萬生據點四張犁及鄰近村莊，立下汗馬功。[94]林文察帶兵返臺平亂時，在同治二年十一月時，他捐餉銀番錢2,600兩。此時他已取得「捐生」身分（可能是監生、例貢生類）。[95]其後，在平戴亂之役中陸續立功，經林文察保舉為候補知府。[96]

　　林奠國子林文鳳在同治元年林日成率軍圍攻阿罩霧時曾率勇以少擊眾，並予洪、林二族以重大打擊。[97]同治三年（1864）正月，他

93　參黃富三，《霧峰林家的興起》，頁218。

94　黃富三，《霧峰林家的興起》，頁243-244。

95　同治3年7月23日，林文察「通報捐需軍餉銀兩數目由」，〈林家文書散件〉。

96　ⓐ黃富三，《霧峰林家的興起》，頁299。ⓑ丁曰健，《治臺必告錄》，臺文叢17，頁468。

97　參黃富三，《霧峰林家的興起》，頁230-232。

又參加四塊厝之役，據稱陣斬林日成之弟，奠定勝利之基。[98]同月，他也向林文察報捐軍需1400兩，取得捐生資格。[99]同治三年底、四月初，他又奉林文明命，率勇攻入萬斗六洪氏村莊，並殺洪花而立下大功。[100]

其他，尚有不少族人可能經由類似途徑取得官職或官銜。林文彩（有緣）乃林定邦三子，即林文察、文明之三弟，獲同知銜。[101]林文輝乃林甲寅四子四吉之子，獲藍翎把總職。[102]又，林文通亦獲武生五品銜。[103]據林文欽鄉試硃卷，其嫡堂兄有文察、文明、文通、文彩、文輝五人，其中林文通不見於《族譜》。《族譜》中所見之僅餘嫡堂兄乃林定邦三子振祥之子一貫（號長烈），[104]也許林文通即是一貫。揆諸「文通」與「一貫」相近之意，似可確定。但這些官職、官銜之取得日期則無從得知，推測當是在同治二、三、四年戴萬生事件期間。

眾多林氏族人之取得官職與榮銜，配合林文察、文明之政治地位，林家當已成為臺灣地位最高的士紳家族。

98　黃富三，《霧峰林家的興起》，頁297。

99　同治3年7月23日，林文察「通報捐需軍餉銀兩數目由」，〈林家文書散件〉。

100　參見第二章第二節乙。

101　ⓐ 林獻堂等編，《臺灣霧峰林氏族譜》，臺文叢298，頁243。ⓑ 「林文欽鄉試硃卷」，頁2(a)-2(b)。

102　ⓐ 林獻堂等編，《臺灣霧峰林氏族譜》，臺文叢298，頁248。ⓑ 「林文欽鄉試硃卷」，頁2(a)-2(b)。

103　「林文欽鄉試硃卷」，頁2(a)-2(b)。

104　林獻堂等編，《臺灣霧峰林氏族譜》，臺文叢298，頁247。

二、強化宗族活動

　　中國社會最主要的人際關係是血緣性的，因此，家族與宗族的組成與活動是影響個人或家族地位的重要因素之一。一般說，臺灣的宗族出現較遲。原因是新開發的移民地區，其宗族的形成至少須二個條件，一是自大陸舉族遷臺，作橫向移植，一是移民繁殖足夠的世代，作縱向擴張。據多數學者的研究，臺灣少有舉族遷徙之例，因此，宗族的成立有賴長時間的繁殖。[105]此外，宗族組織之出現尚需有其它條件之配合。祭祀公業之成立即其一。通常是子孫取得功名或事業發達後，為追念祖德，乃透過宗祠的建立，組成祭祀團體，以增強宗族之團結性，提高社會影響力。[106]另一種是同姓拓民為對抗異姓及強化同宗關係等因素，組成以「唐山祖」為對象之祭祀團體。[107]前者多以「開臺祖」為對象，可稱為「開臺祖宗族」，大多行鬮分字方式；後者以「唐山祖」為對象，可稱「唐山祖宗族」，多行合約字方式。[108]

　　由於透過祭祀團體可以整合宗族的政治、經濟、社會資源，發

105　ⓐ 莊英章，《林圯埔——一個臺灣市鎮的社會經濟發展史》（臺北：中央研究院民族學研究所，1977），頁179。ⓑ 施振民，〈祭祀圈與社會組織——彰化平原聚落發展模式的探討〉，《民族學研究所集刊》（臺北），36（1973秋季），頁195。ⓒ 陳其南，《臺灣的傳統中國社會》（臺北：允晨，1987），頁127。ⓓ 楊玉姿，《清水同發號之研究》，頁978。本研究認為清水之移墾者多為父子檔或兄弟檔。

106　莊英章，《林圯埔——一個臺灣市鎮的社會經濟發展史》，頁180。

107　莊英章，《林圯埔——一個臺灣市鎮的社會經濟發展史》，頁180。

108　ⓐ 莊英章，《林圯埔——一個臺灣市鎮的社會經濟發展史》，頁180-181。ⓑ 陳其南，《臺灣的傳統中國社會》，頁143-144。ⓒ 田井輝雄（戴炎輝），〈臺灣の家族制度と祖先祭祀團體〉，《臺灣文化論叢》（臺北：清水書店，1943），第二輯，頁231。ⓓ 林美容反對將宗族與祭祀公業混同，因宗族包括部分女性成員。見〈草屯鎮之聚落發展與宗族發展〉，《中央研究院第二屆國際漢學會議論文集》（臺北：中央研究院民族學研究所，1989），頁320。

揮強大的影響力，因此，地方領袖莫不積極參與。

　　林家開臺祖林石在乾隆年間已發跡，按理說，有很好的機會早日建成強宗巨族。不幸的是，遭林爽文亂事之累，家產抄沒，族人飄零，顯然無法建立「開臺祖宗族」，似也未與其他林氏組成「唐山祖宗族」。林甲寅重振家道後，因生前即分家，而影響宗族活動之擴大。[109]

　　宗族的有形組織是祭田或嘗，亦即祭祀公業。它是決定宗族能否發展與充分發揮功能的重要因素，由祭祀公業的成立可判斷宗族成立的時間。[110]清代林家的祭祀公業可能有甲寅公、恒足公、林本堂、林錦榮等。「甲寅公」公業之成立據說是在林甲寅分產時（道光十八年，即1838年之前），由三子振祥系負責。「恒足公」公業係祭林振祥者，設於道光二十二年（1842）他去世後。[111]惟據日治時之調查，未見有「恆足公」之紀錄，而1902年向日本政府登記之「林甲寅公業」係成立於1902年，管理人是林獻堂。[112]到底「甲寅公」是日治時代林家後人為追念祖德方成立的，抑或早已存在，至日治時方登記，待考。惟至少在日治時，並非僅由振祥系負責，是可確定的。無論如何，此二祖嘗不但田產少，也未發揮其影響力。在林家發展上具舉足輕重地位的祭祀公業是下厝的林本堂與頂厝的林錦榮。

　　道光三十年（1850），林定邦遇害，三子未分家，可能在此時成

109　參黃富三，《霧峰林家的興起》，頁108-109。

110　ⓐ 陳其南，《臺灣的傳統中國社會》，頁143。ⓑ 莊英章，〈臺灣漢人宗族發展的若干問題──寺廟祖祠與竹山的墾殖型態〉，《民族學研究所集刊》（臺北），36（1973秋季），頁123、136。

111　Meskill, *A Chinese Pioneer Family, the Lins of Wu-feng, Taiwan, 1729-1895*, p.244.

112　〈大屯郡公業調查〉，《寺廟臺帳》（1924年），第91件。

立「林本堂」公業。[113]目前林家殘留文書中，最早出現「林本堂」的年代為咸豐三年（1853）十二月，[114]因此，「林本堂」公業成立的時間當在道光三十年至咸豐三年間。

頂厝「林錦榮堂」出現的時間，以往以為是在1860年代，即同治年間。[115]但筆者細核頂厝系地契，早在1850年代即已成立。查咸豐七年（1857）三月，即有林錦榮堂買入五筆田產的記錄，[116]可見至遲在咸豐七年，林錦榮堂已成立了。

下厝、頂厝之所以成立祭祀公業一方面固為緬懷祖德，但更實際的理由當是為了對抗鄰族，爭取族益。中部地區在道光年間後，族間之械鬥對抗日益激化，惟有藉家族與宗族組織凝聚財力、團結人力，方能生存與發展。咸豐四年（1854）後，林文察、文明兄弟先後效力清廷，官位日升，更進一步藉家族與宗族活動來擴大對地方的影響力。

同治五年間，林文明曾赴漳州扶回林文察靈柩。[117]由於林文察死後屍骨無存，據稱僅為木刻像，歸葬於萬斗六倒飛鳳山，墓塚極為壯觀。[118]傳統中國人常藉厚葬展示該家族之財力，林家自不例外，甚至有藉此以提高林家社會地位之意。

林家更進一步將血緣相近之林姓族人結合起來，主要對象是林石之後代子孫。在林家與他族械鬥及戴萬生事件時，林家無數次動員

---

113 Meskill, *A Chinese Pioneer Family, the Lins of Wu-feng, Taiwan, 1729-1895*, pp.215, 243。文中 Meskill 稱林定邦死於1848年，即道光28年，誤，應是1850年。

114 ⓐ 參見黃富三，《霧峰林家的興起》，頁153。ⓑ〈壽永契〉，地56，4/4。

115 Meskill 據地契而作此認定，見Meskill, *A Chinese Pioneer Family, the Lins of Wu-feng, Taiwan, 1729-1895*, p.243.

116 〈鶴年契〉，洪28，洪29，洪30，洪31，洪32。

117 光緒2年閏5月9日，李祥在福州府供，〈訟案〉（二十），頁23。

118 參黃富三，《霧峰林家的興起》，頁349，及照片13、14、15、16。

林姓宗族的力量對抗族敵，或協助建立軍功。其中最著名者是林志芳與其子林瑞麟，原住鳥銃頭莊（今豐原市大湳里之東南方），父子二人均曾參加平定戴萬生事件之役。林志芳因功獲六品軍功銜，成為東大墩（今臺中市）頭人。[119]

　　林志芳乃林石四子林棟之第五子，林瑞麟乃林志芳之螟蛉長子。[120]同治三年元月「四塊厝之役」中，林瑞麟首先衝入，擒拿林日成；同治三至四年間亦參加萬斗六之役，立下不少功績。[121]

　　霧峰林家為了使林姓宗族的團結力鞏固化，乃擴建宗祠。據稱，林姓宗祠原名「尚親堂」，初建於嘉慶年間內新莊（臺中縣大里鄉內新、東昇村）。[122]同治年間，林姓宗祠傾圮，林志芳商請林文明出面協助重建，由林文明任董事，林志芳為副，移建於旱溪（在今臺中市東區）。[123]按此宗廟後又倒塌，1919年後再遷至臺中市國光路重建，歷時十年而在1930年完工，被譽為建築之佳構。[124]（參見圖版2）林氏宗廟本質上是一開臺祖型公業，林家可透過它將林石子孫結合起

119　ⓐ 同治6年10月1日，林應時等稟福建按察使康國器，〈訟案〉（四），頁4。ⓑ 林德和，「先祖父志芳公家傳」，林獻堂等編，《臺灣霧峰林氏族譜》，臺文叢298，頁121。

120　林獻堂等編，《臺灣霧峰林氏族譜》，臺文叢298，頁121。

121　ⓐ 黃富三，《霧峰林家的興起》，頁296，引自〈林文察傳略稿〉（故宮博物院藏），頁68-69。ⓑ 參見本書第二章第二節乙。

122　ⓐ 《林氏宗廟記述》（臺中：財團法人林氏宗廟，1983），頁7。ⓑ 日治時代登記為「林尚親堂」祭祀公業，以林獻堂、林耀亭為管理人，見〈大屯郡公業調查〉，《寺廟臺帳》（1924年），第84號。

123　「林志芳家傳」，林獻堂等編，《臺灣霧峰林氏族譜》，臺文叢298，頁121。惟《林氏宗廟記述》稱係光緒元年（1875）遷建，見《林氏宗廟記述》，頁7。不知二說，何者為確。

124　ⓐ 《林氏宗廟記述》，頁7-8。ⓑ 林衡道則稱遷於1917年，見林衡道，〈臺中林氏宗廟祭典實況〉，《臺灣文獻》（臺中），30：2（1979.6），頁101。

來，維護或擴張林氏權益，並發揮更大的社會影響力。

　　此外，林家可能也參與「唐山祖宗族」的活動。據日治時代
（1924年）的紀錄，林家尚參加「林祿公祠」與「林九牧公」二種公
業。考林祿係福建林姓之始祖，而林九牧乃林祿之十七世孫。因九兄
弟均任州牧，聲望高，世稱「莆田九牧」，備受林氏後代之尊崇。「林
祿公祠」位於大里莊內新，成立年代不詳，推測當在清代中葉以
前，日治時，林獻堂、林耀亭曾任管理人。「林九牧公」公業則有三
處，一處在大里莊涼傘樹，一處霧峰莊吳厝。二處之成立年代亦不
詳，但清時當已成立，亦由林獻堂、林耀亭出任管理人。第三處位於
大里莊涼傘樹，乃咸豐六年林志芳發起組成的。[125]透過唐山祖宗族的
活動，林家可進一步整合同姓鄉人的力量，成為強力的地方領袖。推
測林家徵召效命清廷的子弟兵，主要當來自此一管道。

　　傳統中國，家族活動的範圍除血親外，亦包括姻親。林家自不
例外，亦加強與望族的聯姻以壯大族勢。最有名的例子是同治八年
（1869）林文察長子林朝棟之迎娶楊水萍為元配夫人。[126]楊氏乃中部
望族楊志申後代，家教良好。[127]關於林楊婚姻，傳聞頗多。有曰原來
楊氏不欲下嫁一個武夫，後經林朝棟應允努力赴考科舉後方勉強答
應。有曰此係張冠李戴，將林文察娶曾氏的故事訛為林楊聯姻之

125　ⓐ〈大屯郡公業調查〉，《寺廟臺帳》（1924年），第61、81、82、83號。
　　ⓑ《林氏宗廟記述》，頁9。

126　ⓐ林資鑣，「先考蔭堂公家傳」，林獻堂等編，《臺灣霧峰林氏族譜》，臺
　　文叢298，頁119。ⓑ林獻堂等編，《臺灣霧峰林氏族譜》，臺文叢298，頁
　　330。

127　1988年10月16日，訪王友芬先生。

事。[128]但《族譜》則稱，楊夫人來歸後方勸林朝棟攻舉業。[129]無論過程如何，顯然，林朝棟急欲與楊家聯姻。原因是林家已升為紳宦之家，須覓門當戶對的對象，另外可藉此改善林家粗獷不文的外貌。查楊氏生於道光二十八年（1848），而林朝棟生於咸豐元年（1851），[130]楊氏年長三歲。林朝棟願娶一年長之夫人，必定是經深思熟慮過的。的確，楊氏對林朝棟事業與林家家務有極大的影響力，林家上下對她尊崇備至，甚至於渲染其助夫事跡。[131]日後，林朝棟雖不曾揚名科場，但其後致力宦業，重振家聲，成臺灣史上一名人，楊氏幕後推動之功不可沒。

另外，林奠國次子文典夫人邱彩藻，乃邑孝廉邱維南之長女。邱維南當即邱位南，道光二十三年（1843）中舉，可稱書香門弟。[132]

林家女子亦有不少出嫁地方士紳、頭人。如林甲寅之女出嫁新莊子（在今臺中市東區）頭人吳景春。吳氏乃林文察麾下一勇首，曾隨同參加平太平軍與戴萬生之役，後小參加漳州之役，病故，官至藍翎知府。[133]林奠國之次女林勸，即林獻堂之姑，嫁予北投（今草屯

---

128 林家後代持前說，王友芬先生持後說。
129 林獻堂等編，《臺灣霧峰林氏族譜》，臺文叢298，頁119。
130 林獻堂等編，《臺灣霧峰林氏族譜》，臺文叢298，頁330、229。
131 至今林氏子孫仍以「楊太夫人」為傲，其地位有如林家之「慈禧」。楊夫人助夫事蹟被渲染最厲害的莫過於「救夫平番」事，參見林五帖，〈追念先伯母林朝棟夫人楊水萍女士勇禦法軍襲臺〉，《我的記述》（臺中：財團法人素貞興慈會，1970），頁77-78。
132 ⓐ 林獻堂等編，《臺灣霧峰林氏族譜》，臺文叢298，頁122。ⓑ 原作者不詳，《臺灣通志》（臺北：臺灣銀行經濟研究室，臺文叢第130種，1962；原刊年不詳），頁399。
133 吳德功纂，《彰化節孝冊》（臺北：臺灣銀行經濟研究室，臺文叢第108種，1961；1919年原刊），頁32-33。

鎮）洪鍾英之子洪立方。按洪鍾英在同治五年（1866）中武舉人。[134]
如前已述，洪鍾英乃戴萬生事件時洪姓族人中惟一與官方合作的士
紳。兩家聯姻在二大族敵中雖是特例，但也非偶然。

　　透過血親的宗族活動與姻親的聯盟關係，林家無疑地已在中部
形成一勢力圈，而非僅僅是二大族而已。

三、擴大社會活動

　　做為地方士紳，除了須有功名、官位的具體條件外，亦須有裨
益地方的善行。地方既是官紳共治的，紳又是民之表率，當然要以身
作則，奉獻於公益事業。舉凡修橋舖路、興文教、辦救濟、主持廟
會、維持治安等，均包括在內。[135]這些工作雖所費不貲，但可安定鄉
莊社會秩序，從而有助於士紳優勢地位的維護。例如，鄉紳以族產濟
貧，含有施小惠維持貧人生活，以免鋌而走險的動機。[136]

　　在文教方面，林家曾參與北投（今草屯鎮）登瀛書院的活動。
登瀛書院是道光二十七年（1847）莊文蔚、洪濟純（洪瑠）等所倡設
者，其所屬之玉峰社共有社員83人，林文察、林萬得（文鳳）與洪氏
族人如洪濟純（洪璠）均列名其上。[137]據1905年之調查，登瀛書院在

134　ⓐ 林奠國有三女，分別為敬、勸、香，見「林奠國神位」。ⓑ 洪敏麟，〈草
　　屯茄荖洪姓移殖史〉，《臺灣風物》（臺中），15：1（1965.4），頁21。ⓒ
　　原作者不詳，《臺灣通志》，臺文叢130，頁410。

135　ⓐ 史靖，〈紳權的本質〉，收入費孝通、吳辰伯，《皇權與紳權》，頁
　　157。ⓑ Chung-li Chang, *The Income of the Chinese Gentry*, pp.211-213.

136　王玉坡，《歷史上的家長制》，頁82。

137　ⓐ 臨時臺灣土地調查局，《臺灣土地慣行一斑》，第二編（臺北：臺灣日日
　　新報社，1905），頁327。ⓑ 據1988年8月6日林文龍先生所提供之名單。ⓒ
　　洪敏麟先生亦稱有一匾，上刊有一名單，該匾現存於漢光建築設計所。1985
　　年9月21日筆者訪洪氏於草屯鎮來來西餐廳。

北投堡（今草屯鎮）與貓羅堡（今日之霧峰鄉）有學田三十餘甲。有謂此係林家所捐，有謂由貓羅堡田產可證明洪家在萬斗六地區擁有大量田產，其後為林家所侵。[138]另外，林家亦捐款重修大墩（今臺中市）文昌祠。據「超然社重修文祠題碑」，同治十三年（1874）重修完成，林奠國捐銀160元，林木堂捐120元。[139]此顯示林家亦參與文教活動以顯現其士紳身份。

此外，林家可能也有一些慈善工作。如林文鳳曾重修中部一渡船頭，以利行旅，惟年代不詳。[140]

清代之統治亦假借宗教力量以濟政治、法律力量之不足，對臺灣更是如此。臺灣移民之宗教信仰原即特別強烈，其寺廟之興建與活動遠較大陸為盛。士紳於公於私均需全力參與寺廟活動，以提高本族之地位與影響力，林家亦不例外。臺北艋舺龍山寺中，林文察題有一匾，文曰「此即是佛」，不知題於何時。此匾在第二次大戰時，遭美機炸燬。[141]題字贈匾在中國社會是百姓藉名人以增光，而名人藉以提高聲望之共榮行為。

林家對寺廟亦不吝捐獻，如光緒七年（1881），林本堂、林錦榮捐款80元，資助重修彰化大西門福德祠。[142]不過，最具影響力的宗教活動當推媽祖信仰。茲略述如下。

138　ⓐ 臨時臺灣土地調查局，《臺灣土地慣行一斑》，第二編，頁327。ⓑ 林文龍先生之推測與洪氏族人之說法略有出入。

139　劉枝萬，《臺灣中部碑文集成》（臺北：臺灣銀行經濟研究室，臺文叢第151種，1962），頁158-159。

140　《臺中沿革志》（二十）（日治時，確定年代不詳），頁63。按碑文有「例貢生林文鳳重修」字眼。

141　古月，〈艋舺三大廟門〉，《臺北文物》（臺北），2：1（1953.4），頁50。除林文察外，王得祿、曾玉明亦有。

142　林文龍，〈古碑偶拾〉，《臺灣風物》（臺中），27：3（1977.9），頁128-129。

　　媽祖是臺民的共同信仰神，在臺灣開發史上扮演極重要的角色。不但民間信仰狂熱，清廷也屢次冊封或頒匾，藉以教化百姓。彰化縣城有三座媽祖廟，二座為官祀之天后宮，一為民間崇祀之南瑤宮。南瑤宮（外媽祖）位於彰化南門外尾窰，創建於乾隆年間，屢著靈驗，香火鼎盛，信徒眾多，遠超過天后宮（內媽祖），今日在全臺僅次於北港、鹿港、新港。[143]由於信徒多，乃依媽祖分身組成媽祖會，稱會媽會。會媽會設有總理主其事，每年有爐主、副爐主輪流奉香爐，並負責塑神像、辦活動。嘉慶十九年（1814）左右首先出現老大媽會，至日治時已有十個會媽會。其會員分佈範圍約在大甲溪與濁水溪兩岸所挾之內陸地帶，排除沿海的泉人地區，而包含漳人與福佬客所占居之大部分地區。[144]做為地方頭人，林家自然需參與其事。十會媽會中之老五媽會可能與林家有關，今日此會轄有烏日鄉、霧峰鄉及南投縣之信徒。此外，又有一個十九莊聯合迎媽祖的組織，林家亦涉入。此可自同治九年（1870）三月林文明出面與官府交涉北港進香事獲得印證。[145]林家之參與民間宗教活動當然不僅是因宗教信仰，更大的目的是提高對社會的影響力。原因是祭祀圈或信仰圈是臺灣最強

143　ⓐ 林衡道，〈彰化市的內媽祖與外媽祖〉，《臺灣文獻》（臺中），31：1（1980.3），頁146。ⓑ 周璽，《彰化縣志》（臺北：臺灣銀行經濟研究室，臺文叢第156種，1962；1836年原刊），頁154。

144　ⓐ 溫振華，〈清代一個鄉村宗教組織的演變〉，《史聯雜誌》（臺北），1（1980.12），頁105。ⓑ 林美容，〈由祭祀圈到信仰圈〉，《中國海洋發展史論文集》，第三輯（臺北：中央研究院三民主義研究所，1988），頁113。

145　ⓐ 林衡道，〈彰化市的內媽祖與外媽祖〉，頁146。ⓑ 林美容，〈與彰化媽祖有關的傳說，故事與諺語〉，《民族學研究所資料彙編》（臺北），2（1990.3），頁110。ⓒ 溫振華，〈清代一個鄉村宗教組織的演變〉，頁104-105。溫氏據其祖父之口傳，稱發起人是「廖有義」，但1989年8月25日，交談時，認為「廖有義」可能是「林有理」之誤聽，而林有理即林文察。但事實如何，待考。ⓓ 北港進香事件，參閱本書第五章。

有力的草根性社會組織透過它，林家可直接、間接發揮對鄉民的統御作用。

此外，林家可能與前麾下之臺勇結成某種經濟、社會關係，而提高對中部地區的影響力。其中號稱「十八大老」的勇首多成為財勢俱備的地方領袖，自然與其老上司互為奧援。例如潭子林其中、龍井林永尚（元龍）與林永山等，均與霧峰林家維持良好關係，此有助於林家社會聲望與影響力的提升。[146]

綜上所述，林家為了提高其社會地位與影響力，一方面努力爭取職銜，以建立政治上的優位，奠定紳權的基礎。另一方面透過各種社會網絡與活動，如宗族活動、宗教活動等，伸展其觸鬚至社會各階層。無疑地，林家已成中部地區首要地方領袖。

第三節　林家財勢擴張後的三大隱憂

如前所述，林家利用效命清廷所得之權勢，擴張財富，建立社會地位，因而在戰後（同治初年）迅速壓倒鄰族而成為中部之大豪族，甚至於建立了一個林氏地方王國。此堪稱為林家的黃金時代。

然而，福禍相依，物極必反，在隆隆家勢的外表下潛著不測的隱憂。此隱憂可分三項，一是鄰族之沒落與族怨之加深，二是侵犯官權，三是威脅皇權。茲述之如下。

146　ⓐ 林其中事，參考臺北市建築公會編，《摘星山莊》（臺北：臺北市建築公會，1984），頁9。ⓑ 林元龍事，參考許雪姬，《龍井林家的歷史》，頁46、48。據稱他曾向林宗借兵鬥敗何姓族敵，見，頁43-44。

一、鄰族之沒落與族怨之加深──隱憂之一

霧峰林家在林文察崛起之前，只是中部地區巨族之一，甚至於
是相對的弱族。然而，因緣際會，林文察、文明兄弟躋身官僚（軍
官）階層後，逐漸凌駕鄰族而一枝獨秀。同治初年的戴萬生之役可說
是重要的分水嶺。如拙著《霧峰林家的興起》一書所述，參與戴案的
幾個領袖均與林家有恩怨或利害矛盾，如北勢湳（在今南投縣草屯
鎮）洪家、後厝林家（在今臺中縣霧峰鄉）、四張犁戴家（在今臺中
市）、賴厝廍賴家（在今臺中縣）等。在同治元年戴萬生事件初起
時，族敵林日成結合洪氏、戴氏的力量圍攻阿罩霧（今霧峰）林家，
而展開一場激烈的攻防戰。同治二年，林文察領兵回臺平亂時，職責
夾雜著家仇與私利，對鄰族進行強力反擊。於是，鄰族的政治、社會
地位及經濟力量遭受致命性的摧殘。

（一）族敵政治、社會地位的崩解

械鬥是清代臺灣最嚴重的社會問題之一，其規模之大、為害之
慘、頻率之高不亞於亂事。事實上，械鬥與亂事常互為因果，而清廷
也在某種程度上利用械鬥的族群互相制衡，以達到統治目的。臺灣三
大亂事──朱一貴、林爽文、戴萬生等事件，均涉及械鬥。朱案涉及
閩粵械鬥，林案涉及漳泉械鬥，而戴案則涉及異姓械鬥。械鬥雙方站
在官或民的立場互鬥，以爭取其族群的利益，在清代臺灣史上，公報
私仇、假公濟私之事，堪稱史不絕書。[147]拙著《霧峰林家的興起》對
林家與鄰族之衝突、戴亂起事後鄰族對林家的報復已有論述，不

---

147 參見劉妮玲，《清代臺灣民變研究》（臺北：國立臺灣師範大學歷史研究
　　所，1983），頁329-334。

贅。[148]林家亦不能免於歷史的宿命，在林文察、文明奉命平亂時，亦藉機報復，澈底打擊鄰族，而成為獨霸一方之巨族。

林家族敵洪、林、戴、賴等姓之首腦，如洪璠、林日成、戴潮春等，均曾是地方頭人，與官府關係良好，甚至出任過小吏，其政治地位、政治影響力，較之林家，有過之而無不及。戴案後，因烙上叛逆罪名，族中能幹、強力的領袖被殲除殆盡，如洪璠、洪欉、洪益、洪古、林日成、戴潮春等。直接參與亂事者固家敗人亡，其餘殘存的也餘悸猶存，不敢蠢動，甚至為苟延殘喘而遷離林家勢力範圍之外。萬斗六洪氏頭人洪古（即洪戇古）後代在亂後避居南勢仔（在今霧峰鄉丁臺聚落之南南西）。瓦磘莊（在今霧峰街區西北方約600公尺處）林泉之族人戰後亦他遷，如林應時遷九張犁（今臺中縣烏日鄉九德村）[149]、林振義遷往七張犁（在臺中市西屯區或北屯區）。[150]又據聞林和尚（媽盛）之後代遷往樹仔腳（在今臺中市南區樹義里、樹德里）。[151]日據時霧峰區長曾君定言，曾氏家族由汀州移住阿罩霧，

148　ⓐ 參見黃富三，《霧峰林家的興起》，第七章第一節。ⓑ 械鬥除地緣性者外，亦有血緣性者。例如噶瑪蘭之漳州十八姓中，林、吳、張三大姓常恃族大丁多，以強欺弱，見柯培元，《噶瑪蘭志略》（臺北：臺灣銀行經濟研究室，臺文叢第92種，1961；原刊年不詳），頁148。

149　ⓐ 1985年9月21日，筆者訪草屯鎮、霧峰鄉，據洪敏麟先生言。洪先生並帶筆者訪洪古後人，但彼等對往事已不復有何記憶。ⓑ 南勢仔現址，據洪敏麟，《臺灣舊地名之沿革》，冊二下，頁120。

150　ⓐ 以上資料據同治12年閏6月，林應時在臺灣府供詞，〈訟案散件〉（三）。ⓑ 今地名，參見洪敏麟，《臺灣舊地名之沿革》，冊二下，頁114、129；頁46、57。又，中部有下七張犁在臺中市西屯區協和里，上七張犁在臺中市北屯區同榮里，但不知何者為是。

151　ⓐ 據 Meskill 氏之採訪林和尚後人，見Meskill, *A Chinese Pioneer Family, the Lins of Wu-feng, Taiwan, 1729-1895*, p.142。ⓑ 樹仔腳今址，見洪敏麟，《臺灣舊地名之沿革》，冊二下，頁42。

後為林家壓制而遷居他處。[152]不少倖免於難者為免災殃，竟至隱姓埋名。據聞，洪姓族人凡在族譜上留空白者均與亂事有關。[153]

經此打擊後，林家族敵之政治地位與社會影響力頓時消失，且一蹶不起。例如洪氏，僅有與清廷合作之洪鍾英一支尚能維持某種局面，與洪欉、洪璠時代之獨霸一方，已不可同日而語。其他，戴氏、後厝林氏等等更是一敗塗地。至此，林家在中部地區稱霸之勢已然形成。

（二）鄰族經濟力量的衰退

林家族敵除政治、社會地位崩解外，經濟力量亦遭受重創，其損失至少有二項，一、屋毀田失，二、罰捐軍需。

（一）**屋毀田失**：在戴萬生之役中，官兵攻莊時往往大肆燒殺，死的死，逃的或因屋毀契失，不易追回田產，或因與亂族有關，不敢出面追回。據日後之訴訟資料，可知當時懼禍而逃離「叛莊」者甚多。依清律，謀逆者家族之財產充公，由官府設佃首管理叛產。戴亂涉案者亦不例外，其財產被充公，並依例由臺灣府負責管理叛產。戴案被充公之叛產總額多少，官方並未有統計，因此，無法完全了解林家族敵之損失。[154]目前只能依據片段的資料作有限度的估計。

洪家是最大的受害者之一，田園損失之額當極大。同治四年二月六日，林文明移文臺灣知府陳懋烈稱，洪家叛產應入官，洪璠、洪

---

152 關口隆正著，陳金田譯，〈臺中地區移民史〉，《臺灣風物》（臺中），30：1（1980.3），頁9。

153 1985年，訪洪敏麟先生。

154 ⓐ丁曰健，《治臺必告錄》，臺文叢17，頁494。ⓑ1985年8月11日，筆者訪萬斗六賴火先生。據稱，戴萬生死時不但財產充公，且棺木亦用鐵索鍊著。按賴先生乃頂厝林垂訓先生舅父，時年85歲，幼時住水湳仔，與戴家為鄰。

檔、洪古等人在萬斗六有田租千餘石之田產；至於北勢湳一帶之田產，則稱因離其營地遠，無從查報。[155]如以小租每甲約30石計，則一千餘石之租當有約四、五十甲之地。但據洪氏後人之估計，其被抄之產業不只此數。據稱，萬斗六、六股、舊社均有洪家田，而今六股仍有「洪公館」（洪氏租館）地名，可見面積不小；戴亂後，洪古等人處死，產業或被抄或被林姓混抄。[156]據一耆老言，當年洪、林為水圳而爭，因林統領（林朝棟，但疑為林文明之訛誤）統有官兵，佔了上風，萬斗六洪家地遂為林姓所佔有，面積約為160-170甲，今農業試驗所一帶土地原為洪家所有。[157]又有人指稱今日霧峰鄉六股村種甘蔗之田園原本是洪家之地。[158]

　　至於洪家在北投（今南投縣草屯鎮）被抄封之地有多少，因缺資料，無從得知。但因其為洪氏抗清大本營，相信其數額當較萬斗六地區者更大。

　　除了洪氏之外，林日成（晟）等人田產亦被抄封。光緒元年（1875）二月五日，臺灣知府周懋琦發給佃首林廷棟之管耕印照稱，「田中央」（今彰化市田中里）、四塊厝（今霧峰鄉四德村）等莊抄封匪首鄭豬母、林晟水田二段，丈明六甲五分；又牛埔仔莊水田一段，丈明五分。[159]可見鄭、林二人之地均被抄封，僅此二地即有七

155　同治4年2月6日，林文明咨陳懋烈知府，〈訟案〉（二），頁29-30。

156　洪敏麟，《臺灣舊地名之沿革》，冊二下，頁117。

157　1985年8月11日，訪賴火先生。惟賴老先生稱是林統領（朝棟）時，可能有誤，因林家攻占萬斗六乃林文明時。

158　1985年8月13日，筆者踏勘阿罩霧圳時訪六股村一莊姓老人。

159　ⓐ 臺灣銀行經濟研究室編，《清代臺灣大租調查書》（臺北：臺灣銀行經濟研究室，臺文叢第152種，1963；1904年原刊），頁1018-1019。ⓑ 田中央、四塊厝今址，見洪敏麟，《臺灣舊地名之沿革》，冊二下，頁241、116。

甲。

以上資料當然不完整，叛族被充公的田園數字遠比已知的大得多，因專制時代最忌諱政治性罪行，謀叛者的財產勢必被充公淨盡，以儆效尤。不過，值得注意的是，丁曰健與林家族敵均稱林家假公濟私，混抄族敵田產，[160]其後對簿公堂，引發林文明正法事件與長年訴訟。據清代之社會性格判斷，林家當亦有假藉職權以肥己之事。

（二）**罰捐**：所謂「罰捐」是對牽涉亂事而情節較輕者以罰捐軍需抵罪之意。林文察率兵平戴亂時因餉需不濟，曾奉准就地籌募，除勸富戶捐獻外，亦令涉案者得以捐餉抵罪。最代表性的案例是林泉族人之罰捐。按原來瓦磘仔莊（在今霧峰鄉街西北）林泉曾加入林日成陣營，經林文察科罰軍需六千元以贖罪。[161]此外，尚有其他被罰捐者。如丁曰健對林文察之指控屬實，人數似不少，且引起極大的民怨。[162]

林家之假公肥己事姑不論其真實性多高，但參與亂事之鄰族的經濟力量受到重大的摧殘，而林家的財產大增，成為中部地區的首富或其中之一，則是不爭的事實。

綜上所述，在戴潮春事件後，林家財勢的膨脹損害了鄰族的政治、社會、經濟權益，形成惟我獨尊之局，不但破壞了中部地區巨族間的勢力均衡關係，招來嫉視，[163]而且加深了族敵與林家間的宿仇積

---

160 參黃富三，《霧峰林家的興起》，頁326。引自丁曰健，《治臺必告錄》，臺文叢17，頁580-581。

161 此事日後成林家之弟林應時控訴林家之理由，因林應時只承認捐二千元，而林文明稱六千元。〈訟案〉（五），頁79-80。

162 參見黃富三，《霧峰林家的興起》，頁326、316。

163 H. J. Lamley 教授指出地方勢力集團傾向於相互制衡而維持現狀，見 "Subethnic Rivalry in the Ch'ing Period"，ed. by E. M. Ahern & H. Gates, *The*

怨，構成林家的嚴重隱憂。原來四周反林族敵的勢力雖弱化了，但並未消滅。洪家撤出萬斗六一帶後，仍保有烏溪以南的地盤，林和尚（媽盛）親人在樹仔腳林氏庇護下仍生存著。[164]至於賴厝廍的賴矮，雖曾為戴潮春先鋒，帶隊攻彰化、嘉義等處，但未被討伐，家產仍富。[165]賴矮甚至被丁曰健、淩定國用以抗衡林家，特別是林奠國。此外，戴案漏網者仍不少。[166]這些人蘊蓄著一股反林力量，俟機出擊。果然，在時機到來時，鄰族結合官府的力量反撲，重挫了林家。一報還一報竟成了中部諸大族的歷史宿命。

二、勢侵官府、暗伏禍根——隱憂之二

清代的地方事務是由官、紳共治的，治安工作與公益事業等均由官紳合作執行。[167]紳士為鞏固其地位，需與官吏結合以取得支持；而官吏欲控制地方，亦須拉攏紳士，二者互為唇舌。[168]官、紳甚至於聯手壓制、剝削平民。[169]

然而，官、紳間固有共利的成分，亦不乏相剋的成分，一旦越了安全界限或觸了禁忌，雙方必反臉成仇而相抗。傳統中的政治力量的位階關係基本上是這樣的：皇權、官權、紳權、民（平民）權，上

Anthropology of Taiwanese Society（Stanford Univ. Press, 1981），p. 315。

164 Meskill, *A Chinese Pioneer Family, the Lins of Wu-feng, Taiwan, 1729-1895, p.*142.

165 ⓐ 林豪，《東瀛紀事》（臺北：臺灣銀行經濟研究室，臺文叢第8種，1957；1870年原刊），頁51。ⓑ 蔡青筠，《戴案紀略》，臺文叢206，頁21。

166 ⓐ 黃富三，《霧峰林家的興起》，頁316。ⓑ 林豪，《東瀛紀事》，臺文叢8，頁52。

167 ⓐ 吳辰伯，〈論紳權〉，收入費孝通等，《皇權與紳權》，頁50。ⓑ Chung-li Chang, *The Chinese Gentry*（Univ. of Washington Press, Seatle, 1967），P. 70.

168 胡慶鈞，〈論紳權〉，收入費孝通等，《皇權與紳權》，頁126。

169 戴炎輝，《清代臺灣之鄉治》，頁280-281。

下相疊，層次分明，不可踰越，因此，紳不敢抗官，否則必招來嚴重打擊。[170]

　　自咸豐至同治初年，林家因智巧地依附官權——捐餉、效命，充分發揮官、紳互利的一面，因此，宦途一帆風順，開創林家甚至臺人在清政府中的黃金時代。然而，巔峰期也是下坡期。同治初年，情勢逆轉，林家開始與福建官府交惡。原來林家有意、無意地越了界限、觸了禁忌，導致官紳之相抗相剋。

　　自同治元年（1862）起，林氏族人連續發生幾項觸犯官忌的錯誤。其犖犖大者有 1. 林文明之臺勇安家銀案、2. 林文察與丁曰健爭功案、3. 林文察籌餉案、4. 林奠國案、5. 林文明私徵大里杙抄封租以抵勇餉案。第1至4案，拙著《霧峰林家的興起》已有論述。第1案，同治元年（1862）林文明為援浙臺勇安家銀未如期發放，與當時福建省布政使丁曰健發生衝突，林文明甚至率勇赴省城索取，犯了以下脅上之官忌。[171]第2案，同治二至三年，林文察帶兵回臺平戴萬生之亂，與新任臺灣道臺丁曰健因互爭功績與軍餉而互相攻訐，勢同水火。[172]第3案，同治三年，林文察因缺餉奉准就地籌措，侵犯了丁曰健道臺之權與利，引來丁氏之抨擊。[173]第4案，同治三年底，林文察戰歿後，林奠國控訴賴正修侵吞餉銀，因不肯納賄，反被拘禁省城福州。[174]

---

170 ⓐ 胡慶鈞，〈論紳權〉，收入費孝通等，《皇權與紳權》，頁126。ⓑ Chung-li Chang, *The Chinese Gentry*（Univ. of Washington Press, Seatle, 1967），P. 70.

171 黃富三，《霧峰林家的興起》，頁236-239。

172 黃富三，《霧峰林家的興起》，第八章第三節。

173 黃富三，《霧峰林家的興起》，頁325-328。

174 黃富三，《霧峰林家的興起》，頁342-343。

　　閩省官、紳素輕臺人，由「臺灣蟳（海蟹）無膏（蟳卵）」（意即臺灣士人肚裡無貨）一句俗語可窺知一、二。林家不但非正科考試出身，且只因在亂世捐餉立功而飛黃騰達，自然引起嫉視。如林家深諳專制時代為官三昧，理應運用其財富廣結善緣，以長保富貴。但相反地，林家取得官職後，似乎吝於奉獻，甚至自以為功在清廷而求取回報，此與閩官求之於林家者正好相左，遂至衝突時起。不幸，繼起領導林家的林文明性格魯莽，對此一無警覺，遂又發生了第5案，官、紳衝突進一步激化。

　　第5案「林文明私徵大里杙叛租以抵勇餉」事是清代腐化的地方行政之產物。原來在同治初年太平軍與戴萬生之役時，林文明先後四次奉命募勇征剿，第一次是咸豐十一年底、同治元年初募勇赴浙江助剿太平軍；第二次是同治元年六月，奉總督慶端令返臺募勇助剿戴萬生之亂；第三次是同治三年六月十五日奉提督林文察令，接辦內山軍務，帶勇搜捕戴案餘黨；第四次是同治三年十二月二十二日奉丁曰健道臺令，募精勇四百名，隨同莊丁攻萬斗六，擒殺洪花夫婦。[175]以上各案所支出之軍餉，林文明屢次向各級官憲請求撥解，但所得的答覆是公家「庫項支絀」，一時無法「撥應」，要求他暫時墊付，而將所有開銷，另行造冊，呈報臺灣善後報銷總局、道臺、知府。林文明遵照飭令，呈送報銷賬冊19本，並請求迅速撥下欠餉。[176]然而，官府（省局或道臺）對於撥交此項墊款事，似心存拖延，答稱：

175　同治4年9或10月，「欽命布政使銜兵備道提督學政丁（曰健）為飭知事」，〈訟案〉（三），頁2。
176　同治4年9或10月，「欽命布政使銜兵備道提督學政丁（曰健）為飭知事」，〈訟案〉（三），頁2。

> 此因餉源絀乏，國用浩繁，凡在臣僚，宜各本（原文「天」
> 字，當誤）公忠，共圖撙節。臺匪戴萬生等初謀不軌時，林副
> 將（文明）適在援浙軍營，同在營之勇，因關彰化本籍，奉經
> 前督憲，准飭林副將回籍自衛，以本地之人，督本地聯丁，助
> 官禦賊……[177]

上一文件因脫頁，文句不完整，但循文意判斷，顯然，官府認為林文
明以本地士紳身分助官協剿，不應要求勇餉。的確，臺灣士紳向來都
是捐餉募勇助官以換取官職或榮銜，官府可能認為林文明已晉升為副
將，理當感恩圖報，捐餉助軍，不應再有求於官。然而，已躋身將官
之林文明似不如此想，自認功在國家，不甘再自費效力？何況，丁曰
健解其兵權，又隱沒其萬斗六之役的戰功，其心亦不能平。林文明素
性剛烈，又與丁曰健有隙，乃採自力救濟之策。同治三年十二月，林
文明以官府「積欠勇糧」為由，竟私行強收「大里杙叛產租谷」，臺
灣知府陳懋烈聞知後，呈報省布政使司。[178]

　　「大里杙叛產租谷」案說來也是件清代地方行政的奇妙事例。原
來臺灣各件叛案之叛產租息銀谷，經奏准撥充戌兵加餉之用，依例臺
灣府每年應將所收數目，造冊呈送福建省布政使司核辦。然而，自道
光十八年（1838）至同治三年，前後二十六年，臺灣府竟未呈報，而
布政使司也未清查。直到同治三年十二月間，臺灣府呈報大里杙叛產
租谷被林文明私收後，布政使司才發現此項缺失。[179]

---

177 同治4年9或10月，「欽命布政使銜兵備道提督學政丁（曰健）為飭知事」，
　　〈訟案〉（三），頁2。
178 同治4年8月28日，丁曰健「飭查事」，〈訟案〉（三），頁3。
179 同治4年8月28日，丁曰健「飭查事」，〈訟案〉（三），頁3。

　　布政使司對積欠勇糧與林文明私收叛產租谷事，擬定數項對策：

1. 報請督、撫直接札示林文明，此後（自同治四年後）「不得藉詞再收」。並移文道、府，將叛產租谷自同治四年起，「一併礱米運省」，並將道光十八年後之收支數目造具結算清冊，呈報布政司核辦。

2. 移文林文明速將私收之租谷價銀，赳日解繳司庫。

3. 公家積欠墊挪「勇糧」，由林文明另行造冊，送臺灣善後總局核辦。[180]

但，臺灣道府未曾遵辦，不知何故。

　　同治四年八月十四日，布政使司再咨臺灣道，查問何以未辦，並重申前令，照上述三點速辦。[181]此外，進一步飭令查報戴萬生案叛產：

1. 戴案叛產：省派委員候補布經歷黃培元赴臺會同臺灣府確查抄封之叛產，包括房屋共有若干、年收租息銀谷共有若干、坐落何處與何縣、應完糧銀若干、所招佃人之姓名。

2. 叛產租谷解省：本年分之戴案租谷銀，連同大里杙等處叛案租谷，一併礱米解繳省司，以濟民食。[182]

　　丁曰健接到布政使司咨文後，於同治四年八月二十八日批交臺灣府辦理，[183]並指斥臺灣知府（陳懋烈）辦事不力，內稱：（一）有關叛產事，在他同治四年平洪氏之役回郡後，已批示臺灣府辦理，陳

180　同治4年8月28日，丁曰健「飭查事」，〈訟案〉（三），頁3。
181　同治4年8月28日，丁曰健「飭查事」，〈訟案〉（三），頁3。
182　同治4年8月28日，丁曰健「飭查事」，〈訟案〉（三），頁3-4。
183　同治4年8月28日，丁曰健「飭查事」，〈訟案〉（三），頁3-5。

知府也親赴嘉、彰一帶查辦，但至今未曾報告如何辦理。（二）大里
杙叛產租谷被林文明「私行強收」事，也未向他呈報。[184]

臺灣道臺是臺灣知府的直屬長官，何以陳知府未向丁道臺報告
叛產事宜呢？何以丁道臺未向陳知府追問呢？丁曰健精明嚴苛，又與
林家有隙，豈有不尋求林文明過失之理？其所以未採取制裁行動，推
測理由有二。第一、丁氏在洪氏之役時，匿報林文明攻萬斗六之功，
且又不予勇餉，可能因有內疚而縱容林文明攫取利益以為補償。第
二、也許有意放縱林文明，使其犯錯，以便在適當時機予以制裁。

同治四年九月一日，丁曰健又札飭彰化縣令韓慶麟，嚴令不准
林文明再收大里杙叛租；並促林文明將道光十八年（1838）後私收之
銀谷，赳日繳庫；至於官府所欠勇餉，另外造冊請領。韓縣令接文
後，於十月十日，移文林文明，促其依章辦理。[185]

同治四年九月九日，閩省「清理積案局」咨丁道臺稱，同治元
年所欠臺勇一至五月份「贍眷銀」，林文明除領取一千元外，並私收
大里杙叛產租谷，折銀1,986兩6錢；再者，這些支出已由林文察在
「赴浙支給各款銀兩數」內，向清理積案局請銷，飭臺灣道、府，不
須再發放所欠勇餉，以免重複。[186]此案至此宣告落幕，但林文明已觸
犯了專制王朝的犯上大忌，因而與官府間的關係進一步惡化。

三、威脅皇權——隱憂之三

如前已述，傳統中國的權力結構型態是金字塔式的，由民權

184　同治4年8月28日，丁曰健「飭查事」，〈訟案〉（三），頁4-5。

185　同治4年10月10日，彰化縣令韓慶麟，「為遵催解司找兌事」，〈訟案〉
　　　（三），頁6。

186　同治4年（日期不詳），丁曰健「為飭知事」，〈訟案〉（三），頁1-2。

（？）而紳權、官權、皇權，而權力的來源是皇權，因此，朝廷的統治政策決定了該朝代的政治、社會性格。清廷對士紳的態度，大致由敵對、妥協而至合作（三藩之亂後），與中國歷代的政策大致合流。[187]然而，所謂「合作」並非平等的，而是在提高或維護皇權的原則下進行的。因此，一方面有「為政不得罪巨室」的政策，以取得地方豪族之效忠，[188]另一方面不斷有抑豪右、巨紳之事件，以防地方勢力坐大，威脅皇權的安危。士紳權益與皇家一致時，可呼風喚雨，否則，有如風中之燭。隨著王朝統治的鞏固，士紳地位日低，由與皇家共存、共治，而淪為被驅使的角色。[189]

專制王朝所關心的大事是政權安危，士紳由於是地方頭人，可協助皇家安邦定國而被重用，但也由於有雄厚的地方勢力，可能威脅皇權而被猜忌、提防。清朝以少數滿人統治漢人，其政權危機感甚重，對士紳動向特加留意。滿籍將軍之分駐全國各省要地，除了負有鎮壓亂謀之要責外，亦有監視地方官、紳之意。

中國歷代專制政府除以嚴緊的官僚制度壓制人民、以儒家思想統一言行外，特別注意兩件事，一是「武力」，一是「財富」。民間一旦擁有武力即對皇權構成正面的挑戰，故歷代王朝不惜以夷三族或九族、行保甲連坐等酷刑惡法，杜絕亂萌。而民間「財富」壯大到某種地步，亦構成對皇權、官權的威脅，故專制王朝一向採取「鳥籠政策」，一方面允許民間的致富行動，一方面予以設限。重要物資的官營與抑商政策之採行，其基本目的不是阻止商業行為，而是防止商人

---

187 吳金城，〈再論明清時代的紳士層研究〉，「民國以來國史研究的回顧與展望研討會」（國立臺灣大學歷史系主辦，1989.8），頁IV。

188 王亞南，《中國官僚政治研究》，頁84。引自〈晉書〉「王導傳」。

189 參見吳辰伯，〈論紳權〉，收入費孝通等，《皇權與紳權》，頁51-55。

財富過多，抗衡皇權，以遏阻「富」層之威脅「貴」層。[190]土地政策亦然，王朝為維持其統一與強盛，一面容許土地買賣，以防地主經濟蛻變為領主經濟而削弱皇家政、經權力。一面將它局限於一定範圍與程度內。如越限，王朝即限制土地買賣，甚至予以正面打擊，以防民間財力過大，威脅政權的安定。[191]

　　林家在家勢日隆、攀上巔峰時，不知不覺間，步步走入專制王朝的禁區、雷區。更確切地說，林家的「財力」與「武力」已壯大到足以警覺皇家與官僚的程度。在財力方面，如前如述，在戴萬生之役時，林家經由低價收購土地甚或混抄叛產，已發展為臺灣中部的巨富甚或首富。「富可敵國」在傳統中國是可羨的，也是危險的，歷史上因富而被藉故處決、抄產的例子屈指難數。[192]在「武力」方面，林家原為豪族，手下有一批莊丁壯勇效命，加以林家出現二位名將，參加過正規戰，深通領兵之道，如據地自雄，對清帝國之統治是一大威脅。清代臺灣是號稱「三年一小反，五年一大反」的多亂之地，又有明鄭抗清二十二年的教訓，清廷治臺政策一向本著「為防臺而治臺」的基本原則，對林家財勢之擴張，不免疑懼重重，思加裁抑。

　　英桂是久在福建任職的滿籍官員，先後出任福州將軍、閩浙總督，基於職責與滿人對政權安危的敏感性，對林家勢力的過度膨脹倍加注意。在其任內，林家遭逢接二連三的挫折，從林奠國之長年繫獄於福州、控林案之湧現，以至林文明之血濺公堂，在在顯示林家財勢之膨脹已逾越皇權所能容忍的極限。從林文明「正法」案的官方文書

190　袁方，〈皇權下的商賈〉，收入費孝通等，《皇權與紳權》，頁85-86、88。

191　金觀濤、劉青峯，《興盛與危機——論中國封建社會的超穩定結構》，頁99。

192　參見傅衣凌，《明清時代商人及商業資本》，頁35。

研判，觸犯政治禁忌是林文明招致殺身之禍的主因。同治八年（1879）臺灣總兵楊在元向英桂指稱林文明「自恃黨類眾多，官不敢辦，益屬夜郎自大，跋扈異常，故彰民有內山王之稱」。[193]同治九年（1870），林文明被正法後，英桂一方面指稱林文明有佔收抄封叛產、霸佔鄉民田宅之劣行，但另一方面更強調政治性罪行。摺中，英桂一再指陳林文明「倚勢橫行，出入隨帶多人，列械擁護」、「在⋯⋯阿罩霧地方憑險而居，招集無賴以為爪牙」、「於各隘口分築砲臺，為抗拒地步，出入帶隊自衛」、「入內山勾番拜會，希圖煽惑人心」、「率黨多人，攜帶軍械，偪駐彰化城外」等叛逆性行為。[194]他甚至於嘉許臺灣地方官與辦案專員凌定國「布置得宜」，順利誘誅林文明，而「消海外之巨患」。[195]可見林家之聲勢確實已達到威脅皇權的程度。（此事以下諸章再論）

　　自太平天國後，清朝中央政府權力大衰，地方士紳接掌不少官府的職權，因而勢力坐大，達到可以支持清廷或挑戰清廷的轉捩點。[196]這是專制王朝所難容之事，裁抑地方勢力乃成清廷之共識。如果力拯清朝的曾國藩都難逃被抑的命運，出身多亂之地的林家又何能獨免？

193　同治8年8月，楊在元密諭彰化縣令王文棨。據同治11年6月，王文棨案，〈訟案〉（八），頁69。

194　同治4年4月16日上，5月6日批，英桂奏「為在籍副將結黨滋事、惡跡昭彰，現已拏獲正法，飭令該管文武解散餘黨，以安反側而靖巖疆」，《軍機檔》，101012號。

195　同治4年4月16日上，5月6日批，英桂奏「為在籍副將結黨滋事、惡跡昭彰，現已拏獲正法，飭令該管文武解散餘黨，以安反側而靖巖疆」，《軍機檔》，101012號。

196　Chung-li Chang, *The Chinese Gentry*, p. 70.

第四章　官民夾擊下的林家
──訟案不絕

（同治三年至同治八年；1865-1869）

　　林家宦途受挫後，轉而發展紳權，終於成為中部之首要富豪與頭人。然而，林家之一枝獨秀也代表著鄰族之被壓抑、犧牲，而伏下極深的民怨；林家之財勢亦威逼官府與清廷，觸犯政治大忌，更種下禍根。以往清廷利用林家平定臺灣亂事，如今則官、民基於共同的利害關係，聯手對付林家。自同治五、六年間起，一連串的訟案即不斷地困擾著林家。為維護家族權益，以林文明為首的林家族人也進行強力抗爭，於是，清代臺灣最激烈的一場官與紳、紳與民對抗戰次第展開。

第一節　閩臺長官更迭對林家之不利變化

上章已述及太平天國亂後，清廷為恐地方勢力坐大，漸採壓抑地方紳權之策，族勢壯大的林家自然引起官府日增的猜忌。臺灣最高長官（道臺、總兵）與福建最高長官（總督、巡撫）之更迭確也逐漸顯現對林家不利的趨勢。

一、臺灣道、鎮的更迭

同治二年出任臺灣道臺的丁曰健本是林家的政敵，在平戴潮春之役時，丁氏曾聯合總兵曾元福，假手巡撫徐宗幹，逼使林文察、曾玉明內渡。結果，林文察戰歿漳州，林奠國繫案省城，林家受創不小。[1]

在丁、林衝突中，閩浙總督左宗棠似較偏向林家，因而有抑制丁氏之舉措。同治五年三月前後，丁曰健上奏稱老病交加，請求開缺，由督、撫遴選人員接替。[2]同治五年五月九日，清廷批准。[3]然而，丁氏稱病之真實性，頗值得懷疑。同治元年、二年時，丁氏也曾稱病辭福建布政使職，但真正的理由是左宗棠排斥他，而代之以張銓慶。[4]同樣的，在丁氏與林文察互鬥中，左氏也多次批評丁氏為人之苛刻。事實上，左氏對丁氏之不滿不止於此。同治五年十月五日，左氏上一摺論臺灣吏事、兵事，其中嚴詞譴責臺灣鎮（曾元福）、道

1　參黃富三，《霧峰林家的興起》，頁300-331。

2　丁曰健，「告病籲請開缺片」，《治臺必告錄》，臺文叢17，頁538-540。批示日期為同治5年4月28日，推測上奏日期當在三月前後。

3　臺灣銀行經濟研究室編，《清穆宗實錄選輯》，臺文叢190，頁97。

4　參黃富三，《霧峰林家的興起》，頁259。

（丁曰健）「遇事專制，略不稟承」；並稱「細察所辦各事，無非欺飾彌縫，毫無善狀」。[5]左氏又稱：「臺灣物產素饒，官斯土者，惟務取陋規，以飽私橐」；並指出，臺灣道除收受節、壽禮外，亦將「洋藥（鴉片）、樟腦陋規，概籠入己」，而知府則「專控鹽利」。[6]換言之，丁氏不但行事專斷、文過飾非，而且私飽鴉片、樟腦陋規之厚利。由此可見，丁氏之辭職，當與不見容於左氏有關，非因或非盡因老病之故。又，丁氏是安徽人，不知與湘、淮之見是否有關。

為了整頓臺灣的吏治、兵事，左宗棠調其親信吳大廷、劉明燈出任臺灣道臺、總兵。[7]二人均湘人，其中吳大廷受知特深。吳大廷，湖南沅陵人，左宗棠任總督時，以其任福建省鹽法道，整頓鹽政，頗有政聲。[8]同治五年八月初，左宗棠欲調他出任臺灣道臺。由於左氏與閩官不洽，又即將調任陝甘總督，吳大廷不欲捲入是非中，乃辭調臺灣，但未獲允。九月十六日，吳大廷奉摺調補，乃辭鹽法道。十月十七日，抵臺就任。[9]但吳氏在道臺任內，頗受上級掣肘，諸事不順。原來，左宗棠離職後，新任督撫，與左氏不睦，常藉機壓抑，導致日後吳氏之稱病辭職。

5　左宗棠，「籌辦臺灣吏事、兵事，請責成新調鎮、道經理摺」，《左文襄公奏牘》（臺北：臺灣銀行經濟研究室，臺文叢第88種，1960；1890年原刊），頁11。

6　左宗棠，《左文襄公奏牘》，臺文叢88，頁12。

7　左宗棠，《左文襄公奏牘》，臺文叢88，頁11。

8　吳汝綸，「贈太僕寺卿故福建臺灣兵備道吳君墓銘」，臺灣銀行經濟研究室編，《續碑傳選集》（臺北：臺灣銀行經濟研究室，臺文叢第223種，1966），頁116。

9　吳大廷，《小酉腴山館主人自著年譜》（臺北：臺灣銀行經濟研究室，臺文叢第297種，1971；原刊年不詳），頁40-41。

二、閩浙總督左宗棠之調職與吳棠、英桂之繼任

　　左宗棠，湖南湘陰人，頗恃才傲物，不易與人相處。[10]同治二年，左氏以平定太平天國有功，升任閩浙總督。上任後，他致函當時巡撫徐宗幹，表示人事任命與決策，盡量尊重其意見，但日後之發展不盡如此。如同治二年，以浙江布政使張銓慶取代徐氏寵信之福建現任布政使丁曰健之職，劾罷福建護理陸路提督石棟與水師提督吳鴻源，而代之以林文察，均與徐宗幹之意相左。[11]甚至於他所薦舉的張銓慶也在同治四年，被他劾以「年邁」、「昏憒」而革職。[12]而徐宗幹在同治五年則奏稱，張銓慶「在藩司任內勤儉著稱」，僅請予「降格量用」。[13]此外，左氏對福建民政、軍政均不滿，大事抨擊並強行整頓。因此，左氏在閩頗不得人緣。同治五年八月十七日，清廷因陝甘總督楊岳斌因病解職，乃調左宗棠接任，疑與其在閩浙總督任內人事不和有關。[14]左宗棠似乎不太願意離現職就新職，在就任新職前，仍陸續提出閩省軍政、民政興革意見，包括設廠造輪船。[15]此實違犯中國官場之守則──「不在其位，不謀其政」，無怪乎有不愉快事件之發生。

　　同治五年九、十月間，福州將軍英桂、巡撫徐宗幹上摺稱「閩

10　邵鏡文，《同光風雲錄》（臺北：文海出版社，1983），頁18-19。

11　參黃富三，《霧峰林家的興起》，頁258-260。

12　同治4年7月22日批，臺灣銀行經濟研究室編，《清穆宗實錄選輯》，臺文叢190，頁94。

13　同治5年2月29日批，臺灣銀行經濟研究室編，《清穆宗實錄選輯》，臺文叢190，頁96。

14　臺灣銀行經濟研究室編，《清穆宗實錄選輯》，臺文叢190，頁99。

15　臺灣銀行經濟研究室編，《清穆宗實錄選輯》，臺文叢190，頁100-102。

省紳民懇留督臣暫緩西行」，但清廷未允。[16]事實上，英桂、徐宗幹本不滿左氏，此摺反促使清廷嚴令左氏於下任總督吳棠到任後立即上道。左氏又進一步奏陳臺灣吏事、兵事改革計劃，並欲責成吳大廷、劉明燈負責。中國官場一向是「一朝天子一朝臣」，何以左氏有此不智之舉呢？真令人不解。無論如何，此舉更加深閩官對左氏之不滿，並帶給吳大廷、劉明燈極大的煩惱。（下述）

除了左氏個人因素外，再就整個大局而言，由於湘軍功高震主，太平軍平定後，清廷重用李鴻章為首的淮軍以為制衡，對湘軍系的左氏相當不利。但高傲的左宗棠似乎無視大局或昧於大局，不知收斂，難免遭忌。左氏離閩後，不久竟發生「竹枝詞」事件。

同治五、六年之交，布政使夏獻綸持有刊本之竹枝詞，內容涉及督、撫、司、道大員。據稱是鹽法道海鍾所交，但海鍾又稱得自道員丁杰。經面詢丁杰，前後供詞不一。福州將軍英桂將此事上奏。同治六年二月六日，清廷降諭稱，「匿名揭帖，例應銷毀」，不准發行。又稱，文詞出自丁杰之手，供詞又支離，「且皆關繫地方公事」，著令英桂嚴詰丁杰，究竟何人所為；並令新任總督吳棠會同英桂認真查究，如有挾嫌誣衊，從嚴懲辦，至於詞內所指情節，亦須悉心察訪辦理。[17]

由於未見原摺，更無竹枝詞，無法得知確實內容，但據英桂、吳棠之覆奏，可知主要是批評左宗棠。指控之事頗廣，包括抽收釐稅、建造輪船之弊；調員來閩、委派差事，均用同鄉（楚人）；以「釐

16　同治5年11月11日批，臺灣銀行經濟研究室編，《清穆宗實錄選輯》，臺文叢190，頁100-101。

17　同治6年2月6日批，臺灣銀行經濟研究室編，《清穆宗實錄選輯》，臺文叢190，頁106-107。

金充脩脯」；商令地方士紳挽留在閩；「以紅頂二人扶橋」等等。[18]可想見控詞必相當嚴厲。據此，左氏不但枉法，而且有僭越職位、挑戰皇權之跋扈行為。

同治五年六月十二日，清廷據英桂、吳棠之回奏，批斥對左宗棠之指控，內稱抽釐金、造輪船、調員來閩，左宗棠均曾奏明；委派各員並非全屬楚人；離閩雖有紳士再三慰留，但左氏未應允，也無商令紳士挽留之事；釐金充脩脯一節，係左氏重刊鼇峰書院之正誼堂書版，並供給考取之舉人與貢生膏火之用；左氏也「無以紅頂二人扶橋」之事。因此，清廷批示「無庸置議」，又查竹枝詞乃不知姓名人士投入丁杰轎中者，應予嚴拿究辦。[19]

以上是官方之說詞，真偽程度如何，難以精確研判。查清律對投匿名文書控訴他人者處刑極重—判處絞刑，且規定見到匿名文書不立即銷毀而送入官府者，處以杖八十之刑，受理之官員亦杖一百。至於被告，即使所控屬實，亦不坐罪。嘉慶二十四年（1819）更規定，凡拾獲匿名揭帖，立予銷毀，不准具奏；惟事關國家大事者可密奏。[20]據此法規，福建當局根本違例，不但不銷毀文書，還予以奏聞，而丁杰也未被處絞刑。可見其中大有蹊蹺。衡諸傳統中國專制政治之性格，大致可推定此乃一政治遊戲。由於左氏可能有某種程度之跋扈行為，或由於清廷在太平天國亂後欲重振君威，乃順水推舟甚或泡製此一事件，予功高震主之大臣以某種警告。故此案雷聲大，雨點

---

18 同治6年6月12日，論內閣，臺灣銀行經濟研究室編，《清穆宗實錄選輯》，臺文叢190，頁108。

19 臺灣銀行經濟研究室編，《清穆宗實錄選輯》，臺文叢190，頁108-109。

20 崑岡等，《欽定大清會典事例》（臺北：中文書局，1963；據光緒二十五年刻本印），卷816，頁19，總頁15338。

小，不了了之。然而，清廷已達到震懾重臣的目的了。此一事件，疑是與左氏不睦之閩浙總督吳棠和身為滿人之福州將軍英桂所籌劃的。

英桂在同治年間可說是福建的靈魂人物，長期掌軍政大權，先後出任福州將軍、閩浙總督之職，甚至身兼二職。同治二年十月二十八日，他由山西巡撫調升為福州將軍，接替已故之耆齡。[21]同治六年十二月十八日，閩浙總督吳棠調四川，由浙江巡撫馬新貽繼任。馬氏到任前，由英桂兼總督。[22]同治七年七月二十日，英桂調任總督，由文煜接任將軍。[23]同治八年一月二十八日，福建巡撫卞寶第稱病返鄉調理，英桂又兼巡撫。[24]由此可見在同治年間，英桂位高權重，在福建扮演了為清廷「看家」的要角—極力抑制地方勢力，甚至官員權力的膨脹。在他主導閩政任內，終於爆發了制裁打擊霧峰林家的案件——林文明「正法案」。光緒八年（1882）林家京控案結案時，當時何璟總督即盛讚他的謀國之忠。

三、吳大廷、劉明燈之去職

如前所述，臺灣道臺吳大廷、總兵劉明燈乃左宗棠安排來臺改革吏事、兵政者。然而，左氏離閩就陝甘總督職後（當在同治五、六年之交），二人即不斷受閩官排擠而不得不離職。

吳大廷於同治五年十月十七日抵臺後，即致力改革，頗有政聲。然而，他所受之掣肘更大。原來，當左宗棠薦舉他出任臺灣道臺時，不少閩官即有意見，如巡撫徐宗幹頗不以為然，屢次代吳氏請

辭。又，左氏調職時，將軍英桂也極力為之請辭。然而，左氏仍堅持己見，派吳氏出任臺灣道臺，以整頓臺政。[25]很明顯地，左氏此舉主要是針對丁曰健，而徐宗幹與丁氏關係密切，自需加以呵護。由於左氏本身已調職，而新任總督吳棠又與左氏不睦，因此，吳大廷的臺灣道臺做得極為辛苦。據稱吳棠一就總督職，即派人監視吳氏，但「不能得毫毛過失」。[26]吳氏亦自知臺灣事難辦，他在同治六年二月底之上新總督吳棠之函中，除謙卑地表示左氏不了解他「不能治臺灣」與出任臺道乃不得已之情外，並請其「速選賢員，前來更替」。[27]

果然，吳氏任內，風波不斷。同治六年五月六日，吳大廷接獲壽山（周開錫）、筱濤（夏獻綸）函，稱新任總督（吳棠）、巡撫（李福泰）對前任（左宗棠、徐宗幹）之政事「大有更改」。原來，吳棠為「報復左公宿嫌」而牽制吳大廷。[28]吳大廷預知事情難為，急欲求退，全臺紳商得知後，欲聯名赴省籲請留任，但遭吳氏嚴拒。[29]

同治六年五月後，吳氏與閩官間之衝突愈演愈烈。吳氏批評省官「畏夷如虎」（指同治六年美船「羅妹」號（Rover）事件等）、「於貪鄙昏憒之夫，無不獎進」；[30]又稱「夷人之狡悍固可惡（指普魯士翻同治三年舊案事），而大吏之巽懦更可恥」。[31]相對地，省官亦不斷大肆「藉端傾陷」，並有臺灣的「巧滑」之徒與之相呼應。吳大廷大

25 吳大廷，「上吳仲宣（即總督吳棠）制軍書」，《小酉腴山館主人自著年譜》，臺文叢297，頁99-100。此函當是同治6年2月底所寫，因函中稱蒞臺四月餘」，見頁100。
26 臺灣銀行經濟研究室編，《續碑傳選集》，臺文叢223，頁116。
27 吳大廷，《小酉腴山館主人自著年譜》，臺文叢297，頁100-101。
28 吳大廷，《小酉腴山館主人自著年譜》，臺文叢297，頁45。
29 吳大廷，《小酉腴山館主人自著年譜》，臺文叢297，頁45。
30 吳大廷，《小酉腴山館主人自著年譜》，臺文叢297，頁46。
31 吳大廷，《小酉腴山館主人自著年譜》，臺文叢297，頁47。

憤，又欲求去。同治六年十月，上稟「乞病」請退。十二月十六日，
第三次請病假。[32]

　　同治六年十二月，將軍兼總督英桂得吳大廷第二次「乞病」之
稟後，批准「內渡就醫」，吳氏終於得以離開是非之地。他深表遺憾
地說，本年全臺安靖，只惜「省中有人圖報左公宿嫌，藉機掣肘」，
以致不少願望「不得伸」。[33]同治七年二月十七日，護理道臺梁元桂
來臺。二月二十四日，吳大廷乘船離臺。[34]此後，他即未再管臺政，
雖然臺道頭銜未立即卸去。

　　同治七年六月，總理衙門催吳大廷回臺灣道任所。八月，他又
奉旨催速回本任，並查劾總兵劉明燈「不戰之狀」。但吳大廷知臺事
難辦，早已稟請開缺了。其後，督、撫「親臨勸慰」，英桂甚至再遣
心腹長善、楊在元來勸，吳氏仍堅拒。不久，督、撫代吳氏奏請開
缺；十月，奉旨批准。[35]吳氏任臺灣道臺風波終告落幕。

　　總兵劉明燈的處境亦然。前已述及，同治七年八月，吳大廷奉
旨回本任，並查辦劉氏「不戰之狀」。清廷也諭令英桂等察看劉氏
「能否勝任」。英桂、卞寶第奏稱，劉氏「不甚稱職」。十月一日，清
廷諭令將劉氏開缺，另外「揀員調補」。[36]

　　同治八年七月二日，英桂、卞寶第保舉黎兆棠任臺灣道，楊在

32　吳大廷，《小酉腴山館主人自著年譜》，臺文叢297，頁47。
33　吳大廷，《小酉腴山館主人自著年譜》，臺文叢297，頁48。
34　吳大廷，《小酉腴山館主人自著年譜》，臺文叢297，頁49。
35　吳大廷，《小酉腴山館主人自著年譜》，臺文叢297，頁52。吳氏同時完成
　　《臺灣進退志》一書，如能尋獲此書，對官場恩怨，當可有更多了解，見頁42。
36　臺灣銀行經濟研究室編，《清穆宗實錄選輯》，臺文叢190，頁116。

元試署臺灣總兵。[37]楊在元原係英桂心腹，而得以副將署總兵職。[38]
事實上，楊氏在此之前早已署理臺鎮之職了。日後事情之發展顯
示，楊、黎二人之就職與英桂懲治林家之計劃有關。（下敘）

第二節　鄰族對林家之反撲——不絕之訟案

　　林家之一枝獨秀與鄰族之衰微沒落，難免引起嫉視，而其藉官
府之權威鎮壓、殺戮更埋下族敵之深怨。此外，林家財勢膨脹太
快，也招來官府之側目、疑慮。然而，在這危機四伏之際，林家之領
導人林文明仍自恃功高，不知收斂。於是，在官、民同心合力的情況
下，厄運接二連三降臨林家，對林家的控案，一波一波的湧來，而官
府的懲治對策，也一步一步逼緊。

　　筆者所獲之林家訟案文書極夥，但其中有原本脫頁或未記年期
者，加以年久又有散失或蟲蛀者，在研究上頗為扞格。然而，這訟案
資料極為珍貴，不但對重建林家歷史有相當大的助益，而且可暴露清
代司法的實際運作情形。因此，筆者不厭其煩地引用原始文件，以免
失真。

一、清代臺灣之訴訟程序

　　清代司法系統分地方審判衙門與中央審判衙門。地方衙門計分
五級，由下而上為州、縣、廳→府、直隸州→道→按察司→總督、巡
撫五級。[39]在臺灣，計有縣、府、道三級審判衙門。

37　臺灣銀行經濟研究室編，《清穆宗實錄選輯》，臺文叢190，頁121。
38　吳大廷，《小酉腴山館主人自著年譜》，臺文叢297，頁51。
39　那思陸，《清代州縣衙門審判制度》（臺北：文史哲出版社，1982）頁3-5。

　　依例，民人有訟案，須先赴州、縣代書所，報明姓名、住址及被告、證人之姓名與住址，並說明告訴理由，再買定式訟紙，請代書人寫狀，自寫或親人代寫亦可。訟狀分期呈、傳呈、輿呈、喊呈等。期呈乃每月之三、八、十三、十八等三、八日定期提出者。傳呈乃有重大民事或刑事案件時，隨時提出者；提出後三日內，官署必須批示。輿呈即攔阻官輿告狀。喊呈乃遇有重大罪狀，先至衙門陳述原由，再返家補呈訟狀者。[40]

　　訟狀提出後，知縣先決定是否受理，公布於衙門口。之後，召被告提答辯書。至堂訊日期，召二造審問，必要時派票差臨檢。如所審案件屬於田土戶婚之民事案件與杖、枷、笞之類的輕罪，縣官可自行審決。堂訊後，以口斷案者，曰「堂諭」，有文字記錄者，曰「名單」。如二造服判，則具甘結。如不服，可上訴府。但案件若屬強盜、殺人等刑事重罪，縣官只能議擬罪名，向府、道、省方提出報告，由上級決定。[41]

　　知府收到知縣呈報後，予以裁決。對命、盜案，再審其議擬，如無誤，則呈送道、按察司；如不當，命縣再審，或自審後擬律，呈報按察司、巡撫、總督。如無異議，督撫依按察使所擬予以判決或上奏。如有異議，則交發審局研訊。發審局局員有總辦、提調、委員三種，以道臺、知府、同知、知縣充任，依督、撫之委任審案。但遇有重大案件，總督亦須親審。[42]

40　鈴木宗言，〈臺灣の舊訴訟法〉，《臺灣慣習記事》（不詳），2號（1901.2），頁10。

41　〈臺灣の司法〉，臨時臺灣土地調查局編，《臺灣舊慣制度調查一斑》（出版地不詳：臨時臺灣土地調查局，1901），頁8。

42　ⓐ 臨時臺灣土地調查局編，《臺灣舊慣制度調查一斑》，頁8。ⓑ 小林里平，〈清國政府時代に於ける臺灣司法制度〉，《臺灣慣習記事》（不

　　知縣雖為初審官，但由於官僚體制的惰性與官官相護的積習，通常上級很少變更其判決，故官小而裁決權不小。又由於縣官俸薄，以致官箴不佳，賄賂公行，曲直、是非常受金錢之左右。[43]

　　清代審案所依據的法律分成文法與習慣法。成文法有大清律令與單行法（巡撫諭告、諭達等行政處分等）。習慣法則為一般慣行、判例等。[44]

　　表面上看來，清代司法制度頗為嚴密，實際上，問題重重。其中最主要的一點是行政、司法權之混淆不清。地方長官自總督以下，均以行政官身份兼司法官，不但專業知識、品德難有一定水準，而且容易造成上級干預下級判決或官官相護等行政、司法混淆之弊。[45]因此，清代之司法很難達成伸張正義的目標。

二、控林案之發端

　　同治四年，出現首樁控林案，五年又有一件，但至六年初，控林案如波浪般湧至。茲將控案要點列表如下。

　　　詳），2：12（1902.12），頁933。

43　臨時臺灣土地調查局編，《臺灣舊慣制度調查一斑》，頁8。

44　臨時臺灣土地調查局編，《臺灣舊慣制度調查一斑》，頁15-16。

45　參見黃富三，〈林文明正法案真相試析〉，《臺灣風物》（臺北），39：4（1989.12），頁23。

表6　同治四至六年間之控林案

案號	呈控時間	呈控人	案由	事件地點	事件時間	事件內容摘要
(a)	4年4月28日	林原章	誤列叛產，未還	石螺潭、客哩等處	3年間	田園曾被林晟所佔，被誤為叛產，林文明未將田歸管。
(b)	5年3月後	洪和尚	搶劫擄女為婢	萬斗六	3年元月	林文明、萬得（文鳳）等率眾攻莊，林文鳳擄女為婢。
(c)*	6年2月	林應時	佔田，佔嫂	草湖瓦磘莊	3年8月	林文明率眾攻莊
(d)	6年3月3日	洪張氏	佔田	萬斗六塗城莊	4年	林文明等率眾攻莊
	6年3月3日	林獅	佔田	吳厝莊	3年4月	林文明等率眾攻莊
	6年3月13日	洪和尚	搶劫，擄子為奴	萬斗六	3年元月	與(b)同，惟擄女為婢，改為擄子為奴。
	6年3月13日	洪燕青	洗搶，佔田	萬斗六土城莊	3年元月	林文明等率眾攻莊
	6年3月13日	洪烏記	佔田厝	五股、塗城	3年間	林文明等率眾攻莊
	6年3月13日	洪振文	佔田厝	？	3年間	林文明等率眾攻莊
(e)	6年3月13日	洪蒲	佔田	番仔垮	3年間	林文明等率眾攻莊
	6年3月13日	洪秋	搶劫，佔田	登臺份苦苓腳	3年間	林文明等率眾攻莊
	6年3月13日	洪紅	佔田厝	五股庄	3年間	林文明等率眾攻莊
	6年3月13日	洪乃	佔田厝	萬斗	3年間	林文明等率眾攻莊
	6年3月13日	洪清溪	佔田厝	溪底寮莊	3年間	林文明等率眾攻莊

案號	呈控時間	呈控人	案由	事件地點	事件時間	事件內容摘要
(e)	6年3月13日	洪俊	擄女為婢	？	3年間	林文明等率眾攻莊
	6年3月13日	林亮	洗搶，佔田	？	3年4月	林文明等率眾攻莊
	6年3月13日	洪木易	佔田	萬斗六莊洋	3年間	林文明等率眾攻莊
	6年3月13日	林曾氏	佔田	詹厝園	3年6月	林文明等率眾攻莊
(f)	6年6月18日	洪大烈	佔田	萬斗六塗城份	3年	林文明等率眾攻莊
	6年6月18日	林沛	佔田厝	占（詹）厝園	3年6月	林文明等率眾攻莊

* 林應時控訴內容，參看下述情節。

自上表可看出三個特點：

1. 呈控人非洪姓即林姓。

2. 控訴內容近似：各案控訴理由多為佔田、搶劫、擄人，案發地點多在萬斗六、瓦磘、登臺等與戴萬生之役有關地區，時間亦為同治三、四年間林家參與平亂時。

3. 呈控日期奇特：一是各案呈控日期多非案發當時，二是各案大多是在同治六年間同時呈控的。

因此控林案內情必不單純。在戴萬生之役中，林家族人仰仗權勢，假公濟私，必有其事。然而，被害人若與林、洪黨人無關，林家是否敢於公然攻殺、佔田，頗有可疑。原因是當時臺灣道臺丁曰健、彰化縣令凌定國與林家不睦，林家豈有授人以柄之理？再者，果有攻莊佔搶

之事，受害人何能隱忍二、三年後方出控？又，丁、林不和，眾所周知，何以他們不在丁曰健任內出控？而洪、林族人同時在同治六年集體出控尤其突兀，若非有人從中組織，不可能行動如此一致。事實上，在傳統中國，官紳聯手欺壓鄉民是常事，甚至可說是個結構性的問題，一般人對此多敢怒不敢言，何以在同治六年間突然有這麼人敢於向紳權挑戰呢？箇中緣由，值得推敲。

的確，控林案固有其理，但疑點也不少。例如上表之洪和尚控林案，在同治五年稱林萬得擄女為婢（見(b)案），但在同治六年則稱擄子為奴（見(e)案），前後不一。此顯示確有不實的一面。按洪和尚在萬斗六之役中曾被林文明捕獲，雙方顯有仇隙。

以下即將各控案略加說明。（**下文頗煩，讀者可略過，逕接三**）

（一）同治四年（1865）四月二十八日林原章控案

最早發動控林案的是林原章。他在同治四年四月二十八日向彰化縣呈稟稱：有田地在石螺潭、客哩等處，咸豐十一年被林晟（即林日成）霸占；林文察剿林晟時，被列入叛產，已赴轅請驗紅契司單，經允許歸還；但林文明未遵示諭，將田掌管，以致業去產存，反要負擔業主吳長永大租。縣令張世英接稟後批示，「已於業戶吳長永稟內批示矣」！[46]

由於未見張縣令批示內容，也未有進一步紀錄，不知案情真偽。據此稟，這批田園在咸豐十一年被林晟占，並被林家兄弟當叛產沒收。內至少涉及二問題，一、被「叛逆」（林晟）霸占之產，如有合法原主，是否可認定是叛產；二、即使是叛產，理應歸官，如林家

46　半線堡溪心壩前署理大肚汛林原章具稟，〈訟案〉（三），頁29。

逕予接收，顯係假公濟私，自是不當。林家如此做，也許與當時臺灣
的政治環境與社會環境有關。在政治環境方面，一者傳統中國官、紳
欺凌百姓是常見之事，甚至可說是一結構性的因素，亦即因制度上官
貴民賤，致有上壓下之事。二者，林家剿「逆」有功，而功績被隱，
因而在「利」方面取償。在社會環境方面，臺灣這個移民社會，弱肉
強食的性格頗顯著。同治五年十月五日，左宗棠在奏摺中即指出，臺
灣「民俗挾仇械鬥，勝者輒佔敗者室家、田產，謂之『紮厝』」。敗
者則逃亡它鄉，俗稱「關門出」。[47]

　　族間相鬥，勝者可占有對方產業，既是當時社會之慣行，林家
人好不容易打倒了族敵，援例乘機占產，當是可想像之事。顯然，林
家並未能超越中國官壓民的政治傳統，也無法擺脫臺灣土豪相鬥的社
會性格。當林家人炙手可熱時，問題可能被壓抑，一旦失勢，尤其遭
逢政敵打擊時，被欺壓的百姓自必蜂起圍攻。於是，訟案一件又一
件，接連而來，林家所受到的挑戰，也一波強過一波。以下陸續介紹
有關案件。

（二）同治五年間，洪和尚控案

　　約在同治五年中（可能在三至十二月間），萬斗六莊洪和尚向彰
化縣控訴林文明、林萬得（文鳳）在同治三年元月間擁眾搶奪，林萬
得並擄去女兒為婢。[48]

47　ⓐ 同治5年10月5日，左宗棠奏「籌辦臺灣吏事、兵事，請責成新調鎮道經理
　　摺」，左宗棠，《左文襄公奏牘》，臺文叢88，頁12。ⓑ 許雪姬，《龍井林
　　家的歷史》，頁45。ⓒ 民間亦盛傳清代「大欺小」、「強凌弱」之事，甚至
　　有弱族為求自保而皈依洋教，見許嘉明，〈彰化平原福佬客的地域組織〉，
　　《民族學研究所集刊》（臺北），36（1973秋季），頁171-172。

48　ⓐ 洪和尚，「為藉官殃民，無分黑白，恩即親臨，移營會挈，撫率歸莊事」

韓慶麟縣令批示稱：

> （同治）元年逆案（指戴潮春案），洪姓股首甚多，爾係安分
> 良民，林文明等何敢擁眾搜搶；且事隔兩年有餘，始據赴案控
> 告，所呈恐有不實，候即飭差查明核奪。[49]

此後無下文，顯然控訴未被接受。按洪和尚在萬斗六之役時曾被林文
明拿捕，可能挾恨報復。但，林文明在平亂時是否有假公濟私之
事，卻也有推敲的必要。

（三）同治六年二月，林應時控案

　　同治六年彰化縣令李時英任內，控林案驟然大增，林家感受日
增之壓力。同治六年二月間，林應時向彰化縣控訴林文明。因未有原
稟，不知內容為何。但，林應時乃日後與林家纏訟之主角，可知控訴
之因由當是如日後控詞中所稱之林家「勒捐」軍需事。縣令李時英批
示稱：

> 林文明受國厚恩，當知大義。若該民人所呈，不幾為地方之害
> 乎？惟事隔多年始據控告，其中不無飾聳情弊，礙難遽准。[50]

稟，〈訟案〉（三），頁17。ⓑ 又，臺灣慣習，凡呈控搶竊，必聲稱「賊數
十猛，明火執仗，破門入室，捆毆殺傷，搜劫無遺」，見陳盛韶，《問俗
錄》，頁139-140。

49　洪和尚，「為藉官殃民，無分黑白，恩即親臨，移營會挈，撫率歸莊事」
稟，〈訟案〉（三），頁17。

50　據同治7年9月22日，林應時呈彰化縣令盧蟲稟之附件，〈訟案〉（四），頁9。

顯然，李縣令認事隔多年方呈控，其中有詐，乃不接受其呈稟。但三月間，林應時再度催控，李縣令乃批准派差查勘辦理。[51]控林案自此愈演愈烈。

（四）同治六年三月三日洪張氏、林獅控案

　　洪張氏，萬斗六塗城莊人，同治六年三月三日呈控稱，有田業二段，全年大小租谷三十石，同治四年，林友田（文明）率林呵幸、林萬得等人，率眾絜厝佔田。李縣令接受呈稟，批示「候飭差查明覆辦」。[52]

　　吳厝莊（在今霧峰鄉四德、五福二村）人林獅亦呈控稱，有小田二段、園二段、瓦屋一座，每年大小租谷一○八石，同治三年四月間，被林文明率數百人霸佔。李縣令批示稱「何以迄今始行控告？是否飾聳，候飭差查覆。」[53]

　　三月二十八日，林獅再度上催呈，請求查辦。[54]

（五）同治六年三月十三日蜂擁之控案

　　本日計有三批控林案。第一批為洪和尚、洪燕青、洪烏記、洪振文、洪蒲等五人控案。茲將五人之呈控理由分列如下：

51　同治7年9月22日，林應時呈彰化縣令盧蕤稟之附件，〈訟案〉（四），頁9。

52　洪張氏，「為業既佔踞，棲又無所，乞恩親臨押還歸耕，以救蟻命事」稟，〈訟案〉（三），頁31。

53　林獅，「為恃強霸搶，寃無伸泣，乞會營親臨，覆究返還事」，〈訟案〉（三），頁33。吳厝莊今址，據洪敏麟，《臺灣舊地名之沿革》，冊二下，頁115。

54　林獅，「為恃強霸搶，懇乞飭差監收，以便究屈，以徵國課事」稟，〈訟案〉（三），頁34。

1.貓羅保萬斗六莊洪和尚:

切尚素乃農人,務農為活。不料於同治三年正月間,突被阿罩霧莊勢惡林有田黨率林萬得、林戇宋、李眉等,橫將尚之家器衣物盡行洗搶,厝宅佔縶,又將兒子名大雨,年九歲,擄去為奴。[55]

2.萬斗六土城莊洪燕清:

切清在萬斗六土城莊居住,務農為生。寃因同治三年正月間,突被勢惡林有田率林戇宋、李眉等擁入家中,橫將家器、物件、牛隻,一盡搶去,並將清之所置萬斗六番埒洋水田一段、厝宅一所,佔縶霸耕數載,未蒙究辦押還。[56]

3.塗城莊洪烏記:

痛記于同治三年間,有水田一段,每年水租一百四十石,址在五股塗城份,突被勢豪林文明,即林友田、林戇宋、林鍾元等,黨率一百餘猛,擁到莊中,旗鼓連天,橫將記田厝盡行霸佔。雖欲控告而前邑主韓(慶麟)尚且懼其勢力,大寃莫伸,慘狀難言。[57]

55　洪和尚,「為勢惡擄搶,懇乞押返事」稟,〈訟案〉(三),頁7。

56　洪燕清,「為恃強搶劫,呈勢霸耕,懇乞押還歸管事」,〈訟案〉(三),頁7-8。

57　洪烏記,「為勢豪強霸,流離失所,懇諸親臨押還歸管事」稟,〈訟案〉

4. 萬斗六洪振文：

> 緣文歷世農耕，禍因富惡林友田，恃彼勢豪，霸佔為事，于此
> 同治三年，黨率林萬得、李埋等百餘猛，橫將文家器洗搶無
> 遺，盤踞厝屋，田業霸耕。文時欲帶契呈冤，但礙勢惡賂網甚
> 密，誠恐身陷而契被奪，沉冤以致三年。[58]

5. 舊社莊洪蒲：

> 緣蒲有水田一段，址在番仔埒，每年小租三十六石。不料于同
> 治三年間，突被勢豪林萬得、林友田、林鍾元等，黨率一百餘
> 猛，擁到莊中，橫將蒲田業霸耕，今已四載。雖欲控告，竊思
> 前邑主韓尚懼其威，不得不忍耐，大慘曷其極。[59]

　　李縣令接獲洪和尚等五人之稟後，除批示「候飭差查明覆辦」
外，[60]立即發票派差前往所在地，協同總理、地保，「確查洪和尚等
所呈各情，是否屬實，尅日據實稟覆」。[61]
　　第二批為洪秋、洪紅、洪乃、洪清溪、洪俊等五人之控林案。
茲列舉五人呈控理由如下：

（三），頁8-9。

58　洪振文，「為強霸墾，乞親臨究辦事」稟，〈訟案〉（三），頁9。

59　洪蒲，「為勢豪盤踞，暨股霸耕，懇乞親臨押還歸管事」稟，〈訟案〉
　　（三），頁10。

60　〈訟案〉（三），頁7-10。

61　李時英，「為特飭查覆事」，〈訟案〉（三），頁11。

1. 洪秋：

切秋耕農渡活，毫非莫染。禍因同治三年間，突被遭豪惡林文明、林萬得等，黨率一百餘猛，蜂擁到家，橫將秋在登臺份苦苓腳水田一段，每年小租二十二石霸佔，並將秋家業契盡洗拾無遺。時欲控告，又恐林文明等勢焰方張，路途難以出入，大慘已極。[62]

2. 洪紅：

紅有自置水田一段，址在五股莊，又置水田一段，址在過溝，年共收小租三十石，歷管無異。寃因同治三年間，突遭豪惡林萬得、林友田等，旗鼓擁莊，橫將紅水田二段、竹圍厝宅一所，盡行霸佔，橫行無忌，告訴無門，大慘已極。[63]

3. 洪乃：

切乃于同治三年間，田厝、物業、牛隻，盡遭強惡林有田、林鍾元、林萬得等，黨率一百餘人，旗鼓擁莊，橫將乃水田一段，址在萬斗坑，年小租二十石，並厝宅、物業、牛隻，盡行搶霸。寃沈四載，任控未見一差到辦，賄賂佈遏顯然，大寃莫

---

62 洪秋「為豪惡踞霸，民無聊生，懇請親臨押還歸管事」稟，〈訟案〉（三），頁21。

63 洪紅，「為恃豪強霸，罪惡滔天，恩准親臨律辦，押還歸管事」稟，〈訟案〉（三），頁22。

伸，慘狀難言。[64]

4. 洪清溪：

> 切溪耕農度活，毫非莫染，禍因同治三年間，突遭富惡林有
> 田、李眉、林萬得等，黨率一百餘猛，蜂擁到莊，橫將溪水田
> 一段，址在溪底蘩莊，每年小租谷八十石霸耕，厝屋、家
> 業、契券，洗搶無遺。經今四載，告訴無門，大慘已極。[65]

5. 洪俊：

> 切俊夫妻，惟有生養女子，年登十三歲。禍因同治四年正月初
> 九日，突遭富惡林有田、林萬得等，黨率一百餘猛、旗鼓擁
> 莊，橫將俊女兒，名喚金好，強搶而去。後查尋，方知被林有
> 田搶去作女婢，橫行莫甚於此。[66]

李縣令接稟後批示飭差查明，並立即派差協同總理、地保，確查洪秋等五人所控林文明「霸搶各情」，「果否屬實」，逐一查明，尅日明白稟覆。[67]

---

64 洪乃，「為恃強搶惡，宛懸四載，懇請親臨押還歸管，以安生業事」稟，〈訟案〉（三），頁25。

65 洪清溪，「為富惡強霸田厝，懇乞親臨押還歸耕，以安生業事」稟，〈訟案〉（三），頁26。

66 洪俊，為「為富不仁，搶女作婢，乞迅飭差押還究辦事」稟，〈訟案〉（三），頁27。

67 林時英，「為特飭查覆事」，〈訟案〉（三），頁28。

　　第三批為林亮（？）、洪木易、林曾氏（？）等三人之控林案，
其呈控理由分列如下：

1. 林亮：

> 緣亮已置有田園一段，年贌大小租谷百二十石，歷管無異。寃
> 因同治三年四月間，慘被阿罩霧莊勢豪林文明，即林有田，率
> 夥（將）亮家器牛隻契券盡行洗拾罄空，又將田業霸佔耕種，
> 情慘離言。無奈，經赴前主李呈控疊催，經蒙差在案。[68]

2. 北投新莊洪木易：

> 緣易耕商為業，禍因同治三年間，慘遭勢鱷林有田，恃彼勢
> 鱷，黨率數百餘猛，肆橫霸佔，不分善良，將易田業，址在萬
> 斗六莊洋，盡行霸耕。易雖欲告訴伸寃，然如駱網甚密，莫可
> 如何。[69]

3. 林曾氏：

> 切氏安份守己，毫非莫染。先夫林平有遺下水田貳段，並竹園
> 一所，址在本莊，自耕度活。寃因同治三年六月間，慘被阿罩
> 霧莊鱷惡林文明，即林有田，藉端霸田，率令虎夥五十餘
> 猛，各執刀銃，橫將氏所住竹園田產一盡紮去，並家器、物

68　林亮，「為恃官欺民，紮搶霸佔，乞恩押還事」，〈訟案〉（三），頁13。
69　洪木易，「為勢鱷久霸，懇乞親臨律辦，抑還歸管事」稟，〈訟案〉
　　（三），頁15。

業、契券洗拾罄空；又將氏一家男婦老少革出，無處安身，慘不可言。[70]

李縣令接稟後，均批示「是否屬實，候飭差查明稟覆查辦。」[71]

（六）同治六年三月十八日洪大烈、林沛控案

本日，洪大烈、林沛二人亦向彰化縣呈控，理由如下：

1. 洪大烈：

緣烈有祀田二段，址在萬斗六塗城份橫車路邊，逐年收租以為祭祀之資，歷年無異。寃因同治三年，突遭勢豪林有田，糾結林戇宋、林萬得、林鍾元等豎股，霸盡萬斗六一帶田業，而烈祀田並被其所霸，于今四載，追討莫何。[72]

2. 林沛：

緣沛有承祖父遺下田園共四段，並竹園連厝一所，址在占厝園莊，自居耕作，寃因同治三年六月間，慘被阿罩霧莊富惡林文明，即林有田，率匪橫將沛所居竹圍及契券、牛隻、物件搶去，並將田園霸佔，又將沛趕出，現移五張犁暫居，虧沛被霸

> 一家老幼十餘人，無處安身，慘上加慘。[73]

李縣令對各案均亦批示「候飭差查明稟覆察辦」。[74]

由上可見自同治六年初起，控林案遽增，而官府也開始接受申控，並查辦。

三、林文明之反擊行動

面對潮湧般的控訴，林文明也立即採取強力的反擊行動。他一方面辯解其為清廷之功，得罪他族，致遭不白之冤，一方面進而指控洪、林餘黨仍有越軌舉動，請官拿辦。

同治六年四月十日，林文明遣謝作向彰化縣呈一稟。此稟所述內容乃林家往後在訟案中所持之主要理由，故列述於下：

（一） 林文明指洪、林二族係挾剿辦戴案之怨而誣控，稱：

> 切明（林文明）世居治下阿罩霧莊，與北投洪姓、揀東後厝林姓，壤地相錯。自戴逆倡亂，林慧晟、洪欉相繼自立，以明兄弟內渡，征剿髮匪，督率逆賊數萬，屯紮瓦磘仔、柳樹湳一帶，斷水毀墳，旦夕圍攻，堂弟林文鳳等首尾支持將及兩載。至明兄弟奉命渡臺，會督官軍，掃蕩叛莊，將戴、林二逆明正典刑，重圍始解。無如逆晟族大黨多，密邇心腹，加以洪欉負嵎北投，聲息相求。三年三月青旗之變，復有林泉等勾引逆匪，嘯聚瓦磘仔等處，乘勢攻殺。于是先兄同明自解彰

圍，即馳赴揀，痛加剿洗。未及廓清，而先兄以內地邊防吃緊，奉檄班師，因于凱還之日，密將情形稟請督撫兩院憲，嚴飭道、鎮，認真搜捕。迨先兄內渡，明以奏派聯首，接辦內山軍務。彼時萬斗六一帶，猶為賊藪，與揀中諸股匪，結會烏斾，屢謀煽動。幸防堵嚴密，得以不發。冬末，丁梟憲（丁曰健）親統大軍，臨剿洪逆，荷蒙移會，以明熟悉地方，令挑勇協同圍剿。明以責任聯首，分應星夜馳赴，惟念本地紳士，嫌隙易開，當經據情移會，請派員協剿在案。隨即督帶義首林文鳳等，各帶精勇，日夜環攻，會同委員，先後將萬斗六等賊巢，盡行焚燬，擒斬賊目多名，並將洪花夫婦首級解轅示眾。于時巨惡雖誅，伏莽尚眾，東奔西竄，急切難防。而萬斗六亦當咽喉之地，尤宜戒備，爰將催勇守禦情形，節次移請在案。復蒙府憲陳（陳懋烈）以洪逆叛產移交辦理，旋即將該地田產逐一查勘，繪具圖說，送府查核。蒙委葉、王、鄭三員，前來勘驗，方在招佃耕墾。適值洪益竄擾，遠近繹騷，北勢湳復為賊踞。于是張、韓二前主相繼親臨圍攻搜緝。明督同堂弟文鳳等派勇協剿，運助鉛藥，前後供應，後將一年。至四年十二月間，洪益就擒，五年七月間，明擒獲張昆解縣正法，地方始靜，防禦稍鬆。是洪、林二逆之餘黨，挾勸辦之嫌，欲圖報復，固無日不存死灰復燃之想者也。今幸父臺新政嚴明，地方大定，方喜得高枕之安，不料洪和尚等狼心未化，膽敢招集伊親洪廷舜等，同其會黨林泉等數十人，混捏搶殺霸佔等謊，赴階瞞稟，希圖在陷，以為脫罪地步。[75]

---

75 同治6年4月10日，林文明呈彰化縣「為懼罪圖脫，恃黨扛陷，懇請核案研

（二） 林文明反駁所有指控，稱所謂「攻莊」，其實是剿亂：

> 獨不思騷動五年，經辦數官，案卷煌煌，罪迹昭著。其云三年
> 正月十三、四者，即先兄攻破戆晟老巢之時也；其云三年四月
> 間者，即先兄剿辦青旗之日也；其云三年十月間以及四年正
> 月、十月間者，即明奉丁臬憲攻剿萬斗六及同韓前主搜捕之際
> 也。呈詞雖多，究屬一律，其為恨辦扛陷，挾賊誣官，一目便
> 瞭。況懸隔三年，始行出控，其中情節，尤不辦（辯）而自明
> 乎。至於所控諸處田產，自經兵燹，屢遭竄擾，迄無寧日。現
> 雖平定，而洪之股首尚存九名，林之股首尤多伏莽。是不唯無
> 一人霸佔，並亦少人耕種。應否詳請上憲勘定叛產，招佃耕
> 墾。果係良民，著其妥保，給與還管歸莊。[76]

總之，林文明辯稱其所以被控是由效力清廷，剿辦戴案黨人而結怨所
引起的，因此，他又請就誣告事澈底究辦。李時英縣令批「是否洪和
尚等捏詞誣控，候查案核辦，分別究坐。」[77]

　　同治六年四月十八日，林應時又向彰化縣上一催呈，李縣令批
示「候即傳林文明質訊究辦」。[78]但未有下文，就在林家與鄰族對簿
公堂的同時，雙方發生衝突事件。同治六年五月九日，林文明向彰化
縣控稱，「逆親」林番、林豆菜養兄弟，糾集「逆首」林貓皆、林順

訊，澈底究辦事」稟，〈訟案〉（五），頁1-5。

76　同治6年4月10日，林文明呈彰化縣「為懼罪圖脫，恃黨扛陷，懇請核案研
　　訊，澈底究辦事」稟，〈訟案〉（五），頁5-6。

77　同治6年4月10日，林文明呈彰化縣「為懼罪圖脫，恃黨扛陷，懇請核案研
　　訊，澈底究辦事」稟，〈訟案〉（五），頁6。

78　同治7年9月22日，林應時呈彰化縣令盧蟲稟之附件〈訟案〉（四），頁9。

章（林戀晟之姪），同林泉、林亮等，率六、七十人，於五月二日執刀銃，擁入內新莊一帶林家佃人賴合山等處，阻撓割早稻，佃人不敵而閃避；至其聞訊後趕至，林氏黨人逃入橋仔頭莊藏匿。[79]林文明並指出「林貓皆、林順章乃踞城（即同治元年隨戴潮春占領彰化城）之漏逆，林泉、林豆菜養亦屢叛之兇徒」，請求拿辦「赴控之逆親林番、林枝嗣、林珠等」。[80]

同治五年五月十一日，林文明又向彰化縣上一稟稱，五月十日，林泉、林貓皆、林豆菜養、林亮，再糾黨林順章等七、八十人，「豎股立約，將橋仔頭一帶田租，盡行插菁」，阻止林家佃人收割；並揚言「佃人若敢私行先割者，候他兄弟一到，必無遺類」。林文明為此，請求派兵圍拿，並請就林珠、林番等人之代書，追出林泉等人到案，按律究辦。[81]

李縣令對九日、十一日二稟同時批示稱，「如果漏逆林泉、林貓皆等膽敢復出糾黨，□割田租，藐法已極。候即飭差移營會拿，務獲完辦。」[82]

同治六年五月十八日，林文明又稟報，在五月十七日，林泉等人又率黨百餘人，各執刀銃鎗旂，擁入內新莊，搶割林家佃人賴合山之早稻，並欲佔紮佃人住厝；幸虧事先撥勇紮駐，佃人方免被侵。林

---

79 同治6年5月9日，林文明呈彰化縣「為懼罪逃案，糾匪□田，懇請跟拏律究，以淨根株事」稟，〈訟案〉（五），頁9-10。

80 同治6年5月9日，林文明呈彰化縣「為懼罪逃案，糾匪□田，懇請跟拏律究，以淨根株事」稟，〈訟案〉（五），頁10。

81 同治6年5月11日，林文明呈彰化縣「為疊次□租，局謀搶割，懇請移營親臨圍拏，以杜亂萌事」稟，〈訟案〉（五），頁11-13。

82 同治6年5月11日，林文明呈彰化縣「為疊次□租，局謀搶割，懇請移營親臨圍拏，以杜亂萌事」稟，〈訟案〉（五），頁13。

文明遂再請彰化縣「迅即親臨圍拿」，以免「一方騷動，效尤日熾」。[83]李縣令批示「靜候移營會拿」。[84]

同治六年五月十九日，林文明又致函北路副將王氏（名字未詳），簡述搶割早稻事，請其照縣移文，親臨圍拿，以儆效尤。[85]王副將批稱將親臨圍拿林泉等。[86]顯然，林文明反守為攻，欲進一步壓制鄰族的報復浪潮。此後，正面衝突事暫息。[87]

鄰族對林家的第一波攻擊雖為林文明所化解，然而，第二波的進擊立即接上，主角是日後與林家周旋到底的主將林應時。他約在同治六年七月初間，向縣、府呈控。林文明聞訊後，於七月十一日，亦向彰化縣呈稟，內重申林、洪二姓之「叛逆」及毀林家祖墳五、六處之惡行，請予究辦。[88]

彰化縣顯然無法裁決此複雜案件，於是林應時在縣控後，越級向府、道、省上控，案情發展愈來愈不單純。

四、林應時之越級上控

林應時是在訟案中與林家周旋到底的主控人，林枝嗣是另一重要呈控人，在此將其背景略作敘述。

83　同治6年5月18日，林文明呈彰化縣「為疊次搶割，恐釀巨禍，懇請親臨圍拿，以靖地方事」稟，〈訟案〉（五），頁15-1。

84　同治6年5月18日，林文明呈彰化縣「為疊次搶割，恐釀巨禍，懇請親臨圍拿，以靖地方事」稟，〈訟案〉（五），頁16。

85　同治6年5月19日，林文明「致北路協」函，〈訟案〉（五），頁17-19。

86　治6年5月19日，林文明「致北路協」函，〈訟案〉（五），頁19。

87　同治6年7月11日，林文明呈彰化縣（？）「為差查可據，案核自明，懇請照批跟訊究辦事」稟，〈訟案〉（五），頁23。

88　同治6年7月11日，林文明呈彰化縣（？）「為差查可據，案核自明，懇請照批跟訊究辦事」稟，〈訟案〉（五），頁21-24。

　　林應時祖父是林瞻，父定月。[89]本籍平和縣，原住瓦礌莊（在今霧峰鄉），現住九張犁莊（在今烏日鄉）。同治十二年（1873）時，父已故，兄弟共四人，即馬壽（同治十一年故）、水源（早歿）、應時（生有五子）、茂盛。四叔傳生，原住草湖莊，生有藍（南）玉、振義二子。藍玉已故，妻李招涼，生二子，即清江與心婦仔。振義遷居七張犁。[90]

　　林瞻生有七子，即允、定月、五性、傳生、紅、牛、進來。六子林牛之子乃林枝嗣，係由別房過繼者。林枝嗣有四兄弟，即林泉、枝嗣、溪水、名山，其中名山在同治三年早亡。[91]林枝嗣未說明由何房過繼，但當出自長房、五或七房。其系譜如下：

表7(a)　林應時系譜

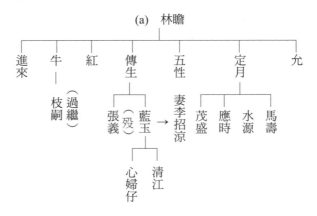

89　同治6年10月29日，林應時上劉總兵稟呈，〈訟案〉（四），頁1。
90　同治12年閏6月，林應時在臺府頭堂供，〈訟案散件〉，（三）。
91　同治9年3月17（？）日，林枝嗣在彰化縣堂供，〈訟案〉（七），頁27。

表7(b)　林枝嗣系譜

由上可知枝嗣與林泉是親兄弟，但過繼予六房；與林應時則是堂兄弟關係。

如前所述，林應時自同治六年（1867）二月起在彰化縣即開始呈控。但他不等審斷結果，即於同治六年七月十日，赴臺灣府呈控。因未見稟文，不知細節，但內容當是關於被林家「勒獻契據」事。葉宗元知府批曰：

> 該民人如果於戴逆謀叛案內，並無從逆為匪情事，何致被人平空勒獻契據？第林文明等身受國恩，應知法紀，即使民人從逆屬實，田產應抄封入官，不得占為己有。究竟有無其事，仰彰化縣查明，稟候親臨傳訊勘辦。[92]

地方當局至此已決定審理控林案了。

同治六年七月十八日，林應時又向吳大廷道臺呈控。吳道臺批示葉宗元知府，促其「因公到彰」時，「就近確訪」，督飭彰化縣「嚴提林有田（文明）等質訊，究追詳辦，毋任縱延」。[93]其後乃有葉宗

92　同治6年7月10日林應時府控批示，〈訟案〉（四），頁10。

93　林應時道控批示，同治7年9月22日，林應時呈盧縣令附件，〈訟案〉

元在彰化之傳訊兩造之行（後述）。同時，在彰化縣，雙方仍在互控中。

同治六年八月九日，因新任彰化縣令朱德沛到任，林文明呈一稟，內容重述戴案時，洪、林二姓反清，林文察、文明兄弟戮力平亂，以致結怨二姓而被控之因緣；其中特別指出林泉等洪、林黨人曾圍攻阿罩霧，「斷水毀墳」，與林家結下公仇私恨。[94]

同治六年八月十三日，林應時也向朱縣令上一催呈，請求依照府、道批示，究辦控林事。朱縣令批示，候奉到道、府批示，即限差嚴提解訊質辦。[95]

林應時除在臺灣控訴外，又進行省控，使案情進一步升高。在同治六年七、八月間，林應時曾赴省城福州。八月二十八日，林應時向按察使呈控稱，因七月間在臺灣道、府呈控，未得批示，而正逢鄉試期，士子內渡應試，乃售子換取路費而晉省鳴冤。[96]

據前所述，林應時稱道、府未有批示似不真，吳大廷道臺已批示由葉宗元知府赴彰化查辦。自然，林應時未候下級衙門審訊，違例越訴，自非找出一個理由不可。再者，他之所以如此做，內情似不單純，極可能有與林家不睦之省官從中協助、指導。據說前彰化縣令凌定國與林家有隙，居間煽誘洪、林族人省控。[97]此事頗曲折，容後續論。

（四），頁11。

94 林文明，「為糾黨報復，諸核案律究，以淨根株事」，〈訟案〉（五），頁25-27。

95 朱德沛縣令批示，〈訟案〉（四），頁10。

96 同治6年10月1日，林應時呈按察使康國器，「為豪強虎踞，家散人亡，號懇飭府查挐律辦事」稟，〈訟案〉（四），頁5。

97 守愚，〈壽至公堂〉，李獻璋編，《臺灣民間故事集》，頁247。

其後，林應時可能返臺。但在同治六年十月一日，他與族人林
進來、林媽壽、林枝嗣、林振義、林振長等六人聯名，遣抱告（訟狀
代理人或呈遞人）林升赴福州，向按察使遞「輿呈」（即攔輿呈稟）。
內容要點為：

> 切時等承祖與父手置田園厝屋，配納供課，六房叔侄歷掌無
> 異，慘遭阿罩霧莊巨匪林文明（即林有田），係欽犯有里
> （林文察）胞弟，並林天河之子萬得，烏合鳥銃頭莊林家長香
> （應是林志芳），仝子瑞麟，瞖股會盟。世惡致富，復熟識上
> 下衙門，燻天勢焰，弱民受害恒多，甚有身命被戕、田產被
> 佔、婦女被姦，黑海沈寃，吞聲忍泣。若有出控，取禍尤
> 烈，皆喪膽趨避其害。迨前李邑主准理輿情，公平正直，民猶
> 不敢控告，束草為人列呈，懇李前主經過見呈，出示招告，入
> 數十呈，約有百餘咫，所控悉屬前因。明等高枕無憂，抗傳不
> 到，忿控加殃，肆其荼毒。（同治）三年間，時（林應時）等
> 被明攻家圍奪，又佈黨謀殺，分散逃生，遲延赴控，為此故
> 耳。倘蒙飭查積案，自有分明。時如一語涉虛，三尺愿坐。況
> 契券彼明（林文明）等搶掠，尚未滿意，更要盡獻勒休。無
> 奈，託犁頭店汛千總陳福傳轉交確證。詎匪等虎踞霸房屋田
> 園，甚將寡嫂林李氏擄姦為妾，可憐一家老幼八十餘口，凍餓
> 流離。[98]

98　林應時呈臬憲康（國器）「為豪強虎踞，家散人亡，號懇飭府查拏律辦
　　事」，〈訟案〉（四），頁4-6。

此稟因「違式」（未等臺灣地方官批示），即越級控訴，同治六年十月五日，為康國器按察使斥退，批示稱：

> 據呈，張大其詞，並無確切證據，如果害及身家，豈能忍至兩年有餘，始行出控？既赴道府具呈，何以不候批示？且查閱前呈及粘抄縣批，均止林應時一人出頭，現呈忽有林進來等多人幫控，具見飾聳。惟抄呈各處田園究係誰家之案，應有糧冊可稽，仰臺灣府飭縣查明覆奪。[99]

初次省控雖不順利，但林應時堂兄林枝嗣仍赴省續控，而林應時也在臺奔走呈控。[100]

同治六年十月二十八日，林應時向彰化縣上催呈，但朱縣令僅批「候核案查明」。[101]十月二十九日，林應時又向總兵劉明燈上喊呈（先赴衙門面控，再補呈），內容大致如前：

> （1）時承先祖父林瞻至先父林定月等，買置草湖瓦磘莊等處水田計二百餘甲，埔園十餘段、竹圍厝宅十五處，相沿六世，歷掌無異。寃有阿罩霧莊勢豪林有田，即林文明，仝林萬得、林家長香、林瑞麟等，倚恃官勢，霸作一方，擇肥而噬，欺時屓弱，瞻於同治三年八月初九日會盟豎股，糾率匪夥

---

99 林應時呈稟憲康（國器）「為豪強虎踞，家散人亡，號懇飭府查挈律辦事」，〈訟案〉（四），頁6。
100 同治6年10月29日，林應時呈臺灣總兵劉明燈「為豎股攻家，勒契霸業事」稟，〈訟案〉（四），頁2。
101 〈訟案〉（四），頁10。

數百餘猛,各執抬鎗大銃,擁家圍攻,勒契贖命。受攻半月,呼天莫救。無奈,將六房所有各處田業契券交陳傳經手,獻與林有田等取去,霸佔為案。

(2)(林文明)將寡嫂李招涼擄往姦淫,佔為己妾。

(3)時等六房支派四散逃生,復遭購兇截殺,經時全功兄林枝嗣先後赴縣投控,疊催在案。無如林有田等財勢兩焰,始則賂差袒覆,繼竟逞刁架陷。時無奈,於七月間奔赴道、府憲轅控,蒙批檄飭縣提訊究追詳辦等因。莫敵林有田恃伊身居協戎,虎踞轄地,藐視具控,抗不到案,竟敢刁稱必欲殺滅時等全家以洩其忿。現復會盟暨股,指日欲再紮厝剿殺,嗟嗟!未控而身家命猶無虞,既控則身家性命反難保,世上奇冤,莫此為甚。[102]

劉總兵批稱,林文明等「恃強霸擄,如果情真,大干法紀」;隨即照會彰化縣,依府、道批示,尅日查明集訊。[103]

原來此時福建水師提督李成謀正巡視臺灣,總兵劉明燈伴隨赴北路巡視。按福建設有八鎮,陸路、水師各四,臺灣鎮屬水師,歸水師提督管轄。[104]

林文明聞李、劉二武員來彰巡視,亦不後人,於同治六年十月二十九日向二人致稟。內陳述兄弟二人為國平定林、洪二氏,擒殺洪

---

102 同治6年10月29日,林應時呈臺灣總兵劉明燈「為暨股攻家,勒契霸業事」稟,〈訟案〉(四),頁1-2。

103 同治6年10月29日,林應時呈臺灣總兵劉明燈「為暨股攻家,勒契霸業事」稟,〈訟案〉(四),頁3。

104 ⓐ 許雪姬,《清代臺灣的綠營》,頁197-199。ⓑ 臺灣銀行經濟研究室編,《清穆宗實錄選輯》,臺文叢190,頁111。

花夫婦，反致招怨；洪和尚、洪廷舜糾集「會匪林泉之弟林應時、林枝嗣等謊控，並糾黨阻擋收割」；今又「四處造謠，伏途截殺」；請求飭縣會營搜捕究辦。[105]劉總兵批：「據稟逆黨洪和尚等膽敢糾匪伏途截殺，希圖洩忿，實屬強橫。候行彰化縣，認真搜捕，研訊究辦」。[106]

由於雙方各執一詞，案情更加撲朔迷離。

五、葉宗元知府赴彰化督辦抄封與查辦案件

同治六年十一月初，葉宗元知府抵彰化督辦抄封事宜並查辦控林案。[107]此外，他還另有省方交辦之林奠國、林文明、賴用紀、林應時等被控之案須審理。[108]

十一月九日，林應時上一輿呈催辦，林文明亦上一呈。葉知府批：「據控，林文明等恃強霸擄，如果情真，大干法紀」，乃飭彰化縣，遵照道、府批示，剋日查明，派差傳集原被告人等，「俱提訊究」。[109]

十一月十二日，林文明亦呈一稟，重述立功反遭挾怨誣控之情。[110]葉知府批示稱：

---

105 林亢明致劉鎮臺、李提臺，「為恨辦謀殺，疊煽死灰，稟請飭縣律辦，以淨根株事」稟。二稟內容相同，〈訟案〉（五），頁28-32、33-35。

106 〈訟案〉（五），頁36。

107 同治6年11月28日，「葉本府憲牌示」，〈訟案〉（五），頁45。

108 同治6年11月間，「府憲懸牌平審事」，〈訟案〉（四），頁63。

109 〈訟案〉（四），頁11-12。

110 林文明，「為恨辦謀殺，疊煽死灰，稟諸飭縣律辦，以淨根株事」稟，〈訟案〉（五），頁37-39。

該紳從事戎行，疊著戰績，是有功於桑梓者甚偉，逆黨洪和尚等乃敢糾集會匪林應時等，造謠伏殺實屬，罪不容誅。惟林應時屢於本轅具控該紳糾猛擁攻、勒獻契券，霸去水田二百餘甲、竹圍厝宅十五處、埔園十餘段，又佔伊寡嫂為妾等情，經本道憲批府因公到彰後，督縣提訊辦在案。此各民人之告該紳霸田縶厝者，不一而足。[111]

葉知府並諭示林文明務須立刻派遣抱告投案，以便督同彰化縣令與會辦抄封委員韓、吳、李三人，分案究結。他又指出，「如該紳抗不報到聽審，則是情虛畏質」，則將報請督、撫奏明請旨，解提閩省審辦；但如原告之民人於牌示後十日內不到，則將案註銷，並治以應得之罪。他並警告林文明稱：

訪聞彰屬內山風氣，恨人指控，必將伏黨截途，挖其眼睛，殘其肢體，以洩一朝之忿。此次具告民人有一於斯，便是該紳從中主使，該紳斷難當此重咎。毋謂言之不預也。[112]

同治六年十一月十七日，葉知府出牌示，限控林案原告於該月二十八日前十天內報到候質；否則飭令縣衙註銷控案，並拘捕究治應得之罪。[113]由於重要應質之人，延不到案，葉知府震怒，責備兩造

111　林文明，「為恨辦謀殺，疊煽死灰，稟諸飭縣律辦，以淨根株事」稟，〈訟案〉（五），頁40。

112　林文明，「為恨辦謀殺，疊煽死灰，稟諸飭縣律辦，以淨根株事」稟，〈訟案〉（五），頁41-42。

113　同治6年11月28日，「葉本府憲牌示」，〈訟案〉（五），頁43。

「執迷不悟,聽人教唆……,竟敢延不投案,實屬頑悍成性」;並指出此案乃省方委辦之事,「怎比得尋常公事,豈由爾等愛控即控,愛了即了」。[114]葉知府又斥革「把持各案之生員陳鳳儀」,並追查何懋等把持案件者。他同時牌示在十一月二十二日午堂,先提已到人證,分別查辦;未到者須速投案,否則嚴辦。[115]

十一月二十八日,葉知府升堂審訊,計有林源、林九、林賴氏、林大茂、林通等五人未具領報到。葉知府乃出牌示,註銷其控案;並定該日集訊續到之林香、林丁、林亮、林一等四人;已過堂之林應時、林泉、林獅、林海瑞四人,則於二十九日覆訊。[116]同時,又傳諭林文明「遣出抱告赴轅備質」;如無抱告,則須「親身到堂,聽候諭話」;並警告稱:

> 民有冤抑,不能不伸;民有詞訟,不能置之不理。任是勢紳顯族,均為部下子民。該紳世受皇恩,應明大義,前批已盡斷,然以國為嘗試也。[117]

同治六年十一月二十七日,葉知府已派差赴林文明公寓趕傳,林文明稱「自當依期赴訊」。但至十一月二十八日訊期,林文明到縣後又回家,並未出堂應訊。[118]

---

114 同治6年11月間(20日前後),「府憲葉懸牌平審事」,〈訟案〉(四),頁63-64。
115 同治6年11月間(20日前後),「府憲葉懸牌平審事」,〈訟案〉(四),頁64。
116 同治6年11月28日,「葉本府牌示」,〈訟案〉(五),頁43-44。
117 同治6年11月28日,「葉本府牌示」,〈訟案〉(五),頁44-45。
118 同治6年11月29日,「葉本府憲差單」,〈訟案〉(五),頁47。

　　十一月二十九日，葉知府發差單，警告林文明，務必於五日內派遣抱告（即代主訴訟者）或親身到案，否則將呈報督撫，奏請革職拿辦。[119]可見官府對林文明態度愈來愈強硬。

　　同治六年十二月初（？），林文明向葉知府稟訴因平亂而被控原由。[120]他又解釋上次違誤牌期，未應堂訊的原因是：林應時等洪、林族人三百餘人，「聚居東門外養濟院內，拈閹立股，牽連出控，聲稱欲待明（文明）投訊時逞兇」，因此揀東閩、粵義首聞報不平，「都來省視」；為恐人眾嘈雜，釀出事端，「不得已，回家暫避」。[121]他也批駁所有指控，稱：林應時、林海瑞、林丁等人之田業，均經中人買賣者，因此請求提中人陳福傳、生員林靖恭、何春林等到案究訊；至於洪和尚等人所控之霸田，有的是抄封入官，有的被水沖崩，有的純係捏造，請派員查勘；又洪四庫等控訴殺母抱子等情，乃征戰中發生之事，而且「殺戮不知凡幾，又不獨此二人也」，應追究其「是良是賊」。[122]

119　〈訟案〉（五），頁48-50。
　　文中稱：「茲該紳疊經差傳，延不遣抱投質，豈果情虛畏質，故作遷避之計耶，抑知本署府言出法隨，毫無瞻狥。祇因該紳一門世受國恩，幫官出力……是以姑示優容。否則該紳係部下子民，何難立予拘案，乃復甘外生成，不顧自貽伊戚。今與該紳約，姑展限五日，著即迅遣抱告報到。如無抱告，即親身赴轅，聽提同分別逐案查訊。將所控霸佔產業，如果被控情真，實有契據者，或議找價，或竟議還，或送犯懲治，俾得早日完結。以該紳品秩不微，長作一清白紳士，無虞無恐，豈非一大造化。倘竟不自省悟，經此次五日限內並不投質，則是該紳始終抗傳，欺官藐法，莫此為甚。本署府定將該紳被控各案，羅列原告供詞，詳請督、撫兩院憲，奏請革辦。爾時該紳前功盡棄，後悔莫及，毋謂言之不預也。」
120　林文明，「為挾讎糾陷，瀝乞核案究誣事」稟，〈訟案〉（五），頁51-55。
121　林文明，「為挾讎糾陷，瀝乞核案究誣事」稟，〈訟案〉（五），頁55-56。
122　林文明，「為挾讎糾陷，瀝乞核案究誣事」稟，〈訟案〉（五），頁57。

　　葉知府批示林文明仍應出庭備質，並稱將派委員到地查勘田園買賣或抄封真相。[123]

　　同治六年十二月十二日，林文明終於遵照批示，遣出抱告投案，並呈上一稟。稟中對被控諸案有簡略說明：

1. 林應時案：此因當年林泉詐死，其叔林進來等捐軍需，但乏銀，乃託經中人陳福傳將田變賣抵捐。

2. 林番案：此因其兄林養捐軍需缺銀，將田租對林文察抵還軍需捐款。

3. 林海瑞案：前已堂訊，供明係買賣無誤。

4. 林丁等案：所控皆不實，或影射，或「借端飾聳」。

林文明並請求明示審訊日期，將有關人等提質，以便結案。[124]

　　葉知府對林文明已遣抱告應訊，頗滿意，批示稱：「足見該紳非始終執迷者」，飭等候傳訊。[125]

　　同治六年十二月十七日（？），葉知府出牌示，定審訊日期如下：十二月十六日，審林應時、林泉、林獅、林海瑞四案；十七日，審林番、林丁、林亮、林壹四案；十八日，審林九、林溪文、周標三案。審訊程序是先由抄封總局印委各員研訊錄供，再由葉知府親提兩

---

123 〈訟案〉（五），頁58。
　　文稱：「據稟各情，亦非盡出無因，惟該紳既腳踏實地，自應不畏對質。公庭之下，鬼蜮難施，一訊足以杜眾口。倘藏頭不出，反使各原告有所藉詞，而本署府豈能因該紳抗不投審，任干法紀。至該田業之或應查抄，或為該紳契買，庭訊既（即）明，不日並有委員到地勘查，更不難水落石出也。」

124 同治12年12月12日，林文明呈葉知府「為遵批遣抱投案，稟請示期提訊事」，〈訟案〉（五），頁59-61。

125 同治12年12月12日，林文明呈葉知府「為遵批遣抱投案，稟請示期提訊事」，〈訟案〉（五），頁61。

造人證審訊究辦。[126]

　　至應訊之日，洪姓之具控人大多未到案。葉知府乃諭林文明於十二月十三、十四兩日，準備親供，赴抄封總局委員投遞，由專辦北投、揀東、萬斗六一帶抄封事務之前任彰化縣令韓慶麟，順途查勘，妥議呈報。已赴抄封總局投到之洪姓貝控人，則由該局定期傳審。另林沛、林屁、林添、林曾氏、林柱等五名未投到；再展限三日，如不到，亦飭縣註銷，並究辦。[127]

　　同治六年十二月十四日，針對洪姓諸人控訴，林文明依葉知府諭示，向抄封總局韓慶麟委員呈上親供，說明其萬斗六田產情形。主旨有二：（一）萬斗六之抄封叛產經理原委：在同治三年十月，奉丁曰健道臺檄，攻剿洪花據點萬斗六有功，又熟悉該地情形，當時知府陳懋烈乃委其承辦叛產事務，乃幫同訪尋佃人承贌；但為避免嫌疑，已在九月間，請求卸辦抄務。[128]（二）林本堂、林錦榮所管萬斗六一帶田業，計有五十餘段，皆明買有契，未曾私收混管其它田產。[129]

　　同治六年十二月十五日，針對林應時所控「霸佔田業」案，林文明遣抱告廖作霖赴抄封總局投案應訊。[130]同治六年十二月十六日，對林海瑞之控，林文明則遣抱告賴明德赴抄封總局應訊。[131]同時，呈

126　ⓐ 同治6年12月，「本府葉憲牌示」，〈訟案〉（五），頁71。ⓑ〈訟案散件〉（一），No.7，內標明出示日期為12月17日。

127　ⓐ 同治6年12月，「本府葉憲牌示」，〈訟案〉（五），頁72；ⓑ〈訟案散件〉（一），No.7，內標明出示日期為12月17日。

128　「林文明與洪姓對質親供」，〈訟案〉（五），頁63-64。

129　「林文明與洪姓對質親供」，〈訟案〉（五），頁64。

130　同治6年12月15日，林文明呈文，〈訟案〉（五），頁65。

131　同治6年12月16日，林文明呈稟，〈訟案〉（五），頁70。

上與林海瑞對質親供，駁斥其二點指控：

（一）**侵占田業事**：林海瑞原居柳樹湳莊，當同治元年洪、林黨人攻
　　　阿罩霧時，附近各莊均附合。同治三年正月間，官軍攻破四塊
　　　厝，鄰近各莊驚慌逃亡，林海瑞欲移居他地，託中人林靖恭、
　　　林舜英將柳樹湳、登臺、吳厝莊等處田業，實予林本堂，計田
　　　六宗，銀2930元。六年三月後，分二次，先交付1930元，餘
　　　1000元未付。原因是聖廟董事舉人邱位南、蔡德芳、陳肇興等
　　　稱，林海瑞積欠聖廟香燈租谷甚多，要求以所餘之1000元田價
　　　銀抵償，經林文明要求林海瑞與董事會商。但任催不出，乃經
　　　縣學老師稟縣，將千元田價抵予聖廟，有收據可證。此事已與
　　　中人林靖恭在堂訊中對證是真。如林海瑞不賣，可還銀退田。

（二）**迫女殺子事**：當同治三月正月攻四塊厝時，他帶勇駐阿罩霧，
　　　並未到柳樹湳，林海瑞女兒之死與他無關；而林海瑞住客哩
　　　莊，距阿罩霧有數十里，無從得知被誰攻家而殺其子。[132]

　　如前所述，林海瑞與洪家來往頗密。同治四年（1865），洪益再
度舉事時，曾至喀里林海瑞處，欲合攻大堀王竹圍。又，同治六年約
四月初，臺灣道臺吳大廷奏稱，次第除去林海瑞、林大、林錐等九名
自旅會會首。[133]可知林海瑞確實加入抗清陣營。但林海瑞何以未被捕
受懲呢？筆者頗疑是林文明私縱的，目的在換取田園之實利。同樣手
段當也用在其它案例上。原先可能是一個願打，一個願挨；其後，林
家失勢，這些族敵反悔，乃對簿公堂。

132　同治6年12月16日，「林文明與林海瑞對質親供」，〈訟案〉（五），頁67-
　　69。
133　ⓐ同治4年9月8日，林文明札，〈訟案〉（二），頁32。ⓑ《月摺檔》，吳
　　大廷道臺、劉明燈總兵奏，同治6年6月12日批。

同治六年十二月十七日，林文明又遣抱告林鳴鳳赴抄封總局應訊，並呈上對質親供三件，一為對林番、林丁，二為對林應時，三為對林獅等七人。[134]三親供全面駁斥佔產佔嫂之指控。

（一）**對林番、林丁所控侵占田產案**：稟中均指出係買賣取得的。當同治三年正月攻破四塊厝時，大軍缺餉，督、撫飭令林文察就地籌餉，林番之兄林養託其房親林振等人赴營報捐軍需二千元，但因乏現銀，乃將新埔仔、內新莊田業（七百餘石）交付林本堂代為墊繳軍需。此項捐款已報省，但林養日後卻推諉，不肯交契畫押。應提林養、林振等對質。[135]林丁原住四塊厝，當同治四年正月被攻破時，林丁欲遷居，乃變賣四塊厝、登臺莊田業，因無人承買，乃託中人謝天相、何杏苑，售予林本堂。[136]

（二）**對林應時所控占產與佔嫂案**：稟中指稱，林應時族人為贖林泉叛清之罪，出售田業繳獻軍需。原來林泉曾參與同治元年圍攻阿罩霧之役，「斷水毀墳」；同治二年十月，林文察返鄉平亂，林泉「自知獲罪，詐死逃匿」，由其叔林進來託職員林嘉瑞（林老成）「同赴軍前請罪，哀求願將六房田業，畫行繳獻軍需，以求各房免罪」。林文察因「從逆為亂只林泉一人，不忍株連懲辦」，加以當時缺餉而奉令就地籌措，乃「准其贖刑」。林進來乃託中人陳福傳繳交田十宗田契抵繳軍需。但當時甫經變亂，無人承買，乃由林戴氏（文察母）以其所積贍養銀承買，

---

134 林文明，「為遵示遣抱具領投案事」稟，〈訟案〉（五），頁73、75-77、79-83、85-86。

135 林文明，「為遵示遣抱具領投案事」稟，〈訟案〉（五），頁75-76。

136 林文明，「為遵示遣抱具領投案事」稟，〈訟案〉（五），頁76-77。

計田園、竹圍、厝地共41段，年約租谷3250石，值銀950元。林文察「不忍全數捐罰」，只罰六千元（折銀四千二百兩）；餘3500元應付林進來。三年七月，付去一千五百元；但隨後核查田租只有二千八百多石，時價僅八千元左右，在七月底止再付一千元。其後，林文察內渡，林進來等人圖賴，不肯劃押，並糾集黨人「擋田謀殺」。林泉死罪獲生免，「竟不為德，反為仇」。至於所控有田業二百餘甲，「實屬荒謬」。[137]有關「佔嫂」事，稟中駁稱：「試問其嫂現住何處？何時迫姦？何人見證？若圖為妾，應藏於明（文明）家，若仍住伊處，……（文明）豈有故到伊家，自行送死」。顯現無佔嫂之事。[138]

（三）**對林獅等七人所控占產案**：稟中稱，林獅、林泉、林亮、林壹、林九、林文、周標等人，全不相識，亦不知其住所，但所控占產事均係同治三年春攻四塊厝與青旗起事之時。當時兵荒馬亂，不少人逃亡，產業或任拋荒，或欠課租，業戶插抵，或被田鄰佃戶混耕，無從得知，應派官差查勘。[139]

同治七年（1868）一月八日，林文明派抱告廖作霖等投案，但僅林應時一人赴審。另外，洪木易一案則經訊結。[140]洪木易訊結經過大致如下。

同治七年二月間，林文明針對洪姓之控，呈上一親供，除辯稱

137　林文明「與林應時對質親供」，〈訟案〉（五），頁79-80。

138　林文明「與林應時對質親供」，〈訟案〉（五），頁81-82。

139　「與林獅等七人質訊親供」，〈訟案〉（五），頁85-86。

140　同治7年7月（？）林文明稟朱縣令，「為情虛畏質，候訊無期，懇請詳准核究，以免冤誣事」，〈訟案〉（五），頁100。

控案乃由剿辦萬斗六與辦理抄封所引起外，指稱洪木易「與文明毫無
轇轕，有無田業，（文明）不得而知」，請求察看究誣。[141]至三月
三十日，林文明又呈稟，指稱洪木易易名謊控，內稱：

> 洪木易本係楊姓，名勝，住居北投新莊，因洪欉之弟洪坎次
> 死，伊妻再醮與楊勝，勝遂以木易為名，以洪為姓，竟將洪欉
> 承繼洪扳龍父業詐為己業，赴塭瞞控。此本月二十日洪木易到
> 地認管田界，明（林文明）遣人偵探，始知其所認之田，俱係
> 已經報抄洪欉名下之土城分叛產。足見洪木易掩抄誣霸，罪大
> 惡極。[142]

由楊勝易名洪木易控訴林家案，可知確有人趁機誣告。

　　由上看來，大部分的控林案件，均已解決，惟有林文明與林應
時間的互控，因雙方各執一詞，案情始終未明朗化。同治六年十二月
二十日，因近年底，林文明請求葉知府暫予假數日，而仍留抱告候
訊。葉知府批准給假五日，但諭示林文明「務即屆限投案，毋得違
延，致負本府憲一番栽植，並干重咎」。[143]顯然，葉知府對林文明的
態度已軟化，甚至有意為之開脫。

　　同治六年十二月二十三日，葉知府諭示林文明將陳知府委託辦
理抄叛產之佃租底冊：尅日呈行轅核對。[144]（參見文書5）此後，葉知

141　「洪姓總親供」，〈訟案〉（五），頁88。

142　林文明呈「為掩抄誣霸，欺官陷良，稟請覆訊究辦，以儆效尤事」，〈訟
　　案〉（五），頁91-92。

143　〈訟案〉（五），頁87。

144　〈訟案散件〉（一），No. 5。

府未再開庭審訊,可能因屆年底,葉知府回府城。

同治七年一月八日,林文明再遣廖作霖、賴明德、林鳴鳳三人赴彰化縣候訊,但官府似未有何積極之審訊行動。[145]表面上,林家的危機已解除,實際上,另一波衝擊正蓄勢待發。

第三節　林應時之擴大控林案

林文明雖履險如夷地擊潰了蜂湧而來的訴訟攻勢,然而,主要訟敵林應時仍不肯罷休,進一步擴大控林案。至遲在此時,官府也開始利用民間力量,夾擊林家。

一、吳大廷、劉明燈之去職與林應時之再度道控

如前已述,同治七年二月十八日,臺灣道臺吳大廷在閩官排擠下稱病離臺,而由梁元桂護理道臺之職。其後,總兵劉明燈也被劾去職,由楊在元接任。此項發展對林家似乎不利,上級要求制裁林家的壓力愈來愈大,而民間也反應此種政治氣候的變化,控林案再度升高。

同治七年三月二十三日,林應時再度向臺灣道遞催呈,控訴林家。[146]控詞除重述霸產、佔嫂事外,指稱葉知府赴彰辦案時,委員提質訊問,林文明「恃紳藐控,屢傳不到」,直至葉知府震怒,才遣抱告投案。他又指控:

---

145 同治7年閏4月5日,林文明,「為投案日久,懇諸集訊究誣事稟」,〈訟案〉(五),頁93。
146 同治7年9月22日,林應時呈彰化縣令盧蟲稟所附之「批示」,〈訟案〉(四),頁13。

雖蒙局憲韓、吳、朱問供三次，猶不提同對質。致時（應時）候質數月，未經訊追，反遭府役局差等飽賄把持，將時等各原告扭毆洗剎，不准喊催。嗟嗟！時等長年久控，冤沈未伸，已屬萬慘，何堪復遭虎役飽賄阻撓，呼救無門，冤慘竟甚。[147]

梁道臺批：

林有田（即林文明）等被控霸田，不一而足，此案又姦佔婦女，更屬法難姑容，希臺灣府提集質訊究辦。該紳如仍抗傳，即先查控案彙詳，轉請奏革。[148]

林泉亦向道臺控稱：

切泉守份務農，毫無非舉。冤有阿罩霧莊豪惡林文明於同治三年三月間私勒軍需，食髓知味，霸作一方，擇肥而噬，欺泉屢弱，將泉水田三段，每年佃租百餘石，盡行霸去。經泉同胞嬸林賴氏赴縣呈控，莫敵林文明財勢兩焰，略寢壓延。迨去年間府憲臨彰，泉即奔赴行轅投控，當堂繳契呈驗，荷蒙府憲葉飭局提質，無如林文明恃紳藐控，雖蒙局員屢問確供，並不提同對質，致泉候訊數月，望追無期。[149]

---

147 同治7年4月23日，葉宗元知府飭彰化縣，〈訟案〉（四），頁15-16。
148 ⓐ〈訟案〉（四），頁13。ⓑ 同治7年4月23日，葉知府飭彰化縣令，〈訟案〉（四），頁16-17。
149 同治7年4月23日，葉知府札彰化縣令，〈訟案〉（四），頁17-18。

梁道臺批示應予清查歸還。[150]於是，控林案的熱度又升高起來。

這裡必須說明，此林泉並非林應時堂兄。同治八年，林家抱告鄭魁春指出，他是橋仔頭泉，而非瓦磘仔泉。[151]不知同姓同名是巧合，或是反林者有意混淆，以困擾林家。

同治七年四月十一日，梁道臺飭臺灣知府葉宗元究辦控案。四月二十三日，葉知府除飭抄封局訊究呈報外，並飛飭彰化縣，立即會同各抄封委員，就近速傳林文明，其他被告以及被姦佔之李招涼等人證到案，傳同原告秉公研訊。[152]此札飭於同治七年閏四月一日至彰化縣，[153]閏四月五日至抄封局。閏四月九日，抄封局卻移文彰化縣令朱德沛，內稱該局曾傳訊兩造，但各執一詞，難以定讞，請求會同訊辦。[154]

面對林應時之指控，同治七年閏四月五日，林文明呈稟抄封局，反駁稱：上年底請准假後，留下廖作霖、賴明德、林鳴鳳三人候訊，但經數月，「僅見林瑞蘭、林應時二名赴案」，其餘悉未齊到，「足見懼虛畏質，顯係欺官誣陷」，請求「迅即跟拘赴案，集訊究誣，以儆「效尤」。[155]雙方仍各說各話。

同治七年閏四月十八日，林家的土地買賣中人陳福傳（前防北中大墩汛弁）因案到府城，向葉知府呈親供。其供如下：

---

150 同治7年4月23日，葉知府札彰化縣令，〈訟案〉（四），頁18。
151 同治8年11月29日，毛文棨堂訊，〈訟案〉（七），頁7。
152 同治7年4月23日，葉知府札彰化縣令，〈訟案〉（四），頁18。
153 同治7年4月23日，葉知府札彰化縣令，〈訟案〉（四），頁18。
154 同治7年閏4月9日，會辦抄封局「為移請赴訊事」，〈訟案〉（四），頁19；同治7年4月23日，葉知府札彰化縣令，〈訟案〉（四），頁22-23。奇特的是，本件上載「七年九月二十四日到」縣，何以移文歷時五個多月，令人不解。
155 林文明稟「為提案日久，懇請集訊究誣事」，〈訟案〉（五），頁93-94。

彰化縣草湖莊林泉、林團生（傳生）等當戴逆喪亂甫平，要將伊六房田業一齊賣與林大人承管，果係央傳作中，緣議定契面銀九千五百元，內先交定銀一千元，當時六房人等俱有在場知證。又六房等願坐銀六千元，據稱此項充作軍費。另對牛罵頭蔡懷斌來銀一千五百元，內除林大人提去銀一千元不計外，尚餘銀五百元。經交林泉等收入後，因該六戶當日原斷逐去境外居住，誠恐鄰莊截途報怨戕害，泉等將此五百銀，央傳代為僱勇護送，並作中人禮費。總計林泉等去銀七千五百元。後來該六房互相爭執交銀，且又租項以寡報多，致緣林大人生疑，要伊六房人等一齊到處花押畫號，並開實在租項，方肯找完。疊經令傳再四催迫林泉，而泉等並無一人見應。此二比交加大概情形也。[156]

葉知府據此批稱：

當日議定契價九千五百元，林泉等自認捐罰六千元，又收定銀一千元，實只收銀七千元。其蔡懷斌對兌之一千五百元，林前提自收去一千元，又五百元為陳福傳收作中人禮費，計尚短林泉等田價二千五百元。[157]

換句話說，葉知府斷定林文明少給田價銀二千五百元。但其後，未見有何審訊行動，也不曾勒令林文明歸還田價銀。

156　同治7年閏4月18日，「陳福傳親供」，〈訟案〉（五），頁95-97。
157　同治7年閏4月18日，「陳福傳親供」，〈訟案〉（五），頁97-98。

同治七年七月間，林文明又向葉知府、朱縣令呈稟，指稱林、洪二姓多人抗傳不到，已予銷案；其餘未結各案，已在正月八日遣抱告廖作霖等投案候訊，但僅見林應時一案赴審、洪木易一案訊結，餘皆情虛逃訊。他又指出韓前縣令抵揀束覆辦抄封時，林、洪二姓之原告，三番五次傳訊，仍復「堅抗不到，足見情虛畏質」，因此請求將控案註銷。[158]林文明依舊不屈服，繼續抗爭。

二、林應時擴大控訴

當其它控林案漸趨沈寂時，惟有林應時仍舊奮戰不已，甚至擴大攻擊面，一方面由其堂兄林枝嗣赴省城向督、撫呈控，[159]一方面又向臺灣各級政、軍衙門呈控。

同治七年九月二十三日，林應時扳輿向彰化縣新縣令盧蟲呈一催狀，指控以往官員袒縱林文明，內稱：

> 林文明等始則藐傳，繼竟購棍頂訴，賄賂局員，嚇勒息訟。連問八堂，並不提同面質，任意袒縱。[160]

林應時並請求盧縣令，嚴提林文明等到案，並報請道臺，將林文明奏

---

158 林文明，「為情虛畏質，候訊無期，懇請詳准核究，以免冤誣事」稟，〈訟案〉（五），頁99-100。又，同見頁102-104。

159 同治9年9月22日，林應時呈盧縣令，「為久控未辦，非提莫伸，催懇嚴提轉詳，訊究奏革徹辦事」稟，〈訟案〉（四），頁8。

160 同治9年9月22日，林應時呈盧縣令，「為久控未辦，非提莫伸，催懇嚴提轉詳，訊究奏革徹辦事」稟，〈訟案〉（四），頁7。

革。[161]盧縣令批示「候勒限傳集質訊究詳。」[162]同時，林應時又將內容類似之稟向北路協（林姓）呈控。九月二十四日，北路協移文盧縣令稱，所控各情「如果屬實，迅即嚴提訊辦」。[163]同治七年十月九日，林應時又向盧縣令上催呈，請求將林文明「奏革」究辦。[164]盧縣令仍批示：「候限集質訊究」。[165]

除林應時外，彰化縣刑書林紅（即林允照）亦控訴林文明「套謀林登高，勒寫典賣，並勒花押，抗不令贖」。林文明聞控後，於同治六年十月間上稟盧縣令，反駁稱：

> 同治四年間承典林允照（即林紅），同伊兄弟林允固、林允美等水田一段，價銀捌百五十元；又林紅自己水田一段價銀一百元。二段均址在燒瞵仔莊，係紅兄弟自託職員林登高、謝斌等懇明（文明）承典，當日交契立券付銀，諸事清楚，並無轇輵。[166]

他又駁林允照控詞之荒謬稱，（一）如不願典賣，則如何能取得其契券，又如何盡勒其兄弟畫押？（二）所稱僅付五百元，何以不足之價

161　同治9年9月22日，林應時呈盧縣令，「為久控未辦，非提莫伸，催懇嚴提轉詳，訊究奏革徹辦事」稟，〈訟案〉（四），頁8。

162　同治9年9月22日，林應時呈盧縣令，「為久控未辦，非提莫伸，催懇嚴提轉詳，訊究奏革徹辦事」稟，〈訟案〉（四），頁8。

163　同治7年9月24日，北路協鎮林咨盧蘇縣令，〈訟案〉（四），頁28。

164　林應時，呈盧縣令，「為久控未辦，非提莫伸，催懇轉詳提訊奏革事」稟，〈訟案〉（四），頁24-25。

165　林應時，呈盧縣令，「為久控未辦，非提莫伸，催懇轉詳提訊奏革事」稟，〈訟案〉（四），頁25。

166　「致彰化縣盧」，〈訟案〉（五），頁109。

銀，三、四年間不出面較討？因此，他指稱林允照「恃其混充刑書，公門慣熟」，膽敢誣控。[167]

盧縣令乃派差傳集被告人等，即日帶赴縣衙，以憑訊究，計有林有田、林萬得、林家長香（林志芳）、林瑞麟、陳福傳、李招涼（被擄寡婦）、林泉（林應時堂兄）、林應時、林枝嗣等人。[168]惟訊問結果如何，無資料可徵。

同治八年二月（三日？）林應時（34歲）又向臺灣府具狀控訴林文明。他指稱歷控提、鎮、府、道及前後鎮、道各衙門，林文明仍然抗質，並賄賂局員，「虛訊嚇息」。[169]他要求林文明親自出面對質，否則「不能以定信讞」。[170]

同治八年二月八日，林應時又在臺灣府供出林文察借銀、勒捐與林文明攻莊、姦佔寡嫂事。[171]

---

167 「致彰化縣盧」，〈訟案〉（五），頁109-110。

168 盧縣令「為豎股攻家等事」，〈訟案〉（四），頁29-31。

169 林應時「府控狀」，〈訟案〉（四），頁33。此件無日期，但據下一文件，他在同治8年2月8日在臺府呈供時是34歲；而此件在前，當為2月3日或8日所呈。

170 〈訟案〉（四），頁33-34。

171 同治8年2月8日「林應時府供」，〈訟案〉（四），頁35-36。
　　原供稱：「小的呈控林文明姦佔寡嫂，係是同治四年間被佔。小的先是富戶，田業二百餘甲，被林文明用大銃攻打，聲言如不肯將田業獻出，定將全家老幼殺死。小的無奈居從，……小的就將田業四十一宗交與林文明，餘剩五十三宗，現在小的處，所有田業一並被林文明霸佔。……經蒙前升憲葉（宗元）在彰飭提林文明與小的質訊，是林文明抗不到案。那林文察從前十餘年間，有向小的父親借銀二百元往內地，小的疊次向催，致與文明口角。同治三年四月間，林文察來臺剿辦賊匪，勒令小的捐銀貳千元，小的先報銀一千元，餘一千元，限至收六月冬谷繳清，無如林文明屢次催討，復敢扛大銃攻莊。那寡嫂現年三十四歲，二個兒子，長年十四歲，次年十二歲，現在與寡嫂均住九張犁莊，離林文明的處十餘里路。那六房係父親的房份，現在搬在原寶莊，有在九張犁莊，有在外莊。那林文明用銃攻打，係是同治三

　　護理臺灣知府梁元桂以抄封局已裁撤，而原任委員韓慶麟轉任鳳山縣令，無法擔任審訊任務，乃札飭彰化縣令盧蠹迅速提審原、被告，訊明口供後，解赴臺灣府，以備其親審。[172]於是，訴訟舞臺由縣擴及於臺灣府。但此札直至二月二十九日方送到彰化縣，不知何以費時如此長。[173]

　　新任知府祝永清以人證、口供仍未解至，而林文明也遭抱告黃智聰赴臺灣府稟訴，乃於同治八年二月十二日，再札飭彰化縣，尅日將林應時等原、被告及人證等，錄供點交委員，押解至府，以便親自審訊。[174]

　　同治八年二月二十九日，盧縣令收到祝知府札後，於三月十八日派差傳訊林文明、林應時及林泉。[175]審訊情形因無資料，無從得知。

　　同治八年四月三日，祝知府以人卷仍未解到，斥責彰化縣令怠慢，並飭迅速解府。[176]

　　同治八年四月十日，中人陳福傳（北路中營汛弁）向彰化縣盧縣令呈稟，報告其經手林應時田業原委。證詞與他在臺灣府所作者略同，惟進一步指出林傳生、林進來等賣予林本堂之田業，不但浮報田

　　年八月初九日，糾黨二百餘人來攻小的竹圍。」
172　同治8年2月8日，護理知府梁元桂札彰化縣盧蠹，〈訟案〉（四），頁39-40。
173　同治8年2月8日，護理知府梁元桂札彰化縣盧蠹，〈訟案〉（四），頁40。
174　同治8年2月12日，署理臺灣府正堂祝，「為嚴催提解事」，〈訟案〉（五），頁135-136。
175　同治3年2月18日，彰化縣盧，「為特飭傳訊事」，〈訟案〉（四），頁41-42。
176　命臺灣府正堂祝，「為催解提訊事」，〈訟案〉（四），頁43-44。

租,且少繳田契三張。[177]

盧縣令批稱:林泉從逆,應將田園、房屋歸入叛產勘報;如有罰捐軍需情形,是否曾向督、撫及善後局報銷?飭陳福傳回報[178]

清代官僚組織因職權不明,效率低落,以致功能不彰,自前述審訊過程之紊亂可窺豹一斑。此外,行政之干預司法亦構成一嚴重問題。下述之「北巡事件」即福建高級長官干預審判之先兆。

三、楊在元總兵北巡事件——官府制裁林家之先兆

林家財勢之擴張,不但傷害鄰族,亦引起當局的疑忌。地方官乃利用平亂時被害者之控訴,欲予林家一下馬威,令其屈服。然而,林文明或昧於政治,自恃其功,或吝於錢財,始終桀驁不馴,終於激怒官府,總督英桂下令制裁林文明。新任臺灣總兵楊在元乃英桂心腹,立即策劃制林案,遂有北巡事件之發生。在談北巡事件前,先簡介臺灣總兵之相關職權。

自雍正十一年(1733)後,清廷制定提督、總兵巡閱營伍規則。乾隆元年(1736),議定臺灣總兵每年一巡,但一年南巡,一年北巡。其後卻發展為每年均南、北巡,即總巡,日期不規則,但多在十月至十二月底封印之前。[179]

清代臺灣總兵通常為掛印總兵,位高權重,不僅負有地方治安之責,亦有司法權,可與道臺共同審擬案件。總兵之審判權主要在刑

---

177 北路中營汛弁陳福傳,「為遵傳投候,懇乞提集質訊,以持公道事」稟,〈訟案〉(五),頁105-107。

178 北路中營汛弁陳福傳,「為遵傳投候,懇乞提集質訊,以持公道事」稟,〈訟案〉(五),頁107-108。

179 參閱許雪姬,《清代臺灣的綠營》,頁168-170。

事案件，此類案件在鎮署審訊，上奏時，鎮在前而道在後，決囚時亦然，可見鎮在刑事審判之優勢地位。[180]

　　由於臺灣總兵有刑事審判權，故出巡時帶師爺，以便隨時審案。總兵有王命旗牌，在巡閱時，可請出王命，就地判刑，將重刑犯斬決示眾，再呈報督、撫即可。[181]

　　同治八年四月間，臺灣總兵楊在元巡視北路地方時，林應時聯同林番、林丁及洪姓多人投稟呈控林家。[182]楊總兵進而懸牌曉諭民眾，有受害者即赴行轅出稟。茲錄之如下：

> 照得本鎮按臨北路地方，接據沿途民人投稟，均係控告劣紳林文明霸佔田屋，無非不足，足見該紳已非官類。復訪聞尚有許多屬民被其魚肉，畏伊勢炎，不敢出控，故本鎮秉公辦理，不避權勢，已將具控各民呈稟，先行批示，分別稟請大憲，先將該劣紳奏參查辦外，合行示諭。為此，示仰紳民知悉，凡有被其霸佔，冤無可伸者，如果確切，許即據實前赴本鎮行轅稟訴，以憑彙核。倘係挾嫌誣告，籍詞混稟，察出立即先治反坐之罪，決不姑寬。[183]

據上可知，楊在元似乎意圖鼓勵民眾控訴林家。曉諭中，值得注意的另一點是，通告百姓，已經稟請上司「將該劣紳奏參查辦」，似有未

180　許雪姬，《清代臺灣的綠營》，頁183-184。
181　許雪姬，《清代臺灣的綠營》，頁176。
182　同治8年4月24日，林文明呈盧縣令「為情虛畏質以控為抗，催懇勒傳到案訊結事」稟，〈訟案〉（五），頁117。
183　楊在元總兵曉諭，〈訟案〉（五），頁121-122。

審先判與鼓動民人控訴林文明之嫌。由於林家助清廷平定臺灣亂事，必然得罪不少本地人，在此情況下，挾私怨而出控者勢所不免。

林文明聞知此事，了解事態嚴重，同治八年四月間，向楊總兵呈上「為挾仇糾陷，瀝乞飭核究誣事」稟，說明助官平亂而招惹民怨，而所有田產皆為明買明賣，並無霸產之事。[184]然而，楊總兵不接受林文明之說詞，予以全面駁斥，批示稱：

> 查林應時控爾霸佔田厝數成巨萬，並非幾微之業，何須勘丈，以分畛域。況伊田是非一處，豈就近四圍俱與爾業毗連，明係飾詞，以圖瑩聽。據稱，林應時等招集逆黨，捏造霸佔等謊，希圖報復，伊田賣爾實有中人可證等情，究竟中證是何姓名，未據聲敘。況林應時等無論是否招黨拈鬮立股，即係屬實，伊業即是叛產，亦應抄封入官，爾又何能擅得。況控爾霸佔田業者，非係林應時一名而已。本鎮在途接據林丁、林番等呈詞，均係控爾佔業奪厝，種種恃強，殊難枚舉。[185]

他並警告林文明稱，「本應即行拿辦，以示懲儆」，但「姑念爾保歷官階」，因此，「限半個月，即將前佔各業盡行退還；倘敢玩視如故，本鎮即行稟請奏參，一面提審嚴拿究辦，決不姑寬」。[186]

姑不論林家是否有違法事，楊總兵未審未判先定罪，在程序上頗不妥。值得推敲的是，官紳關係原本相輔相依，何以楊總兵對林文明視同寇仇？由於楊在元是同治九年設計殺林文明於公堂的主角之

---

184 林文明呈楊總兵稟，〈訟案〉（五），頁123-128。
185 楊總兵批，〈訟案〉（五），頁129-130。
186 楊總兵批，〈訟案〉（五），頁130。

一，種種跡象，顯示內情非比尋常。從日後林家訟案資料推測，省方早就有意制裁林家。原因之一是林文察、文明在閩官中樹敵不少，特別是丁曰健、凌定國，因而招來報復；另一是林奠國控案懸而未結，省官懊惱。為了迫使林家低頭，省官乃假手戴潮春之亂時受害的民人對付林家，民間甚至傳聞整個控林案係凌定國、丁曰健從中穿針引線的。（後述）

　　然而，林文明似乎無視事態的嚴重性，不曾理會楊在元的嚴厲警告，仍在法庭繼續抗爭，此舉更惹怒楊在元。林家日後指控楊氏曾索賄不遂，忿而設計謀害，似非盡虛構。無論如何，楊總兵約在五、六月間將林文明所作所為，以誇張文詞呈報總督英桂，終於促成英桂之決意處死林文明。[187]

　　此後，林文明仍在各級衙門抗爭不已，然自事後之發展回顧，他已步步走入死亡陷阱而不自知。

四、由彰化縣轉臺灣府之審訊

　　同治八年四月二十四日，林文明向盧縣令呈稟，要求傳訊中人陳福傳與林應時對質。[188]盧縣令批，候核案集訊。[189]同日，林文明亦遣抱告廖作霖報到應訊，並再呈上一稟。他指稱所有控案，有的已斷

187　ⓐ《軍機檔》，101012號，同治9年4月16日，英桂奏，5月6日批，「在籍副
　　　將，結黨滋事，惡蹟昭彰，現已拏獲正法，飭令該管文武解散餘黨，以安反
　　　側而靖嚴疆摺」。內稱：「上年（同治八年）七月間」，他訪聞林文明有霸
　　　田橫行情事。依日期與語氣判斷，顯然係據楊總兵之報告。ⓑ同上摺，〈訟
　　　案〉（八），頁44。
188　林文明，「為明買有據，混誣情虛，稟請飭傳申證，訊明究坐，以儆刁風
　　　事」稟，〈訟案〉（五），頁111-114。
189　林文明，「為明買有據，混誣情虛，稟請飭傳申證，訊明究坐，以儆刁風
　　　事」稟，〈訟案〉（五），頁114。

結，有的出控人不報到而註銷，只有林應時案未結，只等中人陳福傳
出庭作證；然而林應時卻利用楊總兵北巡之際，聳動林、洪二姓呈
控。他又指出此案屬於「田土婚姻」性質（即民事案件），既有民政
官員主審，林應時理應報到候訊，「倘有偏抑等事」，方上控伸枉，
實不該「藐傳不到」，卻又「此抗彼控」；因此，請求追出林應時出
庭應訊。[190]

　　同治八年（1869）四月（24日後），盧縣令派差傳訊各造。但二
衙差回報稱：陳福傳係雙方買賣田產之中人，現在駐防北投汛，隨時
可傳喚赴質；林文明則已遣抱告廖作霖報到候訊；林應時則「疊傳無
人」，請求「就代書跟傳」。[191]林應時既是原告，何以不應訊，頗費
解。

　　同治八年四月二十九日，臺灣知府祝永清派二差帶公文，飭彰
化縣提訊林應時等人錄供，解府究辦。於是，五月間，彰化縣迅速提
訊林文明、林應時。然而，林應時仍未到案。[192]同治八年五月十日，
林文明重述林應時族人認捐軍需之原委，並針對前次縣令批示捐款是
否通報事作說明。內稱：

> 所有籌餉軍需數目，經於同治三年七月間凱旋內渡，錄送清摺
> 粘單，通報兩院憲、省局暨臺灣道、府咨移，各在案。至先兄
> （文察）平漳殉難，所有經收餉項捐款，支給兵勇口糧一
> 切，又於同治四年六月間，兄子朝棟造具清冊，由省局報

---

190 林文明呈盧縣令「為情虛畏質，以控為抗，催懇勒傳到案訊結事」稟，〈訟
　　案〉（五），頁115-118。
191 同治8年4月（？），「差稟」，〈訟案〉（五），頁119-120。
192 〈訟案〉（四），頁45-46。

銷，俱各有案可查。[193]

按同治三年七月二十三日林文察確已通報捐餉。據紀錄，同治三年六月，林應時族人以「義首林進來等」之名，公捐銀陸仟元，計肆仟貳佰兩。[194]（參見文書7）無論是否樂捐，林應時族人捐銀事當不假。

林文明又辯稱：「如謂奉命平臺者為豎股，統師剿逆者為攻家，則凡戴、林二逆之親屬皆可架陷於奉命剿逆之官軍矣！」他又指控林應時等「抗不到案」，以致久候未訊，請求早日訊結。盧縣令批示「靜候質審」。[195]

五月間，盧縣令再傳訊，林應時仍未到案，林文明則呈上親供。內除說明控案經緯外，再指控林應時拖延半年不到案。[196]此後，未見有偵訊行動，原來審訊工作已由彰化縣轉臺灣府。

由於祝永清知府已飭令彰化縣將人、卷解府訊辦，林文明乃遣抱告黃智聰赴府城候訊。同治八年五月二十八日，由黃氏向祝知府呈一稟，說明被控原委，並指出當年涉及亂事者是林泉，捐銀、收銀者是林進來，中人是陳福傳，請求亦飭彰化縣將此三人拘提到案。稟中並反駁數點：第一、設使「有意圖佔田業，何必憑中議價，過付銀元，通報捐款」？第二、林應時稱「害及身家」，「何並無殺傷一人？且歷更張（世英）、凌（定國）、韓（慶麟）三邑主，何並無一紙出

---

193 林文明呈盧縣令，「為捏誣抗訊，候質無期，懇乞訊供詳覆，以便赴轅報案事」，〈訟案〉（五），頁131-133。

194 「通報捐需軍餉銀兩數目由」，林家藏單件文書。

195 林文明呈盧縣令，「為捏誣抗訊，候質無期，懇乞訊供詳覆，以便赴轅報案事」，〈訟案〉（五），頁133-134。

196 林文明，「盧縣主任內親供」，〈訟案〉（五），頁137-141。

控，直至三、四年後，始出扛陷」？第三、林應時稱，攻家勒契係同治三年八月初九日，而林文察於同治三年七月二十三日之「通報軍需數目」林進來一條，軍需是六月份捐繳的，於理不合。[197]

同治八年六月八日，祝知府批示，將催彰化縣會同委員，「傳提一干人證，訊明錄供，檢同各卷解府」，以便質訊究詳」；[198]並委派華委員赴彰化縣解提人、卷。[199]

同治八年六月十二日，林文明遣抱黃智聰分別向梁元桂道臺、楊在元總兵呈上一稟，要求拘提林應時、林泉、林進來、陳福傳等人證到案，「當堂分訊究結」；並稱，若非如此，則「不惟先兄（文察）公忠為國，適為文明累」，「誠恐漏網遊魂逞兇反噬，則凡股逆之親黨皆得架誣於籌辦防剿之官軍，而奉命剿逆者皆無完膚矣！」[200]

同治八年六月十九日，梁道臺僅批「希臺灣府核明，催集質訊斷評」。[201]但六月十八日楊在元總兵之批示，則語氣頗不善，稱：「查此案先經本鎮檄飭前任彰化縣李令，傳集訊斷在案。據稟前情，著即赴訊候斷，毋得多瀆。」[202]

同治八年六月二十四日，林文明遣黃智聰投案，並向祝知府上稟，指陳已遣抱赴縣投案候訊，而林應時終不到案，請嚴提林應時與「攻莊毀墳之林泉、願捐罰軍需之林進來，及中保陳福傳」。他又附

---

197 林文明，「盧縣主任內親供」，〈訟案〉（五），頁146-147。
198 林文明，「盧縣主任內親供」，〈訟案〉（五），頁149。
199 同治8年7月19日，林文明稟，工文聚縣令，〈訟案〉（六），頁149。
200 ⓐ 同治8年6月12日林文明遣抱黃智聰呈梁道臺，「為架詞飾聳，抗訊藐傳，懇查案嚴拘，分訊結辦」稟，〈訟案〉（六），頁1-9。ⓑ 同上稟，呈楊在元總兵，〈訟案〉（六），頁10-8。
201 同治8年6月12日林文明遣抱黃智聰呈梁道臺，「為架詞飾聳，抗訊藐傳，懇查案嚴拘，分訊結辦」稟，〈訟案〉（六），頁9。
202 呈楊在元總兵，〈訟案〉（六），頁18-19。

呈同治三年七月二十三日林文察照會前知府陳懋烈之捐罰通報稿底，以證明林應時族人罰捐軍需之事。[203]祝知府准予投到，並批示候提林應時等，「質訊究辦」。[204]

　　同時，楊在元總兵又批示彰化縣究辦洪秋控訴林文明霸田案。由此可見楊在元確實在控林案中扮演要角。祝知府委員李時英與彰化盧縣令，接到楊在元總兵之批示後，於同治八年六月十六日派差往提原告洪秋，以及被告林文明、林萬得，並硃批「限三日內傳齊報審」。[205]八月二十四日，單差回報稱，林文明已來縣城，「久已遣抱廖作霖到案到訊，立傳立到」，但「原告洪秋，恃伊踞地，任傳不面，抗不赴訊」。盧縣令批斥：「再限兩日內，拘傳原、被人證」，不容再「空稟搪塞」。[206]

　　由於林應時未至彰化縣或臺灣府到案，同治八年七月六日，林文明向祝知府呈稟，指稱自四月二十四日，「已赴縣投質」，但林應時始終未到案；其後，案轉臺灣府，林應時又脫逃。[207]梁道臺批「希臺灣府限跟，集訊究詳」，[208]祝知府批示等候審訊。[209]

203　同治8年6月24日，林文明，「為疊次齎控聲冤，仍然恩准遣抱投案，候質結辦」稟，〈訟案〉（六），頁26-32。

204　同治8年6月24日，林文明，「為疊次齎控聲冤，仍然恩准遣抱投案，候質結辦」稟，〈訟案〉（六），頁23。

205　同治8年6月16日，委員李、正堂盧，「為單傳事」，〈訟案〉（三），頁23。

206　同治8年6月24日，二班快頭役林和稟，〈訟案〉（三），頁24。

207　ⓐ 同治8年7月6日，林文明呈梁道臺，「為掩逃飾冤，臨訊再逃，恩懇行府，嚴跟查核訊辦」稟，〈訟案〉（六），頁24-26。ⓑ 同稟，上祝知府，〈訟案〉，（六），頁28-31。

208　同治8年7月6日，林文明呈梁道臺，「為掩逃飾冤，臨訊再逃，恩懇行府，嚴跟查核訊辦」稟，〈訟案〉（六），頁27。

209　〈訟案〉（六），頁31。

依清律規定，凡原告「不即赴審，輒行脫逃者」，則被誣告者、證人等俱行無罪開釋；且脫逃者被捕後，所告之事不受理，本身以「誣告擬罪」。[210]林應時等原告既屢次不應訊，依法告訴應不能成立，但清代之法律與執行間差距甚大，且行政干預問題嚴重，因此控林案仍然未了。結果，表面上看來，林文明似已佔上風，事實上，一場更大的風暴已在醞釀著。原來，省方已決定調動臺灣地方長官，並委派專員來臺嚴辦林家案件事。

210　崑岡等，《欽定大清會典事例》，卷818，頁1，總頁15347。

第五章 林家之重挫

——林文明血濺公堂

（同治八年至同治九年；1869-1870）

同治九年三月十七日，林文明突然在彰化縣公堂被就地正法，林家在官場的第二根支柱折斷了，從此步入暗淡的、險象環生的旅程。據上章所述，在漫長的訴訟過程中，林文明不但未敗訴，甚至頗居上風，但何以突然遇害呢？揆其根源，除了林家與鄰族間的恩怨外，其背後實有頗為複雜的政治因素。本章將剖析此一官府設計誅殺地方豪紳之來龍去脈，並藉以呈顯清代司法運作的特色。

第一節 英桂總督之決定嚴辦林家案件──
鎮道之更迭與辦案委員淩定國之指派

從同治六年初至八年中之二年多內，由於林文明頑抗不屈，林家訟案糾葛難決，終於激怒官府。同治八年，約七月間，英桂總督決定派專員來臺查辦。為了嚴懲林家，官府作了相當週全的佈署，包括臺灣地方長官的更動，辦案專員之指派，及特別任務之交辦。

福建官員與林家有隙者似不少，而當局之欲教訓甚至懲治這邊疆暴貴家族，也非一朝一夕之事。同治三年間，丁曰健曾奏稱林奠國「倚勢霸產勒捐」，以致引發「青旗之變」（即戴案餘黨再舉，圍攻彰化城事件），總督左宗棠乃奏明派委員馮慶良（候補知府）赴臺查辦。馮委員報告稱：已查明林奠國被控案據與「林文明強佔民人林應源（時）等田產段落」；並稱：林文明等尚有「佔收入官叛產租谷」事。[1]如前所述，此事日後導致林奠國之繫獄省會，及林文明與臺灣道、府間之爭執。由於林奠國、林文明自恃有功，冥頑不馴，屢為積欠餉銀事與官府衝突，因而侵犯官府公權甚或官員私利，自然招致閩臺官員之嫉恨。此外，林家之桀驁不屈，也構成對皇權的威脅，英桂身為滿人，對此甚為敏感。臺灣本為多亂之地，而太平天國與戴潮春之亂記憶猶新，清廷為防患未然，乃採抑制林家之行動。這個隱藏下的理由，直至光緒八年（1882）結案奏報中方透露端倪。（後述）同治六年起，林家訟案之不絕固有林家失軌之行的因素，但當亦含官方

1　　ⓐ 同治9年4月16日，英桂奏「為在籍副將，結黨滋事，惡蹟昭彰，現已拏獲正法，飭令該管文武，解散餘黨，以安反側而靖巖疆」，《軍機檔》，101012號。ⓑ 同上摺，見〈訟案〉（八），頁43-44。

縱容民人控訴林家，以為節制的成分，民間甚至傳聞訟案乃林家政敵一手策劃的。

如前所述，臺灣總兵楊在元在同治八年四月間曾飭令林文明「將所佔田產，按數退還原主」；但林文明辯以田係立契明買的，不肯就範。約在同治八年五、六月間，楊在元以渲染誇大之詞句呈報總督英桂，指責林文明「霸佔鄉民田宅，倚勢橫行，出入隨帶多人，列械擁護」。[2]七月間，英桂總督接獲報告後，據稱「因念其兄林文察為國捐軀，不忍即將該副將即置於法」，於是，飭令臺灣鎮、道，勒令林文明「將所佔田產，按數退還原主管業；共佔租息，應追繳賠償者，並即追賠」。[3]此外，臺灣道臺梁元桂在同治八年間也稟請省方委員到彰化查辦林天河（奠國）「被控糾黨焚搶、霸佔民業、叛產各案」。[4]至此，下厝、頂厝二系均面臨重大危機。

總督英桂為有效制裁林家，決定專案辦理林家案件。有兩項人事任命對控林案之發展最關緊要，一是臺灣最高長官（鎮、道）的更換，一是辦案專員之委派。

同治八年七月二日，清廷批准總督英桂之薦舉，任命楊在元為臺灣總兵、黎兆棠為臺灣道臺。[5]清代福建奏摺由呈上至批下所需時間在一個多月以上，推測英桂在五月中旬以前已上摺。事實上，楊在元至遲在同治八年四月以前已署理總兵之職了（參前）。二人之出任臺灣軍政最高長官，實負有上級交代的秘密任務——嚴懲林家。

2　ⓐ《軍機檔》，101012號。ⓑ〈訟案〉（八），頁44。

3　ⓐ《軍機檔》，101012號。ⓑ〈訟案〉（八），頁44。

4　同治8年9月（10日前），王文棨「飭拏訊解」票單，〈訟案〉（四），頁47。此件文書無日期，但據林文明在9月10日之呈稟，可知在此日之前所發，見〈訟案〉（六），頁80。

5　臺灣銀行經濟研究室編，《清穆宗實錄選輯》，臺文叢190，頁121。

　　楊在元在出任總兵時，英桂曾面諭他：「要辦該紳（林文明），非親到該處，察看時勢，統盤籌劃，方有把握。」[6]楊氏何時獲英桂之面諭？無直接史料可考，但推測當在同治八年四月署理總兵之前。楊氏原為英桂之心腹，今又以副將職署理總兵缺，自必盡心效命。查照同治八年四月間，楊總兵對林文明所呈之稟的嚴斥，已可窺出端倪。同樣地，黎兆棠離省就任臺灣道臺職時，英桂總督甚至交手一份「應辦豪紳著匪姓名手摺」，並面諭：要辦該紳（林文明），惟有到臺察看情形時勢，商全鎮臺（即楊在元），相機密拿，便宜行事，方免生枝節。」[7]黎氏並請求准予「相機便宜行事」。[8]由此可見，楊、黎二氏之出任臺灣鎮、道確實負有英桂所交辦之重要使命——據所交付之黑名單，嚴懲「豪紳著匪」，尤其是林家，而此乃太平天國之役後清廷重振皇權之一系列措施的一部分。

　　除了密令臺灣鎮、道進行嚴懲林文明計畫之佈署外，英桂亦加強司法方面的審訊工作，即遴派專案委員，赴臺查辦林文明、林奠國被控各案。約在同治八年七、八月間，他飭令按察使會同布政使，「尅日遴派委員，會同地方官，澈查各案。」[9]

　　約在同治八年八月間，布政與按察兩使推薦候補知府凌定國為專案委員，經英桂同意任命。[10]查當時福建布政使是夏獻綸，按察使是康國器，[11]因此，凌定國之出任委員乃夏、康二人所薦舉者。凌氏

6　許其棻，「節略清摺」，〈訟案〉（八），頁69-70。

7　許其棻，「節略清摺」，〈訟案〉（八），頁74。

8　同治九年三月十六日，楊鎮、黎道稟督撫，〈訟案〉（八），頁5。

9　同治8年11月8日，楊在元照會彰化縣令王文棨，「為照請迅辦事」，〈訟案〉（四），頁60。

10　同治9年4月16日英桂摺，《軍機檔》，101012號。

11　同治8年9月間王文棨票單，〈訟案〉（四），頁47。

之獲得委員職又有二說，其一是經由丁曰健之安排，其二是凌定國行賄。[12]茲略加剖析如下。

　　由於凌定國與林家交怨，省方官員不可能不知，因而此一任命案自始即含有明顯的企圖。[13]Meskill 教授認為整個控林案之發動至處決林文明，均與丁曰健、凌定國有莫大的關係。[14]她認為丁曰健在同治五年卸道臺職後，進京覲見，再回福州，但不知擔任何種職務，惟可能利用其人事關係，影響控林案。[15]Meskill 氏係依據連橫之說「曰健委知縣凌定國至彰會審，即就大堂殺之」這句話，推論丁氏當在福州出任某種職位。[16]但連橫之說不但太簡略，且未必正確。查同治八年凌定國之職位為候補知府，並非知縣。[17]據〈懷寧縣志〉，丁氏在同治五年退休後，歸老於金陵（南京），與地方士紳「結社觴詠，相將娛老」。[18]如此說不誤，則丁氏並不在福州，也未任官，自不可能有權委派凌定國審案了。不過，以丁氏與林家之恩怨關係，似不可能在控林案中坐視不動的。甚至於可以大膽地推測，由於在北勢湳之役

12　Meskill, *A Chinese Pioneer Family, the Lins of Wu-feng, Taiwan, 1729-1895*, p.147.

13　Meskill 教授認為英桂不知林家與丁、凌間不睦，見Meskill, *A Chinese Pioneer Family, the Lins of Wu-feng, Taiwan, 1729-1895*, p.148.
　　此說恐不確。英桂出任總督前為福州將軍，對福建軍政情形相當熟悉，某些證據顯示他利用派系衝突打擊林家。何況其他閩官對林家之事是瞭若指掌的，不可能不略知一二。

14　Meskill, *A Chinese Pioneer Family, the Lins of Wu-feng, Taiwan, 1729-1895*, pp.146-147.

15　ⓐ Meskill, *A Chinese Pioneer Family, the Lins of Wu-feng, Taiwan, 1729-1895*, pp.145-146。ⓑ 朱之英等纂，《懷寧縣志》（臺北：成文出版社翻印，1983；據1915初版影印），卷18，頁49 ⓑ。ⓒ 連橫，《臺灣通史》，臺文叢128，頁896-897。

16　連橫，《臺灣通史》，臺文叢128，頁897。

17　同治9年4月16日英桂摺，《軍機檔》，101012號。

18　朱之英等纂，《懷寧縣志》，頁49。

中，丁氏曾隱沒林文明等林氏族人之功，以致在其任內無法制裁林家，而卸任後無後顧之憂，自可全力反擊。同治六年後控案之湧現也許透露些許訊息。惜乎《懷寧縣志》紀錄過於簡略，無由得知丁氏與林家被控的關係。

凌定國獲委員職的另一說法是賄賂。民間盛傳：凌氏因與林家有隙，乃賄賂總督衙門中大員圖謀此差，而臺灣道臺黎兆棠亦稱凌定國曾任彰化縣令，熟悉案情，是最適當人選。[19]查黎兆棠在同治八年七月二日由清廷正式任命為臺灣道臺，[20]而諭旨抵閩時間約需一個多月以上，實際上任日期更晚，因此，黎兆棠似不可能以臺灣道臺身份協助凌定國取得委員職。不過，黎氏以閩官身份助凌氏，並非不可能。觀日後黎、凌二人之密切合作懲治林家，或可為佐證。至於賄賂之說，欠缺實據，難以斷定真偽。事實上，清代行賄、收賄，事屬尋常，以凌、林二家之怨，為達目的而出此下策，非無可能。

無論凌定國經由何種方式取得委員職，整個任命案的確充滿詭譎與不祥氣氛。第一、閩官之所以薦舉與林家有深怨的凌定國主審控林案，其動機與目的可說昭然若揭。第二、薦舉人之一布政使夏獻綸與林家亦有「舊憾」而不睦。[21]到底是何「舊憾」，欠缺史料可稽，但觀諸日後夏氏出任臺灣道臺查辦林家京控案時，處處打擊林家，似可印證雙方關係之不洽。第三、凌定國原與林家有怨，依清律，應規

---

19 ⓐ 守愚，〈壽至公堂〉，李獻璋編，《臺灣民間故事集》，頁247-248。ⓑ Meskill 亦接受此說，見Meskill, *A Chinese Pioneer Family, the Lins of Wu-feng, Taiwan, 1729-1895*, p.147.

20 〈林文鳳家傳〉，林獻堂等編，《臺灣霧峰林氏族譜》，臺文叢298，頁111。

21 ⓐ 蔡青筠，《戴案紀略》，臺文叢206，頁34。ⓑ 吳德功，《戴施兩案紀略》，臺文叢47，頁31。

避林家案件，但相反地，卻積極介入，出任辦案專員，充分顯示內情之不單純。

　　凌定國與林家之結怨當始自戴萬生事件時。據聞凌定國是臺灣一副將凌競光之子，[22]同治元年九月，臺灣道臺洪毓琛派他運餉到鹿港，因其有幹才，而彰化知縣虛懸已久，乃委其署理。[23]凌氏與林家結怨，據民間傳聞，始自同治五年三、四月間「青旗反」後。[24]故事之始末大致如下。青旗反平定後，凌知縣出城安民，前呼後擁，但經提督（林文察）公館時，竟不下馬拜訪。林提督乃將麾下之凌定國父親凌競光打軍棍，以為訓誡。凌定國乃勸父親辭職，並伺機報復。其後，林文察看上戴萬生一小姨子而結親，凌氏乃以「娶匪為妻」之罪名，準備予以彈劾。林文察只好送二千元大禮求免。[25]

　　民間傳聞多有事實核心，但也常有渲染、訛誤、虛構之處，不可盡信。查當代史料，無凌競光其人，但有位凌競先者，也許凌競先被民間誤傳為凌競光也未可知。凌競先在咸豐四年八月時職銜為都司，因協助剿辦臺灣中、北部械鬥案有功而獲賞花翎。[26]其後，他又升任臺灣北路左營遊擊，並署嘉義參將。[27]咸豐五年（1855），斗六

22　ⓐ蔡青筠，《戴案紀略》，臺文叢206，頁34-35。ⓑ吳德功，《戴施兩案紀略》，臺文叢47，頁34-35。

23　ⓐ同上ⓐ，頁34-5。ⓑ同上ⓑ，頁34-5。

24　李獻璋編，《臺灣民間故事集》，頁241。「青旗反」指同治3年3月28日至4月2日間，戴萬生餘黨再度圍攻彰化城之役。

25　ⓐ李獻璋編，《臺灣民間故事集》，頁241-245。ⓑ Meskill 亦採此說，見 Meskill, *A Chinese Pioneer Family, the Lins of Wu-feng, Taiwan, 1729-1895*, p.145.

26　臺灣銀行經濟研究室編，《清文宗實錄選輯》（臺北：臺灣銀行經濟研究室，臺文叢第189種，1964），頁41。

27　《月摺檔》（故宮博物院圖書館藏），咸豐8年6月6日。

門發生林房殺官謀逆事件，[28]凌競先率兵勇馳往拿捕，迅即滅之，[29]總兵邵連科、道臺裕鐸奏請以參將任用。[30]在此役中，凌定國亦捐資募勇，「捕匪多名」而獲獎，由「投效留閩儘先即補縣丞」升為「遇缺即補縣丞」。[31]民間傳聞之凌競光極可能即凌競先，可見傳聞確有其依據，也許果真就是凌定國之父。如這些假說均成立，則丁、凌氏間之結怨可能更早。原來咸豐四、五年期間，正是林文察投效官方，漸露頭角之時，也許此時已與凌氏父子有接觸、有恩怨了。臺灣原本有閩粵械鬥之習，閩粵籍官員難免有涉入，粵籍之凌定國也有可能與閩籍之林家發生齟齬。由於欠缺佐證，僅能立此存證。至於凌競先為林文察麾下之副將等事，因乏史料可稽，而有待日後之進一步考證。

無論如何，林、凌二氏不睦是可確定的，而且至遲至同治二年十月已顯現。原來，當同治二年十月初，丁曰健率兵自臺灣北部攻彰化時，凌定國即向他指控總兵曾玉明按兵不動，不肯攻城。[32]按在平戴萬生之役時，林文察與曾玉明是一派，與丁曰健、曾元福一派，勢同水火。同治三年三月二十八日至四月二日，發生戴萬生餘黨圍攻彰化城之「青旗事件」，[33]凌定國即在五月間密稟丁曰健道臺稱，亂事後起之因（青旗之變）是林文察所部「駐節揀東，辦理失當，民心不服，各匪意在報復林姓私仇」。[34]丁曰健據此稟報督、撫，批評林氏

28　臺灣銀行經濟研究室編，《清文宗實錄選輯》，臺文叢189，頁47-48。
29　《月摺檔》，咸豐8年6月6日。
30　《月摺檔》，咸豐8年6月6日。
31　《月摺檔》，咸豐8年6月6日。
32　黃富三，《霧峰林家的興起》，頁273。
33　黃富三，《霧峰林家的興起》，頁312-313。
34　ⓐ 黃富三，《霧峰林家的興起》，頁318-319。ⓑ 丁曰健，「稟撫軍徐中丞

族人之非。其後，兩派即互相攻訐，水火不容，可見凌氏在打擊林家
的行動上扮演了要角。

凌定國在同治三年夏、秋間（七至十一月）卸彰化縣令之職，
由張世英繼任。[35]Meskill 教授據民間故事〈壽至公堂〉稱，凌定國不
久轉任鳳山縣令，但深恨林文察屈辱其父及向徐巡撫進言，造成其調
職。至同治八年（1869）卸鳳山縣令職，回福州任委員。[36]此段話似
有誤。第一、據〈壽至公堂〉，林文察進言之對象是總督左宗棠，而
非巡撫徐宗幹。[37]且民間傳聞是否可信，待考。第二、凌定國調任鳳
山縣令之說有問題。據《鳳山縣採訪冊》，在同治三年至八年間，並
無凌定國出任鳳山縣令之紀錄。茲列舉此期間縣令名單如下。王衢在
同治二年十一月一日兼署鳳山縣令，三年十月五日卸任；凌樹荃在同
治三年十月五日署理縣令職，六年二月三日卸任；又，六年八月十三
日回署，七年十二月十七日卸任；吳本杰，同治六年二月三日至八月
十三日間，短期署理；韓慶麟在同治七年十二月十七日接替凌樹
荃，八年七月十五日卸任。[38]由上可見凌定國並未出任鳳山縣令職。
筆者疑 Meskill 氏將凌樹荃誤成凌定國，因他的任期正好與 Meskill
所言凌定國之任期完全符合，即自同治三年十月五日至同治七年十二
月十七日。有無可能凌樹荃是凌定國之別名呢？查凌樹荃是安徽定遠

樹人」，《治臺必告錄》，臺文叢17，頁573。

35　鄭喜夫，《臺灣地理及歷史》（臺中：臺灣省文獻會，1980）卷9，官師
　　志，頁165。

36　Meskill, *A Chinese Pioneer Family, the Lins of Wu-feng, Taiwan, 1729-1895, p.*145.

37　李獻璋編，《臺灣民間故事集》，頁245。

38　盧德嘉，《鳳山縣采訪冊》（臺北：臺灣銀行經濟研究室，臺文叢第73種，
　　1960；1894年原刊），頁197。

人，[39]而凌定國乃廣東人，二人之事蹟、經歷亦不同，不可能是同一人。第三、凌定國在同治八年回福州任「委員」之說亦應存疑，因凌氏何時回閩，無資料可稽。目前僅知凌定國在同治元年九月至三年十一月間任彰化知縣，後陞為花翎遇缺即補知府；同治四年因平呂梓案有功，經丁曰健之請獎，同治五年四月二十八日諭令「交部從優議敘」。[40]但不知議敘何職銜、是否回閩。因此，只能籠統地說，凌氏在同治五年之中至八年間回省城。

據民間傳聞，林文察內渡後，向總督（左宗棠）報告稱，彰化縣民不滿凌定國之「太不近人情」，導致凌氏之失去縣令職；凌定國卸彰化縣令職後，並不立即離臺，卻暗中慫恿林家的受害者上省去控告，並答應「做你們的主」；百姓聞凌定國願全力協助，心動了，於是，林家仇族草湖林姓與草鞋屯洪姓便與凌氏上省控訴去。[41]換言之，洪、林家族之出控乃由於凌定國之鼓動與協助。此項民間說法當是代代口耳傳下來的，基本事實當不假。揆諸林家財勢之大，以及傳統社會鄉民之敬畏官紳，如無可靠支柱，尋常百姓絕不敢惹林家這種豪族，而且一而再，再而三，不懈不懼地頑控到底。

當然，一個巴掌不響，如無洪、林等林家仇族之報復心，凌定國亦難獨力鬥倒林家。事實上，倒林事件的基本背景仍然是涉及世仇與利害衝突的豪族相爭，此可謂為事件之原型（Prototype）。拙著《霧峰林家的興起》對林家與四鄰之林姓（後厝林）、洪姓、賴姓、戴姓等巨族間的衝突與結怨，已有所論述，不贅。此種族仇像遺傳病

39　盧德嘉，《鳳山縣采訪冊》，臺文叢73，頁197。
40　ⓐ鄭喜夫，《臺灣地理及歷史》，卷9，官師志，頁165。ⓑ丁曰健「會奏妥籌善後摺」，同治5年4月28日批，《治臺必告錄》，臺文叢17，頁519、534。
41　李獻璋編，《臺灣民間故事集》，頁246-247。

般，會代代延續下去。Meskill 氏認為林家控案主控者林應時家族與霧峰林家早年仇家林和尚有親族關係，她的資料取自〈壽至公堂〉民間故事。惟查該故事，只含混提到二個林族之累代相爭，未確認林應時與林和尚間的親族關係。[42]不過，即使非直接血親關係，至少二家是同住一莊之同姓人，在清代的社會環境下，必有相當強烈的「我群意識」（we-group），因而採取同樣立場，對抗霧峰林家。

　　林家與族敵間的世仇又因其它因素的介入而加深了，其中以政治因素影響最大。在戴潮春事件中，草湖林家（以林泉為首）曾支持林晟圍攻阿罩霧，並斷水毀墳。而林文察平亂時亦公報私仇，大肆剿殺、罰捐甚或佔產，族敵受創極深，仇怨愈結愈深。為了復仇，也為了自救，族敵惟有結合官府力量，以司法手段對抗林家。於是，豪族間赤裸裸的利害衝突（原型）轉化為政治性、司法性的是非問題（變型）。

　　如此，在清廷的抑紳、政敵的對抗及族敵的仇視下，林家踏上了險象環生的旅程。

第二節　凌定國委員與王文棨縣令之會審──官紳對抗之展開

　　同治八年（1869）九月後，省方委員凌定國與彰化縣令王文棨開始會審控林案。二位主審官均奉有嚴懲林家之使命，對林家相當不利。然而，林文明不但未及時向官府低頭，反而繼續抗爭，官紳關係終於走到不歸點，伏下隨後慘死公堂之機。

42　ⓐ Meskill, *A Chinese Pioneer Family, the Lins of Wu-feng, Taiwan, 1729-1895*, p. 146。ⓑ 李獻璋編，《臺灣民間故事集》，頁236-238。

一、官紳對抗戰舞臺的佈置

　　審訊林家控案由省委員凌定國與彰化縣令王文棨會同辦理，而此乃事先安排好的劇本。

　　同治八年八月間，臺灣道臺梁元桂委王文棨出任彰化縣令。八月十八日，王氏抵彰化接任。省委員凌定國則於九月間亦至彰化，會同王文棨審辦林家事件。[43]王文棨在此之前曾任嘉義知縣、臺灣海防同知，[44]而此次之出任彰化縣令奉有嚴辦林家之任務。

　　查同治八年十月十一日上諭，英桂、卞寶第所奏「署彰化縣通判盧蟲操守不謹，嗜好甚深」，准予即行革職。[45]所指「操守」、「嗜好」為何，不得而知。事實上，盧氏當在七月間已被免職。同治八年七月十九日，林文明曾向彰化縣令凌氏呈稟，可知接任者是凌縣令。[46]凌縣令到底是誰？按凌定國職位為省委專員，且至同治八年九月間方抵彰化，當非凌定國。但在盧蟲與王文棨間是否另有一凌縣令呢？查有凌樹荃者，據稱在同治七年後署彰化縣令而卒於任。[47]據前所述，凌樹荃係於同治七年十二月十七日卸鳳山縣令職，[48]而同治八年五月，盧蟲仍在任，故盧氏就彰化縣令職當在同治八年五月至七月中旬間。又，王文棨在八月十八日接彰化縣令職，可知凌樹荃當卒於

43　同治11年6月，王文棨呈臺灣府「節略清摺」，〈訟案〉（八），頁64、70。

44　ⓐ丁曰健，《治臺必告錄》，臺文叢17，頁520。ⓑ吳大廷，《小酉腴山館主人自著年譜》，臺文叢297，頁46。

45　臺灣銀行經濟研究室編，《清穆宗實錄選輯》，臺文叢190，頁122。

46　林文明呈凌縣令「為架詞飾肇，抗訊覬傳，懇乞嚴拘，分訊結辦」稟，〈訟案〉（六），頁33-36。

47　鄭喜夫，《臺灣地理及歷史》，卷九，官師志，頁166。

48　盧德嘉，《鳳山縣采訪冊》，臺文叢73，頁197。

七月底、八月初間。

凌樹荃縣令去世後，方由王文棨接任。林文明在同治八年八月（十八日後），又以同內容之稟呈新縣令王文棨。[49]但王縣令嚴厲批駁稱：

> 查戴林二逆授首之後，林泉之叔林進來等變業罰捐，果係事出公愿，並無假公濟私，林進來何致事後圖僥尾契，分案捏控？據訴不近情。現奉省憲委員嚴催飭檢，該紳被控案卷，積至四十餘起，且有被控姦佔婦女情事，是虛是實，亟應徹究，候即併宗列單限催，嚴傳原告、被告、人證，質訊詳究。該紳即在城候質，毋稍避廷，自取重咎。[50]

由上可知省委員當已抵府城，並催王縣令審訊，而王縣令之批示對林文明頗不利。

同治八年八月二十三日，林文明又遣抱告黃智聰向祝知府呈一親供，指稱林應時始終脫逃不應訊，應就其代書、保人跟蹤提解，以便訊斷。[51]黃智聰自咸豐十一年起即擔任林文明的「收租管事」，[52]深知林家事務，故被派為抱告應訊。八月二十四日，臺灣府開廷堂

49　林文明呈王文棨「為架詞飾聳，抗訊覘傳，懇乞嚴拘，分訊結辦」，〈訟案〉（六），頁43-51。

50　林文明呈王文棨「為架詞飾聳，抗訊覘傳，懇乞嚴拘，分訊結辦」，〈訟案〉（六），頁52。

51　同治8年8月23日（二），林文明，「備具親供，呈乞示期核」同治8年8月24日，黃智聰「堂訊口供」，〈訟案〉（六），頁65。

52　同治8年8月24日，黃智聰在臺灣府「堂訊口供」，〈訟案〉（六），頁65。

訊，林應時亦到案應訊。[53]黃智聰在堂訊中，辯稱林文明無霸田佔嫂之事，而指出林應時誣控的原委是：

> 因林應時兄弟林泉附逆（按參與戴潮春之亂），同林慧晟、洪欉攻阿罩霧莊。後林大人（指文察）平臺，伊叔林進來託出職員林嘉瑞求林提臺，願捐軍需六千元贖從逆的罪，將伊田業實是三千二百五十石，央託陳福傳為其變賣，係老太媽（文察母）買去，價銀九千五百元。許時付他繳交軍需六千元，林提臺通報有案。後二次付他去銀二千五百元，係是對蔡懷斌借付他的。後來查點租額，只有二千八百零石控田契又少三張，所以一千零元來找他，並無霸伊田的事。伊兄嫂現住草湖莊，田業伊兄嫂自收。求查明完糧，係是他的名字，並非完林文明名字，不辨自明。[54]

在堂訊中，祝知府並查驗林進來捐軍需六千元之通報，證明屬實（參見文書7）；但因省委員凌定國已到，即將赴彰化，乃諭歸彰化縣，「會同委員查勘，傳集人證訊斷」。[55]為此，林文明請求准許抱告黃智聰自府城自行到彰化縣投訊。但祝知府不允所請，將抱告黃智聰與原告林應時直接「解赴備質」。[56]於是，全案由府發交彰化縣，由凌定國會同王文棨知縣審訊。

53　同治8年9月22日，林文明「致省委員凌」，〈訟案〉（六），頁105。

54　同治8年9月22日，林文明「致省委員凌」，〈訟案〉（六），頁65-67。

55　ⓐ同治8年9月22日，林文明「致省委員凌」，〈訟案〉（六），頁105。ⓑ同治8年9月，林文明呈祝知府，〈訟案〉（六），頁68-69。

56　〈訟案〉（六），頁69-70。

二、凌定國委員與王文棨縣令之會審

同治八年九月間，凌定國抵彰化，隨即擴大控林案之審訊工作。[57]此次凌定國所查辦之林家訟案涉及之範圍極廣，所有新、舊或已結、未結各案全部臚列，總計林文明、林天河（奠國）、林萬得（文鳳）等叔姪兄弟被控「糾紫僭宅、黨霸民田」之案，共有47宗之多。九月間，王縣令據凌委員「嚴飭查辦」之指令，發出傳票，指稱林文明以往屢次抗傳不投案，令差役「立即嚴拿林有田（文明）、林萬得（文鳳）、林瑞麟等務獲」。[58]

上述票單之內容顯示事情對林文明頗不利。第一，如上章所述，大部分控案均已結案或銷案，只餘林應時、枝嗣兄弟之控案，何以又舊案重提，湊成47宗？再者，官方文書指稱林文明抗傳不到，何以不嚴令其到案？依清律，有功名官職者須遣抱告上廷，林文明不親自上法廷並不違法。[59]顯然，凌定國此舉在於給林家一下馬威。

林文明接到傳票後，見叔姪兄弟被控案達47宗之多，難怪「捧讀之下，不勝驚駭」；乃於同治八年九月十日，遣抱廖作霖呈一稟予王縣令。[60]內陳明訟案原由起於丁、林爭餉爭功，戴黨殘餘林應時等乘機報復。此為相當有意義之文件，茲分項錄於下：

（一）訟案原由：稟中稱「禍實由公起」，原因有二：

57　同治11年6月3日，王文棨在臺灣府所具「節略清摺」，〈訟案〉（八），頁70。

58　王文棨，「飭拿訊解事」，〈訟案〉（四），頁47-48。按本件無日期，但當在凌定國抵臺之後，即同治8年9月間。

59　清律規定，有官位、秀才與監生以上，及老幼婦女，無抱告者，不予受理。參鈴木宗言，〈臺灣の舊訴訟法〉，頁14。

60　同治8年9月10日，林文明呈王文棨「捏陷雖眾，投訊無人，瀝冤再投，催乞提訊詳辦」稟，〈訟案〉（六），頁71-80。

1. 與丁曰健爭功、爭餉之衝突：稟中稱：「在昔先兄奉命平臺，
   曾同故署水師提督曾，與丁道憲因爭功爭餉，互相參劾，致蒙
   上諭著督憲左（宗棠）撫憲徐（宗幹）秉公查覆、委員候補府
   馮（慶良）到臺查勘。彼時先兄已經殉節，無從申辨，故所奏
   悉屬子虛。而丁道憲權司觀察，縣令皆其委任，故韓前主希旨
   順意，將已銷賴用紀等所稟胞叔林天河斷水害苗諸案，及訪聞
   霸佔抄封民業等款，列單送案，以為先兄罪。迨部議以先兄平
   生在閩浙等處、屢著戰功、卒能效命疆場，無虧大節，自應仰
   邀天恩，著免議處。」

2. 戴案殘餘乘機報復：稟中稱：「適胞叔林奠國緣別案，羈留在
   省，即將此案歸獄胞叔林奠國，檄道行府飭縣查覆，而是時諸
   逆黨林應時等以為先兄已死，文明叔侄兄弟均犯重繼，乘機結
   會糾黨報復。」[61]

（二）所列47宗控案多已審結，只餘林應時等數宗：稟中稱，控案經
   前任知府葉宗元審訊後，大多不實。有「揑誣差傳不到者，如
   林源、林賴氏……」，經牌示「飭縣註銷」；有「訊而結案者，
   如洪木易、林允照等，或係抄封移誣，或係混揑扛陷」；有「投
   訊情虛，逃延未結者，如林海瑞、林番……，或呈供全不相
   符，或其人不知誰何，或田段無從指出，經委員催提數次，不
   敢向前覆訊」。因此，只餘林應時一案未結。而此案經遭抱
   告，「提案三年，瀝催四任」，而林應時「挨延逃避」，以致難
   以結案。[62]

---

61 同治8年9月10日，林文明呈王文棨「揑陷雖眾，投訊無人，瀝冤再投，催乞
   提訊詳辦」稟，〈訟案〉（六），頁72-74。
62 同治8年9月10日，林文明呈王文棨「揑陷雖眾，投訊無人，瀝冤再投，催乞

　　據此，林文明指稱由於林文察「平剿逆匪」，反遭林應時兄弟等將一案分成數案而越級誣控，「幾令先兄一生忠烈，抱恨九泉」。[63]

　　同治八年九月二十二日，林文明亦致省委員凌定國一稟，[64]對林應時指控霸田事，進一步提出說明：

第一、林應時族人「捐罰贖刑」：稟中指出，因林泉曾參與戴亂，斷水毀墳，林文察平臺時，為求免罪；由林泉之叔林進來等托人至軍營聲稱「林泉已死」，「願捐罰贖刑」，以免株連。林文察應允捐軍需六千元，但因林泉族人乏現款，而「地方初定，乏主承受」、「軍需孔急」，林文察轉請其母以養贍銀承買。至於六千元捐罰，已連同其它捐戶，通報省、道、府有案。[65]

第二、捐罰軍需屬實、買賣田產有契為證：稟中指稱，林應時傳訊時屢屢不到案，直至同治八年八月二十四日，方在臺灣府應訊；[66]而林進來等族人捐罰軍需之事「核案屬實」，其變賣產業，有「契證可憑」，而且承買田業，係於凌定國彰化縣令任內「過戶納供」的。[67]他又指稱，「如有被霸，當時林進來何不出首呈控？且歷張、韓二前主，亦無一紙出告」；又「如果害及身家，

提訊詳辦」稟，〈訟案〉（六），頁74-76。

63　同治8年9月10日，林文明呈王文榮「捏陷雖眾，投訊無人，瀝冤再投，催乞提訊詳辦」稟，〈訟案〉（六），頁74-76。

64　林文明「捏誣迭見，逃控狡延，懇恩會縣查勘訊斷詳辦」稟，〈訟案〉（六），頁99-107。

65　林文明「捏誣迭見，逃控狡延，懇恩會縣查勘訊斷詳辦」稟，〈訟案〉（六），頁99-101。

66　林文明「捏誣迭見，逃控狡延，懇恩會縣查勘訊斷詳辦」稟，〈訟案〉（六），頁102-105。

67　林文明「捏誣迭見，逃控狡延，懇恩會縣查勘訊斷詳辦」稟，〈訟案〉（六），頁105-106。

豈能遲至三、四年之久？」[68]此時，因林應時在府城生病，未
至彰化縣投案，林文明請求於到案時，應將林進來、林泉、中
保陳福傳等人傳訊。[69]

林家取得田產的手段確有可議之處，如捐罰之田產由林家人承
買難免瓜田李下之嫌。然而，其方式倒也合乎法律程序，且又是在凌
定國彰化縣令任內辦理過戶手續的。如有問題，凌定國亦有連帶責
任。林文明說詞可謂擊中凌定國要害。

同治八年九月二十三日，凌委員王縣令開庭審訊。林文明針對
「萬斗六叛產並洪姓誣控等案緣由」，呈上親供。[70]內指出：

（一）洪姓控案起於林家「協剿洪逆，協理抄務」：稟中指出，
同治三年十月，他奉丁曰健道臺檄助剿，攻紮萬斗六一帶之「洪花逆
藪」；臺灣知府陳懋烈以其熟悉地方，將萬斗六之抄封叛產移交協
理，乃幫同「薦佃向贌」；但因辦理抄封叛產，至同治七年間，他與
堂弟文鳳已累賠抄封租谷二千餘石，其後前令韓慶麟另舉佃首李得
安，招佃贌耕，府、縣均有案據。[71]

（二）田業皆明買，無霸產之情：稟中稱，他們兄弟（文明、文
鳳）「所管萬斗六一帶田業五十餘段，皆係明買，契寫明白」，並無
「私收混管」之事。他又指出，如有霸產，當年葉宗元知府來彰查辦

68　林文明「捏誣迭見，逃控狡延，懇恩會縣查勘訊斷詳辦」稟，〈訟案〉
　　（六），頁105-106。

69　林文明「捏誣迭見，逃控狡延，懇恩會縣查勘訊斷詳辦」稟，〈訟案〉
　　（六），頁105-106。

70　同治8年9月23日，林文明，「具親供紳士林文明為呈送事」，〈訟案〉
　　（六），頁82-86。

71　同治8年9月23日，林文明，「具親供紳士林文明為呈送事」，〈訟案〉
　　（六），頁82-84。

抄封時，傳當事人到地指明田界，何以「三番五次」，無人出面？[72]
據此，林文明要求派差實地查勘，追究誣控。[73]

　　在九月二十三日之堂訊中，雙方亦進行對質。對質者計有林海
瑞、林香、林丁等人。林文明之對質親供均稱，在圍攻四塊厝時，林
氏族人為避禍而出售田產予林家。[74]林文明之抱告黃智聰在堂供中再
述林泉犯案，林應時族人變賣田產捐軍需之事，請求傳中人陳福傳及
林進來、林泉對質。他又說「有什麼錯，應時係提臺（林文察）經
辦」，他「並不知詳」，請求「寬限三、四天」，以便「叫主人來到
案」。[75]

　　王縣令、凌委員（？）堂諭稱，黃智聰「並不深悉此案當時情
節」，著令差役於三日內，傳林文明到案。[76]

　　同治八年十月（初？），由於自府解縣之抱告黃智聰染痢疾頗
重，且「言語昏迷」，為恐「有失應對」，林文明請求王縣令、凌委
員准許將他領出醫治；並請求在覆訊時，以原來具領投到之抱告廖作
霖俟訊。但未被接受。[77]

　　同治八年十月二日，凌委員、王縣令傳訊報告黃智聰，諭其將
林本堂所承管之林進來等六房田業契券繳驗，以便查勘。十月四

72　同治8年9月23日，林文明，「具親供紳士林文明為呈送事」，〈訟案〉
　　（六），頁84-85。

73　同治8年9月23日，林文明，「具親供紳士林文明為呈送事」，〈訟案〉
　　（六），頁86。

74　〈訟案〉（六），頁87-89、91-94、95-96。

75　同治8年9月23日，「抱告黃智聰堂供」，〈訟案〉（六），頁108-110。

76　同治8年9月23日，「抱告黃智聰堂供」，〈訟案〉（六），頁110-111。此件
　　未指明何人主審。

77　林文明致王令、凌委員，「遣抱投質，偶染重病，懇恩領出醫治，另報赴
　　訊」稟，〈訟案〉（六），頁112-113、114-115。

日，林文明將契券四十宗，共一七九紙繳上查驗。[78]

同治八年十月二十七日，監收叛產委員華（名不詳）與王縣令諭告林文明，將其應納之萬斗六叛產租谷一千石（每石折倉谷9.3斗）交予內丁運儲要處，以便發糶解府。十一月間，林文明依諭將租谷交付華委員。（參見文書8）[79]顯然，官府正逐步削減林文明之特權。

嚴懲林家的壓力愈來愈大。同治八年十月二十六日，楊在元接按察司轉來之總督牌示，飭其協同地方官，嚴辦林家控案。十一月八日，楊氏照會彰化縣照辦。內稱：

> 希即澈查鄉民所控林副將文明霸佔田產。如果屬實，務速按數追還原主，如係霸收租息，應賠償者，並即照值賠償，毋任挨延。仍將案由，逐一開摺咨覆，以覽轉報。倘如該紳廷抗不遵，併請會同參揭，幸勿有緩。[80]

由於兩造與一干人證大致已傳齊，凌、王二氏乃展開會審工作。

同治八年十一月間（當在二十二日前），林文明向王縣令呈一稟，稱已遣三名抱告赴訊，即，1. 鄭魁春對林丁、林獅、林壹、林泉、林亮等；2. 黃智聰對林應時；3. 廖作霖對林海瑞、林允照（即林宗紅）及洪姓各案。[81]王縣令批示姑准投到，「先提質訊」，但仍要求林文明「自行赴案投質，毋延」。[82]

78　同治8年10月4日林文明呈凌委員、王邑主，「繳契呈驗，稟請查勘」稟，〈訟案〉（六），頁116-117、118-119。

79　〈訟案〉散件（一），No. 6。

80　楊在元照會彰化縣，「為照請追辦事」，〈訟案〉（四），頁59、61-62。

81　林文明稟王縣令，「為分抱投案，聽候質訊事」，〈訟案〉（六），頁135。

82　林文明稟王縣令，「為分抱投案，聽候質訊事」，〈訟案〉（六），頁135。

同治八年十一月二十二日，凌、王二氏開始堂訊。林應時，抱告黃智聰，中人陳福傳應訊。黃智聰供詞如前，即林泉因參加反亂，變賣田產捐軍需以抵罪，林本堂取得之田產乃「明買明賣」者，有中人可證。[83]中人陳福傳乃犁頭店人，亦臺勇勇首之一，曾赴內地參加平太平軍之役。他在堂訊中作證稱：

> 職員帶勇內地，及至回臺，耳聞林應時林泉及六房人等，俱與林戇晟來往，圍攻阿罩霧莊，致此林提臺回臺掃平林戇晟之後，即圍攻他厝。是時係伊六房託林老成求捐軍需六千元贖罪。職員為中，非是自招，係伊託出牛埔仔陳瑞，央職員為伊變質田業，要繳軍需。時地方初平，乏人承受，職員乃懇求林太媽，著林本堂館向買，議值田契銀九千五百元，送過定銀一千元，代繳軍需六千元，又對蔡懷斌一千五百元，係職員經手，林提臺取回一千元，餘五百元係伊六房願送與職員□（疑為「丁」字）勇搬移之費及中人謝禮。現伊也不肯坐，前經約定立字花押，就要找洗清楚，他因未有立字花押，所以銀不敢齊付。[84]

堂訊中，理應有林應時供詞，但未有資料，推測其所供當與歷次控詞同。因三人「供詞各執著」，難以裁決，堂諭：「趕傳兩造各中人及前後耕佃等，迅速赴案」，以便覆訊判決。[85]

同治八年十一月二十五日，凌、王二氏又堂訊。林文明終於親自應訊。當時林應時仍在臺灣府，乃由其堂弟林枝嗣應訊，稱：

83　「省委員凌、邑主王堂訊」，〈訟案〉（七），頁1-2。
84　「省委員凌、邑主王堂訊」，〈訟案〉（七），頁3-4。
85　「省委員凌、邑主王堂訊」，〈訟案〉（七），頁4。

因同治二年十二月間，提臺林有理回臺三年間，就叫林老成來
說，要捐小的六房軍需二千元，老成經手捐。小的四房傳生名
下，先收去軍需現銀一千元，餘一千，早季打去谷折銀清
楚。落後，林有田又帶大隊大砲，把小的竹圍攻打，一家老少
八十餘口被圍困時，林有田謀託陳福傳叫同素識陳瑞，向小的
勒□□勒獻交田契三十九宗付他，那時都有另抄契底存記，小
的田業九十餘段，暗存五十三宗。彼時陳福傳解放小的一家
八十餘口，脫去員寶莊。獻契時候，小的同哥子林泉、林應時
們經手。小的家裡無人叫作應源名字。那林有田們霸佔十幾莊
的田租，小的被林有田、林萬得、林老仔香之子林瑞麟們，合
股霸去柳樹湳、阿罩霧莊田業二百餘甲，每年被他收吞田租一
萬餘石。橋仔頭林丁，樹仔腳林乙們，亦有被霸。[86]

據上，林枝嗣只承認捐軍需二千元。林文明在訊中則稱林應時家族因
曾參加林晟圍攻阿罩霧之役而被圍攻，乃變賣田產，認捐軍需抵
罪。他說：

這林應時所捐軍需，現有中人經手可稽，通報有案，又有提督
印照，交陳福傳付他執憑。況陳福傳亦是官身，係林應時央他
將契券求賣抵繳軍需。但這林應時作何被攻，因他反亂之時圍
攻阿罩霧，並斷水毀墳。[87]

---

86 「凌、王堂訊」，林枝嗣供，〈訟案〉（七），頁27-28。
87 「凌王堂訊」，林枝嗣供，〈訟案〉（七），頁5-6。

由於雙方供詞仍對立，凌、王二氏堂論「趕傳陳瑞到案質訊」。[88]

　　同治八年（1869）十一月二十九日，王縣令繼續堂訊。計有（一）鄭魁春對林泉（橋仔頭泉，與林枝嗣兄同姓同名）、（二）林朝和（林壹堂弟）之對訊堂，（三）廖作霖對林宗紅（允照）、洪張氏之對訊堂。

（一）林泉（橋仔頭泉）對鄭魁春

林泉供稱：

> 小的吳厝莊四房份下公田，每年兩百多擔，同治三年被林有田恃伊兄提臺，將田霸佔。往二房嫡娘林賴氏控告在案，蒙葉前府提訊三堂，未得究結。這回亦有公親謝傳義、何春林、王毓祈們出來調停，要備典價銀五百元付小的，甘願於十月十六日，小的將田點交付他。先過定銀五十元，因為舊佃戴牛仔、黃兩文所耕幾年，租項無徵，林有田不肯退還，那戴牛仔們是林有田表親，又係素用腳手，如今求就跟追。[89]

林文明抱告鄭魁春供稱：

> 這林泉並非瓦磘仔的匪類林泉。前因逆匪倡亂，道林泉田瞨戴逆親房耕作，落後地方平定，那處田業拋荒居多，落後不知何人耕作。迨本年伊央託何春林、林火炎們到地認管，將田典賣

88　「凌王堂訊」，林枝嗣供，〈訟案〉（七），頁5-6。

89　同治8年11月29日，「王縣令堂訊」，〈訟案〉（七），頁29。

主人，其餘前年舊租有無被戴牛仔們收去，主人並不曉得。這回十月二十七日，何春林們過定銀五十元，亦有說的舊租，該林泉自行追，抵完大租，與主人無干。議定典價銀四百七十元，尚未立字交契。[90]

因此案只涉及田租爭執，王縣令堂諭「速傳公親何春林及該佃人黃兩文等到案質訊」。[91]

（二）林朝和（林壹之弟）與鄭魁春對訊

林朝和供：

同治三年四月間，小的新埔仔田業八段，帶連竹圍，被林有田霸佔，至今未追。[92]

鄭魁春供：

這林朝和，主人並不識他，亦不曉得他的田在何處。伊若有田在那裡被人混耕，請就佃追討，與主人無干。[93]

王縣令堂諭稱「林朝和供未甚明，著即回家，喚出林壹，限二日內到

90　同治8年11月29日，「王縣令堂訊」，〈訟案〉（七），頁7-8。

91　同治8年11月29日，「王縣令堂訊」，〈訟案〉（七），頁8。

92　同治8年11月29日，「王縣令堂訊」，〈訟案〉（七），頁31。

93　同治8年11月29日，「王縣令堂訊」，〈訟案〉（七），頁9。

案」。[94]

（三）林宗紅（即林允照）與廖作霖對訊

林宗紅現任彰化縣刑書，供稱：

> 有承父遺下阿罩霧莊水田一段，價銀九百元，實小租四百
> 石，又柳樹湳莊水田一段，價銀八百四十元，實小租
> 三百八十六石，共二段，每年小租谷七百八十六石，自咸豐三
> 年間，被林有田恃強霸佔，書辦前經赴馬前主控追莫何，被霸
> 收小租谷壹萬餘石。迨同治四年十一月初二日，林有田假稱要
> 買田業，串謀林鍾元，拐騙書辦，帶契到伊家，酷禁在銃櫃
> 內，異破兩指，傷痕可證，強勒阿罩霧莊、柳樹湳莊田業契
> 據，又迫書辦花押造契抵買。詎林有田又偵知書辦尚有西勢仔
> 莊水田一段，價銀一千一百一十二元，田一甲八分六厘，租谷
> 一百八十元，再謀林仔山為中保，迫勒花押空白，將田典伊佛
> 銀五百元，對還林仔山債項，不知林有田將空白造寫契價多
> 少。他那田心莊西勢仔莊二段田業，書辦甘願賣他，其餘尚有
> 欠項千餘元，數簿炳據，並求究追。[95]

林文明抱告廖作霖供：

> 這西勢仔莊林宗紅們的田段，前典主人銀八百五十元，是伊公

94　同治8年11月29日，「王縣令堂訊」，〈訟案〉（七），頁9。
95　同治8年11月29日，「王縣令堂訊」，〈訟案〉（七），頁33-34。

田。他又說另有私田一段再典去價銀一百元,這林宗紅自己收去。二段共典價銀九百五十元,伊那時已對中人林登高支去清楚。那內山前有同主人老太爹開泰合買田價銀六百二十元後,他有立字退股歸主入坐去清楚,其上手契容明日再檢出繳驗,求究辦。[96]

王縣令堂諭:「趕傳林登高並林宗紅各房林允固等到案」,並著廖作霖「限三日內,檢帶阿罩霧莊、柳樹湳各契據呈驗。」[97]

(四)洪張氏與廖作霖對訊

洪張氏供:

同治三年間,林有田把小婦人萬斗六田業租二百餘石霸佔,趕逐出莊。契券……寄邱舉人家內。[98]

廖作霖供:

前年主人奉丁大人字據,攻開萬斗六,洪姓之人盡皆逃走,田被抄封亦有的,田被水崩亦有的,拋荒亦有的,他若有田業,叫他到地認管,主人並無霸佔。前委員到地查勘抄封,他亦不到地指明田業。該處抄封係總經李得安管收,求明察。[99]

---

96 同治8年11月29日,「王縣令堂訊」,〈訟案〉(七),頁11。
97 同治8年11月29日,「王縣令堂訊」,〈訟案〉(七),頁12。
98 同治8年11月29日,「王縣令堂訊」,〈訟案〉(七),頁35。
99 同治8年11月29日,「王縣令堂訊」,〈訟案〉(七),頁13。

王縣令諭「限明日趕催洪火炎，檢帶契據，以憑驗訊。」[100]

　　同治八年十二月二日，王縣令再堂訊，計有廖作霖對洪琴、洪秋、洪火貴、洪連池、洪清江、洪登俊、洪清溪之對訊堂。他們呈控的共同點是在同治三年十月間，被林有田（文明）圍攻霸占田產。其田產所在地，除洪清溪的在溪底寮外，均在萬斗六。[101]林文明抱告廖作霖在對訊堂反駁稱：

> 因主人前奉丁大人札諭，攻開萬斗六莊。那丁大人出示諭著好人歸莊，他洪姓之人不敢來歸莊。落後韓大老到辦抄封，亦有著令他到地指明田段，他又不來。該處田業亦有抄封，亦有拋荒，主人並不知他田在何處，主人實無霸佔他的事。[102]

王縣令隨即堂諭審訊結果，曰：

> 訊得洪琴廖作霖俱各問明，著洪琴三日內將契據繳驗，再行覆訊。
>
> 訊得洪火炎供稱：洪張氏不知底細，以致呈詞不符，堂繳契字五段存查，候派丁督同勘驗察奪。訊得洪清江所供甚刁，不近情理，又無契據繳驗，殊屬可惡，著掌責交差，押繳契字候驗辦。
>
> 訊得洪清溪堂繳契據一段，共四紙存查，候派丁督同勘驗察辦。

100　同治8年11月29日，「王縣令堂訊」，〈訟案〉（七），頁13-14。
101　同治8年12月2日，「正堂王堂訊」，〈訟案〉（七），頁36-44。
102　同治8年12月2日，「正堂王堂訊」，〈訟案〉（七），頁15。

訊得洪秋據供洪清年承典林開和，契券被搶，無可檢查，候派
丁督同勘驗察奪。

訊得洪連池堂繳契字共七段，並清單一紙，存查候派丁督同勘
驗察奪。

執得洪登俊堂繳契字十六包，清單一紙，候派丁督同勘驗察
奪。[103]

同治八年十二月二日，在另一堂訊上，有廖作霖、張傳芳與洪
金（洪生之子）之對訊。洪金供稱其田業十四段，在同治三年七月
間，被林文明攻莊搶佔，並稱其田未賣予林萬得（文鳳）。[104]但廖作
霖供稱：

那洪生田四段，都賣與林萬得掌管。前回韓大老到辦抄封，都
有叫洪姓之人來指明田段，他又不來。現在該處田業都有抄封
佃首耕作，主人亦不知他田在那裡，主人實無霸佔的事。[105]

另外，林萬得之傭工張傳芳亦作證稱：

同治三年間，洪生託過溝莊陳知高，將萬斗六莊田二段厝地所
賣與頭家，價銀六百二十元。代筆王天相住阿罩霧莊，那陳知
高已死，有令弟陳繳，現住北溝莊。今蒙提訊小的再檢上契字

103　同治8年12月2日，「正堂王堂訊」，〈訟案〉（七），頁16。
104　同治8年12月2日，「正堂王堂訊」，〈訟案〉（七），頁45。
105　同治8年12月2日，「正堂王堂訊」，〈訟案〉（七），頁20。

繳驗。[106]

王知縣堂諭，著「限明天繳驗」上手契字二紙，並傳陳知高弟陳繳、王天相到案質訊。[107]

同治八年十二月八日，林文明遵堂諭，繳其父林定邦與林宗紅（允照）之父林明得合買田業之契字與照值買入全股之另一半之契，並呈稟指控林宗紅「恃混身公門，慣攬詞訟」，任意誣告。[108]

按林定邦與林明得確曾合買田厝，計有：① 道光二十七年（1847）一月，合買阿罩霧莊南勢水汴之水田二段，連同厝、竹圍等，② 道光二十七年（1847）十一月合買阿罩霧莊水汴頭尾竹圍前水田；③ 道光二十九年（1849）十一月，合買柳樹湳莊後東畔水田：④ 道光二十九年（1849）一月合買貓羅東堡柳樹湳莊東畔茅厝一間。可見當時二家人關係極親密。但林明得歿後，在同治四年（1865）六月，子允固、允恭、允黎、允照、允美，因遭戴亂，兄弟分散，乃將②、③ 二處田厝以三一〇元售予林本堂，此價其原買進價同，[109]似是一公平交易。然而，何以二家會反目呢？或許官府施壓於任職彰化縣的刑事林允照，藉故打擊林家，或許林允照見林家失勢，欲謀取某種利益。

在一系列堂訊中，林文明似略占上風，乃於同治八年十二月十日，呈稟王縣令稱，所有四十七宗控案，經其剖析，親自赴質及遣抱

106　同治8年12月2日，「正堂王堂訊」，〈訟案〉（七），頁19。

107　同治8年12月2日，「正堂王堂訊」，〈訟案〉（七），頁20。

108　同治8年12月8日，林文明「為遵論繳契，懇恩究誣事」稟，〈訟案〉（七），頁21。

109　見黃富三，《霧峰林家的興起》，頁111-113，並參考所引用之地契。

赴訊後，證明「控案雖多，然究其實，悉係海市蜃樓，憑空架陷」。
他進而要求：兩造均已投案者，自應聽候訊斷；但差傳不到案者，應
「勒限傳訊，分別批銷，以為健訟者戒；如係抄封而誣告霸產經訊結
之案，應照成例，予以註銷；如控告在前而了結於後之案，亦請准予
和息，照例註銷。」[110]

　　顯然，林文明以為已經渡過難關了，因而振振有詞地要求註銷
多數控案。事實上，在清代，由於政風不佳，陋規甚多，訴訟費用極
為昂貴，因捲入訟案而傾家蕩產或家道中衰者，所在多有。林家雖
富，亦難堪長期溢漏。再者，訟案亦有損士紳之家的身份，破壞官紳
良好關係的維持，從而影響地方領袖地位的建立。為了林家的未
來，林文明自需及早了結纏訟。然而，控林案並非單純的民控紳案
件，背後夾雜著皇權、官權與紳權的複雜問題，豈易善了，更大的風
暴即將來臨。

第三節　地方官誅殺林文明之籌劃與執行

　　同治八年底，林家之訴訟風暴似有順利度過之象，同治九年
初，更是風平浪靜。事實上，暗地裡波濤洶湧，一個臺灣史上少見的
誅殺豪紳計謀正醞釀著。如前所述，林文明在訟案中始終頑強不
屈，進一步激怒了地方官。再者，太平天國亂後，清廷亟於重建受損
的皇權，對地方官、紳權力之膨脹，採取抑制措施。於是，魯莽、人
緣不佳的林文明成了「殺雞儆猴」的對象，同治九年（1870）二月

110　林文明呈王縣令，「為控案雖多，捏誣不少，懇恩勒限傳訊，分別註銷，以
　　清訟牘而儆刁訟事」稟，〈訟案〉（七），頁23-24。

十七日,突然被就正法於彰化縣公堂。這就是臺灣民間傳聞中有名的「壽至公堂」的故事。

　　根據官方報告,林文明因涉嫌叛逆霸產等大罪,官府乃依法予以處決。然而,依據筆者所取得之大量林家訟案文書,本案內情極為複雜,地方官難脫蓄意謀害之嫌。

一、林文明「正法」案之官方報告

　　自同治六年起霧峰林家遭到洪、林、賴等鄰族之控訴,惟案情糾葛,懸而未決。同治八年七月間,閩浙總督英桂委派凌定國來臺專辦林家被控案。凌定國來臺後會同彰化縣令王文棨會審,但至同治八年年底,仍無法對林文明判罪。

　　同治九年三月十七日,林文明赴彰化縣公堂應審,不久即慘死堂下。死者位居副將之職,又出身望族,因何暴卒於公堂,實啟人疑竇。其後,此案又引發林家之四次京控,案延十年餘方結案,箇中內幕,撲朔迷離,頗費推敲。在此先簡介官方之報告,再檢討案情真相。

　　同治九年四月十六日,閩浙總督依據臺灣總兵楊在元、道臺黎兆棠之稟報,上「在籍副將結黨滋事,惡跡昭彰,現已拿獲正法,飭令該管文武解散餘黨,以安反側而靖巖疆」摺,內報告將林文明正法的來龍去脈。(參見文書9)[111]茲將有關正法原委的部分抄錄如下。(由筆者加附小標題)

111　ⓐ《軍機檔》,101012號。ⓑ〈訟案〉(八),頁43。

（一）委員查案緣由：

「竊照花翎儘先補用副將林文明係陣亡提督林文察之弟，籍隸臺灣彰化縣，恃其族大丁強，威行鄉里。同治三年間，因伊叔已革候選知府林奠國，倚勢霸產勒捐，以致激變，經前臺澎道丁曰健附片陳明。欽奉諭旨，著左宗棠徐宗幹確切查明，如有前項情事，即著嚴行參辦，毋稍徇隱等因，欽此。並經前督臣左宗棠奏明，委員赴臺確查。旋據委員候補知府馮慶良查明林奠國被控案據及與林文明強佔民人林應源等田產段落，又林文明等尚有佔收入官叛產租谷，開摺稟覆。當以臺灣遠隔重洋，原告人證眾多，行提來省，恐滋拖累，飭據藩司、臬司詳委候補知府凌定國，馳赴彰化，會同該縣確切訪查，摘提人證，解府澈訊具詳。」[112]

（二）林文明劣行：

「上年七月間臣訪聞林文明霸佔鄉民田宅，倚勢橫行，出入隨帶多人，列械擁護。本應立予奏密嚴辦，因念其兄為林文察為國捐軀，不忍將該副將即置於法，札飭臺灣鎮道勒令林文明將所佔田產，按數退還原主管業，其佔收租息，應追繳賠償者，並即追賠。」[113]

（三）謀叛嫌疑：

「嗣署臺澎道黎兆棠赴任時，又密飭該道會同署臺澎鎮總兵楊在元、設法查辦。詎林文明怙惡不悛，凶暴益甚。據楊在元、黎兆棠會

112　ⓐ《軍機檔》，101012號。ⓑ〈訟案〉（八），頁43。
113　ⓐ《軍機檔》，101012號。ⓑ〈訟案〉（八），頁43。

稟，林文明在彰化縣轄之阿罩霧莊地方，憑險而居，招無賴以為爪牙，霸佔田產，姦淫婦女，稍不遂欲，即肆行焚殺。復於各隘，分築炮臺，為抗拒地步，出入帶隊自衛。委員凌定國到彰後多方開導，林文明始行到案，黨與千餘名，圍繞縣署，跋扈異常。對質未畢，即行遁去。旋又四布謠言，以有匪類，入內山勾番拜會，希圖煽惑人心。」[114]

（四）林文明正法經過：

「本年同治九年（1870）三月十五日，林文明率黨數百人，攜帶軍械，逼駐彰化城外，聲言進香，意殊叵測。該鎮道密飭凌定國及彰化縣王文棨，相機圍拿，稟請將林文明奏參革拿，從權辦理。正在核奏飭辦間，又據楊在元等，以該鎮道發稟後，商派文武各員帶隊分往巡防，密令各莊頭人保境自守，掣其肘腋，並將專辦巨魁、脅從罔治之意，繕發示諭，飭凌定國等臨時張貼。林文明突於十七日酉刻，率黨入城，直詣縣署，聲言欲與原告林應時對質。凌定國帶勇到縣，各黨即露刃登堂，刃傷勇丁四人，又傷一勇倒地。凌定國、王文棨揮拿，林文明袖出鏢銃閃放，並揮其黨拼命拒捕，勇丁亦各奮勇爭先格鬥。移時立斬悍黨四人，重傷十餘人，林文明受傷綑獲。本擬訊供解勘，因城外餘黨欲圖攻奪，當將林文明正法。適派防各軍到地，餘黨潛行竄散。現已四出安民，將示諭遍行張貼。彰屬紳民婦孺聞林文明伏誅，歡聲如雷，城鄉安堵如常。」[115]

114　ⓐ《軍機檔》，101012號。ⓑ〈訟案〉（八），頁43-44。
115　ⓐ《軍機檔》，101012號。ⓑ〈訟案〉（八），頁45-46。

（五）就地正法之因：

「臣（英桂）查林文明由軍功保舉花翎副將，與其兄林文察均已
渥受厚恩，林文察殁於王事，又蒙優卹，該副將將宜何如感奮報
國，乃竟結黨妄為，無惡不作。跡其兇暴擄殺之罪，罄竹難書。迨經
委員查辦，猶復不知悔悟，輒於隘口多築炮臺，意圖憑險負嵎，並布
散謠言，妄行煽惑。茲又假名進香，率黨入城滋事，實屬形同叛
逆，法無可寬。凌定國等將林文明格傷後，就地取斬，洵足彰國法而
快人心。」[116]

清帝接報後，同意英桂之處置，同治九年（1870）五月六日，
諭內閣曰：

> 福建在籍副將林文明強占民人林應源等田產，並占收入官叛產
> 租穀，經英桂查明，飭令歸還賠繳；該副將膽敢抗不遵依，聲
> 稱欲與原告林應時對質，率黨直入彰化縣署，刃傷勇丁，形同
> 叛逆。英桂已派員將該犯拿獲正法，足昭烱戒。其脅從人
> 眾，即著英桂令臺灣鎮、道妥為安插，予以自新，毋令再生事
> 端。[117]

據上，林文明被正法的原因，官方認定係因其強占民產與占收叛產租
谷，不肯賠繳；而又率黨入縣府公堂，「刃傷勇丁，形同叛逆」。

英桂之奏摺是有關林文明正法案之官方結案報告，理應真確可

116　ⓐ《軍機檔》，101012號。ⓑ〈訟案〉（八），頁46-47。
117　ⓐ 臺灣銀行經濟研究室編，《清穆宗實錄選輯》，臺文叢190，頁126。ⓑ
　　〈訟案〉（八），頁51。

靠，但事實上疑點極多，不可盡信。第一、依清律，有官位者須先奏
准革職，方得審訊處刑，何以林文明案不依此程序？第二、在此之
前，林家訟案持續已近三年，若林文明理虧，何以不正式判刑？第
三、林文明既有謀逆之行，何以不呈報上奏？又何以逕予就地正
法？事實上，英桂之奏摺內容係依據總兵楊在元與道臺黎兆棠之
稟，而楊、黎之稟又依據省委員凌定國與彰化縣令王文棨之稟。此處
有必要追究楊、黎、凌、王四人之稟的可信度。以下即據可得之資
料，試析此案之真相。

二、地方官誅殺林文明之籌劃「調虎離山」

依常理，此案既經總督英桂上奏諭准，應已結案。但同治十年
七月二十八日，林文察、文明之母戴氏遣家丁林丁上北京向都察院控
訴，力稱其子係被冤殺。[118]其後又有三次京控，共計四次，案延十年
餘方結案。在訴訟過程中，不少證據一一呈現，顯示案情確非如官方
報告所說的那麼單純。事實上，這是地方官為打擊林家所進行的一項
有計畫行動。茲分誅殺林文明之籌劃與誅殺作業之執行二部分談。此
處先介紹誅殺之籌劃。

林家自打入官僚階層後，頗桀驁不馴，自總督英桂以下官員多
欲設法制裁。楊在元總兵之長時籌謀，凌定國之出任專辦委員，黎兆
棠之出任道臺，以及王文棨之出任彰化縣令，在在指向這個目標。然
而林文明似仍無警覺，在訴訟過程中，始終不肯向官府低頭，終於遭
到強力的打擊——「正法」。

據同治十一年六月三日王文棨之報告，他在同治八年八月之出

118　〈訟案〉（十一），頁1-4。

任彰化縣令時,即受楊在元總兵密諭嚴辦林文明,楊在元對他說:

> 以前任彰化辦理裁兵加餉,細查阿罩霧莊林文明峹務強霸官民
> 田業、姦佔他人妻女,現在被人指控之案,已有四、五十
> 起,此外畏勢不敢告者,不計其數。近更自恃黨類眾多,官不
> 敢辦,益屬夜郎自大,跋扈異常,故彰民有內山王之稱。惟察
> 看其住家,地勢甚屬險要,凡逢出門必有一、二百人護衛,誠
> 如前蒙督憲(即英桂)面諭,要辦該紳,非親到該處,察看時
> 勢,統盤籌劃,方有把握。是以現將該紳種種惡跡及一切情
> 形,密稟督憲,懇請密飭道、府、縣,准予從嚴密拿,就地懲
> 辦矣。[119]

楊總兵並隨即「叮囑」他到任後,「務即認真設法稟辦,以除地方大
害」。王縣令答以:「事非兒戲,容到任後,察看情形,隨時稟請憲
示辦理」。[120]由此可見楊在元自始即蓄意制裁林文明。

   同治八年八月十八日,王文棨上任,九月間省委員凌定國抵彰
化辦案。[121]如前所述,凌、王會審控案時,林文明始終不屈,甚至稟
稱係誣告,請求撤銷控案,負有查辦使命的凌委員自然懊惱,同治八
年年底,快快回府城。[122]凌氏自稱係「奉黎道臺(兆棠)函調」回府

---

119 同治11年6月3日(2),王文棨在臺灣府所具「節略清摺」,〈訟案〉(八),
　　頁69-70。

120 同治11年6月3日,王文棨在臺灣府所具「節略清摺」,〈訟案〉(八),頁
　　70。

121 同治11年6月3日,王文棨在臺灣府所具「節略清摺」,〈訟案〉(八),頁
　　70。

122 王文棨,「節略清摺」〈訟案〉(八),頁71。

城面商，[123]但極可能是他欲將審訊所逢之困難呈報，又逢年節，乃回府城，共商策略，而一個誅殺林文明的計劃約在此時擬妥。何以凌氏決定採取斷然的手段呢？他日後的解釋是，林文明屢次抗不到案，而最後到案時，卻「帶勇赴縣」，而與林應時「對質未畢，逕行自去」，甚為跋扈。但林家的說詞是，同治八年九月間，凌定國至彰化城林文明公館要求「賄賂八千元，代為結案」；林文明不肯，凌氏乃回府城，說動鎮、道，設計謀害。[124]到底凌定國有無索賄，日後成了爭訟焦點之一。無論如何，官府已著手進行誅殺計劃了。

同治九年正月十日，王文棨縣令「因公晉郡」，謁見黎道臺，稟報「北路一帶謠言並地方大概情形」。[125]

同治九年一月十四日，黎道臺傳見王縣令，隨後總兵楊在元亦至，三人有一場對話。據王文棨日後之稟報，內容如下（以下黎代表黎兆棠，楊代表楊在元，王代表王文棨）：

黎問王曰：「彰屬有無可靠紳董頭人？」

黎旋即摒去隨從，密諭：「訪明阿罩霧莊林文明結黨淫殺，霸佔官民
　　田產，負嵎自固，心存不軌，罪惡昭彰，一死不足以蔽辜，奈
　　何尚不設法嚴誅？」[126]

王答曰：「如論該紳行為，果屬有干法紀，卑職到任不久，各鄉未曾
　　週到，地勢民情尚未盡悉。且念該紳兄為國捐軀，該紳本身又

123　同治12年5月24日，凌定國稟，〈訟案〉（九），頁24。

124　ⓐ 同治12年5月24日，凌定國稟，〈訟案〉（九），頁24。ⓑ 光緒4年11月11
　　日，何春林在福建按察使司供，〈訟案〉（二十一），頁110。

125　王文棨，「節略清摺」，〈訟案〉（八），頁71。

126　王文棨，「節略清摺」，〈訟案〉（八），頁71。

係二品職官，非先奏革不能訊辦。矧卑轄自同治元年戴林二逆
滋事，至今尚多漏網股匪潛伏內山，近時淡彰一帶謠言又甚，
勢難認真究辦。擬姑俟到案，設法開導，冀其自新耳。」[127]

黎復稱：「此人犬狼成性，既乏倫常，焉知理法，種種兇惡，彰屬紳
民婦女，無不恨入骨髓，怨不得速食其肉。若再姑息，地方受
害日深，謠言無不日重，萬一匪徒乘機蠢動，更多費手。總
之，我輩既為國家之官，應為國家百姓除害，豈可畏難苟安，
養疽貽患？」[128]

王答曰：「凡奉委署各缺以及一切公事，苟於地方公事有裨，無不盡
心竭力，遑計顧惜身家。今因格於定例，又兼卑邑城內空虛，
府庫又屬萬分拮据，不得不事事瞻顧，以免辦理不善之議。」[129]

正當黎兆棠敦促王文棨對林文明採取行動時，總兵楊在元正好來拜會
黎氏。王氏本欲退避，但黎道臺稱「不用」，「正湊其巧，可
以商量」。於是三人會面，並續商。

楊問王：「去歲囑辦之人（即林文明），度量可以辦得到否？」

黎道姿答：「正與王令商議此人。」[130]

黎又屬聲對王說：「林文明之罪惡已屬人人皆曰可殺，亦人人皆知難
以照例處治，即省會各憲亦均深患該紳黨類眾多，家住內山，
地勢險要，一經奏參拿辦，勢必負嵎抗据，迫則勾匪蠢動。是
以在省曾蒙制憲交一應辦豪紳著匪姓名手摺；並面諭，要辦該
紳，惟有到臺察看情形時勢，商仝鎮臺，相機密拿，便宜行事，

---

127 王文棨，「節略清摺」，〈訟案〉（八），頁71-72。
128 王文棨，「節略清摺」，〈訟案〉（八），頁72。
129 王文棨，「節略清摺」，〈訟案〉（八），頁72-73。
130 王文棨，「節略清摺」，〈訟案〉（八），頁73。

方免別生枝節。今王令謂總須密參，豈地方官尚不如遠隔洋之

上司深悉地方民情乎？若因其二品官職自有我三品拼抵。」[131]

楊亦曰：「我亦二品拼之，要兵要勇，尤必隨請隨發，斷不稍有延

誤。如應無餉，道庫現有五萬備儲銀，原為地方公用，均可毋

庸過慮。趕早回署，先事佈置，會同省委員設籌『調虎離山』

之計，出其不意，隨機行事，得除大害，造福無窮。」[132]

　　由上可知，臺灣地方當局已決定除去林文明了，而且不採取先

奏革再判刑的正規程序，以免打草驚蛇。為此，楊、黎二氏不但迫使

王文棨加速執行，並應允以公帑與兵勇支援。更值得注意的是，楊氏

提及要王文棨與省委員凌定國籌劃「調虎離山之計」，以便一舉除去

林文明。由此可見凌、楊、黎三氏早已籌劃好此計，而要求王文棨執

行。

　　面對上司之要求，王縣令以為「此事既係院憲（即總督英桂）

授意於鎮、道兩憲，令在必行」，只得應允俟回署後，盡心設法，拿

解林文明至府城，聽候發落。[133]同治九年正月十九日，王氏回至彰化

任所。[134]

　　此後，楊、黎、凌三人積極展開制裁林文明之工作。

131　王文棨，「節略清摺」，〈訟案〉（八），頁73-74。

132　王文棨，「節略清摺」，〈訟案〉（八），頁74。

133　王文棨，「節略清摺」，〈訟案〉（八），頁74-75。

134　同治11年6月3日，許其棻（正法案發生時彰化縣典史）稟臺灣府，〈訟案〉
　　（八），頁65。

三、「獵虎專案」之執行——林文明「壽至公堂」

同治九年（一八七〇）正月十六日，楊總兵、黎道臺發密札予凌定國，委其拿辦林文明。茲錄其密札如下（此為同治十二年五月二十四日，凌定國在省府呈稟所附的）：

（一）臺澎總鎮楊，為照會密速拿辦事。本鎮北閣營伍，訪悉彰屬惡紳林文明，經督憲諭令自新，猶然愍不畏死，仍敢招集無賴千數百人，持械出入，橫行鄉里，戕殺良弱，佔人田土焚人屋宇，奸人妻女；又復負嵎自固，創築砲櫃，意存叵測，實為叛逆無異，若不設法拿辦，何以遏亂萌而綏海甸？合行照會貴府，請即束裝馳赴該處，會同地方文武，設法密速拘拿。如事機急切，請即就於拿獲地方，先行正法。一面飭縣出示招告，彙案詳報，以免會商道臺，聯銜申稟，並為 貴府詳請優獎，所有從權辦理，稍涉擅便，自有本鎮主張，概與貴府無預。望切望切。須至照會者。[135]

（二）臬道憲黎為密札拿辦事。本司道訪聞彰屬豪紳林文明，恃其族大資多，膽敢招集無賴數千百人，出入列械擁護，橫行鄉里，戕殺多命，焚燒人房屋，霸佔人田產，姦淫人妻女，又敢起築櫃砲樓，意圖拒捕，被控多案，不服地方官傳訊，種種不法情同叛逆。若不設法拿辦，何以懲豪惡而綏善良？除密札彰化縣王令拿辦外，合行札委。札到該府遵即束裝馳赴窜行會商，設法購拿豪惡林文明一名務獲。如一時事機急迫，萬難解郡，許

---

135 同治12年5月24日，凌定國在省城呈繳之文件，〈訟案〉（九），頁29-30。

即拿獲地方先行正法。切勿瞻延，致滋事端。其平日助勢黨惡
各匪，除實犯死罪萬難曲宥，仍行密速相機購拿懲辦外，此外
誘脅人等，務須妥為遣散，概勿深究，其兄林提督為國捐軀係
屬忠臣，所有名下丁眷田宅，尤須加意保全，毋令失所，即本
犯妻妾子女，亦當法外施仁，好為安頓。一面將發去告示、張
貼通衢、遍行曉諭招撫受害人等具領被佔田產，其有控案可查
及契券是據者，照原管之數全予撥還，其受害不敢具控及契券
亦被焚燬者，查明當日實在受害情形取具隣保甘結補予存案酌
撥田宅，俾令安業，以仰副本司道除暴安良之至意，該守等務
密相機宜，毋躁動，勿濡遲，勿俾警覺而匿竄內山，毋憂反側
而別滋浮動。其餘札指未盡事理，均許便宜商辦。本司道不為
遙制也。該守果能不負委任本司道，定必會同鎮軍，詳請優獎
以酬賢勞。勉之！慎之！此札。[136]

上二密札將林文明描繪為十惡不赦的大惡棍，其中最值得注意
的有兩點。第一是在民事訟案外，加上政治性罪行，如招集無賴千百
人，出入列械；築銃櫃砲臺，因而加以「實為叛逆無異」或「情同叛
逆」之政治性罪名。專制時代，欲置人死地，最簡便的方法莫過於扣
以「叛逆」之罪名，以便就地正法。故密札中據此授權凌、王二人可
以從權辦理，就地正法，並指示要秘密相機進行，以防逃竄。第二是
鎮、道應允事成後，向上司報請優獎，顯示長官藉職權影響審判。

除二密札外，凌定國又獲黎道臺同治九年（1870）正月十六日
預發之誅除林文明印示，以供張貼。原文如下：

---

136 同治12年5月24日，凌定國在省城呈繳之文件，〈訟案〉（九），頁29-30。

　　文明伏誅，脅從罔治。其兄忠臣，須妥安置。

　　所霸田產，給還原主。諭爾小民，據實稟訴。[137]（參見文書10ⓐ）

由上可見地方官府早已定好林文明之罪名，並預發伏誅之印示，擇期予以翦除了。

　　同治九年二月間，王文棨也接到類似的鎮、道密札，飭令「商同省委員凌守，將該副將相機密拿」，如果事機急迫，准即「就地正法」。並有預發示諭，飭于懲辦後張貼；同時將「霸佔田業分別清理，給還原告」。凌定國隨即抵彰化，會商事宜。[138]凌定國來彰化日期當在九年二月二十四日以前，因在此日，凌氏自彰化赴鹿港，會晤鹿港廳同知孫壽銘。[139]

　　同治九年二月二十四日，凌氏與孫氏晤面稱：長官密札，以彰化惡紳林文明強橫不法，形同叛逆，將會同彰化縣，設法擒拿，「就地正法」，請予協助。凌氏囑孫氏「先期密加布置，屆時募勇彈壓。」[140]

　　同治九年三月六日，英桂檄布政使部，內稱「林文明在籍罔法非為，霸佔民間田產」，促其「派員禁阻，再敢不遵，即速詳覆，以便奏參拿辦」。三月十日，鄧布政使轉飭臺灣鎮、道辦理。[141]此時英桂似尚無置林文明於死地之意，並欲依例先奏革，再拿辦。但此飭令抵臺前，臺灣當局已決定並加速執行調虎離山計的「獵虎」專案了。

137　ⓐ 同治12年5月24日，凌定國在省城呈繳之文件，〈訟案〉（九），頁29-30。ⓑ〈訟案〉（十五），頁5。

138　ⓐ 同治11年6月3日(2)，王文棨稟臺府，〈訟案〉（八），頁75。ⓑ 同治11年6月3日，許其棻稟臺府，〈訟案〉（八），頁65。

139　同治9年3月，孫壽銘稟臺鎮，〈訟案〉（八），頁31。

140　同治9年3月，孫壽銘稟臺鎮，〈訟案〉（八），頁31。

141　同治9年3月10日，福建布政使鄧咨臺灣鎮、道，〈訟案〉，（八），頁1。

　　另據林家日後之京控控詞與審訊供詞，同治九年二月間，凌定國曾攜「文明伏誅」之預發印示至林府嚇詐八千元，林文明不允，並將印示扣留；凌定國心虛，乃佯稱「代為結案」，實則設計誘殺林文明以滅口。[142]如此說可信，則當局（或凌定國）仍留有轉圜餘地。然而林文明不領情，誅殺計劃遂定案。

　　當局籌劃之「調虎離山」計，大致是這樣的：利用每年三月十六日臺灣居民迎媽祖赴北港進香的機緣，發布命令，禁止進香；由於是久年習俗，勢必無法禁阻，迫使鄉民請林文明出面交涉，如此，一者加以聚眾攻城之名，二者迫使他入彰化城，一舉誅之，三者，如林家因林文明之死而動武，則以謀叛罪抄家滅族。

　　首先，為了製造就地正法的藉口，官府一再渲染甚至虛構林文明反逆、暴亂等政治層次之罪行。同治九年三月十五日，王文棨呈楊總兵之稟中，指出林文明三項反逆、暴動之行。[143]即：

（一）**聚黨築銃臺、拒敵官兵**：稟中稱：「卑屬阿罩霧莊，距叛首林爽文之大里杙，相去數里，四山環繞，地極險要。豪紳林文明聚族其中，平時霸佔田厝、姦淫婦女、勾結亡命以為黨羽，焚殺搶擄，敢作敢為，並高築銃臺，以為拒敵官兵之計。」[144]顯然，以上之重點在於強調林文明聚黨、築銃臺等有反抗官府跡象之罪。而且，指出阿罩霧離林爽文據地的大里杙很近，地勢又險要，似有製造聯想印象之企圖。與傳統中國鄉紳一般，林文明之威行鄉里，至少可部分採信；但紳權原本依附皇權、官

142　光緒4年11月11日，何春林在福建按察使司供詞，〈訟案〉（二十一），頁110。此說重複出現在林家之控詞、供詞中，不贅。

143　同治9年3月15日，王文棨稟楊在元總兵，〈訟案〉（八），頁9-11。

144　同治9年3月15日，王文棨稟楊在元總兵，〈訟案〉（八），頁9。

權而生，林文明似無理由抗官。至於銃臺，臺灣近山地區極多，主要為「防番」之用，難以遽認為抗官之設施。又，阿罩霧離大里杙近，是事實，但「地極險要」，似非事實。

（二）**帶勇千餘名，圍繞縣署**：稟中指出，同治八年，王氏與凌定國審訊時，林文明經催備數月後，始行到案「帶勇千餘名，圍繞縣署」；上堂時，「言詞不遜，跋扈異常，對質未畢，即行逕去」。[145]此自然是欲加之林文明以暴動犯官之罪。此事日後林戴氏京控時，一再辯稱為虛構者。的確，率勇千餘名圍衙門，已跡近叛逆，當時官府何以不採懲治行動？可見此事大有疑問。

（三）**散佈匪亂謠言、入山勾番結會**：稟中稱，其後，林文明四散謠言說「內地有匪類多人，由雞籠上岸，逕入內山，勾番拜會，煽惑人心」。[146]

由上可見，官府意圖將百姓控訴林文明霸田、姦淫等民事罪，轉化為政治性的叛逆罪。

同治九年三月十六日，鎮、道呈督、撫之稟中，又將上述王文榮稟中第一項罪進一步渲染。內稱：

> 查林文明居住彰屬阿罩霧，距叛賊林爽『文』（原文遺漏）之大里杙數里，四山圍繞，隱若城廓，路通一線，比大里杙尤險。中有平田數里，可資耕種。林文明聚族其中，多招無賴，以為爪牙，威福自雄；於各隘口築炮臺銃櫃，所為抗拒地步，出入帶隊三、五百人，持械相衛。[147]

145　同治9年3月15日，王文榮稟楊在元總兵，〈訟案〉（八），頁9。

146　同治9年3月15日，王文榮稟楊在元總兵，〈訟案〉（八），頁9。

147　同治9年3月16日，臺灣鎮、道稟總督、巡撫，〈訟案〉（八），頁5。

此稟進一步誇大阿罩霧之險惡，並渲染加深林文明之抗官罪行，如築炮臺，帶持械衛隊三、五百人等。

以這些預設罪行為引子，官府再設計一現行罪行，即北港進香事件，以達成獵虎目的。

三月二十三日乃天后聖誕，全臺番民每年皆至嘉義北港進香，場面極熱鬧。據當時彰化典史許其棻有詳細之描繪，稱：

> 嘉義屬北港地面，向有建立天后聖母廟宇，全臺民人無不敬信供奉。每屆三月聖誕之際，南至鳳山，北至噶瑪蘭，不分裡山沿海、男婦老幼，屆期陸續咸赴北港進香，各執小旗一張、燈籠一盞，上書『北港進香』字樣，或步行或乘輿，往還何止數萬人。[148]

按北港進香乃一年一度臺灣移民感謝海神賜恩降福之宗教盛典，場面浩大，人群眾多，至今猶存，連許其棻典史也承認這是「禁之不住，阻之不得」的「年久俗習」。[149]由於官府刻意製造事件，黎兆棠道臺藉口「燒香人眾，謠言不一」，[150]或「奸民混雜，易滋事端，兼有謠言」，事先行文彰化縣禁止本年進香活動。[151]然而，民間宗教活動「禁之不住」，王文棨縣令乃將一向為北路番民招往北港之彰化南門南壇（即南瑤宮）（參見圖版3）天后神像迎入城內，藏供於觀音亭中（參

---

148 ⓐ 同治11年6月3日，許其棻在臺灣府之稟，〈訟案〉（八），頁65。ⓑ〈訟案〉（八），頁10，王文棨稟報。

149 同治11年6月3日，許其棻在臺灣府之稟，〈訟案〉（八），頁65。

150 同治11年6月3日，許其棻在臺灣府之稟，〈訟案〉（八），頁65。

151 ⓐ 同治11年6月3日，許其棻在臺灣府之稟，〈訟案〉（八），頁65。ⓑ 同治11年6月3日，王文棨稟臺府，〈訟案〉（八），頁75。

見圖版4），爭端乃生。[152]

　　如前已述，南瑤宮在彰化縣城南門外尾窰，乾隆年間，士民公建，因屢著靈驗，香火鼎盛並組織會媽會，塑神像、辦活動，設總理主其事，每年並有爐主、副爐主輪值供奉香爐。霧峰林家與南瑤宮有密切的關係，尤其是老五媽會。原來南瑤宮媽祖係由笨港媽祖分香而來的，並發展為彰化縣漳州籍人的信仰中心，藉以抗衡泉人信仰中心的鹿港媽祖。[153]因此，一年一度的北（笨）港進香是南瑤宮最重要、最盛大的宗教活動，參加者男女塞道。[154]身為地方頭人的林文明必然積極參與此項活動，甚至成為主角。

　　據王文棨日後之證詞，官府禁令公佈後，當時所有城紳耆董事均已聽從遵禁，出具切結，惟有林文明說：「進香不應禁止」，堅持欲抬神赴北港，並「率帶千百人，逗留城外，致謠言紛紛」。[155]但同治九年三月十五日案發當時，王縣令呈楊總兵之稟，口氣則更嚴厲，直指林文明有武裝暴動的叛逆罪行，稱其「率帶匪黨數百人，攜帶軍械，移駐卑邑城外，聲言進香，逗留不去」；並且「故違示禁，率黨駐紮城外，居心叵測，城內人心洶洶，實恐變生旦夕」。因此，王文棨一方面督同典史嚴加防範，一方面，請求楊總兵派兵勇接

<hr>

152　ⓐ 同治11年6月3日，許其棻在臺灣府之稟，〈訟案〉（八），頁65。ⓑ 同治11年6月3日，王文棨稟臺府，〈訟案〉（八），頁76。

153　李獻璋，〈彰化南瑤宮的慶成清醮——1964年12月末的探訪紀錄〉，《中國學誌》，第五本（東京：泰山文物社，1969），頁34-35。

154　ⓐ 周璽，《彰化縣志》，臺文叢156，頁154。ⓑ 林美容，〈與彰化媽祖有關的傳說，故事與諺語〉，頁111-112；107-108。ⓒ 李獻璋，〈笨港聚落的成立及其媽祖祠的發展與信仰實態〉，《大陸雜誌》（臺北），35：8（1967.8），頁22、25-26。

155　ⓐ 同治11年6月3日，許其棻在臺灣府所呈之稟，〈訟案〉（八），頁65。ⓑ 同治11年6月3日，王文棨稟臺府，〈訟案〉（八），頁76。

濟，並請將林文明奏革，從嚴拿辦。[156]

　　由於官府早已設計欲處死林文明，王文棨身為執行者，他的報告自然不可盡信。上述之稟報前後說詞不一，即可為證。而案發時的彰化縣典史許其棻在同治十一年（1972）所作的證詞，亦是有力的旁證。他指稱，南壇天后神像被請入觀音亭後，「眾香客延不起身，住彰化城廂內外不少」；而王縣令（王文棨）顧慮有匪徒夾雜其內，因此調撥兵勇，晝夜巡查，他也奉令彈壓巡防。[157]可見聚集彰化縣城內外者乃進香客，似非林文明所率之黨羽。以常情度之，當亦係如此。因一年一度之迎神上北港對臺民是何等重要的事，群眾絕不可能因官府一紙禁令，立即默默散去，而勢必堅持至最後一刻──即三月十六日迎神日。

　　果然，到三月十六日，「竟聚集數千人，違禁迎神前往，勢難法制」，[158]林文明率黨圍城的罪名乃成立。第二步，誘林文明入城，予以誅殺的計劃也隨之展開了。

　　至遲同治九年三月十五日，凌、王二氏已決定執行正法之日期與方式了。該日，王氏稟告楊總兵有關林文明動態，並請求派兵勇支援，同時飭令彰化典史許其棻加意巡防。[159]凌、王二人也飛函鹿港同知孫壽銘調集兵丁策應，並多帶米糧。二人又飛函嘉義縣令何恩綺、副將易松榮、參將秦懷亮，帶楚勇四十多名，馳紮於他里霧（今斗南）聲援。[160]

156　王文棨稟臺，〈訟案〉（八），頁10。
157　〈訟案〉，頁65-66。
158　王文棨稟，〈訟案〉（八），頁76。
159　同治11年6月3日，許其棻稟臺府，〈訟案〉（八），頁63。
160　同治9年3月17日，凌定國、王文棨會稟臺灣鎮、道，〈訟案〉（八），頁17。

　　三月十六日，楊總兵、黎兆棠道臺亦飭令屬下分途支援。楊總兵佈置如下：

（一）札派候補都司謝申華管帶前駐彰嘉交界防冬楚軍百名，駐彰嘉交界地方、相機策應。

（二）派記名總兵楊鎮鉀，前署右軍守備楊紹洙，管帶鎮道標兵四百名，在臺嘉交界彈壓。

（三）飛檄淡彰嘉義各管協、整搁兵馬，就近防範，聽候調遣。[161]

黎道臺佈署如下：

（一）札委革任漳州知府朱守以鑑，馳赴嘉彰一帶，聯絡粵莊團練，俾壯聲援。

（二）密諭彰屬陳、賴、廖、李各姓頭人曾受文明魚肉者、令其約束莊人子弟，保境自守，掣其肘腋。

（三）密諭凌守定國等，如林氏果敢蠢動，即購內山頭人、截斷阿罩霧水源，制其死命。

（四）飛檄鹿港同知孫丞壽銘，運米接濟。

（五）將順逆利害及專辦元兇，脅從罔治之意，繕發示諭，發給該守令等，臨時張貼，俾安反側而興義憤。[162]

佈署停妥，只等林文明自投羅網，以執行「調虎離山」之計，以便一舉誅殺之。

　　據王文棨之日後之報告，誅殺林文明的經過如下：

　　　至（三月）十七日察看人眾漸散商同委員凌前府憲，飭傳兩造

161　同治9年3月20日，鎮、道稟督、撫，〈訟案〉（八），頁21-23。
162　同治9年3月20日，鎮、道稟督、撫，〈訟案〉（八），頁21-23。

質訊。卑職因查林應時所控被霸田業，係在該紳林文明門前，此時即便斷遵歸還，日後必仍生事，爰與委員商酌，不如仍照上年原議，折價斷結，以杜後患。

商定會同出坐大堂，見十餘勇，身帶短刀，擁護該紳上堂，側立怒視。比時觀者如堵，該紳究帶勇丁若丁，莫從認計。次傳原告林應時上堂，詢其原委情形，並問願否折價。據供被霸田業價值一萬數千元，此時荷恩斷，至少八千元，願甘完案。乃該紳林文明以田係價買，有契可憑，何得妄控霸佔，而原告林應時以當時林文明督帶兵勇，圍住房屋，聲言如不趕緊獻出房屋田園契字，立即全家誅戮，放火焚屋等語，勒逼寫立賣契，並非願賣，亦無得一價銀，互相爭辯。

惟未審之先，經凌委員密諭勇首洪明，密約心腹一、二人在旁伺候。俟該紳狂妄之際，看官拍案喝拿，務即實力拿獲以便解郡。比時該紳正手指林應時大聲詈罵，該勇首脫去號衣，靜候拍案喝拿，主意由後抱封該紳之手，先與同夥比裝手勢，適被該紳跟隨壯勇看破，疑是原告刺客，就各持刀將該勇首背脅劈裂，並將原告林應時腦後背上亂砍，繼則紛紛露刃向內。卑縣差勇手無器械，一見原被互鬥，心慌鼠遁。卑職與委員退至後堂，大聲喝拿，該差勇等見勢兇猛，委員壯勇已被殺傷數名，應及本官委員，始出取排衙木棍，實力圍拿該副將率黨兇拒，經我勇格斃二名，始將副將拿獲，擬即多派兵勇，押解晉郡，乃聞城外黨羽聲言攻奪，深懼變生意外，是以遵照憲札，就地正法。[163]

163　同治11年6月2日，王文棨稟臺府，〈訟案〉（八），頁76-78。

據上述報告，王縣令雖然承認凌定國事先曾經密諭勇首洪明約心腹一、二人，準備擒拿林文明，但未蓄意處死；只因其黨羽聲言攻奪，方予正法。但這個說法不完全正確。查同治九年三月十六日，王縣令曾以密函約鹿港同知孫壽銘會面，共商誅林文明之事。十七日晨，孫氏抵彰化晤凌、王二氏，告以：「該惡紳林文明業已抵城，定於是日（十七日）未刻，飭傳到案。宣布憲札，立時正法，庶出其不意，必可得乎？」[164]上為孫氏本人之自白，自當可靠。可見凌、王二氏早已決定在三月十七日未刻（下午一至三時）傳訊林文明時，出其不意殺之。凌、王二氏又擔心孫氏在彰化縣，引起疑惑，令其先回鹿港，並調集勇丁策應。孫氏即時回鹿港，集壯勇五十名，整備軍裝，聽候調遣。[165]可見十七日誅殺林文明之計劃早已擬定，並非由於情況急迫。

又有一項三月十七日午堂審訊情形之資料，顯示出凌定國早已設計好在堂上處死林文明。原文如下：

林應時供稱：「當日捐軍需係二千元，並非六千元。」
凌委員斥其胡說，謂：「軍需明係六千元屬實，我今欲為爾斷結，爾肯遵我斷結否？」
林應時稱：「願遵斷結。」
凌委員謂：「爾既願遵斷，到底爾是要田的，抑係要銀的。」
林應時稱要田的。
凌委員謂：「爾既要田，我就斷田還爾就是了。」

---

164 同治9年3月2日，鹿港廳孫壽銘稟鎮憲楊在元，〈訟案〉（八），頁31。
165 同治9年3月2日，鹿港廳孫壽銘稟鎮憲楊在元，〈訟案〉（八），頁31。

凌委員即傳諭站堂，叫林文明隨站堂，帶抱告黃智聰到堂，行一跪三叩禮，站立公案邊。

凌委員謂：「林應時供稱要討田，林文明，爾肯將田還他否？」

林文明供稱：「伊若要討田，叫他將收我銀數還我，我就將田還他。」

凌委員謂：「林應時爾有聽見否，爾若要討田，他叫爾將銀還他」。

林應時供稱：「小的無收伊銀兩。」

凌委員以堂板拍案二、三聲，喝令殺殺，林文明遂被其刺殺倒地，喝令將首級刈取，並殺斃跟人戴乞、游捷二名。片刻，城門關閉，首級發出北門之外，見者皆為之不平。痛哉！痛哉！」[166]

據上所述，凌定國顯然未經判決，即喝令誅殺林文明。惟此項文件來源不明，可信度有待進一步評估。

此外，前所述之官方報告均稱：「林文明突於十七日酉刻（下午五至七時），率帶匪黨多人，入城直詣縣署」，其後因格鬥而被縊殺。[167]換言之，林文明以暴力犯公署被殺。此說大有問題。前已顯示，凌、王二氏早已決定於三月十七日將他正法了，何況，林文明在十七日申刻（下午三至五時）早已被拿獲。此類證據很多。同治九年三月十七日，北路協楊興科、凌委員、王縣令予楊總兵之稟稱：卑職等會同嚴密妥商，於本月十七日申刻，拿到豪紳林文明」。[168]彰化典史許其棻也稱：「至三月十七日申刻，遽報縣署因審案鬧事。馳赴縣，見經過街上店鋪一齊關閉，居民亦皆閉戶，百姓驚惶，情景不可

166　〈訟案〉（七），頁25-26。

167　同治9年3月17日，凌、王會稟鎮憲，〈訟案〉（八），頁18。

168　同治9年3月17日，「會稟鎮憲」，〈訟案〉（八），頁13。

言狀。迨至縣衙，大門緊閉，報名急呼，由大門房左首小門而入，見林（文明）著靴袍殺死在大門內，旁倒二人，不知死活。[169]既然申刻（下午三一五時）林文明已被拿獲，怎麼可能如官方正式報告所稱，在「酉刻（下午五一七時）率匪黨多人，入城直詣縣署」呢？鹿港願同知孫壽銘也稱，他奉命於十七日赴援，而在「是日酉刻，接凌守等函稱，林文明業已伏法」。[170]既然酉刻函報林文明已伏法，當然更不可能在酉刻率黨入縣署。查彰化、鹿港間里程，步行約需一、二小時，故申刻處死林文明，酉刻函抵鹿港，極為合理。

林文明被殺的地點在何處呢？同治元年戴亂時，彰化縣衙被毀，乃暫設於東門內之白沙書院，典史衙門則在南門口抄封民房。[171]因此，林文明當是在白沙書院被處決的，陳屍處是大門之內。民間故事稱，林文明帶了二十名親勇與幾件武器，赴委員公署白沙書院，凌定國將林文明迎入，進了頭門，關頭門，進了二門關二門，親勇均給擋住了，能進入的僅四、五個。林家則稱林文明應訊是冠帶赴審的，身邊只有四名跟丁戴乞、游捷、李祥、李老馬，一入公堂問案，即被凌定國喝殺，戴乞與游捷亦遇害，李老馬受重傷，僅李祥一人逃回報信。[172]林文明是否攜械帶勇闖，乃日後爭訟議題之言，暫不贅，但文獻資料既稱死在大門內，則應只閉大門，進二門之說法當是渲染誇大之詞。（參見圖5，林文明正案相關地點圖）

169　同治11年6月3日，許其棨稟，〈訟案〉（八），頁66。

170　同治9年3月2日，孫壽銘鎮憲，〈訟案〉（八），頁31。

171　同治11年6月3日，許其棨稟臺府，〈訟案〉（八），頁64。

172　ⓐ 甚至有傳言連關五道門者，見守愚，〈壽至公堂〉，李獻璋編，《臺灣民間故事集》，頁230；Meskill, *A Chinese Pioneer Family, the Lins of Wu-feng, Taiwan, 1729-1895*, p.152。ⓑ 同治12年9月10日，林戴氏呈福州府親供，〈訟案〉（十七），頁5。

　　林文明公堂被殺之事，臺灣民間故事稱整個誅殺計策乃凌定國所籌謀的。據說當凌定國得知南瑤宮（即南壇）媽祖要到笨港（北港）進香，又逢林文明捧的聖筶（即由他帶隊），乃計上心來，將媽祖差押去了。群眾見媽祖被押走，大為驚慌，求之王縣令。王縣令稱「要是二大人（林文明）出來做保」，就可以照舊迎神上北港。在同時凌定國連日召集草鞋屯（今草屯鎮）洪姓與草湖林姓，密授洪仔厚（洪壬厚？）、土神戇仔（林應時？）暗殺的陰謀。隨後即演出林文明「壽至公堂」的劇本。[173]

　　此一民間故事寫得相當凌亂，條理不清，且有不少張冠李戴之事；然而，其基本情節與筆者所搜之資料大致上是相合的。Meskill教授也指出每逢重要時刻，總有凌定國的影子，顯示他與誅林案的關係。何況，凌氏過去也有設陷阱而誅殺豪紳的前例。[174]據稱凌定國治事苛酷，且工於心計，鹿港人陳捷魁有磊落之才，曾與之論[175]而發生齟齬，乃作「酷吏論」嘲諷他。同治元年（1862）戴萬生事件發生後，凌氏出任彰化縣令，凡民人有為戴黨奸細者，立予擒殺。其中有一梟雄施戇東，亦與戴黨互通聲氣，凌氏欲捕不得，乃設計請施姓族長代邀至鹿港公館見面，以便從中殺之。施戇東身懷刀銃，帶死黨數十人來見，以防有詐，並事先偵視公館無何動靜，方坦然進入。但一入廳，凌定國即問知罪否，並使快役收捕。施氏揮雙刀對抗，門外黨徒又欲入援而與把門兵鬥，凌氏立即親挺斬馬大刀劈殺施氏，將首級擲出，眾黨徒駭散。[176]略加比對，即可發現誅林案其實就是誅施案之

173　李獻璋編，《臺灣民間故事集》，頁248-250。

174　Meskill, *A Chinese Pioneer Family, the Lins of Wu-feng, Taiwan, 1729-1895*, p.149.

175　吳德功，《戴施兩案紀略》，臺文叢47，頁21。

176　蔡青筠，《戴案紀略》，臺文叢206，頁35。

翻版。一個人的性格與行為模式大致是恒常的，而行之有效的方法常
會重覆出現的，凌氏之設阱誘殺豪紳林文明，也就不難理解了。林家
日後在呈控中，一貫地將箭頭指向凌定國，充分透露個中消息。

四、林文明「正法案」執行上的缺失

　　林文明正法案是同、光年間聳動臺灣、甚至中國的大案一經林
家四次京控，案延十餘年方奏結。本案之官方報告與林家說法對
立，民間傳聞亦不一，真相頗難判明。再者，本案背後所涉及的問題
極多，內情也極複雜，不易理清。然而，各種證據顯示，林文明之正
法乃地方官府精心策劃的預謀一讓毒草長出、調虎離山、一舉剷
除，原來，林文明位居副將，若有罪，依清律，須先奏請革職，方能
逮捕審判。地方官員為恐打草驚蛇，何況審辦必拖延時日，也未必有
勝算，因此，不動聲色，以便毒草長長。其次是進行「調虎離山」
計，即利用三月十六日媽祖進香之習俗，誘使林文明入彰化城。第三
步是突然傳訊，出其不意，一舉處死林文明，而加之以「聚眾圍
城」、「刃傷勇丁」，「形同叛逆」之罪名。

　　林文明之所作所為容或有罪，然官府在執行司法權時不斷違
法，其判決之合法性與正當性不免令人懷疑。至少有五項缺失可議。

　　（一）辦案委員人選不當：依清律三三五條之規定：「凡官吏於
訴訟人內，關有服親，……及素有仇隙之人，並聽移文迴避。違
者，雖罪無增減，笞四十；若罪有增減者，以故出入人罪論」。〈大
清律例會通新纂〉解釋曰：「官吏於訴訟人內，關於有服親、姻宗、
受業師，則當避苟情之嫌，舊有仇隙之人，則當避挾怨之嫌，並聽移
文迴避。違而不迴避受理者，笞四十，雖受理得實亦不免也。若於罪

有增減，以故出入人罪論。」[177]換句話說，訴訟人中如有親故或仇隙，官員應迴避。

如前文所述，凌定國與林家早有嫌隙，依法應迴避審訊本案。然據民間傳聞，控林案是由他煽惑起來的；出任委員，也是他運動省府官員而得的。無論民間說法可信度如何，凌定國，不迴避出任委員本身即一缺失。再者，存舉凌定國者乃布政使夏獻綸與按察使康國器。據稱，夏獻綸與林家亦有「舊憾」，難保其中無互相勾結援引之情。可見辦案人員不但未迴避仇隙，相反地，聯手作業，對付政敵，顯然有違清代法例。

此外，凌定國之資格亦有問題。清律又規定：「凡參革發審之案，查明被參之人，如係同知、遊擊以下，遴委知府審理；係道、府、副將等官，遴委道員審理。」[178]查林文明位居副將，委員須具道員職銜，而凌定國之職僅為候補知府，亦有違體例。不知何以布、按二司推舉不合資格者，而總督英桂又何以接受其推薦？箇中奧秘，引人揣測。

（二）長官干預審判：清律第五八條規定：「若刑部及大小衙門官吏，不執法律，聽從上司主使，出入人罪者，罪亦如之（斬，妻子為奴，財產入官）。」[179]依此，審判官應獨立審案。然而，清代司法

---

177 ⓐ 那思陸，《清代州縣衙門審判制度》，頁62-63。ⓑ 崑岡等，《欽定大清會典事例》，卷817，頁12。ⓒ 姚雨薌原纂，胡仰山增輯，《大清律例會通新纂》（臺北：文海出版社，1987），頁2949。ⓓ 臨時臺灣舊慣調查會，《清國行政法》，第五卷（東京：臨時臺灣舊慣調查會，1911），頁125。

178 席裕福、沈徐同輯，《皇朝政典類纂》（臺北：文海出版社，1982），卷37，刑二，總頁10705-10706。

179 那思陸，《清代州縣衙門審判制度》，頁142。崑岡等，《欽定大清會典事例》，卷749，頁12。

系統，僅中央政府設有刑部、都察院、大理寺，專司法律案件，省級
地方官自督撫以下，均以行政官兼司法官。[180]司法官職司正義之維
護，須品德公正、專業知識精者，方能勝任，以行政官兼任之，難免
流弊百出。因此，雖有類似審判獨立之規定，禁止長官授意；實際
上，下級官員之升貶操於長官之手，少有不承意旨者。[181]查此案，自
總督以下，層層授意，指令地方官照辦，可知上司對審判干預之嚴重
性。其中最著之例有同治八年彰化縣令王文棨上任前，總兵楊在元促
其嚴辦林文明；同治九年一月間，楊總兵與黎兆棠道臺之迫其從速設
計處決林文明，甚至預發「正法」告示等。

（三）「正法」程序不合：依清律規定：「凡在京、在外大小官員
有犯公私罪名，所司開具事由，實封奏聞請旨，不許擅自勾問。若許
准推問，依律議擬，奏聞區處，仍候覆准，方許判決。」[182]又規定：
「文職道、府以上，武職副將以上，有犯公私罪名應審訊者，仍照例
題參，奉到諭旨，再行提訊。」[183]據上之規定，官吏必須經奏聞許可
後，才能加以審訊，而文職道、府以上與武職副將以上，必須先題
參，奉准後，才能審訊。林文明位居副將職，其被控已非一朝一
夕，竟未奏請革職，以正式提訊，卻逕予「正法」，顯然大乖法制。
凌定國等人似亦知有此缺，乃在稟彰化縣令王文棨稟臺灣總兵楊在元
稱，林文明「率黨駐紮城外，居心叵測」，請求調派兵勇彈壓，並請
予以奏革拿辦。[184]三月十六日，楊總兵會同黎兆棠道臺稟報總督英桂

---

180 ⓐ 那思陸，《清代州縣衙門審判制度》，頁4-5。ⓑ 張偉仁，《清代法制研
　　究》（臺北：中央研究院歷史語言研究所，1983），頁208。

181 那思陸，《清代州縣衙門審判制度》，頁142。

182 席裕福、沈徐同輯，《皇朝政典類纂》，卷370，刑二，總頁10705。

183 席裕福、沈徐同輯，《皇朝政典類纂》，卷370，刑二，總頁10705。

184 〈訟案〉（八），頁9-10。

「參奏拿辦」。[185]三月十七日，凌定國委員與王縣令報稱，林文明已正法。[186]這種做法反而欲蓋彌彰。按清代公文旅行是極費時日的，由臺灣送稟呈福州至少須時一週，由省上摺至清廷批示，通常須時一個半月左右，諭旨至省再至臺，約須一個半月左右，前後至少須時三個月，而林文明案前後僅三日內即由稟報奏革到就地正法，速度快得難以置信。故林家在京控中，指稱：林文明「正法」在先，地方官稟報在後，而倒填日期，使其表面上符合先報奏革，再處刑之程序。[187]地方官為掩飾不法行為，動公文手腳與倒填日期事例並非難見。例如同治五年，臺灣有一「陳文」處決案。原來彰化縣未獲首犯陳魯，而以陳文充抵。道臺吳大廷飭其務獲首犯，但彰化縣因未得首犯，乃將「案由盡行更改，倒填年月」，通報省方，並託人從中打點，以規避處分。後經吳大廷堅持究明此案，巡撫方飭縣緝拿正犯。[188]

（四）證據不足不實：清代審案亦重證據，主要有三，證人之供、被告之招、物證三類。[189]對證人之供，清律規定：承審官不得改口供，[190]如犯則「革職」，而「故入死罪召決者，抵以死罪」；被告之招規定須其親草，不識字者方許不干礙者據情代寫；且規定不得擅改初次之招供。[191]物證方面亦規定須有真憑實據，如兇器、贓物等。[192]如有違犯，清律四〇九條附例規定：「承審官改造口供，故行

185　〈訟案〉（八），頁4-8。
186　〈訟案〉（八），頁17-20。
187　光緒2年2月，林戴氏呈都察院「為始終措案埋冤、泣懇奏請提京歸案訊辦事」，稟，〈訟案〉（十九），頁5。
188　吳大廷，《小酉腴山館主人自著年譜》，臺文叢297，頁43。
189　那思陸，《清代州縣衙門審判制度》，頁67。
190　崑岡等，《欽定大清會典事例》，卷818，頁4。
191　那思陸，《清代州縣衙門審判制度》，頁7。
192　那思陸，《清代州縣衙門審判制度》，頁72。

出入者革職。故入死罪，已決者抵以死罪：其草率定案、證據無憑，枉坐人罪者亦革職。」[193]然而，林文明被正法時，即無證人之供，也無被告林文明之招，更未提出林文明行暴之兇器（鏢）。官方稟報之罪名相當籠統。有的是概括性之陳述，如「倚勢橫行」、「霸佔田產」、「姦淫婦女」、「形同叛逆」。有的是未提證據，如稱「於各隘口分築炮臺」、「林文明袖出鏢銃閃放」。有的是蓄意轉嫁，如將同治九年三月十五日，民間媽祖進香團至彰化城，描繪為林文明「率黨……逼駐彰化城外」。[194]有的顯然不實，如稟報中稱：「凌定國到彰後，多方開導，林文明始行到案，黨與千餘名，同治八年圍繞縣署，跋扈異常；對質未畢，即行遁去。」[195]但據凌定國同治十二年五月二十四日在省城自提之稟中僅稱「復再三催傳，林文明帶勇赴縣，與原告林應時對質。未畢，自行遁去」。[196]可見率眾千餘人圍縣署之事當屬虛構。倘若在同治八年以千餘人入圍縣署，當時即可以暴動罪處之，何待同治九年之設計正法？又如奏報中稱「林文明突於（三月）十七日酉刻率黨入城」。[197]但據前所述，林文明在午刻已至公堂，申刻已被拿獲，其後被正法。既在酉刻之前已被拿獲，如何能率黨入城？

（五）臺灣地方官之違法濫權，未審先判：臺灣因孤懸海外，故鎮、道權重。按臺灣總兵為掛印總兵，可以行使刑事審判權，可以不經督、撫，調遣軍隊；可以直接上奏。[198]臺灣道臺又常兼領學政使

---

193 崑岡等，《欽定大清會典事例》，卷843，頁4。

194 見英桂摺，《軍機檔》，101012號。

195 ⓐ《軍機檔》，10102號。ⓑ〈訟案〉（八），頁44-45。

196 〈訟案〉（九），頁24。

197 ⓐ《軍機檔》，10102號。ⓑ〈訟案〉（八），頁45-46。

198 許雪姬，《清代臺灣的綠營》。

（文教）、按察使（司法權）以及兵備銜（兵權），職權較一般道臺大；[199]亦有直接上奏權（如丁曰健多次上摺劾林文察）。鎮、道有大權，又遠離督、撫，濫權之弊自所難免。此外，即使該送省方處置之事，常因考慮海峽風濤之險，交通之不便，督、撫遂交由臺灣當局就地處理，自然更助長其權限。如林家控案原應移至省方審理，但總督英桂卻委派凌定國，會同彰化縣審辦。[200]因此，地方官得以政治的理由與個人的恩怨，在林文明案中，未審先定罪，公然設謀誘人入陷阱，而予以就地正法。依清律，死刑原須經過一定程序層層上報，由皇帝勾決後方予執行。[201]十九世紀後半葉，因太平天國亂事，軍務緊急，乃訂有「就地正法」章程；甚至有「州縣拿獲訊明後逕行處決」，隨後再通報上司者。由於流弊頗多，清廷有停止之議，但為各省督撫反對。[202]凌定國等人乃能據此律例，製造謀逆罪名，藉口情勢緊急而予林文明就地正法。

　　由於官府處理林文明案有頗多缺失，日後引起林家之反擊──四次京控。

第四節　林文明命案後林家的反應與官府的對策

　　官紳對抗的結果，官府大獲全勝。林家如何面對這個巨大的打

199　張舜華，〈臺灣官制中「道」的研究〉（臺北：國立臺灣大學歷史學研究所碩士論文，1979），頁26。

200　ⓐ《軍機檔》，10102號。ⓑ〈訟案〉（八），頁43。

201　那思陸，《清代州縣衙門審判制度》，頁230-233。

202　ⓐ那思陸，《清代州縣衙門審判制度》，頁233-234。ⓑ Meskill, *A Chinese Pioneer Family, the Lins of Wu-feng, Taiwan, 1729-1895*。ⓒ崑岡等，《欽定大清會典事例》，卷850，頁18。

擊呢？官府之善後措施又如何呢？這兩個問題將影響日後的官紳關
係。

一、林文明命案後林家的反應

　　林文明慘死公堂的消息，由逃生的親勇之一李祥傳到了阿罩
霧，對林家來說，簡直是個晴天霹靂。[203]林氏族人自以為效命清廷，
應享榮華富貴，未料到落得如此悽慘的下場。對此命案他們又如何反
應呢？據各家記載，林氏族人反應極激烈，即欲起兵攻城報復。《臺
灣通史》載：「文明被害彰化，報至，莊人大憤，不期而集者數千
人，洶洶欲動。」[204]《族譜》記載略同，曰：「文明公被害彰化。報
至，莊人大憤，執戈制梃，不期而集者數千人，勢洶洶，欲復
仇。」[205]民間故事的描寫更繪影繪形，言林家召集親勇、家僕、佃
戶，欲攻入彰化縣城復仇，「直把那凌狗子（凌定國）捉來活活剝
皮」；於是，遺族率著幾百名勇士，「浩浩蕩蕩地上彰化城東了。」[206]
　　眼看著一場官、紳正面衝突的攻城戰即將爆發之際，林家丁勇
受到勸阻而突然中止了。誰勸阻呢？有四種說法。第一種是林文鳳之
說。《臺灣通史》與《族譜》均載，當莊人欲攻城時，臥病在床的林
文鳳聽到後「大驚」，趕出阻擋，並說：「彼設阱陷我；今若此，是

203　ⓐ 同治12年9月10日，林戴氏呈福州府親供，〈訟案〉（十七），頁5。ⓑ 守
　　　愚，〈壽至公堂〉，李獻璋編，《臺灣民間故事集》，頁250。ⓒ 林獻堂等
　　　編，《臺灣霧峰林氏族譜》，臺文叢298，頁110-119。

204　連橫，《臺灣通史》，臺文叢128，頁900。內稱「4年」文明遇害，「4年」
　　　當是「9年」之誤。

205　〈林文鳳家傳〉，林獻堂等編，《臺灣霧峰林氏族譜》，臺文叢298，頁
　　　110。

206　李獻璋編，《臺灣民間故事集》，頁250-251。

自投其禍也，且黑白未可知，須稍待。」眾人才散去。[207]第二種是宋大老之說。民間故事傳稱，當林家兵勇到達「田中央」（今彰化市田中里）時，有一宋大老（不知名，大老乃大老爺之簡稱，大致是民間對有官職者的俗稱）嚇壞了，挺身極力阻擋，警告稱如此會招來「滅族的橫禍」，並指出凌定國是厲害人物，勢必藉口攻城而加以「謀反人逆」之罪，將林家滅族。林家兵勇仍欲挺進，宋大老再勸他們派人入城打聽一下，再定進退。差人探報回來，證明果然官府已下戒嚴令，城中有「土匪臨城」的告示，於是兵勇接受勸告退散。[208]第三種說法是，林家一退休帳房自縣城趕赴阿罩霧阻止進兵，因趕路連鞋底都磨平了。[209]第四種是林戴氏（林文明母）之說，此為官方說法。據稱林家族人欲反亂時，經深明大義的林戴氏勸阻後，方中止反亂企圖。[210]惟林戴氏極力否認此說，駁其為虛構。[211]

無論如何，林家總算未採取武力行動，對抗清朝體制。此不但消除一場可能的暴亂，更重要的是免去林家被「抄家滅族」之厄。的確，誠如民間傳說，官府早已設計好圈套，只待林家進一步犯更大的錯，而予以一舉翦除。

如前所述，誅殺林文明事實上是地方官預先安排好的計謀，可說是依編好的劇本演出的一場戲，自然不會遺漏對林家反應的防範。官府的策略，一是佈署兵勇以鎮壓林家的激烈行動，一是動員民間力

---

207 ⓐ 林獻堂等編，《臺灣霧峰林氏族譜》，臺文叢298，頁110。ⓑ 連橫，《臺灣通史》，臺文叢128，頁900。

208 李獻璋編，《臺灣民間故事集》，頁251-252。

209 1988年訪彰化市耆老王友芬。

210 光緒5年1月，胡培滋、傅端銓稟督撫，〈訟案〉（二十一），頁133。

211 林戴氏，「為串証捏抵，袒惡陷冤，泣懇親提蒞訊，伸償奏結事」稟〈訟案〉（二十三），頁13-14。

量，特別是林家族敵，以制林家。查同治九年（1870）三月十五日，
凌定國、王文棨決定處決林文明之日期後，即飛函鹿港同知孫壽
銘、嘉義縣令何恩綺等人率兵勇支援。[212]三月十六日，楊總兵調動大
軍分赴彰化城、彰嘉交界及臺嘉交界等處，並飛檄淡水、彰化、嘉義
各營，「就近防範，聽候調遣」，其情有如面臨一場戰爭。（參看前
情）

　　更兇悍的一招是，黎道臺動員民團與林氏族敵，準備置林家於
死地。黎道臺之佈署是：派前任知府朱以鑑赴嘉義、彰、化一帶，聯
絡粵莊團練聲援；並密諭彰化縣屬之陳、賴、廖、李等「曾受林文明
魚肉」之各姓頭人，約束其莊人子弟，「保境自守，掣其肘腋」；又
密諭凌定國等，當林氏蠢動時，即收買「內山頭人」，「截斷阿罩霧
水源，制其死命」等。[213]此處所謂「內山頭人」，當指洪氏、草湖林
氏等族人。因能截斷林家水源者，只有居阿罩霧圳上游之洪家。由於
洪氏、林氏曾參與戴萬生之亂，黎氏因而避諱不提姓名。清代臺
灣，尤其中部，以勇於械鬥聞名，更有占田籍厝之風，黎氏動員林氏
族敵對付林家確是一兇狠的高招。（當是凌定國之策）一旦官府下
令，族敵為復仇或為瓜分林家田產，料必奮勇爭先，不費官府一兵一
卒，即可制林家於死地。

　　同治九年三月十七日申刻（下午3至5時）林文明「正法」後，
防範林家暴亂的行動緊接著展開。首先，凌定國、王文棨會同臺灣北
路副將楊興科，分頭帶勇登城陣巡查，防範林家之攻城。[214]鹿港廳同
知孫壽銘在同日酉刻（下午5至7時）接到凌、王二氏之函，知林文明

212　同治9年3月17日，凌、王會稟鎮、道，〈訟案〉（八），頁17。

213　參看前情。

214　同治9年3月17日，凌、王會稟鎮、道，〈訟案〉（八），頁19。

「業已伏法」，也依令多募勇丁，馳赴彰化城協助鎮壓，以及多購米糧解往接濟。[215]他命令千總喻勝輝率領所部之楚勇與新到之省標班兵四十名，並會商鹿港游擊賴榮酌帶標兵丁，於戌刻（下午7至9時）起程，馳赴彰化城，聽候遣用。孫氏同時僱募鹿港壯勇一百名，並令護安局蔡德芳遴募外莊壯勇二百名，又購米數百名，解往彰化城接濟。[216]

　　三月十八日黎明，各壯勇已募齊，孫壽銘查點姓名人數，給發口糧、衣旗、鉛藥，親自統帶，馳赴縣城應援；並分批解運一百石米糧赴縣城。巳刻（上午9至11時），孫氏抵縣城，會晤凌定國、王文棨等人。同時臺灣鎮、道所派之楚勇也陸續抵達彰化。據官方報告，林文明之餘黨見勢不佳，紛紛逃散。[217]

　　不過，當時人心仍不定，城門未全開，店舖亦有關閉者，經凌定國等張貼告示，並由凌氏、孫氏及營、縣等官員，親赴四城，曉諭民眾，並集合城廂紳董，告以只誅林文明，不波累他人，於是城內外安定如常，店舖照常開張，四鄉及內山一帶，大致安定。因此，孫氏解散募勇，只留喻勝輝千總所帶楚勇駐紮彰化城，以資鎮壓。[218]

　　不僅官府防備森嚴，而且更狠的一招也即將使出。如前所述，官府已動員林家族敵，伺林家兵勇一出，立即攻莊。據同治十一年王文棨在臺灣府之供證稱：

215　同治9年3月日，「鹿港廳孫壽銘稟鎮憲」，〈訟案〉（八），頁31-32。

216　ⓐ同治9年3月日，「鹿港廳孫壽銘稟鎮憲」，〈訟案〉（八），頁32。ⓑ同11，頁19。

217　ⓐ同治9年3月日，「鹿港廳孫壽銘稟鎮憲」，〈訟案〉（八），頁32。ⓑ同上ⓑ，頁19。

218　ⓐ同治9年3月日，「鹿港廳孫壽銘稟鎮憲」，〈訟案〉（八），頁32-33。ⓑ同上ⓑ，頁19。

> 至十九、二十等日，城內紳民，素知該紳林文明黨類眾多，兼
> 聞伊子又已四處募添壯勇，其意難測，以故店鋪均各關閉，民
> 心惶惑非常。幸至二十一、二等日，有以林文明各仇，亦各募
> 鄉勇，預備俟林文明之子果有變動，伊等即幫官先殺其家
> 屬，毀其巢穴，截其歸路等語。紛紛一傳，老幼咸知。由此民
> 心安定如初，店鋪照常生理。[219]

　　由上可見官府為處死林文明已做萬全的準備。林家一旦攻城，
不但將遭官府大軍之包圍、重擊，而且林家宅園勢必為族敵攻破。更
嚴重的是，林家將蒙上謀叛罪名而被抄產滅族，永難超生。

　　民間傳說，誅殺林文明的計策全出自凌定國一人，原設計中料
定林家要人林文明突遭處決後，魯莽的族人勢必受激而採取武力報復
行動，此正好可以坐實林文明謀逆的罪名。未料林家並未攻城，凌氏
之計未全得逞，導致日後的長年纏訟。[220]《臺灣通史》與《族譜》亦
有類似記載。二著均稱：地方官（城吏）以為計殺林文明後，林氏必
擁眾至，即以「圍城之罪辦之」；其後聽到林文鳳阻止攻城的話後，
說：「林家是有人才啊！」（林氏固大有人也）[221]

　　的確，幸虧林家及時回頭，總算免去一場大厄。留得青山在，
不怕沒柴燒，憑林家財勢，只要善加運用，不難在傳統社會中東山再
起。此後林家採取訴訟手段，企圖在清朝體制內爭取平反，以維護家
族權益。據民間傳說，是受宋大老的勸告，乃決定「上省城告狀

---

219 〈訟案〉（八），頁79。

220 李獻璋編，《臺灣民間故事集》，頁23-25。

221 ⓐ 連橫，《臺灣通史》，臺文叢128，頁900。ⓑ 林獻堂等編，《臺灣霧峰林
　　氏族譜》，臺文叢298，頁110-111。

去」。[222]不知此說確否？無論如何，訴訟是士紳伸冤的僅有途徑。不過，林家進行的是京控，而非傳說中的省控。（後述）

二、林文明正法案後官府之對策

林家既未如所料採取武力抗爭手段，官府如何善後呢？大致歸納為三項行動：（一）合法化林文明就地正法事件；（二）安撫林文明同黨與林氏遺族；（三）清查林家田產，並續究林奠國被控案。

（一）合法化林文明就地正法事件

由於林文明未經奏革，即予就地正法，有違清代律例，臺灣地方官自需將「正法」事件合法化，以稟報省方，並轉奏清廷。民間傳聞稱，凌定國處決林文明後，林家並未中計攻城，焦慮不已，洪、林族人感念其協助報仇之恩，願挺身相助。凌定國乃吩咐原告「土神戀仔」（可能是林應時之綽號）將自己身子亂砍幾刀，當做林文明刀傷原告之證據，經驗傷共十八處。於是，凌氏以林文明「殺害原告，互起爭鬥，致傷性命」，向省中申報。[223]此項民間傳聞固有渲染誇大之弊，但大致距離事實不遠。的確，凌、王二人處死林文明之手法不妥之處頗多，因此稟報之內容不可盡信，甚至有些是事後追報以裝飾其合法性的。茲依日期分件簡介其內容。

1. 同治九年三月十五日，王文榮稟楊在元總兵稱，林文明率黨攜械，移駐彰化城外，請求派兵勇支援，並轉稟奏革。[224]

2. 三月十六日，楊鎮、黎道臺會稟督撫：請將「候補副將林文明

222　李獻璋編，《臺灣民間故事集》，頁252。
223　李獻璋編，《臺灣民間故事集》，頁252-254。
224　〈訟案〉（八），頁9-10。

先行斥革」，並請准予「從權辦理，為民除害」。[225]

3. 三月十七日，北路副將楊興科、委員凌定國、縣令王文棨會稟
   楊在元總兵稱：「於本月十七日申刻拿到豪紳林文明訊明霸佔
   姦淫屬實。察看該紳暗藏利刃，居心叵測，勢難解郡，遵即先
   行就地正法。並將憲示分貼曉諭。卑職等恐其黨羽造謠生事，
   已於四城分布丁勇，各處彈壓，民心安定。」[226]

4. 三月十七日，楊、凌、王又與葉都司會稟楊鎮：「本月十七
   日，拿到惡紳林文明，當堂訊認霸佔民間田產，強姦民家婦女
   各等供不諱。看破該惡身存利刃，存心不測，謀為不軌。前蒙
   憲臺密諭，本擬將惡紳解案，誠恐中途被其爪牙搶奪，已即就
   地正法。一面會營撥兵上城嚴防，並調鄉勇佈置，及調加營楚
   軍一百名，以資巡哨，地方安靖如常。」[227]

5. 三月十七日，凌、王又會稟楊鎮：「惡紳林文明猶復不知進
   退。突於十七日酉刻率帶匪黨多人入城，直詣縣署求見，聲言
   要與林應時對質。定國聞信，當帶所部勇丁到署，談未數語，
   該紳匪黨多人，竟敢露刃登堂。我勇上前斥喝乃益迫近，驟行
   刃傷我勇四人，傷一勇倒地。卑府等當即喝勇圍拿。該惡紳竟
   敢抽出標槍，向卑職等近面放來，幾為所中；又揮其匪黨，拼
   命拒捕。我勇亦各奮首爭先格鬥，移時立斬匪黨四人，重傷十
   餘人林文明亦身受刀傷，方始網獲。正擬訊供解勘，而城外餘
   黨，聲言攻城搶劫。卑職等深恐變生意外，一面立將林文明正

---

225 〈訟案〉（八），頁4-8。
226 〈訟案〉（八），頁13。
227 〈訟案〉（八），頁15。

法。」[228]

6. 三月十九日，楊總兵接獲凌、王二氏之會稟，[229]二十日，與黎
道臺會稟督、撫。此稟基本上照上述（e）件凌、王二氏之稟
呈報，但遣詞更加嚴厲，稱：「查林文明劫殺姦淫，罪難髮
數，效復倡為會首，假名進香，希圖煽動。又敢帶勇入城，拒
斃勇丁，種種悖逆，皆屬法無可宥。臺灣為屢反之地，民情浮
動，朱一貴餵鴨小兒，戴萬生，武營書識，猶能奮臂一呼，亂
者四應，況文明以其兇悍之資，倚恃勢家大族，憑據天險，若
赴機稍緩，防範稍疏，一搖足而全臺可慮。今凌守定國等竟能
不動聲色，握元兇於掌上，洵足以彰國法以快人心。」[230]

7. 四月二十六日，總督兼巡撫英桂上「在籍副將結黨滋事，惡跡
昭彰，現已拿獲正法，飭令該官文武解散全黨，以安反側」
摺。摺內據楊總兵、黎道臺之稟，奏報林文明不法事，辦理此
案之經過，以及不得不就地正法之因。[231]英桂特別指出：

　　查林文明由軍功保舉花翎副將，與其兄林文察均已渥受厚
恩，林文察殞於王事，又蒙優卹，文明該副將宜何如感奮報
國，乃竟結黨妄為，無惡不作，跡其兇暴擄殺之罪，罄竹難
書。迨經委員查辦，猶復不知悔悟，輒於隘口多築炮臺，意圖
憑險負嵎，並布散謠言，妄行煽惑。茲又假名進香率黨入城滋
事，實屬形同叛逆，法無可寬。凌定國等將林文明格傷後，就

---

228 〈訟案〉（八），頁18。
229 〈訟案〉（八），頁20。
230 〈訟案〉（八），頁25-26。
231 ⓐ《軍機檔》，101012號。ⓑ〈訟案〉（八），頁43-48。

地取斬，洵足彰國法而快人心。[232]

8. 五月八日，上諭准英桂之奏，稱：福建在籍副將林文明強佔民
人林應源（按，林應時）等田產，並佔收入官叛產租谷，經英
桂查明，飭令歸還賠繳，該副將膽敢抗不遵議，聲稱欲與原告
林應源（時）等對質，率黨直入彰化縣署，刀傷勇丁，形同叛
逆，英桂已派員將該犯拿獲正法，足昭炯戒。」[233]

由以上諸文件看，林文明之「霸田姦淫」固是罪名，但構成「就地正
法」條件者乃其「形同叛逆」之行為，即築炮臺、散佈謠言、率眾圍
城、率黨入縣署、刀傷勇丁等暴行。這些罪名是否成立呢？如前所
述，有不少問題存在。

第一、前後稟內容矛盾：在稟5中，凌、王稱，林文明于「十七
日酉刻」（下午五至七時），率黨入縣署，露刃登堂，刀傷勇丁等。
但在稟4中，明白指出「本月十七日拿到惡紳林文明」，訊認罪名。
既是拿到的，如何能率黨入縣署？況且，在稟3中，更明指「十七日
申刻（下午三至五時）拿到豪紳林文明」，既然申刻已拿到，如何能
在酉刻率黨入署？又如前所述，當時彰化縣典史許其棻日後亦指
證，三月十七日當他在巡防時，「申刻，遽報縣署因審案鬧事。」[234]
可見率黨入署傷勇丁之事當是凌、王處決林文明後編造的故事。

第二、官府有倒填日期以合法化其執行程序之嫌。在同治九年
（1870）三月十五至十七日三日間，由稟請上司奏革林文明一躍而至

---

232 ⓐ《軍機檔》，101012號。ⓑ〈訟案〉（八），頁46-47。
233 ⓐ〈訟案〉（八），頁51。ⓑ臺灣銀行經濟研究室編，《清穆宗實錄選
輯》，臺文叢190，頁126。
234 同治11年6月3日，許其棻稟臺灣府，〈訟案〉（八），頁66。

就地正法，以清代原始的通訊系統，可稱迅速得難以置信。惟一的解釋是，如日後林家所指控的，官方公文有倒填日期以合法化其行動之嫌。

　　林文明正法案可說是一政治性高于法律性的案件。林文明行為容或有越矩，但罪不至于死，真正導致官府採取斷然行動的原因是其聲勢挑戰官府之權威（官權）與清廷統治臺灣的安全性（皇權）。地方官奏報中一再強調林文明之「叛逆性」，而林文明正法後，英桂更嘉許凌定國等「不動聲色，布置得宜，使積年稔惡，一旦殲除，消海外之巨患」奏請優獎。[235]充分顯示出「消海外之巨患」才是官府的中心目的。既然如此，司法程序淪為裝飾政治目的工具，也就不難理解了。

（二）安撫林氏家族

　　按理說，林文明既以「叛逆」罪嫌被就地正法，其家族依律應連坐方是。然而，地方官的行動似乎只到此為止，甚至採取恩威並施之策，安撫林氏家族與同黨。原來英桂總督的目的主要在消除臺灣的可能亂源，而非為民伸張正義，自然不希望事件擴大。

　　同治九年三月十七日，林文明正法後，為恐人心不安，凌定國、王文棨據黎道臺之密札出告示曉諭民眾、林氏族人等，聲稱只懲辦林文明一人。其中特別指出「其兄林提督為國捐軀，係屬忠臣，所有名下丁眷田宅，尤須加意保全，毋令失所」，甚至對林文明之妻妾子女，「亦當格外施仁，好為安頓」。[236]同時，也張貼黎道臺印示，

235　ⓐ 英桂奏摺，《軍機檔》，101012號。ⓑ 同上摺，〈訟案〉（八），頁47。
236　同治9年3月17日，凌王印示，〈訟案〉（八），頁35-36。

內容為：

> 副將林文明　謀反有實據
> 現在已伏誅　脅從皆罔治
> 諭爾眾民人　安業勿驚懼
> 倘有造謠言　擒斬決不貸。[237]（參見文書10*b）

由上可見當局採取恩威並施之策，一方面嚴懲林文明，一方面保護林氏家屬。

（三）續究控林案

官府一方面安撫林氏遺族，另一方面對林文明之附從者，仍下令密捕，[238]並繼續追究民人控訴林文明、林奠國的案件。

同治九年三月十七日，林文明被處決後，凌定國、王文棨即將正月十六日黎兆棠道臺所預發之印示張貼縣城。此印示前已述及，內容是：

> 文明伏誅　脅從罔治
> 其兄忠臣　須妥安置
> 所霸田產　給還原主
> 諭爾小民　據實稟訴[239]

237　ⓐ〈訟案〉（八），頁41。ⓑ〈訟案〉（十五），頁6。
238　同治9年3月20日，鎮、道稟督撫，〈訟案〉（八），頁26。
239　「預發正月16日印示」，〈訟案〉（八），頁29。

此項告示之目的一方面在於安撫林文察家屬與林文明之同夥，一方面是清查林文明所「霸」田產，以脅制林家。

　　不知是巧合還是官府有意的安排，王文棨在完成林文明正法任務後，即調任噶瑪蘭廳。他在三月二十四日卸彰化縣令職，由李時英接任。[240]如前已述，王文棨在同治八年就任彰化縣令前即被楊在元總兵要求嚴懲林文明，前後相對照，顯示絕非純然巧合，箇中道理，耐人尋味。

　　三月二十日，新縣令李時英與舊縣令王文棨又進一步出告示曉諭民眾，向官府呈報被林文明迫害案件，內稱：

> 閤邑諸色人等知悉，爾等各莊居民，或被林文明霸佔田園厝宅，或被強佔房妾子女，或平時受其凌辱，破家戕命，凡平時畏其權勢，不敢呈告，冤抑未伸者，務各據實赴案補呈，聽候撥還。其被淫佔婦女，已經身故者，亦即報明，以憑撫卹；未故者聽候遣還，各安生業。爾等速宜赴案呈稟，毋得自行生端。[241]

但官府公告要百姓出控，產生不少流弊。例如有挾平亂之仇起而控訴者，如追究，勢必涉及丁曰健徵召林文明之責任問題等。因此，官府不得不修正公告內容。同治九年三月二十六日，公佈黎道臺在二十日所發印示，警告民人不得誣告亂控。[242]要點為：

　　（一）、**拿斬林文明的原因**：只是由於「該逆近年築造銃櫃，被人

省控」，而督、撫之飭令拿辦，「均係論其近年之罪，所有從
前積惡，一概從寬免罪」。[243]

（二）、**嚴禁誣告**：內稱：「查彰化棍徒每好藉端訛索，目下林逆伏
誅，保無不法奸徒，乘機妄奸：或謂某為林逆餘黨；或謂某
曾跟隨林逆紮搶，某曾附和林逆拿殺，種種誣捏，勢所不
免。以致人心惶惶，群懷憂懼，大乖本司道除暴安良之至
意。合行示諭嚴禁。」[244]

（三）、**不追究林文明族人與「被脅人等」**：內稱只究首惡，所有被
脅人等及林文明妻孥子女，周親至戚等，均係無辜，不許民
人「牽扯多人，混告戴案內前事」，也不得「假名報復」。[245]

此曉諭顯示林文明之被處決是因他「築造銃櫃」，有叛逆之跡，而民
人之田土控案似乎只是官府用來制裁林家的工具與藉口而已。

官府如何處理林文明訟案中的霸產案呢？據日後王文棨之證
詞，他在同治九年三月二十四卸任後，清理田產事均由新縣令李時英
辦理。[246]查同治九年三月，二縣令所公佈之清理田產案件共有32
件，[247]但不知清理情形如何？根據日後林家京控案之資料，「霸產案」
似乎不了了之，林家並未將田歸還原告。官府既判定林文明的不
是，何以未將所霸之產，依上司之令，歸回原主呢？林家的主要對手
林應時日後曾稟稱，當李時英縣令欲帶其驗田歸管時，林登山（文明
子）、林萬得、林虎鬚傑、林戇宋「在隘口住紮砲臺」，以致未能追

---

243 同治9年3月16日，「黎道臺印示」，〈訟案〉（八），頁39。
244 同治9年3月16日，「黎道臺印示」，〈訟案〉（八），頁39。
245 同治9年3月16日，「黎道臺印示」，〈訟案〉（八），頁40。
246 同治11年6月3日，王文棨稟，〈訟案〉（八），頁80。
247 〈訟案散件〉（一）。

還田產。[248]但林家當時在風雨飄搖之際，敢于大膽抗拒官府嗎？此項證詞的真實性頗令人懷疑。主要的理由當是「正法案」本身是為壓制林家而設計的政治性案件，並非為民伸冤的司法案件，既然目的已達成，官府自然及時煞車。

除了清查林文明被控之霸產案外，官府繼續究辦林奠國案。

原來在同治四、五年間（1865-66），林奠國京控賴正修吞餉，反被左宗棠、徐宗幹奏准革職，並派員看管。[249]此外，省方進一步欲調查林奠國歷年被控案件。事實上，派凌定國來臺查辦林家控案的主要目標或其中之一原本是林奠國案。[250]但凌、王二氏所審之案幾乎僅限於林文明部分。何故呢？理由是：一者由於林文明代表林家對抗官府，以致注意力轉移或集中於林文明案；二者，林奠國訟案部分，均經王文棨斷結。[251]何以林奠國被控部分能順利斷結呢？非常可能是由於林文鳳及時向官府屈服，以金錢與原告和解甚或賄賂凌定國。據《族譜》，林文鳳性慷慨，「萬金不稍惜」。[252]同治四、五年間，林奠國因案被拘福州時，他表示願付賄賂，惟因林奠國不同意而作罷。[253]可見林文鳳在必要時是願意妥協，花錢消災的。

然而事情並未了。福建巡撫卞寶第懷疑其中有弊，認為凌定國處理林奠國案「頗有消弭情形」，「殊不可信」，因而批示按察使移飭

248　同治12年9月，林應時在臺灣府口供，〈訟案〉（十三），頁20-21。

249　ⓐ 楊書霖編，《左文襄公全集》（臺北：文海出版社，1979），頁673。ⓑ 同治9年4月16日，英桂附片，《軍機檔》，101012號。ⓒ 同上附片，〈訟案〉（八），頁49。

250　同治8年9月，王文棨「拿訊傳票」，〈訟案〉（四），頁47。

251　同治12年6月，臺澎道夏獻綸稟，〈訟案〉（十二），頁65。

252　「林文鳳家傳」，林獻堂等編，《臺灣霧峰林氏族譜》，臺文叢298，頁109。

253　「林奠國家傳」，林獻堂等編，《臺灣霧峰林氏族譜》，臺文叢298，頁108。

臺灣道覆訊。[254]英桂總督尤為不滿。同治九年四月十六日，他在奏報林文明正法案時，另上一附片。片中指稱林奠國，「性極兇狡，平日與林文明相倚肆惡，其被控強佔搶擄之案，較林文明為尤多。」[255]換句話說，林奠國比林文明的罪行更多。

因此，英桂決定予以嚴懲。他一方面派員在臺清查「所佔田產」，並且「從重按擬律辦」，一方面為恐委員看管有「疏虞」，被林奠國「潛脫回臺……煽惑生事，乃飭令有司收禁于獄中」。[256]於是，林奠國由被看管監視，進而入監坐牢，直至光緒六年六月六日病逝獄中。[257]堂霧峰林家頂厝系祖晚年竟在鐵窗內度過十年以上的漫長歲月，毋寧是件難以置信之事。

考英桂對林奠國的指控，其真實性頗有可疑。原因是林奠國在同治三年已隨林文察內渡赴閩，如有犯「案」，也不可能較林文明多。事實上，官方公佈之資料，控訴林文明之案遠比林奠國者多。那麼，官府何以用如此嚴重的詞句指控呢？主要的理由當是林奠國即使被看管，亦頑抗不屈，激怒地方大員。再者，林文明死後，官府自然將矛頭轉向林家第二號豪紳林奠國，以澈底摧毀林家所構成的潛在威脅。

---

254 同治12年6月，臺澎道夏獻綸稟，〈訟案〉（十二），頁65-66。

255 ⓐ 同治9年4月16日，英桂附片，《軍機檔》，101012號。ⓑ 〈訟案〉（八），頁49。

256 ⓐ 同治9年4月16日，英桂附片，《軍機檔》，101012號。ⓑ 〈訟案〉（八），頁49-50。

257 林獻堂等編，《臺灣霧峰林氏族譜》，臺文叢298，頁199。

第六章　林家之努力平反
——第一次京控

（同治十年至光緒二年；1871-1876）

　　在林文明慘死與林奠國繫獄的情況下，林家處於家道中落的低潮中。為平反林文明案以重振家聲，林家進行一連串的非常上訴——京控，因而與官府間的關係又進一步的緊張化。林家京控前後共計四次，歷時十年餘方結案。首次京控自同治十年至光緒元年。由於本案政治性高於法律性，案情也錯綜複雜，而訴訟結果更是影響重大，因此官、紳各顯神通，以求制服對方而保護自己。本案在訴訟過程中，高潮迭起，堪稱清代官紳大對決之範例。

第一節　林家伺機平反──首次京控

　　林文明之慘死，林家是耿耿於懷的。第一「謀逆」之名不除，
士紳之地位難保。一旦淪為平民，林家所而擁有的政治、經濟、社會
特權，勢必喪失。[1]正如林應時所指出的，將「朝富暮窮」，林家自不
願見此結局。[2]第二，林家自以為有大功於清朝，不但未獲獎賞──
陞官或賞賜，反而招來重挫，憤怨頗深，特別是對主審案件的省委員
凌定國，亟思報復。林家既不能向清廷權威挑戰，唯一的選擇只有體
制內的抗爭──司法手段。

　　由於林文明案已經由地方官呈報，並由總督英桂上奏結案，林
案欲求平反，極為困難。不過，清代為防地方官審案有偏差，造成冤
獄，亦有非常上訴之補救辦法──即上控與京控。清代審判系統，地
方分五級，即州、縣、廳→府、直隸州廳→道→按察使司→總督、巡
撫，中央則設刑部、或三法司（乃刑部、都察院、大理寺之合稱），
綜理司法業務，並接受非常上訴。[3]依律，原、被告對原審機構之判
決不服者，可向上級衙門呈控，謂之上控。其中向京師衙門上控
者，謂之京控。[4]京控是上京向皇帝呈控之意，可說是訴訟者的最後
手段。帝王似乎同情京控，認為百姓必有冤情，方會費時費貲上

1　關於紳權，論述之學者甚多。如吳辰伯，〈論紳權〉，見吳辰伯、費孝通，
　　《皇權與紳權》，頁50-55。王玉坡，《歷史上的家長制》，頁106。其他，
　　有張仲禮、瞿同祖、何炳棣等學者之作品。

2　同治13年5月15日，林應時呈李鶴年總督稟，〈訟案〉（十四），頁47。

3　ⓐ那思陸，《清代州縣衙門審判制度》，頁4、169-171。ⓑ參見滋賀秀三，
　　《清代中國の法と研究》（東京：創文社，1984），頁11-17。

4　那思陸，《清代州縣衙門審判制度》，頁202。

京，也希望藉京控，了解各省民情。[5]

　　京控有一定之程序。依清律之規定，軍民有冤抑，應先赴州縣具控；「如審斷不公，再赴該官上司呈明；如再有屈抑，方准來京呈訴」；如未先在地方具控或具控仍在審辦中，「遽行來京控告者」，交刑部訊明，先治越訴之罪。[6]換言之，必須是已審斷之案並向審案衙門之上司呈明而仍有冤情者，方准京控。

　　接受京控之衙門有都察院、九城步軍統領、順天府及各旗營，但不准刑部接受呈詞。[7]都察院、步軍統領衙門收到京控呈詞後，依律須酌情辦理。首先須詳訊原告，查明是否確有冤抑，案情重者，須即予具奏；若原告訊供與原呈有異或有其它不實、不合法情事者，則發回本省究辦。如原告來自距京較近省份，則發交刑部散禁，並提取本省卷宗，查核辦理。[8]其次，須究明原告是否在其本省各衙門呈控有案；如未經控理，將人犯解回本省，由督、撫審擬題報；如已呈控，其審結已題咨至刑部而來京翻控者，則交刑部核對現控呈詞與原案。刑部核對京控呈詞後，分別情形，給予不同處置。如呈詞與原案只「小有不符，無關罪名輕重」者，京控人照律治罪。若兩者迥不相符，而又事關重大之案，或「在本省歷控，尚未審結報部」而虛實難決之案，京控人交刑部暫行監禁，再以下列三種方法處置，即「提取該省案卷來京核對質訊」，或「交該省督、撫審辦」，或欽派大臣前

5　參 T. K. Ocko, "I'll Take it All the Way to Beijing: Capital Appeals in the Qing", *The Journal of Asian Studies,* 47, No. 2（May, 1988）, p. 294。

6　ⓐ那思陸，《清代州縣衙門審判制度》，頁75，引自崑岡等，《欽定大清會典事例》卷815，頁12。

7　ⓐ那思陸，《清代州縣衙門審判制度》，頁202。ⓑ 也有不盡相同之說，言通政司、刑部亦可受理京控案。見張偉仁，《清代法制研究》，頁95。

8　崑岡等，《欽定大清會典事例》，卷750，頁3。

往查辦。[9]

　　京控方式，除向有關衙門呈遞控詞外，又有一直接向皇帝呈控的方式，即「叩閽」，俗稱「告御狀」。「叩閽」有兩種方式，一是赴皇宮擊登聞鼓求伸冤，一是攔迎帝王車駕呈控。[10]

　　京控雖是臣民伸冤的最後手段，但成功的可能性很低。一般說，在嘉慶以前，因京控案少，清帝慎重其事，或派欽差大臣，或責令督、撫親審，伸冤的可能性較大。但其後，京控案大增，人力、財力難以負荷，乃多發回原省，由督、撫親審；而實際上，由於督撫公務忙碌，除要案外，多派屬下代審，甚至又回至原來審訊單位。[11]由於一者官場多官官相護，二者京控案一旦成立，有關官員須連帶受懲，因此，地方官「自顧考成」，常盡力維持原判，以致京控案少有成功者。[12]

　　此外，京控所需擔當的風險、代價極高。第一、京控失敗，有被懲以誣控罪之險。[13]第二、京控耗費大，上京的旅費、訴訟期間的訴訟費以及可能的陋規等，非一般人所能負擔的。第三、京控案常經年累月不能斷結，而依律，原告在結案前須羈禁並拖累親友，而常年

9　崑岡等，《欽定大清會典事例》，卷815，頁10。

10　那思陸，《清代州縣衙門審判制度》，頁203-204。

11　J. K. Ocko, "I'll Take it All the Way to Beijing: Capital Appeals in the Qing," p. 299.

12　ⓐ Meskill, *A Chinese Pioneer Family, the Lins of Wu-feng, Taiwan, 1729-1895,* pp. 169-171。ⓑ 鮑書芸參定、祝慶祺編次，《新增刑案匯覽》（臺北：成文出版社，1968；據上海：上海圖書集成公司翻印，1886），卷16，頁13 a-14 a，總頁5172-5174。

13　參Meskill, *A Chinese Pioneer Family, the Lins of Wu-feng, Taiwan, 1729-1895,* pp. 161-162.

失去自由也影響家庭生活。[14]第四、清代獄政不佳，監牢不衛生，坐監者即使不被苛待，也極易染病甚或死亡，如林家京控抱告中就有或病或死者。[15]因此，一般人非萬不得已，不敢輕言京控。

　　同治十年七月二十八日，林文明母林戴氏為伸子冤並重振家聲，派家丁林秋抱狀赴北京呈控（清代稱為「抱告」）。[16]如前所述，京控通常向都察院、九城步軍統領呈詞，林戴氏即向都察院呈控。按總督依例兼都察院右都御史，巡撫則兼右副都御史，而都察院設左都御史（從一品），滿、漢各一人，與左副都御史，滿、漢各二人。[17]換言之，左都御史、左副都御史掌管都察院之實際業務。因此，京控案多由左都御史上摺奏聞。

　　林戴氏京控呈詞的主要內容可歸納為幾點：

（一）林、洪族人挾嫌誣告霸產：由於林文察、文明兄弟在同治元年參與剿平戴潮春之役，林應時、洪和尚等人銜恨，在同治六年間誣控霸產。林文明以「田係價買」，而對簿公堂。[18]

（二）凌定國勒索未成，謀害林文明：省方委員凌定國兩次勒索未成，與鎮、道設計謀害林文明，稟中稱：

14　ⓐ〈清穆宗實錄〉，卷283，頁5，總頁5882-5883。ⓑ參見 Derk Bodde & Clarence Morris, *Law in Imperial China, Exemplified by 190 Ch'ing Dynasty Cases*（Cambridge, Mass., 1967），頁572。

15　ⓐ臨時臺灣舊慣調查會，《清國行政法》，第五卷，頁216-221。文中引黃元鴻〈福惠全書〉（卷30）所列舉之各項凌虐犯人之惡行，令人不寒而慄。ⓑ Peking Gazette, July 20, 1875。ⓒ第三次京控抱告馬生在侯官縣獄中患重病，見〈訟案〉（二十二），頁1、3。第四次京控抱告鄭全也在獄中病重而雙目失明，見〈訟案〉（二十三），頁113-114。

16　林戴氏，「都察院呈稿」，〈訟案〉（八），頁86。

17　那思陸，《清代州縣衙門審判制度》，頁4、5。引汪輝祖，〈學治臆說序〉，見〈入幕須知五種〉，頁224。

18　林戴氏，「都察院呈稿」，〈訟案〉（八），頁83-84。

（同治）八年九月間，臺郡委員候補府凌定國到彰傳問。文明
繳契投訊，凌定國意存謀噬，將契扣留，來與文明強索洋銀
八千員，許為其斷結。未依，凌定國回郡，捏造浮言，與臺澎
道黎，潛謀陷害。九年二月，復行來彰，遣人持正月十六日臺
澎道預發印示一紙，交與文明觀看，內有「文明伏誅，脅從罔
治」字樣，嚇詐前來。文明將示執留，凌定國恐文明執示呈
告，詐許結案。於三月十七日，會縣傳訊。文明不知詭謀，帶
同跟丁四人，冠帶赴署。甫問供，定國劈空喝殺，閃出洪明等
人，刀刺文明脅肋，仆斃堂上，喝令斬首，並殺跟丁二人。[19]

（三）凌定國違法處決林文明：稟中指出：

伏思縣堂非戮人之地，脅肋亦非受刑之所，文明係二品武
職，如果犯法，將其奏革訊明，治以應得之罪，氏亦甘心。乃
挾詐陷害，擅將無辜紳民，刺殺縣堂，屍首暴露，勒具甘
結。未遂，不許收殮，冤慘已極。[20]

（四）黎兆棠道臺以「謀逆」罪名謊報林文明正法事件：黎兆棠以
林文明「聚眾圍繞縣署，並設銃櫃抗拒」等情呈報上司，以
羅織罪名。詞中辯稱：

查當日文明赴訊，僅帶跟丁，並無多人。至彰屬天后神誕，鄉

---

19 林戴氏，「都察院呈稿」，〈訟案〉（八），頁84。
20 林戴氏，「都察院呈稿」，〈訟案〉（八），頁84-85。

例三月十六日，各家皆往嘉義之笨港進香，與十七日事無涉。揀東各莊，因僻近內山，間有銃櫃，原為防患生番起見。氏家東西通衢，鄰舍稠密，並無設櫃，眾所共知。所云聚眾抗拒各情，皆係事後影射陷害，闔邑呼冤。[21]

呈詞又稱，林家一向「為國效忠」，林文察捐軀漳州，「曾蒙優卹」；林文明也「效力戎行，迭經保舉，受恩深重」，何至於「喪心昧良，不知自愛」？實係「無辜被戮，架陷叛逆大罪。」[22]

同時，林戴氏亦抄附臺澎道印示二紙，以為地方官預謀殺害林文明之證據。一是同治九年正月十六日黎兆棠預發之「文明伏誅」印示，一是同治九年三月十七日，林文明正法後，臺澎道張貼之諭告，內有「副將林文明，謀反有實據」字樣。[23]（參見文書10 ⓑ）

根據上述理由與證據，林戴氏懇請都察院奏請欽派大臣前往查辦林文明是否涉及叛逆。[24]

林戴氏之京控呈詞可能在同治十年八月底方呈至北京都察院。當時之左都御史係皂保，訊明抱告林秋（29歲）後，將呈詞上奏，稱此案關係「擅殺職官，誣陷成讞，如果屬實，亟應澈底根究，以申誣罔而肅紀綱。」[25]九月九日，清廷批示，不允派欽差大臣之請，而諭令閩浙總督、福建巡撫查明「是否林文明被殺冤枉」，或者林戴氏

21　林戴氏，「都察院呈稿」，〈訟案〉（八），頁85。

22　林戴氏，「都察院呈稿」，〈訟案〉（八），頁85-86。

23　ⓐ「黎道印示」，〈訟案〉（十五），頁5。ⓑ「臺閩兵備道黎示」，〈訟案〉（十五），頁6。

24　林戴氏，「都察院呈稿」，〈訟案〉（八），頁86。

25　同治10年9月21日，抄出「都察院具奏稿」，〈訟案〉（十一），頁7-9。

「砌詞捏造」，並諭刑部將抱告林秋照例解往閩省備質。[26]九月十一日，內閣奉上諭，遵照執行。[27]

林家何以在林文明死後隱忍一年多才開始京控呢？目前雖無直接資料可稽，但推測當與地方長官的變動有關。如上所述，京控案多發回原省重審，如地方官照舊，平反的機率可說等於零。

同治十年初，總督英桂、巡撫王凱泰奏報黎兆棠出任臺灣道臺一年餘，治理地方「意見偏執，庇護同鄉，不洽輿論」，乃將其撤回。四月十日，清廷准予撤回江西。[28]接任臺道者是定保，由興泉永道調署。[29]查黎兆棠為粵人，此處所謂「庇護同鄉」，指的是粵籍官員或臺灣的客家人，無從得知。又，凌定國亦粵人，在辦理林文明案時，二人是否相袒，亦值得推敲。無論如何，由於黎氏與林文明案關聯甚大，他的撤調，對林家當是一有利的信息。

未知是巧合，或因與本案有關，閩浙總督英桂在都察院奏請查辦林戴氏京控案的同時，即同治十年九月七日，奉命「留京當差」，遺缺由江蘇巡撫張之萬繼任。[30]惟不久，即十月二十四日，張之萬奏請開缺養親，由福州將軍文煜兼署總督。十一月三日，又以河南巡撫李鶴年繼任閩浙總督職。[31]林家或許意圖利用地方官更動之際，爭取有利的訴訟環境。

26 ⓐ 同治11年6月3日「臺灣府周為轉飭事」，〈訟案〉（八），頁53。ⓑ 臺灣銀行經濟研究室編，《清穆宗實錄選輯》，臺文叢190，頁135-136。

27 〈訟案〉（十五），頁3-4。

28 臺灣銀行經濟研究室編，《清穆宗實錄選輯》，臺文叢190，頁134。

29 ⓐ 臺灣銀行經濟研究室編，《清穆宗實錄選輯》，臺文叢190，頁134。ⓑ 鄭喜夫，《臺灣地理及歷史》，卷9，官師志，頁24。

30 臺灣銀行經濟研究室編，《清穆宗實錄選輯》，臺文叢190，頁135。

31 臺灣銀行經濟研究室編，《清穆宗實錄選輯》，臺文叢190，頁136。

此外，林家以林戴氏出名具控堪稱一高招，可將風險降至最低限度。清代司法制度不健全，風紀不佳，獄政又差，一旦涉入官司，當事人須承受苛煩的財政負擔與嚴酷的肉體、精神上的凌虐。然而，林戴氏是殉國忠臣之親母，又是年老命婦，依法享有不少特權。林戴氏甚至於浮報年歲，[32]以爭取更多特權同情。例如上述同治十年之首次京控呈詞中稱「年逾八旬」，[33]事實上，她出生於嘉慶十三年（1808），只有64歲（中國算法）。[34]又如光緒二年時，林戴氏年69歲，卻報稱86歲。[35]原來，清律對某類身份的犯人與某類罪行有優待或寬宥的規定。第一，林戴氏是命婦，可由抱告（即代告）呈控與應訊，不必親自涉身公堂，因而可免收監所受之凌虐。第二，林戴氏不但是命婦，且自稱「年逾八旬」，享有免受拷刑訊問與出庭作證之優遇。[36]第三，凡民年八十以上，犯輕罪者免議，犯強盜與傷人罪者可「收贖」，即使犯死刑罪者，亦須上奏由清帝裁決。而民年如在九十以上、七歲以下，雖有死罪，亦不加刑。因此，林戴氏即使敗訴，死刑絕對可免，最壞的情況只不過是擔起可以「收贖」的刑責而已。按清代贖刑計有納贖、收贖、贖罪及捐贖四種，其中「收贖」係針對老幼廢疾及婦女而設的，即此類犯人可以一定數目之銀兩抵償其罪行而免除刑罰。[37]

32　ⓐ Meskill, *A Chinese Pioneer Family, the Lins of Wu-feng, Taiwan, 1729-1895,* pp.161-162。ⓑ 張偉仁，《清代法制研究》，頁300。

33　林戴氏，「都察院呈稿」，〈訟案〉（八），頁85。

34　林獻堂等編，《臺灣霧峰林氏族譜》，臺文叢298，頁198。

35　〈訟案〉（十九），頁32。

36　ⓐ 姚雨薌原纂，胡仰山增輯，《大清律例會通新纂》，卷24，頁31，總頁3561。ⓑ 張偉仁，《清代法制研究》，頁300。

37　ⓐ 姚雨薌原纂，胡仰山增輯，《大清律例會通新纂》，卷4，頁1-2，總頁409-410；卷28，頁3，總頁2901。ⓑ 張偉仁，《清代法制研究》，頁300。

　　由於林戴氏具備這些有利的條件，乃利用與「誅林案」有關之長官更動之際進行京控，大大減低訴訟的風險。事實上，清律雖嚴，但執行與法規間的差距極大，只要知其門竅，亦能避凶趨吉，故有學者指出人們並不因嚴刑峻法而怯步公堂。[38]總之，林文明之死於公堂與林奠國之繫身囹圄給予林家極慘痛的教訓，為了保護男丁，乃由林戴氏出面，不失為較妥適而明智之舉。

第二節　福建地方官之查辦京控案——
　　　　臺灣知府周懋琦之調查報告

　　如前所述，清廷諭令將林戴氏之京控案遞回福建省審訊。同治十一年二月十四日，閩侯縣縣令石鳴龍將北京解來之抱告林秋與都察院之咨文，解交福州將軍兼署總督文煜與巡撫王凱泰。二月二十一日，督、撫牌示按察使葆恒，迅速查辦。文煜指示「遴派明幹大員，尅日東渡」，赴臺徹底查明京控各情節。[39]王巡撫則批斥稱，林文明「惡蹟昭彰」而被正法，「似屬情真罪當」；並稱凌定國委員與黎兆棠道臺「何至有需索陷害情事」？惟仍指示按察司派大員赴臺，確查林文明「被控案據及當日如何拿辦詳細情形」，並由該司決定是否將原告、被告及人證，解省質訊。[40]同治十一年二月二十一日，葆恒按察使奉令後，呈報稱，臺灣遠隔重洋，不易航渡，且所派大員又須「明

38　D. C. Buxbaum, "Some Aspects of Civil Procedure and Practice at the Trial Level in Tansui and Hsinchu from 1789 to 1895," *Journal of Asian Studies,* XXX, No. 2（Feb., 1971），P. 270。

39　同治11年2月21日，「按察使司葆為飭遵事」，〈訟案〉（十），頁1-3。

40　同治11年2月21日，「按察使司葆為飭遵事」，〈訟案〉（十），頁3-4。

幹」，乃推薦新任臺灣知府周懋琦為查案之大員，就近辦理此案。[41]

　　林戴氏得知京控案已發至福建後，全力展開催辦行動。同治十一年二月二十三日，派家丁鄭全向督、撫遞一呈，簡述林應時挾被剿之怨誣控霸產，而凌定國索詐銀兩不遂，乃設計誘殺林文明事；並指控凌定國「始則詐拂釘恨，砌詞架誣，繼則詐露懼控，擅殺滅口；無供無據，陷良為逆」，請求派員提解人、卷至省，以雪冤誣。[42]督、撫閱稟後均批示，由按察使派員東渡查明，至於是否提調案內人證，候查明辦理。[43]

　　同治十一年三月三日，林戴氏又向按察司呈一稟，內容大致如前，惟特地指控凌定國「素性貪狼，藉委噬詐」，請求將他與有關人、卷，解省質訊。[44]葆恒按察批示，已派員查辦，為免拖累，候查覆後，再決定是否「摘提人證解質」；[45]並再札飭臺灣知府查照辦理。[46]

　　同治十一年四月三日，林戴氏又向總督呈稟，進一步指稱凌定國串謀總兵楊在元，慫恿臺灣道黎兆棠，陷殺其子；且在死後，勒具甘結未遂，「不許收斂」屍體。[47]

　　如前所述，京控案多發交各省督撫親審，而實際上，仍由下層

41　同治11年2月21日，「按察使司葆為飭遵事」，〈訟案〉（十），頁4-5。

42　林戴氏呈督撫，「為拂詐捏殺，籲提伸冤事」稟，〈訟案〉（十一），頁11-12、15-16。

43　林戴氏呈督撫，「為拂詐捏殺，籲提伸冤事」稟，〈訟案〉（十一），頁13、17。

44　林戴氏，「為拂詐串謀，誣逆擅殺，籲懇提質，申雪奇冤事」，〈訟案〉（十一），頁19-21。

45　林戴氏，「為拂詐串謀，誣逆擅殺，籲懇提質，申雪奇冤事」，〈訟案〉（十一），頁21-22。

46　「按察使司葆為飭知事」，〈訟案〉（十二），頁7-9。

47　林戴氏呈總督「為冤在陷殺，籲提訊明事」，〈訟案〉（十一），頁23-24。

衙門審理，林戴氏京控案亦不例外。由於低層官員職權有限，多不敢裁決京控大案，加上官僚體系官官相護成風，翻案不易。因此，林家京控案自始即前景不樂觀，並且註定要曠廢時日。

林戴氏知京控案不由督、撫親審，而發交臺灣府審訊後，派家丁鄭全於同治十一年四月二十四日，向臺灣府呈稟。[48]內指控稱：

> 乞察田業控案不判曲直，唯架以燬人房屋，戕人性命等謊。究係何人房屋被毀？何人性命被戕？均無實據。至云築造炮臺，聚眾抗拒各情，尤係飄空架陷。誣以逆跡昭彰，即如凌定國，始則稟稱孚到訊認不諱，繼則鎮道會詳，率黨入署，露戕登堂。上下異詞，寃殺成讞。夫使文明有意抗拒，何至被害縣堂？抑使有率黨入署，何以殺後毫無別滋事端？[49]

周懋琦知府批示等候查核案卷，呈報上級。[50]然而，不知何故，似未採取行動。同治十一年五月十五日，臺灣道臺定保札飭周知府迅速確查控案呈報；[51]五月二十二日，按察使葆恒又札周知府，指責何以尚未呈報查辦結果，要求加緊辦理。[52]

在上司催辦下，周知府方在府城展開偵訊工作。六月三日，周

---

48 林戴氏向臺府具稟，「為誣逆擅殺，沉寃未伸，泣懇詳查通覆訊雪事〈訟案〉（十一），頁25-27。

49 林戴氏向臺府具稟，「為誣逆擅殺，沉寃未伸，泣懇詳查通覆訊雪事〈訟案〉（十一），頁26-27。

50 林戴氏向臺府具稟，「為誣逆擅殺，沉寃未伸，泣懇詳查通覆訊雪事〈訟案〉（十一），頁28。

51 「臺灣府周為轉催事」，〈訟案〉（八），頁53-55。

52 「臺灣府周為轉催事」，〈訟案〉（八），頁57-60。

知府將二札均轉飭彰化縣令吳本杰，加緊查辦工作；[53]並飭令許其菜（同治九年三月正法案發生當時之彰化縣典史，曾奉命巡城），將案發當時拿辦林文明之情形，即日稟覆。[54]

　　許其菜奉札後，於同治十一年六月十三日，稟報其所知之經過情形。供詞似對凌定國不利。茲將要點述論於下：

（一）北港進香事件：稟中稱，黎道臺禁止百姓在三月十六日抬神赴北港進香，但因「年久俗習」，難以禁止，王文棨縣令乃將彰化南門南壇（即南瑤宮）天后神像請入城內，「藏供觀音亭廟中」；然而，「眾香客，延不起身，住彰化城廂內外不少。」[55]此似顯示凌定國、王文棨所說林文明「率帶匪黨數百人，執持器械，迫桀彰化城外事，」[56]不可信。所謂「匪黨」，實際當是進香客之謊報。

（二）林文明處決時間：稟中稱，當他巡防時，在同治九年「三月十七日申刻，遽報縣署因審案鬧事。」[57]此證明凌、王二氏所稱林文明「突於十七日酉刻，率匪黨多人入城直詣縣署，」[58]是不確的。既然申刻（下午3至5時），縣衙已因林文明案鬧事了，怎麼可能林文明又在酉刻（下午5至7時）率黨入城？

（三）案發現場情景：許氏到縣衙後，見大門緊閉，經報名急呼，由大門房左首小門口一入，他所見的情景是：

53　「臺灣府周為轉催事」，〈訟案〉（八），頁55、60。

54　臺府「札飭事」，〈訟案〉（八），頁61-62。

55　同治11年6月13日，許其菜稟臺灣知府，〈訟案〉（八），頁65-66。

56　同治9年3月17日凌定國、王文棨會稟，〈訟案〉（八），頁17。

57　許其菜，〈訟案〉（八），頁66。

58　凌、王會稟，〈訟案〉（八），頁18。

「見林文明著靴袍，殺死在大門內，旁倒二人，不知死活。
入大堂見堂上差勇，俱鳩容懼色。見大堂左角逐有受傷數
人，擁擠圍看，倉卒不及查問。入穿堂到二堂，見滿地鮮
血，二堂坑牀上臥重傷一人，問係凌守之勇洪姓。」[59]此證
明林文明衣履整齊，只帶跟丁四人赴訊之說當是可信的。

由於許其棻稱許多細節應由當事人之一的王文棨縣令稟報，王
氏亦奉令向臺府稟報（當在十一年六月中旬以後）。[60]稟中詳述其自
同治八年八月上任至九年三月二十日卸任期間辦理林案之原委。[61]有
三要點：

第一、奉令嚴辦林文明：稟中顯示官府預謀處死林文明之證據
不少。1.同治八年八月赴任時，楊在元總兵叮囑嚴辦林文明。[62] 2.同
治九年一月十日他晉府城，楊鎮、黎道要求他會同凌定國，「設籌調
虎離山之計」，以清除「大害」。[63] 3.同治九年二月間，奉到鎮、道
密札，准予在「事機急迫」時，將林文明「就地正法」，並預發正法
示諭。[64]

第二、同治九年三月十七日堂訊與正法情形：稟中稱：十七
日，凌、王二人升大堂，傳訊兩造，有十餘個帶短刀之壯勇擁林文明
上堂。林應時供稱被霸田業價值一萬數千元，但願以八千元折賣以結
案。林文明則稱田係價買，並非霸佔。在審案之前，凌定國已令縣勇
洪明密約心腹一、二人，伺拍案喝拿時擒拿林文明。但洪明與同夥在

59　許其棻，〈訟案〉（八），頁66。
60　王文棨「節略清摺」，〈訟案〉（八），頁69-81。
61　王文棨「節略清摺」，〈訟案〉（八），頁69-81。
62　王文棨「節略清摺」，〈訟案〉（八），頁69-70。
63　王文棨「節略清摺」，〈訟案〉（八），頁71-74。
64　王文棨「節略清摺」，〈訟案〉（八），頁75。

比劃手勢時被林文明壯勇看破，疑是原告刺客，乃持刀砍傷洪明背脇
與林應時腦後。凌、王二氏退至後堂喝令差勇拿捕，差勇格斃林文明
之壯勇二名後，才拿獲林文明。由於城外林文明黨羽「聲言攻奪」，
乃將林文明「就地正法」。[65]

　　第三、凌定國強索八千元銀扣留地契之事：稟中稱，當時堂斷
「補給原告林應時出價八千元」，可能被林戴氏「誤會委員強索」；至
於契字，因「有百餘十紙，均係白契，並未報稅」，乃令糧稅書開列
清單，封存縣署，收備質訊，「並非委員扣留」。[66]

　　據上述之第一點，顯示臺灣鎮道確有指令王文棨設計處決林文
明之事，而第二、第三點隨後為林戴氏所駁（見後述）。但，周知府
調查完畢後，並未立即呈報查辦結果。同治十一年六月二十日，兼署
總督文煜牌示按察使葆恒，催周知府迅速查覆；六月二十九日葆恒轉
飭臺府速辦。[67]八月九日，葆恒又將都察院交下之黎兆棠在案發前所
預發之「文明伏誅」告示，札交臺灣府辦理。[68]

　　周知府完成調查後，不知何故，久久未稟覆。同治十一年十月
十一日，林戴氏不耐，乃向總督李鶴年遞一紅呈（緊急稟）催辦。[69]
稟中指稱，凌定國乃「的害仇人，屢圖謀脫回籍」，請求將人、卷解
省訊究。李鶴年批稱，查辦已半載，竟未回覆，令按察司轉飭周知府
速辦。[70]

65　王文棨「節略清摺」，〈訟案〉（八），頁77-78。
66　王文棨「節略清摺」，〈訟案〉（八），頁80。
67　「按察司葆為飭催事」，〈訟案〉（十二），頁13-14。
68　「按察使司葆為咨行事」，〈訟案〉（十二），頁15-16。
69　「為奸員串詐，誣殺聯官，籲懇遵旨查辦，勒提的害伸雪事」，〈訟案〉
　　（十一），頁29-32。
70　「為奸員串詐，誣殺聯官，籲懇遵旨查辦，勒提的害伸雪事」，〈訟案〉

同治十一年十一月十八日，林戴氏又向王巡撫遞催呈，指稱「案延九月未覆」，並指控林文明正法案發生時之官方報告前後異詞，先說「拿到訊認不諱」，後又稱「率黨入署」，並要求將凌定國等解省訊辦。[71]王巡撫批示，飭按察司催周知府迅速查覆。[72]

同治十一年十二月八日，林戴氏又向按察司遞催呈，請求一面限期查覆，一面先提凌定國至省，「研訊謀殺確情」。[73]葆恒批稱，俟臺府報告到後，再決定凌定國是否歸案。[74]

由於周知府遲未覆報，同治十二年一月二十三日，林戴氏乃直接向臺灣府與臺灣道呈一稟，請求遵督、撫指示，迅速查覆。潘駿章道臺批交臺府辦理，而周知府批答，即日查覆。[75]

同治十二年一月二十八日，林戴氏在福州又向總督、巡撫親遞一催呈，稱「遠渡重洋」，「老病彌增」，難耐久候，請求限期嚴催查覆。督、撫仍批示，飭按察司嚴催周知府查覆。[76]

京控案本是清廷批交督、撫親審之要案，然而，據上所述，官

（十一），頁31-32。

71　「為陷殺奇冤，乞提質雪事」，〈訟案〉（十一），頁33-34。

72　「為陷殺奇冤，乞提質雪事」，〈訟案〉（十一），頁34。

73　林戴氏上臬司催呈，「為誣逆陷殺，屢控莫伸懇乞嚴限詳查，提訊伸雪事」，〈訟案〉（十一），頁35-37。

74　林戴氏上臬司催呈，「為誣逆陷殺，屢控莫伸懇乞嚴限詳查，提訊伸雪事」，〈訟案〉（十一），頁37。

75　ⓐ 林戴氏呈臺府，「為委查未覆，盆冤莫伸，籲懇詳查迅覆，以憑申雪事」，〈訟案〉（十一），頁45-47。ⓑ 林戴氏呈臺道「為誣逆擅殺，委查未覆，錄批籲懇催覆伸雪事」，〈訟案〉（十一），頁49-52。按潘駿章於同治11年11月接任臺灣道臺，同治12年2月2日卸任，鄭喜夫，《臺灣地理及歷史》，卷9，官師志，頁24。

76　ⓐ 林戴氏呈總督，「為案擱冤沈，籲催伸雪事」，〈訟案〉（十一），頁39-40。ⓑ 林戴氏呈巡撫，「為冤沈案擱，籲懇伸辦事」，〈訟案〉（十一），頁41-42。

僚體系仍以推拖拉的方式敷衍，無怪乎不少涉案者不堪訴訟負擔與長期的肉體、精神折磨而家道中衰。林戴氏的訴訟拉鋸戰，現在只不過是萬里長征的第一步而已。

同治十二年二月一日，周知府終於呈報查辦結果。但呈報之內容幾乎是同治九年官方報告之翻版，林戴氏京控之控詞一一被駁。[77]其要點如下：

（一）「原呈內稱，凌定國意存謀噬將契扣留一節：查林文明八年冬月遣抱赴縣呈繳契據，共有百拾餘紙，均係白契，並無投稅，凌守等令眼同彰化縣糧稅書，照契開列清單，點明件數，封存縣署，以備稽查，並無委將員契扣留之事。」[78]

（二）「原呈內稱委員強索洋銀八千員許為斷結，未依，凌定國回郡捏造謠言，與前道憲黎潛謀陷害一節：查林文明八年冬月遣抱赴縣與林應時對質，據林應時堂供，被霸田業價值一萬數千員，凌守斷令林文明償給田價洋銀八千員。當堂斷給林應時田價，並無委員強索八千員之事。」[79]

（三）「原呈內稱預發印示一節：伏讀前督憲英原摺內開據該鎮道將專辦渠魁，脅從罔治之意，繕發示諭，飭凌定國等臨時張貼等語，業已據實奏明在案。」[80]

（四）「原呈內稱林文明帶同跟丁四人，冠帶赴署，甫經問供，凌定國劈空喝殺，閃出勇首洪明等多人，刃刺文明脅肋仆斃堂

77　ⓐ「臺灣府周為遵札查明詳覆核辦事」，〈訟案〉（十五），頁7-23。ⓑ〈訟案〉（十九），頁1-16與〈訟案〉（十二），頁25-41。

78　「臺灣府周為遵札查明詳覆核辦事」，〈訟案〉（十五），頁20。

79　「臺灣府周為遵札查明詳覆核辦事」，〈訟案〉（十五），頁20。

80　「臺灣府周為遵札查明詳覆核辦事」，〈訟案〉（十五），頁20-21。

上喝令斬首，並殺死跟丁二人一節：查林文明隨帶勇丁，當堂將洪明、林應時等戳傷，又傷縣勇四人，縣勇亦格殺林文明死黨四人，格傷十餘人等語，則林文明當日斷不止跟丁四人赴署也。」[81]

（五）「原呈內稱屍首暴露，不許收殮一節：查林文明屍骸早已封收棺木，歷任彰化縣傳屬領埋，延不具領，並無不許收殮之據。」[82]

（六）「原呈內稱，無銃櫃一節：查彰屬阿罩霧地方，至今尚有銃櫃數處，未盡拆毀」。[83]

（七）「原呈內稱無辜被殺一節：查林文明平日強橫淫惡，控案甚多，況在縣堂率黨逞兇，殺傷役勇，按之律例，罪不容誅，豈得謂無辜被殺？」[84]

（八）「原呈內稱架陷叛逆大罪，懇飭查辦叛逆與否一節：伏查前署鎮楊、前道憲黎原稟內雖有『形同叛逆』一語，並未確指林文明為叛逆，原案亦並未將林文明照叛逆擬罪。」[85]

根據上述理由，周知府下結論稱，林戴氏京控之詞，經「逐細詳查，多係摭拾浮詞」，因此「未盡確實」。[86]惟令人訝異的是，周知府既已取得許其棻、王文棨之稟詞，而其稟詞與凌定國之稟報有頗多不一之處，何以置之不理，不加查證？由此可見官官相護之風難免，已決之案，欲求平反，談何容易。

81　「臺灣府周為遵札查明詳覆核辦事」，〈訟案〉（十五），頁21。

82　「臺灣府周為遵札查明詳覆核辦事」，〈訟案〉（十五），頁21。

83　「臺灣府周為遵札查明詳覆核辦事」，〈訟案〉（十五），頁21-22。

84　「臺灣府周為遵札查明詳覆核辦事」，〈訟案〉（十五），頁22。

85　「臺灣府周為遵札查明詳覆核辦事」，〈訟案〉（十五），頁22。

86　「臺灣府周為遵札查明詳覆核辦事」，〈訟案〉（十五），頁19、22。

第三節　臺灣道臺夏獻綸之擴大偵辦京控案

由於臺灣知府周懋琦之調查報告不甚具體，不但林戴氏抗議，總督李鶴年亦不滿。此外，林奠國亦遣人京控，全案亦交閩省審理，於是，林家京控案的規模又擴大了。

京控案之審訊在省城福州與臺灣同時進行，但實際上，臺灣之調查審訊才是核心工作。新任臺灣道臺夏獻綸可說是此後審訊林家京控案的靈魂人物，左右著整個案情的發展。

同治十一年二月，清廷諭准夏獻綸署理臺灣道。[87]但福建船政局因沈葆楨服闕（喪假），人手欠缺，四月十日，夏氏奉令暫緩就任，改以興泉永道潘駿章調署。[88]六月，原任道臺定保離職，由知府周懋琦護理。十一月，潘駿章到任。同治十二年二月二日，夏獻綸正式接任臺灣道臺，直至光緒五年六月二十三日因病死於任所，前後近六年五個月，是臺灣史上任期最長的道臺。[89]夏獻綸之所以對林家京控案有決定性的影響，第一是夏氏任期特長，幾與京控案相終始。第二是夏氏久任閩官，曾出任布政使，資歷佳，並深受督撫倚重，特別是何璟總督（任期亦特長），因此，權限極大。第三是夏氏之出任臺灣道臺對林家極端不利，因夏氏與林家不睦；再者，凌定國之出任委員職，他是推薦者之一，林家京控案如勝訴，勢必追究連帶責任而影響其宦途。因此，欲期夏氏公正審理，做出不利於已的審決報告，幾乎是不可能的。

87　臺灣銀行經濟研究室編，《清穆宗實錄選輯》，臺文叢190，頁139。
88　臺灣銀行經濟研究室編，《清穆宗實錄選輯》，臺文叢190，頁140。
89　鄭喜夫，《臺灣地理及歷史》，卷9，官師志，頁24。

　　福建當局之所以委派夏獻綸長掌臺政，或許有正法案與彼有
關，由彼了結之用意。然而，此舉實有違清代律例，因依規定，凡與
訴訟人有仇隙者，官員應迴避其案件。從夏氏之出任道臺，審理京控
案，隱約可看出官府的意圖。難怪每當林家有勝訴之望時，夏獻綸必
有新的動作抵制，例如查報新、舊控林案等。一系列高潮迭起的官紳
大對決遂在林戴氏與夏獻綸的主導下，逐步展開。

一、周懋琦報告之被駁與京控案之擴大偵訊

　　同治十二年二月十三日，林戴氏因久未見周知府呈報查案結
果，再向按察司催辦。[90]三月三十日，又向新任臺澎道夏獻綸呈稟，
請求迅辦伸冤。四月二日夏道臺批稱，周知府已覆報，飭其等候
督、撫及按察司核辦。[91]按在二月間，周知府已呈報調查結果了。林
戴氏得知報告內容後，極為不滿，同治十二年四月十八日呈稟於巡
撫。內指控周知府先是拖延不肯回覆，其後凌定國潛通關節，而楊在
元總兵也因案渡臺，二人在臺互相勾結，與知府圖謀解脫之計；而周
知府則「欺死救生，多方袒飾」，敷衍呈報。[92]

　　如前已述，凌定國、楊在元二人與林文明案關係最密切。林文
明死後，凌定國似乎仍留在臺灣，同治十三年牡丹社事件發生後，奉
令督建「億載金城」砲臺，並發生瀆職案（後述）。此處先談楊在元
動向。他在同治八年七月二日以閩浙督撫中軍副將署臺鎮，同治十年

90　「為誣逆串殺，案擱冤沈，懇迅催律究事」，〈訟案〉（十一），頁53-55。
91　「為誣逆擅殺，委查未覆，錄批籲懇催覆伸冤事」，〈訟案〉（十一），頁
　　57-60。
92　撫憲催呈，「為案屈冤沈，乞提訊辦事」，〈訟案〉（十一），頁61-62。

因病回湖南家鄉，十二年五月十六日革職。[93]何以被革職？原來楊氏在臺鎮任內有瀆職行為。據查，他曾侵吞營餉三千六百餘兩，且有「濫委營缺，私收練兵貼費」等情。同治十一年五月一日，督、撫奏准飭令楊在元赴閩，聽候勒追查辦。但楊在元至閩九個月，絲毫未繳，因而被革職。[94]楊氏隨後赴臺處理此案，可能如林戴氏所說的，藉機與凌定國籌謀應付林家之策。

楊在元適於此時革職，似非尋常。筆者疑是省方之策略，即一方面犧牲楊在元，滿足林家報復之願，一方面堅持林文明正法案中官府執法之正確性，以減少京控案的殺傷力。

奇怪的是，周知府前已呈報查案結果，全面批駁林戴氏之指控，但在同治十二年三月（？）間請求展延查報期限之稟中，卻稱「再次道經彰化，明查暗訪，傳聞異詞，無從取信。」[95]既然真相未明，他何以提出調查報告呢？可知箇中確有蹊蹺。葆恒按察使接稟後，呈請督、撫奏請展限。[96]

李總督一方面奏請展期，一方面斥周知府之報告乃「虛詞浮說，敷衍了事」，缺失甚多，飭令再查報。[97]批示內稱：

　　細閱該鎮、道初稟所指林文明霸佔田產，姦淫婦女，焚燒房

93　ⓐ 鄭喜夫，《臺灣地理及歷史》，卷9，官師志，頁25。ⓑ 臺灣銀行經濟研究室編，《清穆宗實錄選輯》，臺文叢190，頁143。

94　ⓐ 臺灣銀行經濟研究室編，《清穆宗實錄選輯》，臺文叢190，頁140-141。ⓑ 文煜、王凱泰奏，「為特參侵吞營餉之前署總兵請旨革職勒追事」，〈訟案〉，散件（一），12號。

95　「臺灣府為詳請展限事」，〈訟案〉（十二），頁23。

96　〈訟案〉（十二），頁11-12；頁73-74。

97　按察司「為稟報移知飭遵事」，〈訟案〉（十二），頁62-63。

屋，戕害人性命，首列四大款為可誅之罪狀。今該府僅稱其恃
強霸產，被林應時、林泉並彰化民人，先後具控，案至三十餘
起等語。林文察與弟文明前次剿平戴賊，自居戰功，其時抄沒
逆黨叛產田地甚多，數年之後，該府、縣尚未能辦有頭緒，前
署臺灣府葉守謂勢豪土惡之把持，漏逆出沒之無定，似屬確切
不移。林文明因此意存吞噬、恃強霸佔，為眾怨之所歸，事所
必有。但所佔田產究在何處？統計共有若干？被害之業戶均係
何人？而橫被姦淫者係何人妻女？是否倚勢搶掠強迫成姦？原
稟稱其放火殺人，其焚燒者何人房屋？殺死者係何家子弟？曾
否勘驗有案？均未逐一查明。此案當時原辦既未訊取被害人確
切供詞，開摺呈送，謂其作惡多端，形同叛逆，何以服該屍親
之心？乃此時猶不能臚列其擾害實跡，惟按照原稟，摭拾空
言，敷衍搪塞，實屬含糊草率，礙難核辦。[98]

同治十二年（1873）四月十八日，林戴氏也向總督巡撫呈稟，反駁周
知府之調查報告稱：

據稱，並未指文明為叛逆，而黎道印示明指『謀反有實
據』，非誣逆陷殺而何？又稱強橫淫惡，控案甚多。泣思所控
者，俱係林洪逆黨挾嫌扛陷，奚得未訊未供，以一面之捏
詞，借為謀殺之定讞？又稱率黨入城，直詣縣署，露刃登
堂。如果屬真，何以遽被殺斃？殺後毫無滋事？至定國噬詐番

98　按察司「為稟報移知飭遵事」，〈訟案〉（十二），頁61-62。

銀，正月十六日印示炳據，何得捏為斷價？[99]

但王巡撫不同意，批斥林戴氏稱，臺府剛查覆，隨即翻控，「具見健訟」，飭候按察司查辦，「毋庸曉瀆」。[100]惟李鶴年總督認為雙方說法南轅北轍，飭令按察司調凌定國、王文棨二人來省，稟報當日辦案情形以及黎兆棠道臺預給「文明伏誅」印示之內情。[101]李總督又飭令臺灣當局辦理其它三項工作，計有：（一）呈送民人控訴林文明之有關案卷與正法時死傷者之人數、姓名；（二）將最主要之原告林應時解省發審；（三）解送林奠國被控卷據。[102]

顯然，李鶴年總督深知不進一步調查審訊，不足以解決訟端，自然也無法將此京控案上奏、結案，乃決定調集有關之人、卷赴省城福州審訊。審訊前的調查案情及解提人、卷等工作乃次第展開。

二、凌定國進省稟報「正法案」經過

李鶴年總督指令的工作在閩臺兩地同時進行。第一項工作是提調凌定國、王文棨晉省稟報「正法案」經過。

同治十二年五月三日，林戴氏針對林文明處死事，向按察司上一催呈，批駁周知府之包庇凌定國。內指稱（一）凌定國、王文棨會稟鎮、道時稱「拿到」林文明，「訊供不諱」，而鎮、道會稟時卻稱，林文明「率黨入城，直詣縣署」，二者相矛盾。（二）黎道臺預發之

99　(a)「撫憲催呈」，〈訟案〉（十一），頁61-62。(b)「督憲催呈」，〈訟案〉（十一），頁63-64。

100　「撫憲催呈」，〈訟案〉（十一），頁62。

101　「督憲催呈」，〈訟案〉（十一），頁65。

102　(a)「為稟報移知飭遵事」，〈訟案〉（十二），頁63。(b) 同上文書，〈訟案〉（九），頁20-21。

「謀反有實據」印示，即誣指林文明謀叛之證據。（三）凌定國索詐
八千圓，周知府卻稱是「斷償田價」。[103]林戴氏並請求將凌定國「嚴
行看管」，按律究辦。[104]

　　葆恒按察批示，已提調凌定國、王文棨入省稟報，[105]並已於五
月五日，呈報督、撫，進行提調工作。[106]

　　同治十二年五月二十四日，凌定國應調至福州，並向督、撫呈
上一稟說明辦理林文明案之經過。稟中仍稱係奉鎮（楊在元）、道
（黎兆棠）之密札嚴辦林文明案；而因林文明率眾攜械紮於彰化城
外，並露刃登公堂，砍傷林應時等人，乃予以拿捕正法；至於八千
元，係斷給林應時之田價，並無需索之事。[107]凌定國並抄錄楊總兵、
黎道臺在同治九年元月十六日所預發之密札呈上，以證明係奉令行
事。[108]

　　同治十二年六月一日，王巡撫閱凌氏之稟後，認為當日林文明
擾害實跡，並未臚列清楚，乃批飭臺灣府再查明被害民人姓名、受傷
勇丁，及被殺之林文明「死黨」姓名等卷宗，連同最重要之原告林應
時，解省訊辦。[109]李鶴年總督則批稱，憑空述說林文明種種惡跡，始

103　同治12年5月3日，林戴氏呈臬司，「為誣逆陷殺，籲覆沈冤錄批籲懇迅提訊
　　辦事」，〈訟案〉（十一），頁67-68。
104　同治12年5月3日，林戴氏呈臬司，「為誣逆陷殺，籲覆沈冤錄批籲懇迅提訊
　　辦事」，〈訟案〉（十一），頁69。
105　同治12年5月3日，林戴氏呈臬司，「為誣逆陷殺，籲覆沈冤錄批籲懇迅提訊
　　辦事」，〈訟案〉（十一），頁69。
106　福建按察司為稟明事，〈訟案〉（十二），頁79-82；頁69-71。
107　ⓐ 同治12年5月24日，「遇缺即補知府凌定國稟」，〈訟案〉（十二），頁
　　43-48。ⓑ 同上稟，〈訟案〉（十六），頁2-7。
108　臺灣鎮送密札，〈訟案〉（十六），頁8-11。
109　同註112 ⓐ，頁53。

終未見被害人供詞送省，「何以服屍親（即林家人）之心」？況且林文明是在縣堂上處決的，有查訪真相之必要。[110]六月五日，李總督、王巡撫批飭臺澎道夏獻綸尅日將重要證人林應時解省，並提同林戴氏交由福州府訊問；同時，催調王文棨進省稟覆當年辦案情形。[111]

此後，臺灣地方官加緊調查原來之控林案甚或擴大範圍，並將案卷連同原告林應時解赴省會福州候訊。

三、夏獻綸之擴大查辦控林案——「黃連蒲案」

除了提調凌定國、王文棨、入省稟報辦案經過外，其它解送林文明案卷、林奠國案卷及主要原告林應時赴省等三項工作，亦在臺灣積極進行著。臺灣道臺夏獻綸因而扮演日益吃重的角色。

同治十二年五月三十日，臺灣道、府奉督、撫札再查報林文明案。[112]道、府再轉飭彰化縣孫繼祖承辦，並派委員王宜劼至彰化督辦。閏六月一日，王委員提回林文明被控案卷三十六宗，並解林應時至臺灣府，但未將上級指示調查的數項要點查覆。[113]閏六月十一日，周知府再飭令王委員立即馳赴彰化縣，守候孫縣令，依單上所開列的五款，一一詳查。[114]此五款為：

（一）林文明所佔田產究在何處？地畝數目統計共有若干？被害之

110　〈訟案〉（十六），頁12。

111　按察司「為遵批移知、飭知事」，〈訟案〉（十二），頁75-76。

112　夏道臺「為咨知事」，〈訟案〉（九），頁35。

113　ⓐ 周知府「再行飭、札委查明詳覆，以憑核轉事」，〈訟案〉（十三），頁13。ⓑ 同治12年閏6月28日，林戴氏呈總督「為緣案赴委，懇飭扣改事」，〈訟案〉（十一），頁72。

114　周知府「再行飭、札委查明詳覆，以憑核轉事」，〈訟案〉（十三），頁13。

業戶均係何人？現在有無清理歸還？

（二）林文明姦淫者係何人妻女？共有若干人？是否倚勢搶擄、強逼成姦？現在有無追究？

（三）林文明放火殺人，其焚燒者係何人房屋？殺死者係何家子弟？控告者共有幾人？曾否勘驗有案？

（四）當時殺傷之勇丁係何姓名？共有若干人？有無填驗傷痕？均應一一開明。

（五）當時被殺被傷之死黨係何姓名？究竟共有若干人？原稟稱殺死死黨四人，現查僅止二人，何以不符？是否原稟錯誤？均應逐細確查。[115]

夏道臺一面催府、縣繼續辦理查覆項目，一面飭令將林應時與道臺衙門卷宗，派候補同知袁聞柝先解至總督處，並令王文棨晉省稟報。[116]

同治十二年閏六月十五日，周知府完成林文明案報告；閏六月二十一日，夏道臺轉報按察司。[117]在稟報中周知府糾正前次報告之錯誤：

（一）「前次查覆詳內，有『並將林應時腦後戳傷』一語，係據道署卷案核詳。現在提驗林應時傷痕，係在頂心左右太陽穴並眉叢四處，核與當時彰化縣原驗林應時傷痕相符。」[118]

（二）「又前詳內有『格殺林文明死黨四人』一語亦係援據案卷。

---

115 周知府，「再行飭、札委查明詳覆，以憑核轉事」，〈訟案〉（十三），頁15-16。
116 夏道臺「為咨知事」，〈訟案〉（九），頁39。
117 夏道臺「為咨知事」，〈訟案〉（九），頁40-44。
118 夏道臺「為咨知事」，〈訟案〉（九），頁40。

現提到林應時，供稱，當時縣勇格殺林文明及其死黨共三

人，與林文明之黨殺死凌委員之勇洪明，共四人」。[119]

由此可見前次報告確有敷衍不實之處。此外，稟中也報告被傷之林文

明「死黨姓名」為陳老、楊時到、楊元、馬捷（即李老馬）四人，其

餘不知姓名；殺傷之勇丁有死者洪明一人，傷者施忠、黃振勝、許

壽、徐英等四人；並附上彰化縣所附之驗傷單。[120]

李總督飭辦之四項工作中，最特別的是林奠國案的再度出現。

原來在同治十一年，林奠國曾遣林龍以「情重法輕」等詞赴都察院京

控。要點有二。第一、在戴潮春事件時，賴用紀霸佔林文察、奠國產

業反而誣控林家。其後，因情虛，託族老調處，賠谷還田，已具甘結

銷案。第二、此案係賴正修串通賴用紀誣告者，事經凌定國查訊註銷

在案，何以林奠國仍收禁在監？此案亦發回閩省再審，交由臺澎道夏

獻綸負責調查。[121]林奠國京控當是為伸冤以求免除牢獄之苦，然而，

夏道臺接獲飭令後，反而搜集更多不利的證據來反擊他。夏氏指

出：

（一）林奠國被控案訊結草率：同治三年間，林奠國被賴流等控

告紮厝、擄搶、斷水等案，曾由林文察札令彰化縣銷案。同治八、九

年間（1869–70）凌定國、王文棨審訊時，僅傳訊賴用紀、廖俊傑二

人，「寥寥詰問數語」，其餘原告均未提訊。此外，會稟稿內僅有王

文棨畫行，凌定國未會判，「實屬含混草率」。[122]

119　夏道臺「為咨知事」，〈訟案〉（九），頁41。

120　夏道臺「為咨知事」，〈訟案〉（九），頁41、42-3。

121　ⓐ同治12年，臺澎道夏獻綸「為咨覆事」，〈訟案散件〉（一）No. 19之
　　　(2)。ⓑ夏獻綸，「為詳請事」，〈訟案〉（十二），頁65。

122　夏獻綸，「為詳請事」，〈訟案〉（十二），頁67。

（二）林家「原霸田產」未歸管：夏氏稱，他北行至彰化縣，民人洪琴、林應時、洪福、洪張氏等呈控稱，林文明正法後，其子林丁山仍霸佔田產多起，而林奠國子林萬得（文鳳）亦仍霸佔十二起田產。[123]

（三）新控案：民人洪琴之呈控中有原控案所未有者。

根據以上理由，夏獻綸認為必須進一步查究。他一方面飭令彰化縣令孫繼祖擴大傳訊各原告，吊驗契據，逐案清理，一方面解提人證至道臺衙門審訊，「以成信讞而儆豪強」。[124]由於擴大偵訊耗費時日，夏氏稟請督撫准予展延京控案查覆期限。[125]

林家京控的目的是伸冤，結果卻適得其反，夏獻綸辦案方向指向林家壓迫民人之案件。此後官、紳對抗模式不外林家指控官員違法枉殺林文明，而林奠國無辜被禁；官府則制之以民人之控林案。兩方各說各話，京控案也就越纏越不清了。

依例，京控奏交、咨交案件，半年彙報一次，但依新章，如「要證未到，未能依限完結，准予展限」。同治十二年七月一日，督、撫認為京控案有擴大偵訊之必要，乃奏請將林戴氏與林奠國京控案之奏結展限，[126]於是，臺灣之審訊調查繼續進行。

同治十二年七月間，彰化縣令孫繼祖擴大林文明案之審訊，傳訊林榮貴等四十六人，並取得供詞，依四項罪名呈報。[127]

（一）霸佔田產：原告供稱田業被占多年，僅知段落、基址及年收

---

123 夏獻綸，「為詳請事」，〈訟案〉（十二），頁66-67。
124 夏獻綸，「為詳請事」，〈訟案〉（十二），頁67。
125 夏獻綸，「為詳請事」，〈訟案〉（十二），頁67-68。
126 〈訟案〉（十二），頁83-84。
127 (a)「彰化縣孫堂訊供詞」，〈訟案〉（十三），頁59。(b)〈訟案〉（九），頁51。(c)「林榮貴等供詞」，〈訟案〉（十），頁1-21。

租谷若干，至於田業面積、位置及四至疆界，無法記憶。[128]
惟孫縣令估計，每年租谷每甲以三十石計，被霸田產有六百
餘甲之多。[129]

（二）焚燒房屋：「有洪蒲、洪林氏、洪振文、林郭氏、洪張氏、
洪乃、洪清溪、林曾氏八戶。除田業被霸之外，或供將房屋
焚燒，或供將竹圍，掘毀，鏟成平地，改作水田等語。卑職
查核各案，均係同治三年之事，於六年呈告，詰以當時為何
甘心忍受，遲至數年始行出控。據供因畏林姓勢大，不敢控
告。」[130]

（三）戕害人命：「黃連蒲控告先後被殺一十二命一案，應俟覆查
明確，另行詳覆外，尚有林瑞蘭，即林海瑞之子林江水，於
同治四年七月，被林文明夥黨黃阿山殺斃。又洪塗之弟洪妙
及同夥守圳之方分、沈文三命，於同治四年八月二十五日，
被林文明主使殺斃。卑職查當時雖未驗填，而各人受傷部
位，現據供指，歷歷如繪。」[131]

（四）姦淫婦女：「查有林海瑞之女林網涼，尚未出嫁，同治三年
正月十三日，被林文明糾黨紮霸，擄人關禁，縱夥姦淫，以
致網涼羞忿莫釋，服毒自盡。現據林海瑞之子林文德供，亦

128　臺澎道夏獻綸呈督、撫、按察司，「為咨請核辦事」，〈訟案〉（九），頁
　　51。

129　臺澎道夏獻綸呈督、撫、按察司，「為咨請核辦事」，〈訟案〉（九），頁
　　51-52。

130　臺澎道夏獻綸呈督、撫、按察司，「為咨請核辦事」，〈訟案〉（九），頁
　　52。

131　臺澎道夏獻綸呈督、撫、按察司，「為咨請核辦事」，〈訟案〉（九），頁
　　52-53。

符合。此外，如林應時指控寡嫂李氏，即李招涼姦佔為妾一案。卑職查林應時業經解省，可以就省提訊。」[132] 孫縣令並稱以上證據顯示與楊在元總兵、黎兆棠道臺所呈報之四項罪名「頗相吻合」，且「訪諸輿論，均無異詞。」[133]

至於林文明及其「死黨」露刃登堂，造成之死傷者，孫縣令查明有凌、王二人之勇首洪明，壯丁施忠、黃振勝、許壽、徐英等五人，而當時格殺之「死黨」，「實只游乞食、戴乞食二名」，而承認「原稟四人，係屬錯誤。」[134]

同治十二年八月六日，周知府將孫縣令之查訊結果稟報道臺；九月十四日，夏道臺稟報省方。[135]

據以上之調查報告，夏獻綸認為林文明實罪有應得。他甚至進一步挖掘舊案以制林家，此即黃連蒲所控被殺十二命案件。[136]黃連蒲所控案件是發生在二十年前，即咸豐三年，涉及林家與林和尚（林媽盛）間仇殺的案件。此事真偽是非姑不論，夏道臺之挖掘已失時效之陳年舊案，而時間又是在上級飭令查辦林戴氏、林奠國京控案後，動機不無可疑。[137]按夏氏與林家特別是頂厝系（即林奠國系），結有舊憾，自不願見林奠國案獲得平反。

黃連蒲此後成為林應時之外的林家訟敵，茲將控案簡述如下。

---

132 臺澎道夏獻綸呈督、撫、按察司，「為咨請核辦事」，〈訟案〉（九），頁53。

133 臺澎道夏獻綸呈督、撫、按察司，「為咨請核辦事」，〈訟案〉（九），頁53-54。

134 臺澎道夏獻綸呈督、撫、按察司，「為咨請核辦事」，〈訟案〉（九），頁54。

135 夏道臺，「為咨請核辦事」，〈訟案〉（九），頁47-56。

136 夏道臺，「為咨請核辦事」，〈訟案〉（九），頁55。

137 夏道臺，「為咨請核辦事」，〈訟案〉（九），頁57。

據黃連蒲（即黃水長）在彰化縣與臺灣道之呈控稱：

> 原住彰化柳樹湳莊。林天河、林文明等與林和尚不知被何仇
> 隙，率眾圍攻林和尚村莊，林和尚將家物一擔寄在伊家。林天
> 河、林文明等挾恨，咸豐三年十月十一日，林天河、林文明
> 等，率黨二百餘人，攻破伊家竹圍，燒燬厝屋二十餘間，殺死
> 伊堂叔黃寅、黃山、堂兄黃花、工人楊添受、陳慧、陳阿
> 慧、黃嵌、黃心、黃朝、黃紅、黃乞食十一命，將屍焚燬，並
> 霸去坐落柳樹湳莊田業三段，年收租谷六百七十石。田契三
> 宗，亦被搶燬。當時曾經報官，未蒙勘驗。伊堂叔黃應昌，連
> 年告官未辦。黃應昌病故，堂兄黃存又接續控催。迨同治三
> 年，林文明恃林有里做了提臺，恨黃存控告不休，將黃存擄
> 去，迫寫和息字據。黃存不肯，即將殺斃，屍身焚燬。當時又
> 赴彰化縣控告，並未飭差。伊一家被殺十二命，實係無辜冤
> 枉。現在田業仍被林文明之子林丁山、林天河之子林萬得霸佔
> 收租。[138]

黃連蒲並提出以往的呈控舊稿，但均已殘破。夏道臺再查檢道、府控
卷，但因年代久遠，且衙署曾遭地震倒坍，原卷恐已毀損或難尋，乃
再飭彰化縣查縣衙案卷。據彰化縣回報稱，因同治元年，戴萬生「陷
城燬失」，經細查僅剩下「咸豐六年李令時英任催呈一紙」。[139]

　　由於黃連蒲控案文件欠缺，夏道臺乃飭令孫繼祖再「查訪確切

138　夏道臺，「為咨請核辦事」，〈訟案〉（九），頁58-59。
139　夏道臺，「為咨請核辦事」，〈訟案〉（九），頁59。

真情」。孫縣令「不動聲色，親赴柳樹湳莊附近各鄉，明查暗訪」，由於事隔二十多年，當地居民「鮮知其詳」，但查有遷居他鄉的黃連蒲鄰居盧貴、蔡興二人知事。盧貴原住柳樹湳田頭竹圍仔，蔡興原住柳樹湳六股莊，與黃連蒲舊居鄰莊，孫縣令乃差傳到案。[140]二人供稱：

> 咸豐三年間，林有田（即林文明）與林和尚有仇，林有田同他叔子林天河等就和林和尚鬥殺，林和尚把家物寄存親戚，即黃連蒲胞叔黃山們家內，被林文明等得知向阻。那年十月十一日，林文明等叔侄糾人攻殺黃山家大小十一命，竹圍厝屋都被搶燉無遺。伊等深知其事，可以具結。至同治三年續被殺害黃存一命，那時伊等早已遷居聞人傳說，不知底細。[141]

孫縣令又取其鄰右切結後，將案情呈報夏道臺。[142]

夏道臺取得黃連蒲控案全案供詞後，於同治十二年十一月六日呈報督、撫。除說明此案原委外，指出：

> 臺灣遠隔重洋，民俗挾仇械鬥，焚殺霸佔，地方有司，往往不能按治，亦不詳報。即有會營拿辦，亦多含糊了事。而彰化民情，尤為獷悍，恐似此巨案不報不辦者，尚不止此一起。[143]

---

140 夏道臺，「為咨請核辦事」，〈訟案〉（九），頁60。
141 夏道臺，「為咨請核辦事」，〈訟案〉（九），頁60。
142 夏道臺，「為咨請核辦事」，〈訟案〉（九），頁60。
143 夏道臺，「為咨請核辦事」，〈訟案〉（九），頁61。

他並請示督、撫應否將此案核入林戴氏、林奠國京控案內辦理。[144]傳統官僚均抱多一事不如少一事之行政作風，夏氏刻意尋出舊案，其意圖不問可知。果然，督、撫均批稱，此為重大案件，應歸入林家京控案內，同時辦理。[145]

黃連蒲所控之咸豐三年仇殺案，涉及林家與林和尚的恩怨，恐難以判明真相。[146]至於同治三年被殺之黃存，如拙著《霧峰林家的興起》已述，他曾參加戴萬生黨，是柳樹湳莊人，其妻乃林和尚之女。[147]同治元年，黃存隨林晟攻彰化縣城，其後，林晟召集登臺、柳樹湳各莊人圍攻阿罩霧，他亦隨往，但未攻下而退回；路經林（文察）之父墳，林晟令其發掘墳墓。至同治三年，林文察迫漦黎頭店時，一月二十五日黃存被舉人邱位南所擒，解交林文察，經審訊後斬於軍前。[148]因此，黃家可能因與林和尚為親家，遭林文察等人的報復。按黃案涉及前後歷林仇怨事件，內情複雜，拙著已論及，不贅。無論如何，縱使此案屬實，林文察亦經政治特赦，屬不可再追之案。[149]且事隔二十餘年，已失追訴時效。故黃案之重提當是官府箝制林家的籌碼。

至於至於林奠國被控案件，經彰化縣調查後，大致認為林奠國無何差錯。如賴用紀控告霸產業，雙方早已和息。其它，有的案件與

---

144 夏道臺，「為咨請核辦事」，〈訟案〉（九），頁61。

145 夏道臺，「為咨請核辦事」，〈訟案〉（九），頁62。

146 參見黃富三，《霧峰林家的興起》，頁133-150。

147 ⓐ 參黃富三，《霧峰林家的興起》，頁2871。引自〈宮保第文書〉，「戴案具稟」（三）。ⓑ〈訟案散件〉（一），No. 2。

148 〈訟案散件〉（一），No. 2。

149 參黃富三，《霧峰林家的興起》，頁149-150。

他無干，有的只是欠租（如戴振緵租谷）糾紛。[150]然而，夏獻綸又強調林奠國涉及黃連蒲所控殺死十二命案件，情節重大，仍飭令彰化縣嚴究。[151]

易言之，林奠國為民所控田土案大致無罪，追究的重點轉向上述的黃連蒲控案。此或許因夏氏在田土控案中未獲重大不利林奠國之證據，乃轉以黃連蒲控案呈報以相對抗。黃連蒲此後竟成為林家三大訟敵之一。

第四節　福州府之審訊──京控案之首度交鋒

同治十二年間，主要訴訟人林應時與黃連蒲，以及涉案官員凌定國與王文棨，均已先後至省城福州，有關案卷也已解至省，於是在福州府展開京控案之首度審訊工作。由於官府與林家利害相反，立場迥異，採取結合民人力量夾擊林家之策略，以致在庭訊中各說各話，案情膠著。

一、同治十二年福州府之審訊──雙方各執一詞

林家京控案與民人控林案一方面在臺灣進行偵訊，另一方面部分人、卷亦解至省方審訊。

涉案官員之一的凌定國已於同治十二年晉省，並於五月二十四日稟報其辦理林文明案經過。省方顯然不以為凌氏有失職犯罪之處，故委派其出任鄉試之「文闈搜檢」之職。閏六月二十八日，林戴

150　「臺澎道詳覆革員林奠國京控情輕法重一案」，〈訟案〉（九），頁63。
151　「臺澎道詳覆革員林奠國京控情輕法重一案」，〈訟案〉（九），頁64。

氏向督、撫抗議其違例，指稱凌氏乃京控首犯，例應歸案候訊，請求解除他的差事。[152]王巡撫乃改派李姓知府。[153]

同治十二年七月初，夏道臺已將林文明、林奠國被控案卷四十九宗及原告林應時解到總督處。李總督交福州府審訊，並於七月十四日，牌飭按察司，查訊王文棨到否，並令彰化縣查報林文明被害當日情形。[154]八月二日，總督批示按察司，稱王文棨已到省，尅日令其稟覆。[155]但，福州府遲至九月方開始審訊，而王文棨更是遲遲未稟覆其當年參與審訊林文明的情形。

同治十二年九月初（？）林應時抵福州，九月六日向總督遞紅呈，控訴林氏族人。林應時控詞似乎涉及其他林家親人，總督批示不准「株連親屬」，而飭其赴福州府候訊。[156]自同治十二年九月起，福州府開始傳訊兩造，前後開庭三次，日期為九月十日、九月十四日及十月三日。[157]在應訊時，林應時之口供大體如前，即聲稱：只捐軍需二千元，其後又被勒捐四千元，未允；同治三年八月九日，被林文明等人攻莊，迫獻田產，寡嫂李招涼被佔為妾；凌定國審案時，林文明率勇將其殺傷，致被縣勇正法等情。[158]

同治十二年九月十日，福州府第一次開庭審訊，林戴氏呈一

---

152 ⓐ「為緣案赴委，懇飭扣改事」，〈訟案〉（十一），頁71-72。ⓑ「臺澎道詳覆革員林奠國京控情輕法重一案」，〈訟案〉（九），頁75-76。
153 「臺澎道詳覆革員林奠國京控情輕法重一案」，〈訟案〉（九），頁76。
154 「督牌飭遵事」，〈訟案〉（十二），頁89-90。
155 〈訟案〉（九），頁45；〈訟案〉（十二），頁93。
156 「九初六日林應時紅呈」，〈訟案〉（十三），頁22。按未見紅呈原文，但判斷可能將其他林氏族人亦包括在控訴內。
157 ⓐ同治13年3月7日林戴氏呈彰化縣，「為法不敵弊，案化冤沈，粘結泣懇提訊雪誣事」，〈訟案〉（十四），頁2。ⓑ同彙，〈訟案〉（五），頁52。
158 同治12年，林應時口供，〈訟案〉（十三），頁17-21、39-42。

稟,要點為:

（一）霸田事:稟中稱,林應時從兄林泉參加戴亂,懼罪而售田捐
軍需,非霸田。[159]此情前已說明,不贅。

（二）林文明被害實情:稟中稱:委員凌定國詐索未遂,謀聳鎮
道,預發九年正月十六日道印『文明伏誅,脅從罔治』告
示,企圖勒索洋銀八千元,被林文明將告示執留。定國懼控
獲罪,乃詐稱代為結案,于三月十七日會縣傳訊。文明不知
定國等包藏禍心,遵傳冠帶赴署聽審,並隨帶跟丁戴乞、游
捷、李祥、李老馬四人。定國預伏勇丁洪明等多人,甫問
供,劈空喝殺,當即閃出洪明等人,刃刺文明脅肋,登時仆
斃縣堂。定國指揮斬首,並殺跟丁戴乞、游捷二名。時李祥
逃脫,始知被殺緣由,而李老馬身受重傷,被禁年餘,因病
領回。最慘者,屍骸不許收殮,並要勒家屬親具愿甘切結存
案。接著又串通鎮道,倒填日期,稟報上司。並遍貼『謀反
有實據』印示以冀羅織肆誣,使冤獄成為鐵案,為卸罪優獎
地步。[160]

（三）官方報告有矛盾:「查鎮道原稟前督憲,僅揑稱傷勇,並無
指出林應時戳傷一語。茲聞臺府初詳林應時腦後戳傷,再詳
改為頂心左右太陽眉叢等處;初詳格殺死黨四人,再詳改為
二人。其種種謊詞,自相矛盾。」[161]

（四）官員（凌定國）違法;稟中稱:「朝廷制法,必使罪有應
得」,而凌定國以「田土互控,無供無據,拂詐屈殺士俟三

---

159 林戴氏親供,〈訟案〉（十七）,頁1-4。
160 林戴氏親供,〈訟案〉（十七）,頁5-6。
161 林戴氏親供,〈訟案〉（十七）,頁7。

命」；而且「殺後不稟臺府，僅稟鎮、道」，可證其與鎮、道
誣逆串殺。[162]

林戴氏續稱林應時已到案，請先訊結，並請將凌定國收審。[163]堂中福
州府如何審斷，無資料可稽。

同治十二年九月十四日，福州府第二次庭訊，但未有資料，不
知其詳。十月三日，福州府舉行第三次庭訊，林戴氏提具親供，反駁
林應時。內稱：

（一）「茲林應時供稱，無捐六千之多，而氏長子通報督撫憲，善
後局憲，移知臺灣道府案據鑿證。又稱伊堂兄林泉並無附逆
糾黨攻莊，而區（天民）前道照復有案可憑。」[164]

（二）「據供，陳福傳是氏次子叫出，而前遞康（國器）稟憲呈內，
何以自稱託陳福傳轉。」[165]

（三）「據誣被佔五十三宗田產，氏向無徵收顆粒，亦無完納錢糧。
惟查其所開田畝號數，有與氏明買四十宗契內有重複者，亦
有林傳生之業，其房下管掌收租者，甚有偽造白契者。」[166]

（四）「至誣氏次子佔伊寡嫂為妾。據現臺道府錄供解省，林應時
既捏稱嫂現寄養林戀宋家中，現供又稱在草湖莊居住。信口
造誣，自相矛盾，虛實顯然。」[167]

---

162 林戴氏親供，〈訟案〉（十七），頁8。
163 林戴氏親供，〈訟案〉（十七），頁8。
164 同治12年10月3日，林戴氏親供「為遵諭供明繳據事」，〈訟案〉
（十七），頁9。
165 同治12年10月3日，林戴氏親供「為遵諭供明繳據事」，〈訟案〉
（十七），頁9。
166 同治12年10月3日，林戴氏親供「為遵諭供明繳據事」，〈訟案〉
（十七），頁9。
167 同治12年10月3日，林戴氏親供「為遵諭供明繳據事」，〈訟案〉

林戴氏亦反駁凌定國稱：

（一）「倘定國非實訛詐八千元，而正月十六日黎道殺示，何以攜
來嚇索，被氏次子執留？其捏稱斷結田價八千元者，定國自
知拂詐陷殺，罪無可逃，影射其詞，混飭勒詐八千元之數
目，以為洗刷解脫地步。且前臺府憲葉（宗元）斷找林應時
二千五百元，氏次子以價值過浮，尚未遵允，案卷炳據，豈
有復斷八千之理？」[168]

（二）林文明被殺後，凌定國「僅稟鎮、道，而臺府始終毫不與
聞」，顯然是凌氏與鎮、道「串殺謀陷」，不讓他人知其內
情。」[169]

　　林戴氏並繳交「報捐軍需案底」與「林泉從逆案據」，以證明其
說法。[170]據福建省善後局之回復，同治三年（1864）林文察呈送之
「報捐清摺」內，確有「義首林進來等公捐銀六千元，計重四千二百
兩」之記錄。（按林進來係林應時親叔，可見捐軍需事當不假）。[171]
又，據同治二年（1863）三月七日，督辦臺灣北路軍務之候補道區天
民予林文明之覆文中，載稱林文明於同治二年十月二日帶勇攻柳樹湳
時，「股首林泉等，督匪由瓦窰莊橫衝而出，截途打仗。」[172]（按林
泉乃林應時堂兄弟）

（十七），頁9。

168 同治12年10月3日，林戴氏親供「為遵諭供明繳據事」，〈訟案〉
　　（十七），頁11。

169 同治12年10月3日，林戴氏親供「為遵諭供明繳據事」，〈訟案〉
　　（十七），頁11。

170 同治12年10月3日，林戴氏親供「為遵諭供明繳據事」，〈訟案〉
　　（十七），頁12。

171 「善後局照復」，〈訟案〉（十五），頁41。

172 「區天民照復林文明」，〈訟案〉（十五），頁36-37。

此外，在堂訊中，針對凌定國說詞，林戴氏之抱告何春林亦一一駁斥。此段審訊資料頗為難得，茲將問案對話錄於下。以下以「問」代表審官問話，「答」代表何春林答覆。

問：「霸佔人田產，姦淫人婦女，焚燒人房屋，戕害人性命」事。

答：「霸佔何家田產？姦淫何家婦女？焚燒何人房屋？戕害何人性命？亟應勘驗實跡，逐件訊明，辦之無虧。若憑空言搪塞，浮詞影射，誰肯甘心折服？況逐起曾經二家主遣抱赴歷任地方官剖訴在案，並請到地勘丈，欲求真偽有別，以免誣控不休。當同治七年間，韓大老（韓慶麟縣令）奉府憲葉（宗元）諭，赴揀東萬斗六一帶辦理抄務，並著其順途履勘有無霸佔田產等情，曾經飭傳各原告，當即隨差前來指明田界。既有實在被霸各情事，自應出指實跡，而竟始終埋頭不出，足見虛誣是真。」[173]

問：「招集無賴以為爪牙，各隘口築造銃櫃以為抗拒地步，並出入帶隊三、五百擁護」事。

答：出入只帶跟丁數人，並無招集爪牙帶隊情事，自家亦無築造銃櫃。如果有此事，歷任鎮、道、府、縣自應稟明，何以待至楊鎮臺、黎道臺任內，始稟築造銃櫃？[174]

問：八年九月間，凌守與王令提訊林應時省控各案，再三傳林文明，何以帶勇赴縣，出言不遜，對質未畢，自行逕去？

答：二家主（即林文明）蒙凌、王二大老來傳訊，隨即遣抱黃智聰，帶契一百餘紙，並前奉丁大人會攻萬斗六案卷及抄封案三宗，

---

173 福州府堂訊何春林供，〈訟案〉（十八），頁1-2。此件未列日期，當係同治12年9或10月之口供。

174 福州府堂訊何春林供，〈訟案〉（十八），頁2。

繳縣赴訊。嗣後，凌大老要二家主（文明）親身到堂，二家主亦遵傳，親身到堂聽審，並無帶勇到堂，出言不遜。至其回去者，乃係凌大老飭令留抱候訊，並無對質未畢，自行逕去之理。[175]

問：九年三月十七日，各屬進香，經鎮、道嚴禁，城鄉均各具結遵依，林文明何以抗不遵禁，倡為會首，佈散謠言？

答：三月十七日進香，乃係俗例，各屬皆有，向來地方官均有示禁。此係各人誠心，手持一把雨傘、一個燈籠，跟隨天后聖母赴北港燒香，並無生事，實與二家主毫無干與。既係二家主一人不遵禁，倡為會首，佈散謠言，二家主便就跟隨聖母而去，何致被殺！[176]

問：林文明三月十五日，何以率領千餘人，攜帶軍器，藉名進香，駐紮城外，逗留不去？

答：二家主並無率領千餘人，攜帶軍器，藉名進香，駐紮城外，逗留不去情事。此係凌、王二老將進香之人影射二家主。既二家主有率領千餘人，自不致被其陷殺，就是殺後，亦必生事。此中虛實，請大人明察。[177]

問：三月十七日林文明何以率帶死黨多人，直詣縣署，聲言要與林應時對質，擅敢登堂露刃，將凌守勇首洪明戳傷背肋倒地，並將林應時戳傷腦後，並將縣勇戳傷四人，及被王令凌守喝拿，又取抽出標鎗，向干令迎面施放，迨林文明殺後張貼道臺告示，城外黨徒陸續散去？

---

175 福州府堂訊何春林供，〈訟案〉（十八），頁2-3。

176 福州府堂訊何春林供，〈訟案〉（十八），頁3-4。

177 福州府堂訊何春林供，〈訟案〉（十八），頁4-5。

答：二家主原占定三月十九日，欲娶媳婦，蒙凌、王大老掛牌示，定
　十五日訊結，飭差來傳。二家主望急斷結，所以十五日帶同跟
　丁四人來彰候訊。至十五日示定，竟又不問。二家主隨欲回家
　料理好事，凌大老乃差一個家人來公館，稱伊係奉大老差來，
　云此案限明日午堂訊結。二家主無奈，再駐公館守候。迨十六
　日午刻，站班傳齊，旋又不問。凌大老復差家人來，稱今日進
　香人眾，王大老無暇，請限至明日，一定訊結，無庸多心等
　語。二家主應以「好事在即，不能久候，明日一定回去，煩爾
　轉回大老」。去後，那家人隨復來請我二家主到凌大老公館諭
　話。少時，二家主回來，云：凌大老限明日訊結，說伊別日要
　在彰化拿一個股首，叫二家主別日當即幫他等語。迨十七日午
　刻，飭差來傳，囑二家主暫在署邊楊家守候，候先問林應時遵
　斷後，即請二家主上堂。二家主遵諭，僅帶家丁四人，冠帶赴
　署聽審，行一跪三叩禮，站立在旁。凌大老對二家主，云：林
　應時要討田，不要銀。二家主謂，林應時要討田，叫他將所收
　銀數繳還，我就將田還伊。凌大老謂，林應時爾有聽見否？林
　應時應以有聽見。凌大老以堂板拍案二、三聲，閃出洪明等
　人，刃刺二家主脅肋仆斃，並殺斃家丁二人，焉有二家主率帶
　死黨，露刃登堂之理？如果身藏利刃，帶黨多人，則殺之豈容
　易。此情此理難瞞大人，有無此事，百姓亦週知。[178]

問：據呈稱，「凌定國強索洋銀八千員，許為斷結，未依，凌定國回
　郡，捏造浮言，與前黎道潛謀陷害」。此乃八年冬月遣抱赴縣，
　與林應時對質，凌守斷令林文明償給價銀八千員，豈有委員強

178　福州府堂訊何春林供，〈訟案〉（十八），頁5-7。

索八千之理？

答：凌大老於八年九月間，來與二家主要索洋銀八千元，許為斷結，因此不依，釘恨在心，回府與鎮道謀殺。堂上並無諭斷八千元，此乃係影射之詞。[179]

問：據呈稱，「預發印示乃係黎道將聶辦渠魁，脅從罔治之意，繕發示諭」。

答：預發印示，係九年正月十六日繕發，凌大老於是年二月復來彰化，遣伊家人，持此印示交與二家主觀看，內有「文明伏誅，脅從罔治」字樣，前來嚇詐。二家主將示執留，凌大老恐二家主執示上控，詐許結案了事。三月十七日，會縣傳訊，二家主不知詭謀，帶同跟丁四人，冠帶赴署聽審。甫問供，凌大老劈空喝殺，閃出勇首洪明等人，刃刺脅肋仆斃，喝令斬首，並殺斃跟丁戴乞、游捷二人，誣以謀反有實據，並出示招告。[180]

問：據稱「林文明上堂，帶同跟丁四人，冠帶赴署，甫經問供，凌定國劈空喝殺，閃出勇首洪明等多人，刃刺文明脅肋，仆斃堂上，喝令斬首，並殺死跟丁二人」。查係隨帶勇丁當堂將洪明、林應時戳傷，又傷縣勇四人，縣勇亦格殺林文明死黨四人，格傷十餘人，則文明當日斷不止跟丁四人赴署也。

答：二家主明係只帶跟丁四人，跟丁亦只被殺二人，並無四人。如果多人赴署，何致主僕三人被殺？[181]

問：據稱「屍首暴露，不許收殮」。查林文明屍骸早已收封棺木，歷任彰化縣傳屬領埋，是爾延不具領，並無不許收殮之據。

179 福州府堂訊何春林供，〈訟案〉（十八），頁8。
180 福州府堂訊何春林供，〈訟案〉（十八），頁8-9。
181 福州府堂訊何春林供，〈訟案〉（十八），頁9-10。

答：二家主殺後，主母飭令次孫領埋時，被凌大老刁難，勒令出具霸
　　佔、姦淫等情確實，嗣後不得翻控各甘結；又須總董加繕保
　　領，方准收埋。又總甲收管首級，亦欲索銀數百，是以未曾領
　　回。[182]

問：據稱「無辜被殺」。查林文明平日強橫淫惡，控案甚多，況在縣
　　堂率黨逞兇，殺傷勇役，按之律例，罪不容誅，豈謂無辜被
　　殺？

答：二家主明係無辜被殺。其所稱強橫淫惡，控案甚多，殺傷勇
　　役，皆係陷害浮詞，並無訊驗證據。[183]

問：據稱「架陷逆叛大罪，懇飭查辦叛逆與否」。黎道、楊鎮原稟內
　　雖有「形同叛逆」一語，並未確指林文明為叛逆，原案亦並未
　　將林文明照叛逆擬罪。

答：黎道果誣二家主為叛逆，觀印示兩紙，有「謀反」字樣。果無確
　　指為謀反，則罪不當斬。[184]

問：林文明何以被彰化民人控告數十起？

答：此係同治元年戴、林、洪三姓逆匪倡亂，二家主與伊兄陸路提督
　　林大人（文察），均奉旨回臺剿辦逆匪，那逆黨恨伊兄弟來剿
　　辦。至同治六年間，林逆之族人林應時，洪逆之族人洪和尚
　　等，始即會集族黨出來誣告，經二家主遣抱赴縣，府衙門疊訴
　　赴訊未結，各在案可查。如果實有其事，何以早不出告，直至
　　六年開始同一時出告。此中真假可見。查黎道臺印示，係自正
　　月十六日預發，彼時尚未開印，其北港進香係於三月間之事，

182　福州府堂訊何春林供，〈訟案〉（十八），頁10-11。

183　福州府堂訊何春林供，〈訟案〉（十八），頁11。

184　福州府堂訊何春林供，〈訟案〉（十八），頁11-12。

若非有心謀殺，何以先發殺示？查黎道臺、楊鎮臺於同治九年三月十六日，即以北港進香之事誣二家主，請撫、督憲斥革，並請從權辦理等因。獨不思進香係三月十七日之事，那鎮、道通稟斥革，係倒填三月十六日。既三月十六日通稟，何以先知十七日藐抗不遵？此中是否殺後誣稟，請大人明察就是。

查凡有誣控各案，均經二家主遣抱疊赴各任地方官剖訴跟訊，欲求斷結，以免纏訟無休，案卷煌煌。未聞未成案者，即將二品職官刺殺縣堂，反誣以叛逆之罪。總求公斷核辦。串殺之顯然，見于正月十六日道示，內有「文明伏誅」等語，未殺以前先出殺示。又，三月王、凌大老會銜出示，內有「奉鎮、道密札訪聞」等語，以「訪聞」二字而殺二品職官，並殺跟丁二人，律所未聞。

查殺後王、凌大老等會稟鎮、道，又稱拿到訊供不諱，核與鎮、道會稟情即兩岐，上下異詞，陷殺顯然。

查林應時所繳之契五十餘宗，原係就其應繳賣額內抽匿，並將伊叔林傳生現管田契，繳作二家主霸佔他的。究竟林傳生一房，除變賣以外，尚有田業，係伊自行掌管。林應時等五房所有田業，已經盡賣主人了。實係林應時先為圖索多找田價起見，落後看我主人出頭，剖訴認真，林應時不得不飾詞朦混。求明察就是。中保人雖不在，但是葉本府與凌、王大老手內，均有供詞，繫鑿可查。

查當日葉（宗元）本府委抄封局委員會問，林應時已認收田價一千元，又收過銀六千元，交繳軍需，經通報有案。[185]

---

185 福州府堂訊何春林供，〈訟案〉（十八），頁12-16。

由以上何春林之辯駁，官府預謀殺林文明之說更可確立。何春林亦反
駁林應時之說詞，要點如下：

（一）林應時稱只「認捐二千元」之說：

　　駁稱：咨報軍需局之捐款數為六千元，尚差四千元，由何人
　　賠墊？據稱「四月間繳銀一千元，六月間繳銀一千元」，依
　　例，認捐應有蓋印收單，應繳出呈驗。[186]

（二）林應時稱「霸佔伊寡嫂」事

　　駁稱：四年前林應時在臺灣府供稱其嫂年三十四歲，如今卻
　　供二十八歲，反少了六歲，可證其誣告。[187]

（三）林應時稱「林文明從靴統內抽出尖刀擲去凌、王」事

　　駁稱：果有此事，何以凌、王二氏未留置凶器為據？再者，
　　凌、王原案稟稱係用「鏢鎗向放」，而林應時卻供「抽出尖
　　刀擲去」，互相矛盾。[188]

（四）林應時稱「文明爭執不過，就喝所帶來勇，砍殺其頂心左右
　　太陽穴」事

　　駁稱：「兩造各執一詞，互相爭辯，或有其人，斷無有在公
　　堂之上，當官長之前，有呼勇持刀砍殺者。其人即係逆賊，
　　既到法堂承訊，亦斷無此舉動，況文明係二品職官乎？且應
　　時左右太陽穴並眉叢等處，果被砍殺，頭目俱受重傷，斯時
　　當亦昏暈倒地，人事不省矣，何能於被傷時，尚知文明於靴
　　統內抽出尖刀擲去，尚知文明隨勇與官勇格鬥，被官勇殺死
　　二人，受重傷十餘人，官勇殺傷一人，受傷數人各情

186　〈訟案〉（十八），頁17。

187　〈訟案〉（十八），頁19-20。

188　〈訟案〉（十八），頁21。

節？」[189]

何春林的辯駁相當堅強有力，但官府並未因此作有利的判決。同治十二年十二月十三日，林戴氏乃向盧按察遞一呈，內指稱，在審訊時，林應時「狡供抵賴」，因藉凌定國為靠山。並指出林應時供詞「前後異詞甚多」，如他因從兄林泉「從逆」，報捐軍需銀六千元，有通報為證，卻稱只捐二千元。她又指控王文棨到省已半年多，卻「一味狗延」，未稟覆。請求將凌定國看管，以免「潛通疏脫」，而王文棨亦應飭其「據實聲覆」。[190]

盧按察批稱，臺澎道所移之黃連蒲、洪琴等控案資料已到，批交與林應時案合併審辦。[191]換句話說，官府已擴大對林家的打擊面，即使在與林應時、凌定國的對訊中勝訴，問題仍未了。其中，黃連蒲控案成了林家另一大難題。

二、林家對官府之反擊

一波未平，一波又起，除林應時外，林家又增加一個訴訟對手——黃連蒲。顯然，官府以車輪戰術——一連串的民人控林案——來困弊林家的訴訟攻勢。

同治十三年二月二十一日，督撫飭令彰化縣將霸產各案分別究追查辦，並趕傳原告黃連蒲與鄰證盧貴、蔡興二名中之一，解省以便「三面環質」。[192]同治十三年三月七日，林戴氏聞知臺灣地方官又挖

---

189 〈訟案〉（十八），頁21-22。
190 林戴氏稟盧按察，「為誣逆陷殺，籲懇提質律究伸雪事」，〈訟案〉（十一），頁78-79。
191 林戴氏稟盧按察，「為誣逆陷殺，籲懇提質律究伸雪事」，〈訟案〉（十一），頁80。
192 「為呈明、移知、飭審事」，〈訟案〉（十四），頁23-26。

掘到一舊控案後，向李總督呈稟稱，經其細查，方知黃連蒲控案係凌
定國買通人證，而夏獻綸道臺左袒，「欺死救生」而捏造出來的案
件。[193]她反駁黃連蒲控案稱：

（一）「據詳，咸豐三年十月間，氏子殺死黃雲等十一命，同治三
　　　年二月間復殺黃存一命，歷控鎮道府縣，不為勘驗申理。所
　　　有卷案，府城則地震倒坍無餘，縣署則戴逆滋事被燬等語。
　　　乞察戴逆倡亂，係同治元年三月間，克復彰城，係同治二年
　　　十一月初三日，案經通報，同治三年，縣署完善，如有命
　　　案，奚至無存。」[194]

（二）「據詳，經縣訪查有二十年前鄰人盧貴、蔡興深知其事，具
　　　結作證。弗思案關十二命，誰甘以事不干己，竟逞身作二十
　　　年前見證，匍匐公堂，自罹法網？若非定國謀買之人，臺道
　　　奚致輕信此人當日果必黃雲等之鄰佑乎？況人證例應事主簽
　　　列，豈有地方官親赴各鄉，代其覓證之理。」[195]

（三）「氏次子文明於咸豐六年五月間，蒙前學道裕，取進彰化縣
　　　學武庠，係廩生結保，由縣府送考。如有殺死黃雲等命案，
　　　據稱經黃應昌、黃存等連年接控，當時廩生誰敢具結？在任
　　　府縣，豈不拿辦，反代送考取進各自抱處分？」[196]

---

193 同治13年3月7日，林戴氏稟「為法不敵弊，案化冤沈，粘結泣懇提訊雪誣
　　事」，〈訟案〉（十四），頁2。
194 同治13年3月7日，林戴氏稟「為法不敵弊，案化冤沈，粘結泣懇提訊雪誣
　　事」，〈訟案〉（十四），頁3。
195 同治13年3月7日，林戴氏稟「為法不敵弊，案化冤沈，粘結泣懇提訊雪誣
　　事」，〈訟案〉（十四），頁3-4。
196 同治13年3月7日，林戴氏稟「為法不敵弊，案化冤沈，粘結泣懇提訊雪誣
　　事」，〈訟案〉（十四），頁4。

（四）「據詳：查檢咸豐六年李令時英任內催呈一紙。氏查咸豐六年彰化縣令係王衢，並非李時英。」[197]

（五）「所詳情節，種種謊誣，串捏顯然。況同治三年二月間，臺北軍情喫緊，搜捕逆黨之際，在事文武不下百餘員，果有黃存命案控縣，文武週知，豈有縣不勘驗，並不出差？」[198]

（六）「氏次子當九年三月被害之後，經奸員定國會縣遍示招告，闔郡週知，案關十二命佔產重情，黃連蒲奚甘緘默至今，始行投告？」[199]

據上，林戴氏指出此案乃凌定國懼罪，買通黃連蒲，希圖抵制延案者。她又指控凌定國以殺示嚇詐金錢未遂而謀害文明，乃案中要犯，而省方竟未予以看守，任令其營求美差；又，王文棨調省已八個月，仍未回稟當時辦案情形，反鑽營優缺；請求飭令二人應訊。[200]

　　林戴氏並粘付同治九年三月二十日王、凌、李三人之曉諭有冤民人可出控林文明之告示，以證明若有黃連蒲案當早已出控。[201]她又立一甘結，保證林文明無殺害黃雲等十二命案，文曰：

　　　具甘結臺灣府彰化縣職婦林戴氏今在

　　　大人臺下結得氏子文明當時並無殺害黃雲、黃存等十二命，委

197　同治13年3月7日，林戴氏稟「為法不敵弊，案化冤沈，粘結泣懇提訊雪誣事」，〈訟案〉（十四），頁4。

198　同治13年3月7日，林戴氏稟「為法不敵弊，案化冤沈，粘結泣懇提訊雪誣事」，〈訟案〉（十四），頁4-5。

199　同治13年3月7日，林戴氏稟「為法不敵弊，案化冤沈，粘結泣懇提訊雪誣事」，〈訟案〉（十四），頁5。

200　同治13年3月7日，林戴氏稟「為法不敵弊，案化冤沈，粘結泣懇提訊雪誣事」，〈訟案〉（十四），頁5-6。

201　〈訟案〉（十四），頁9-14。

係凌定國買證串捏抵制，希圖延案。倘實有此情，氏愿按律坐罪。合具甘結，是實。

同治十三年三月初七日

具甘結職婦林戴氏[202]

李總督閱稟後，批飭按察司，「上緊提解審辦」。[203]由於短期內顯然未能定案，李總督在同治十三年三月間再奏請將京控案之呈報日期展延。[204]

同治十三年五月間，林戴氏向總督呈稟，催請先提黃連蒲與二鄰證解省對質。[205]李總督乃於五月二十六日批飭臺灣道將黃連蒲與二證人解省。[206]不久，林戴氏的訴訟敵人又增加了一人——黃連蒲。

在林戴氏發動訴訟攻勢之同時，對手林應時也採取對抗行動。同治十三年五月十五日，林應時向總督呈一稟，除說明林文明犯案情形外，聲稱他在三月八日保釋在外後，等候至今，未曾提訊。他又指稱林目松（即林文察子林朝棟）現在省城，請求將其押訊，以求全案水落石出。[207]六月二十六日，總督批飭福州府速辦。[208]顯然，林應時圖將林朝棟一併捲入案中，以進一步牽制林家。此招甚高明，推想必有人為林應時出主意，而此人當即林戴氏所指稱的凌定國。

傳統中國，官權高於紳權，林家欲以紳權對抗官權是極其困難

---

202 ⓐ〈訟案〉（十五），頁57。ⓑ又，〈訟案〉（十四），頁15。

203 〈訟案〉（十四），頁15。

204 〈訟案〉（十四），頁17-18。

205 「為遵票剖誣，懇乞據情轉詳解辦事」，〈訟案〉（十四），頁39-43。

206 〈訟案〉（十四），頁45-46。

207 林應時呈總督稟之批示，〈訟案〉（十四），頁47-49。

208 林應時呈總督稟之批示，〈訟案〉（十四），頁49。

的，但如能利用官僚間的矛盾或利害關係，藉官抗官，也未嘗無得勝之望。林家在訴訟途徑之外，可能開始作此嘗試，以抗衡日增的官、民夾殺壓力。

同治十三年八月一日，清廷中有人奏「臚陳時務利弊六條」一摺，其中提及「現在臺灣道、府、縣等官資淺望輕，難資治理」、「臺灣道委員當堂擊殺在籍副將林文明」等情，奏請降旨令督、撫秉公訊辦。清廷乃諭令閩浙督、撫查明具奏。[209]此項資料過於簡略，既不知上奏者何人，也難以窺知摺中內容，但推測可能有林家族人運動京官，以對福建督、撫施加壓力。此摺未見於任何刊本或檔案，卻見於林家之訟案資料中，隱約透露出某種關聯。此摺之要點如下：

（一）官吏宜通行考核：飭督、撫，凡考核應依據「實心實政」，「勿因捐納軍功，故存苛責；勿因正途出身，曲為狗庇。」[210]

（二）民命宜設法保全：各省有挖眼剖心、販賣人口、溺女之情事，應嚴禁。[211]

（三）酷吏宜從嚴甄別：此與林文明案相關，另述。

（四）學校宜加振興：各省學政、考試廢弛，弊端甚多。閩、粵二省於省會設書院，「專課舉貢」，意美法良，應飭各省照辦。[212]

（五）行伍宜認真整飭：承平日久，將校不勤操練，應飭令實力操練。[213]

---

209 臺灣銀行經濟研究室編，《清穆宗實錄選輯》，臺文叢190，頁163。
210 「奏為臚陳時務利弊六條」，〈訟案〉（十四），頁52。
211 「奏為臚陳時務利弊六條」，〈訟案〉（十四），頁52-53。
212 「奏為臚陳時務利弊六條」，〈訟案〉（十四），頁54。
213 「奏為臚陳時務利弊六條」，〈訟案〉（十四），頁54-55。

（六）海疆宜速籌防禦：此當亦與林家有關，下述。

上述各條中，第（三）、（六）條似與林家訟案有某種關聯。第三條
「酷吏宜從嚴甄選」內容為：

> 刑罰以濟教化之窮，秋審勾到，如何矜慎，況殺運方消，尤貴
> 以慈祥感召天和。如今官吏遇有訟詞，不耐研求，多以刑迫盡
> 供，或濫押斃命。始於酷而繼以貪，因稅契漏規等類，橫加箠
> 楚，雖士紳亦不免受其笞責。甚且任意誅戮，不復申報上
> 司。即偶爾具詳，必誣以重大之罪，巧為掩飾。比年京控之
> 案，地方官擅殺居多。聞前有臺灣道委員，當堂擊殺在籍副將
> 林文明一事，至今人人不平，未聞該省大吏代為申理。應請旨
> 飭催該督撫秉公訊明覆奏。並申諭各直省督撫，如查有凌虐百
> 姓、擅殺無辜者，據實參奏，不准迴護，以期挽酷虐而歸忠
> 厚，斯民氣可舒也。[214]

此條明指凌定國等人冤殺林文明，而督、撫漠視林家之京控，不肯伸
冤；並請旨飭令督、撫嚴查官吏虐民情形，隱約可感覺出有林家上京
活動的影子。

第六條「海疆宜速籌防禦」中，則力陳不能只靠輪船、水師戰
具，口岸砲臺皆須整修。其中，特別提到：

> 臺灣道、府、縣等官，均關緊要，況值地方多事。風聞現任各
> 員，資淺望輕，尤恐難資治理；並請飭下該督、撫，秉公揀調

---

214 「奏為臚陳時務利弊六條」，〈訟案〉（十四），頁53-54。

　　　　賢員，於海防庶有裨益也。[215]

　　上文直指道臺夏獻綸等臺灣官員之不稱職，而請旨飭令督、撫予以更
調。設想若非有林家之活動，京官如何得知臺灣詳情？何至於用如此
直接明確的言詞指摘地方督、撫等官？

　　如果林家確曾活動京官，那麼是何人所為呢？最大的可能性當
是林朝棟。《族譜》載，林文明遇害後，林朝棟赴福州向總督呼冤，
不得直，乃上京，「哀叩天閽，濡滯北京多年，遂循例納貲，以兵部
郎中敘用。」[216]《族譜》記載語焉不詳，無法斷定林朝棟何時上北
京。如係此時，則可斷定活動京官者必是林朝棟。

　　無論此項京官諫摺是否由於林家之活動，但結果適得其反而導
致官紳對抗的進一步升高。

　　同治十三年八月一日，清廷諭令抄錄此摺，交付督、撫參照辦
理。八月十八日，摺文由兵部火票遞到福州將軍文煜處；八月十九
日，文煜移咨總督李鶴年，請其查明臺灣道、府、縣官員之資望問題
與林文明被委員當堂擊殺事。[217]九月十三日，李總督批示按察司，飭
臺灣道與福州府，趕傳黃連蒲及鄰證二人中之一解省訊辦。[218]

　　按察司奉飭後，稟稱已經提訊林應時，但因雙方各執一詞，無
法定案；而且，案內人證多在臺灣，遠隔重洋，未便紛紛提解到
省，乃轉請由臺灣道，就近提集人證，訊供呈報。換言之，先由臺灣

215　「奏為臚陳時務利弊六條」，〈訟案〉（十四），頁55。
216　「林朝棟家傳」，林獻堂等編，《臺灣霧峰林氏族譜》，臺文叢298，頁
　　　119。
217　總督牌行「為飭遵事」，〈訟案〉（十四），頁57。
218　總督牌行「為飭遵事」，〈訟案〉（十四），頁59-60。

道提集原告黃連蒲（黃水長）與證人等到案，訊明林文明、林奠國殺斃人命、霸占田產事，取具供結後，再送省發交福州府核辦。[219]

可見省方不為前述之奏摺所動，甚至加緊對抗林家之腳步，飭臺灣道再傳訊黃連蒲控案。夏道臺既與林家不睦，其查報結果，不卜可知，案情又進一步複雜化。隨後審訊工作在閩、臺二地同時進行。

三、王文棨之稟覆與林戴氏之反駁

如前所述，涉及同治九年林文明正法的官員之一王文棨，於同治十二年七月間，奉總督令赴省稟覆當年辦案情形。但奇怪的是，雖經林戴氏一再請求，王文棨始終未稟覆，而當局也未催辦。事實上，王文棨還謀取新職。

同治十三年三月間，王文棨奉令出任邵武府同知。[220]三月十九日，林戴氏得知後，呈稟抗議，稱林文明命案乃凌定國與王文棨會審時發生者，王氏至省九個月，竟不稟覆當時情形，反而謀得新職，請求收回成命將王氏歸案。[221]但四月十二日，葆恒布政使批稱，王文棨並未「奏奉解任歸案」，自可出任新職。他又斥林戴氏胡亂要挾，而「其中顯有主唆扛訟之人」，移會按察司，將唆使人併入京控案內辦理。[222]

光緒元年二月八日，林戴氏向王巡撫呈稟，反駁葆恒布政使所謂王文棨「例堪外委，難以歸案」的說法。指稱：何以林文明「官歷

---

219 按察司「為詳請催取供給事」，〈訟案〉（十四），頁61-65。
220 〈訟案〉（十四），頁19-22。
221 「為緣案人員，籲恩查明，扣改差缺，藉雪盆冤事」，〈訟案〉（十四），頁27-31。
222 〈訟案〉（十四），頁21-22。

副將」，未經奏革，卻「無供無據，慘殺縣堂」？並請求將凌定國、
王文棨「奏參歸案審辦」。[223]二月十三日，王巡撫一方面批示福州府
迅速審明京控案，並飭有司查明凌、王是否已稟覆，一方面警告林戴
氏「不得恃婦混瀆」。[224]

　　光緒元年二月十二日，林戴氏又以內容類似但較詳之稟呈李鶴
年總督，請求將凌、王二人奏參歸案，並親自審理。[225]二月二十七
日，李總督仍批飭福州府趕緊核辦。[226]

　　在林戴氏一再催請下，光緒元年二月二十六日，邵武府同知王
文棨終於呈上一稟，報告辦案經過，惟仍維持原先說法。大意是：林
文明恃勢橫行，犯案纍纍，於同治九年三月十七日審訊時，率黨入縣
署，砍傷林應時及勇丁五人，並袖出鏢鎗向放，乃予擒絪；又因城外
餘黨窺伺，事機緊迫，乃依鎮、道密札，予以就地正法。[227]光緒元年
三月十三日，李總督、王巡撫批示將此稟歸入林戴氏京控案內，由布
政、按察二司督同福州府審辦。[228]

　　林戴氏得知王文棨稟報之內容後，呈稟駁其不實。對王氏之捏
報六十餘起控林案件數，她列舉官方紀錄證明其誇大不實。[229]

　　光緒元年五月，新按察郭嵩燾上任。五月七日，林戴氏呈上一
稟，指控凌定國串謀臺灣道夏獻綸，以各種方法抵制以延案，請求嚴

223　「為冤沈法廢，懇乞奏參事」，〈訟案〉（十四），頁67-68。
224　「為冤沈法廢，懇乞奏參事」，〈訟案〉（十四），頁69。
225　「為冤沈法廢，錄批籲懇奏參，以憑歸案訊雪事」，〈訟案〉（十四），頁71-74。
226　「為冤沈法廢，錄批籲懇奏參，以憑歸案訊雪事」，〈訟案〉（十四），頁75。
227　「准補邵軍同知前彰化縣知縣王文棨稟」，〈訟案〉（十四），頁77-83。
228　「准補邵軍同知前彰化縣知縣王文棨稟」，〈訟案〉（十四），頁84。
229　〈訟案〉（十六），頁21-31。

提凌、王歸案，並飛提黃連蒲等人證至省審訊。[230]郭按察頗表同情，批稱：此案經前任總督英桂奏結，「本無可翻控」，但所附之「坐林文明以謀反之罪」的二告示，值得探究，因自太平軍起，雲、貴常有此類誣反案件。他又稱「查閱此呈，理明詞正，恐其中或有冤屈」，乃批福州府訊辦。[231]

　　林戴氏見此批示後，極興奮，光緒元年七月一日再呈一稟，針對凌定國陷殺林文明事提出有力的理由與證據。她說：

當同治九年三月十七日，氏子文明被定國會縣文榮慘殺，一有正月十六日嚇詐印示，一有道印『謀反有實據』告示可證。其拂詐陷殺冤情，閣省週知，帝都共曉。乞察定國非陷殺氏子，則氏子係同治九年三月十七日慘殺縣堂，定國攜來正月十六日嚇示，何以示內已有『文明伏誅』字樣，此定國非拂詐陷殺，正月十六日殺示何至被氏子執留？且氏子於三月十七日陷殺後，遍貼『謀反有實據』印示，是氏子之殺為謀反殺。試問所謂實據者安在？原詳以天后聖誕進香人眾，誣為氏子率黨入城以謀不軌。乞察天后進香，係三月十六以後事，何以定國攜來正月十六日之嚇詐示內，已填『文明伏誅』，是氏子之殺非殺於三月十七，實殺於正月十六也。[232]

230　ⓐ「為拂詐陷殺，奇冤莫伸，籲懇親提歸案，訊雪律辦事」，〈訟案〉（十四），頁85-91。ⓑ同稟，〈訟案〉（十五），頁67-74。

231　「為拂詐陷殺，奇冤莫伸，籲懇親提歸案，訊雪律辦事」，〈訟案〉（十四），頁85-91。〈訟案〉（十五），頁91-92。

232　林戴氏「為蒙批『理明詞正』，深感洞冤重命，籲懇親提，嚴質伸抵事」，〈訟案〉（十四），頁93-94。

因此，林戴氏力稱凌定國係藉謀逆罪殺林文明，請求追究二個道臺印示。她又說，如文明果謀反，「舉家粉骨，未足蔽辜」；若係凌定國索詐八千元未遂而陷殺林文明，請求按『誣人叛逆者應斬決』之律例，治應得之罪。[233]至此，林家之京控在求斬決凌定國的目的顯現出來了。同時，林戴氏也將另一矛頭指向臺灣道臺夏獻綸，指其受凌定國之乞憐重囑，「祇知欺死救生」而袒護他；而周懋琦知府呈總督之報告不實而受總督批斥時，夏道臺亦為他解鈴，羅織無案可稽之黃連蒲命案來抵制京控。[234]顯然，官紳對立之局更加尖銳化。

四、福州府之審訊黃連蒲控案

光緒元年七月二十一日，林戴氏又向李總督呈稟，指控凌定國串謀黃連蒲提出控案，而至今未見有任何證據，請求將凌、王二人奏參，並親提歸案，追究預發之二印示。[235]七月二十八日，李總督批示，應等候審決，再決定是否奏參，斥其「所呈殊屬不合」，但批催福州府趕緊訊辦。[236]總之，林戴氏將控訴重點仍集中於凌定國之違法處決林文明事，而官府則集中於林文明之罪行，並以民人控案對抗——除了林應時控案外，黃連蒲案亦解省審訊。

黃連蒲在同治十三年十二月間經彰化縣差傳赴案後，決定自行

---

233 林戴氏「為蒙批『理明詞正』，深感洞冤重命，籲懇親提，嚴質伸抵事」，
〈訟案〉（十四），頁94。

234 林戴氏「為蒙批『理明詞正』，深感洞冤重命，籲懇親提，嚴質伸抵事」，
〈訟案〉（十四），頁95。

235 「為恃奸逞弊，揹案沈冤，籲懇奏參，親提歸案，嚴質伸抵事」，〈訟案〉
（十四），頁99-103。

236 「為恃奸逞弊，揹案沈冤，籲懇奏參，親提歸案，嚴質伸抵事」，〈訟案〉
（十四），頁104。

至省投訊。約在光緒元年六、七月間，他由鹿港搭船至福州，[237]七月，向督、撫呈稟。稟內控訴林文明殺十二命並佔產，死後，其姪林目松（朝棟）仍霸佔其田業；如今林目松在省城，他曾三次赴按察司遞紅呈，請求提訊，但被代書刁難勒索。[238]七月十五日，黃連蒲又以類似之稟呈福州府，請求提林目松到案訊究。[239]可見黃連蒲除了控訴舊案外，亦以提訊林朝棟做為進一步牽制林家的籌碼。

　　光緒元年七月十五、二十五、三十日，福州府開始審訊黃連蒲控訴林家的案件。在七月十五日之第一次堂訊中，黃連蒲供：

> 年四十四歲，彰化縣人家，有弟即名海。咸豐三年十月十一日，因林有田（即文明）、林天河（即奠國）、林萬得（即文鳳），糾同林慧宋、林宗元們，到小的鄉間攻圍竹圍，殺斃小的堂叔黃雲，並黃山、黃花、楊籌、林乞食、陳慧、陳慧仔、黃勘、黃朝、黃紅、黃心十一命，田園亦被霸佔。先是堂叔黃永昌出控，後他病故，小的接控。到同治三年三月初五日，林有田們又將堂叔黃存殺斃，所有田園被佔十甲半，計谷五百五十擔。小的接控之後，在彰化縣控告四次，在道控告一次。[240]

光緒元年七月二十五日，福州府開第二次堂訊，黃連蒲又供：

---

237 光緒元年7月15日，黃連蒲在福州府讞局之供，〈訟案〉（十四），頁113。
238 黃連蒲「為焚殺十一命，巨冤久沈廿餘載，懇請恩賜速飭就案提究，償辦追還事」，〈訟案〉（十四），頁105-107。
239 黃連蒲「為焚殺十一命，巨冤久沈廿餘載，懇請恩賜速飭就案提究，償辦追還事」，〈訟案〉（十四），頁109-111。
240 光緒元年7月15日，黃連蒲在福州府讞局供，〈訟案〉（十四），頁113。

> 此案已二十四年了。當時是叔子黃永昌頭次出控,那黃林氏是
> 嬸娘,黃水是哥子。現在小的田園被林萬得、林目松霸佔。那
> 林目松係林有田侄兒,本年三月間到省,住在旗下街苣芽菜巷
> 地方,如今只求提伸。[241]

黃連蒲再度欲將林朝棟捲入,但官府的目的似只在迫使林家屈服,撤
去京控,並無意牽連太廣。再者,林朝棟乃殉國之提督林文察嫡長
子,一旦涉入,所有林文察之功過連帶地須重新檢討,茲事體大,故
官府仍避免觸及林朝棟,因而未予提訊。

　　光緒元年七月三十日,福州府開第三次堂訊,黃連蒲與林奠國
二人有一番對質。黃連蒲供:

> 林萬得是林天河兒子,林目松是林有田侄兒。當時因咸豐三年
> 間,小的堂叔黃雲並工人陳慧們,被林天河、林萬得們攻莊殺
> 斃,唇屋、屍身俱被焚燒,並將柳樹湳莊田地霸佔。先是黃永
> 昌出控,經縣主派差查辦,當時是蔡興在場見證。到同治三年
> 間,又將黃存殺斃。小的於六年始行接控,如今求伸冤追
> 辦。[242]

林奠國則供:

> 天河是乳名,萬得是兒子,現年三十歲,目松是侄孫。那黃連

241　光緒元年7月25日,黃連蒲在福州府供,〈訟案〉(十四),頁114。
242　光緒元年7月30日,「黃連蒲與林奠國在福州府讞局對質口供」,〈訟案〉
　　(十四),頁115。

蒲此次進省所控咸豐三年間命案，並無其事，俱是誣控。如果
實有此事，即有報官臨驗，通詳有案。且革員於同治三年間到
省已十餘年了，何以先不控告，延至今年始行來控？實更混
告。至黃存是戴萬生倡亂案內股首，同治三年間，經林文察帶
兵剿辦，獲案正法，他亦作為命案混控。此外，亦無霸佔柳樹
湳田畝情事。[243]

雙方針鋒相對，各執一詞，終未能定案。此後有半年多時間，似毫無
動靜。直至光緒二年二月十二日，訟案才見新發展，此時已由丁日昌
接任巡撫職，張岳齡接任按察使。[244]

　　光緒二年二月十二日，林應時與黃連蒲向丁巡撫呈稟，除重申
原控外，均要求提訊來省之林朝棟。[245]丁巡撫批示按察司督同福州
府，速提人、卷，連同林目松，質訊究追；[246]並將「現禁省監」之林
奠國提訊。[247]至此，省方終於同意提訊林朝棟，但仍未認真執行。

　　另一方面，林戴氏亦在光緒二年二月十五日，向丁巡撫呈稟，
指控凌定國串謀殺林文明，其後謀求夏獻綸道臺，以黃連蒲案抵

243　光緒元年7月30日，「黃連蒲與林奠國在福州府讞局對質口供」，〈訟案〉
　　（十四），頁115-116。

244　參臺灣銀行經濟研究室編，《清德宗實錄選輯》（臺北：臺灣銀行經濟研究
　　室，臺文叢第193種，1964），頁13、19。

245　ⓐ 林應時，「為被控咫尺，呼籲己窮，不蒙提訊伸剖事」稟，〈訟案〉
　　（二十），頁1-2。ⓑ 黃連蒲，「為奇冤不虞，巨慘莫伸，無奈呼告事」
　　稟，〈訟案〉（二十），頁5-6。

246　林應時，「為被控咫尺，呼籲己窮，不蒙提訊伸剖事」稟，〈訟案〉
　　（二十），頁3。

247　黃連蒲，「為奇冤不虞，巨慘莫伸，無奈呼告事」呈，〈訟案〉（二十），
　　頁6。

制。她指出：（一）黃連蒲所列命案證人，盧貴、蔡興提質三年，查無其人；（二）當年（同治八、九年）凌氏查辦林家案件，「無微不至」，何以如此重大案情未列報？她又指控審案官員「藉詞人證未齊」，延擱案件，林應時「保釋欲遁」，而黃連蒲案之證人則提質無人，請求親提人、卷審案。[248]

丁巡撫對此案頗表不解，光緒二年二月二十一日批稱：

> 據呈林文明被殺情形，臺灣道果預給印示，委員何敢給與林文
> 明閱看，藉此恐嚇，復任其執留？且查核原案，據鎮道會稟具
> 奏，並無謀反字樣，何以臺灣道又有『謀反有實據』告示發
> 貼？殊不可解。[249]

丁氏並批示按察司督同福州府迅速究辦。[250]

光緒二年三月九日與十日，福州府再度庭訊，由林戴氏抱告何春林與黃連蒲對質。[251]黃連蒲供：

> 咸豐三年十月十一日，林天河（即奠國）、林有田（即文
> 明）們，因挾林大和尚寄物之嫌，糾集二百餘人，圍攻蒲

---

248 ⓐ 「為揖案埋冤，法不敵弊，籲懇親提歸案，訊雪奏辦事」，〈訟案〉（十九），頁17-24。ⓑ 同治13年11月24日，彰化縣皂快蔡許、林和奉令趕傳盧貴、蔡興，但回報稱「細查無人」，「訟案散件」（一），No.23。

249 「為揖案埋冤，法不敵弊，籲懇親提歸案，訊雪奏辦事」，〈訟案〉（十九），頁24。

250 「為揖案埋冤，法不敵弊，籲懇親提歸案，訊雪奏辦事」，〈訟案〉（十九），頁24。

251 光緒2年3月9日與10日福州府堂訊，〈訟案〉，（二十），頁7。

鄉，殺斃堂叔黃山們十一命，屍被焚毀，所有田地房屋均被霸佔。當時蒲哥子黃水赴縣並府道具控有案，至今未蒙追辦。至小的田地是十甲零，計三段，在柳樹湳莊，每年收租谷五百五十擔，現在俱係林萬得、林目松收租，如今求追辦。[252]

何春林在對質時供：

那黃連蒲所控之案，據說是咸豐三年間殺斃人命，當時二家主文明委無此事。如果實有其事，即係兇犯，何以六年間纏進武生，各廩保豈肯具保之理？其實並無殺斃人命、霸佔田園房屋的事，委被誣控，經老主母於同治十三年三月初七日，在督憲具呈剖訴，並出結有案。至於見證盧責、蔡興二人，亦係混捏。當時朱縣主出皂快差蔡許、林和往傳，並無此人，稟覆有案。舊年七月間，老主母抄粘稟赴督轅呈控在案。現蒙發看道文，內黃連蒲所供田三段，年收租谷六百七十擔，而黃連蒲在省又供四十甲零，年收租谷五百五十擔，前後異詞，可見捏供。[253]

福州府在對質後，堂諭稱：黃連蒲所控乃咸豐三年（1853）事，而何春林在同治三年（1864）始至林家管事，相隔十餘年，「何得知其底細」？又，何氏當堂發羊癇病，命交保，候取林戴氏親供及林應時到案，再行質訊。[254]

252　光緒2年3月9日，福州府讞局對質，〈訟案〉（二十），頁9。
253　光緒2年3月10日，福州府讞局提黃連蒲對質，〈訟案〉（二十），頁7-8。
254　光緒2年3月10日，福州府讞局提黃連蒲對質「堂諭」，〈訟案〉（二十），

　　光緒二年四月八日，由於林戴氏、黃連蒲、林應時等人均提催呈求訊辦，丁巡撫飭按察司督福州府迅速提訊。[255]但福州府未有進一步的行動。

　　光緒二年五月十三日，林戴氏向張按察具呈，請求親自審訊，追究黎道臺二預殺告示。[256]但張按察嚴詞批曰：

> 氏子林文明如果並無作奸犯科，謀為不法，前彰化縣王令等員何敢於光天化日之下，擅誅無罪之人？林應時亦何致以霸產、佔姦重情，節次無端呈告察核？現呈情節，種種支飾，保非恃婦逞刁，捏詞混控。[257]

顯然，張按察並不同情林戴氏之說。

　　由於林戴氏著重凌定國之謀害，而官府則重民人對林家之控案，雙方始終未取得共同的爭論點，以致各說各話，案情益加糾纏不清。

頁10。

255 「為飭遵事」，〈訟案〉（二十），頁17-18。

256 「為提命抵制，揹案埋冤，籲懇親提人卷伸雪事」，〈訟案〉（十九），頁25-27。

257 「為提命抵制，揹案埋冤，籲懇親提人卷伸雪事」，〈訟案〉（十九），頁27。

第七章　官紳對抗之緩和與再升高
——林家第二次、三次京控

（光緒二年至光緒五年；1876-1879）

　　由於案情膠著，光緒二年，林戴氏又進行第二次京控。此次之審訊有轉機，閩官有設法和解之意，但林戴氏誓不妥協。於是，在官府又擴大控林案與林家發動第三次京控後，官紳對抗進一步升高而達到不歸點——官府不但繼續利用控林案牽制林家，而且緝拿林家族人、清查田產以置之絕地。

第一節　林家第二次京控與官紳和解之嘗試

　　光緒元年末，林戴氏遣李祥再度赴北京都察院呈控。李祥在光緒元年11月間至北京，因十二月不收京控文件，乃於二年一月二十日才赴都察院遞呈。[1]二月十八日，左都御史景廉轉奏。[2]京控詞要點為：

　　一、臺灣道臺夏獻綸捏案抵制其京控：凌定國以林應時對抗林家不成後，與王文棨央求臺灣道夏獻綸「代為消弭」。夏道臺乃授意彰化縣令孫繼祖捏報二十餘年前無案可稽之黃連浦「命案」，核入京控案辦理，以為凌、王二人脫罪。[3]

　　二、審案官未究林應時之誣控：林應時「誣捐輸為佔產」，已由「善後局查覆捐輸屬實」，但審案官延擱三年，不予訊究，反讓林應時保釋在外。[4]

　　三、審案官亦未究擅殺林文明所預發之二印示：林文明被殺於同治九年三月十七日，凌定國攜有正月十六日所發之「文明伏誅，脅從罔治」印示，若非曾來嚇詐，何以此印示落入林文明手中？周懋琦知府之呈報聲稱「並未確指文明為叛逆」，但處死後，何以黎兆棠道

1　據李祥供，〈訟案〉（二十），頁23。

2　ⓐ林戴氏，「為始終誣陷，捏案埋冤，泣懇奏請提京歸案訊辦事」，〈訟案〉（十九），頁5-10。ⓑ〈訟案〉（十九）頁11-16。ⓒ「都察院景（廉）奏為福建職婦林戴氏遣抱京控請旨究辦摺」，光緒2年3月5日，〈京報〉，見臺灣銀行經濟研究室編，《清季申報臺灣紀事輯錄》（臺北：臺灣銀行經濟研究室，臺文叢第247種，1968），頁605-607。

3　林戴氏，「為始終誣陷，捏案埋冤，泣懇奏請提京歸案訊辦事」，〈訟案〉（十九），頁7。

4　林戴氏，「為始終誣陷，捏案埋冤，泣懇奏請提京歸案訊辦事」，〈訟案〉（十九），頁7-8。

臺到處徧貼「謀反有實據」之印示？可見「未殺而懷必殺，既殺而又誣以叛逆」。此二印示乃案情之關鍵，但五年來，審案官始終不究此二印示，亦不准她「啟口言及」，可見「袒蔽」之深。[5]

根據以上理由，林戴氏認為在「本省（福建）雪冤」無望，而惟有與凌定國對質，案情方能水落石出，因此請求奏請派欽差大臣提拿凌定國、王文棨及各人證到京師歸案訊辦。[6]

光緒二年二月十八日，清廷閱摺後，未准提京審訊，仍然批交總督李鶴年、巡撫丁日昌，「督同按察司，親提人證、卷宗」，嚴訊定擬，並將抱告李祥解回省方備質。[7]

光緒二年閏五月二日，抱告李祥與林戴氏京控案解至福建，由侯官縣呈報督、撫。[8]閏五月六日，督、撫會牌，飭按察司督同福州府，「尅日提集人證，秉公嚴訊確情」。[9]

光緒二年閏五月九日，福州府先提訊抱告李祥。李祥供稱，他是侯官縣人，同治元年隨林文察提督至臺，後因病回省；同治五年，林文明赴漳州運兄柩，他又隨之赴臺；七年間，隨大少爺（朝棟？）；十年間來省，因此不知二家主林文明所做之事；請求訊問林戴氏之在省抱告何春林。[10]

光緒二年閏五月十二日，福州府開庭審訊。林戴氏遣何春林出

5　林戴氏，「為始終誣陷，揹案埋冤，泣懇奏請提京歸案訊辦事」，〈訟案〉（十九），頁8。

6　林戴氏，「為始終誣陷，揹案埋冤，泣懇奏請提京歸案訊辦事」，〈訟案〉（十九），頁8-9。

7　〈訟案〉（十九），頁10。

8　「閩浙總督為移邊事」，〈訟案〉（二十），頁20。

9　「憲臺會牌」，〈訟案〉（二十），頁21-22。

10　「憲臺會牌」，〈訟案〉（二十），頁23-4。

庭，並呈上親供。[11]稟中指稱黃連蒲控案乃「凌定國懼罪，買串抵制」者；而夏獻綸道臺，偏狥左祖，勒令前彰化縣孫繼祖造無可究詰之虛詞」，希圖抵制延案。[12]她列舉六點理由證明黃連蒲控案之不實，[13]並進一步指出林文明在同治九年三月十七日被害之後，凌定國會同王文棨縣令徧示招告，「檢搜積案，無微不至」，事關十多命並佔產的重案，「黃連蒲奚甘緘默，凌定國奚至漏列，直待氏京控之後，始行報告？」[14]

她又指稱：十餘年前無案可稽之呈底居然可以取信，「誠普天之下所未有也」；而林文明乃二品職官，「無供無據，擅殺縣堂」，又有凌定國之正月十六日嚇詐告示與『謀反有實據』道臺告示為證，反不可信；而且審訊官竟不將凌定國歸案，藏匿二告示而不問，並「不准一語言及」。[15]她懇請調凌定國、王文棨歸案，當面對質虛實。[16]

此次審訊，除林戴氏呈遞親供外，並有黃連蒲、林應時、何春林（林戴氏抱告）之對質。黃連蒲供：

> 小的因叔子黃山們十一人，於咸豐三年間，被林文明、林奠國、林言仙、林戇宋、林萬得、林虎鬚傑們殺斃，並將田園霸佔。當時是叔子黃永昌們先行出控，後因叔子黃永昌與胞兄黃水均已病故，小的於同治六年間，才行接控，現在只求伸

11　林戴氏親供「為遵諭供明，懇請核詳歸案，審辦雪冤事」，〈訟案〉（十七），頁13-18。
12　同上，〈訟案〉（十七），頁13。
13　〈訟案〉（十七），頁13-15。
14　〈訟案〉（十七），頁15-16。
15　〈訟案〉（十七），頁16。
16　〈訟案〉（十七），頁17。

冤。[17]

林應時供：

> 小的兄嫂於二十四歲時守寡，到同治三年間，兄嫂二十九歲
> 時，被林文明佔匿，那林文明在時年四十五歲。迨又糾人用砲
> 攻莊，將田園厝屋，統行霸佔，並勒去田契四十宗，尚剩
> 五十三宗。其時叫陳福全（傳）出來，許給一千銀與小的作本
> 生理。現在只求追回田業歸管。[18]

何春林則反駁稱：

> 同治三年十月間，在林提臺家充當管事，所有二家主文明之
> 事，小的均各曉得。二家主在家，並無非為，俱係被人誣
> 告。二家主均在府道衙門具訴有案。同治八年間，祝本府任
> 內，二家主赴案候訊，等候八個月之久，並無一人到案質
> 訊。迨後，因被凌大老、王大老，無憑無據，將二家主擅殺公
> 堂，所以老主母不甘，遣抱赴京具控求伸。至大家主當時就地
> 捐資，係奉督憲明文，諭令就地勸捐，籌款濟餉。那林應時伊
> 兄林泉從逆，他六房之人恐怕受累，情願將田產罰捐充餉。其
> 時無人承買，大家主請的老主母養贍，先行籌買墊餉。現在這
> 案，蒙諭了結，容小的回問老主母解勸，看破了案。[19]

17　光緒2年閏5月12日，福州府對質供，〈訟案〉（二十），頁25。

18　光緒2年閏5月12日，福州府對質供，〈訟案〉（二十），頁25-26。

19　光緒2年閏5月12日，福州府對質供，〈訟案〉（二十），頁26-27。

由於兩造「供詞仍前」，難以定案，福州知府乃令何春林勸諭林戴氏了結此案。[20]

福州府勸林戴氏和解的理由之一是，其仇敵凌定國已被革職參辦。[21]茲簡述凌定國被革職緣由如下。

原來自同治十三年九月十五日起，凌定國與副將周振邦負責辦理臺灣安平口三鯤身地方的洋式砲臺（即「億載金城」），所有工料，均歸凌氏經營。其後，巡撫丁日昌訪聞凌氏有「侵吞工料銀至巨萬情事」，於光緒二年二月間，飭令夏獻綸道臺查辦，並囑其不可含糊狗隱，代人受過。夏道臺乃與周懋琦知府、臺防同知孫壽銘赴安平調查，發現大、小工人數目，均有短少，所給工價，亦較冊報者為少；凌定國已有撥用之勇役、廚子、伙夫，但每日仍提用小工二十人，以供私用；又，洋人橋夫已在巡洋項下開銷，卻又混報在內。總計凌定國經手領過之款共十二萬九千四百餘兩，內有浮開短給之項，計應追回侵吞銀一萬四千三百七十七兩零；另外，尚有磚瓦、灰土及各項雜料，未知侵吞若干。經夏獻綸嚴訊管帳謝斌等，均稱「由凌定國及其弟定邦經手；而傳訊凌定邦，則談之凌定國」。光緒二年三月間（？），丁日昌乃與文煜、李鶴年上奏稱，「洋式砲臺，事屬創始」，凌定國二年來辦理此要務，竟敢侵吞公款，「似此貪劣之官，若不嚴參懲辦，臺事何由起色」？請旨將「花翎福建補用道遇缺即補知府凌定國即行革職。」[22]四月十三日，清廷諭令將凌定國革職，並嚴令追

---

20 光緒2年閏5月12日，福州府對質供，〈訟案〉（二十），頁27。

21 光緒2年閏5月18日堂訊，〈訟案〉（二十），頁28。

22 ⓐ 凌定國督建砲臺事，參見羅大春，《臺灣海防並開山日記》（臺北：臺灣銀行經濟研究室，臺文叢第308種，1972；原刊年不詳），頁29。ⓑ 臺灣銀行經濟研究室編，《同治甲戌日兵侵臺始末》（臺北：臺灣銀行經濟研究室，臺文叢第38種，1959），頁198-199。ⓒ 朱壽朋纂，臺灣銀行經濟研究

回浮冒，若不籌措歸還，則另行「嚴參治罪」。[23]

　　光緒二年閏五月十八日，福州府再提何春林，查訊林戴氏是否願私解。何春林供稱：林戴氏因（一）「大冤未伸，委不甘願」；（二）凌定國之參辦係因它案，而非因本案，因此不願和解，要求「照例擬辦」。何氏又供，林文明在無供無據下被殺，而赴審時，身邊只有隨從三、四人，並非凌、王所說數百人。[24]

　　福州府堂諭稱，「林戴氏不願完事，必要澈底究辦」，決定「候再提研訊」。[25]

　　同日，何春林亦呈上林戴氏親供。內稱，林應時族人罰捐，有善後局覆文可證；而夏道臺所提之黃連蒲控案，經彰化縣訪查二證人，差役回稟無人。並稱，凌氏嚇詐未遂而殺其子，務必追究，無法接受「了結」此案之議。[26]

　　光緒二年四月二十五日，張知府閱此，批示：「昨提林應時質審，謂被佔田產，自鑿鑿有據，應候查傳林目松等到案。」[27]顯然，由於林戴氏之不妥協，官府態度又轉強硬。

　　福建地方官藉其它罪名將凌定國革職，以換取林家之免究林文

　　室編，《光緒朝東華續錄選輯》（臺北：臺灣銀行經濟研究室，臺文叢第277種，1969），頁14-15。ⓓ臺灣銀行經濟研究室編，《清穆宗實錄選輯》，臺文叢190，頁24，記載較上簡略。

23　ⓐ臺灣銀行經濟研究室編，《同治甲戌日兵侵臺始末》，臺文叢38，頁24。ⓑ羅大春，《臺灣海防並開山日記》，臺文叢308，頁14-15。在此記為十四日，當是抄出之日期，乃有此時差。

24　〈訟案〉（二十），頁28。

25　〈訟案〉（二十），頁28。

26　林戴氏，「為奇冤莫雪，情實難甘，籲懇詳請歸案訊明律辦事」稟，〈訟案〉（十九），頁29-31。

27　林戴氏，「為奇冤莫雪，情實難甘，籲懇詳請歸案訊明律辦事」稟，〈訟案〉（十九），頁32。

明「正法案」，堪稱為政治高招。原來涉及懲辦林文明的官員層次相當高，上至當時的總督英桂、布政使夏獻綸（即現任臺灣道臺），均包括在內，而凌定國也一再宣稱是奉命行事，京控案一旦成立，無異承認閩省高級長官違法殺朝廷職官，此不僅是官員行政上的差錯與個人醜聞，亦對影響清政府的威信。傳統中國，政治模式是威權性的，行為模式是道德性的，因此官府基於公權力、官員基於個人面子，不可能直接、公開對紳民認錯，至多以一間接委婉的方式表達。

如上述，官府以他案參辦凌定國，乃是間接認錯的一種方式。事實上，同治十二年楊在元之革職可能也含有類似的用意。此堪稱為林家的一大勝利。然而，林戴氏也許不知中國政治之本質，也許誤以為官府的讓步乃勝訴之前兆，也許為子復仇心切，竟予斷然拒絕。於是官紳和解的良機喪失了，取而代之的是更激烈的對抗。

第二節　官紳對抗之再升高與第三次京控——京控對京控

由於林戴氏拒絕官府之和解提議，仍欲究辦「正法案」，大大觸了官忌，於是官府又進一步連合林家的「受害者」，展開另一波的官、民夾擊的攻勢。其手法有：加緊拘提林朝棟，造成對林戴氏的威脅；夏獻綸道臺呈報新的控林案——洪壬厚控林案；官府將黃連蒲、林應時交保釋放，並縱之連同洪壬厚京控，造成京控對京控之局，使案情更複雜化；甚至採取可致林家於死地的絕招，即緝拿林家重要族人與清查林家田宅，以達到「圍魏救趙」的目的。

一、洪壬厚、黃連蒲、林應時之京控

光緒二年六月五日，黃連蒲以「患病屬實」之理由，由福州府「交原差取具妥保，在外醫治」，但「不准遠離」。[28]六月十三日，他又與林應時向丁巡撫呈稟，請求拘提林朝棟應訊。林應時稟中指稱：前獲批示提訊林目松（朝棟），但已經數月，「林目松堅不出頭」；又，前由李總督批准保釋，如今又提府久押，「衣食亦深拮据」，請准予仍交保在外，並請求嚴飭審訊。[29]黃連蒲稟中則指控：（一）林戴氏以京控抵制延宕；（二）林奠國前已發監拘禁，但林目松「狡計百出，撥弄解押司廳，其名為監禁，其實無監禁」；並指出林目松現住省城荳芽巷公館，請求拘提審訊。[30]

光緒二年六月二十八日，丁巡撫對二稟，一方面批飭福州府速辦林奠國、林文明被控各案；一方面批斥二人稱，「原控無名，隨後添砌，以圖羅織者，不准妄提滋累。」[31]意即不准將林朝棟捲入，以免增添案情之複雜性。

除了上述之呈請拘提林朝棟外，臺灣道臺夏獻綸又呈報新的控林案——洪壬厚控案，以箝制林家。光緒二年年七月二十七日，林戴氏向丁巡撫呈稟辯駁。她對夏道臺所說林文明於同治三年（1864）正月至十一月攻莊焚厝一節，駁稱：林文明在同治三年（1864）十二月方奉丁曰健移文出紮萬斗六、陷圳一帶，如何可能在十一月攻洪壬厚村莊？她也抗議王文棨之調任鄉試闈務。她說，王氏與凌氏會訊殺林

28　〈訟案〉（二十），頁29。

29　「為冤沉遭繫遺求甦究事」，〈訟案〉（二十），頁31-32。

30　「為重案久懸，懇飭提追事」，〈訟案〉（二十），頁33-34。

31　「為重案久懸，懇飭提追事」，〈訟案〉（二十），頁35。

文明，係涉案人員，不應委任，並請依京控之上諭，親提人、卷審訊。[32]光緒二年八月二十六日，丁巡撫只批「候專札催辦」。[33]

由上可見，官府因林戴氏不和解，對立情勢再升高，乃有拘提林朝棟之請求與洪壬厚控案之提出。林戴氏亦略知其中關聯，於光緒二年九月八日呈福州府張知府，駁夏獻綸在黃連蒲控案中找不到證人，又串通洪壬厚誣告，並企圖株連林朝棟以抵制廷案。她又指控黃連蒲稱病請准交保，如今卻逃遁；請求親提凌定國等歸案，澈究嚇作謀反之二告示，並追出黃連蒲到案。[34]

張知府批，黃連蒲因病取保，候飭查，如已癒，即著到案。[35]顯然此乃官方之設計，以便黃連蒲、洪壬厚等人得以赴京呈控，抵制林家。

林戴氏不知黃連蒲、洪壬厚已赴北京呈控，仍在省城繼續抗爭。光緒二年十月八日，她向張知府呈稟，稱黃連蒲所控命案發生在林文明入學之前，如有此事，豈能入學？當日道、府與具保廩生何以毫無聽聞？而黃連蒲何以啞口未出控，直至二十餘年後之今日，方因林應時之控而出？顯係凌定國所串謀者，請求提凌氏與全案人卷審

---

32 「為縣批懸殊，大冤莫雪，籲懇遵旨，親提人卷歸案訊明，定擬律辦事」，〈訟案〉（十九），頁33-40。

33 「為縣批懸殊，大冤莫雪，籲懇遵旨，親提人卷歸案訊明，定擬律辦事」，〈訟案〉（十九），頁40。

34 光緒2年9月8日，林戴氏呈福州府，「為避訊詭逃，詐病瞞聳，籲請著保勒跟，嚴辦伸雪事」，〈訟案〉（十九），頁41-44。

35 光緒2年9月8日，林戴氏呈福州府，「為避訊詭逃，詐病瞞聳，籲請著保勒跟，嚴辦伸雪事」，〈訟案〉（十九），頁44。

訊。[36]張知府批，「已飭查黃連蒲，如已病痊，即著交案。」[37]一個月前，他已批示追出黃連蒲，何以未採取行動？可見此乃虛應之詞。

由於不滿福州府之延宕，林戴氏轉而請求高級長官親審。光緒二年十月二十八日，她向新任按察使定保呈稟，細數控案因緣，請求親提人卷審訊。[38]定保按察批福州府督贛員迅速審訊。[39]同日，林戴氏亦稟請丁巡撫親提人卷審訊。[40]但丁巡撫仍批交按察使親提查辦。[41]

由於得知黃連蒲已不在省城，光緒二年十一月二日，林戴氏向張知府呈稟，請求將畏罪潛逃的黃連蒲追究歸案。[42]張知府批，「已提保家押跟黃連蒲到案」，並移文臺灣府查拿押省。[43]張知府亦即移文臺灣府彰化縣拿捕黃連蒲。[44]

除了呈稟外，林戴氏對案情之延擱似已不耐，因而有情緒化舉動。光緒二年十一月二日，林戴氏帶同其媳林賴氏（林文明正妻）「直入衙署（福州府衙），大聲痛哭，欲求伸冤」；經張知府「善言開導」

36　「為案延六載，大冤莫伸，籲迅提集卷證，嚴辦雪抵事」、〈訟案〉（十九），頁45-48。

37　「為案延六載，大冤莫伸，籲迅提集卷證，嚴辦雪抵事」、〈訟案〉（十九），頁48。

38　「為延案沉冤，籲懇執法懲奸訊詰伸雪事」，〈訟案〉（十九），頁49-53。

39　ⓐ 延案沉冤，籲懇執法懲奸訊詰伸雪事」，〈訟案〉（十九），頁54。ⓑ 按察使定保，「為遵札飭催事」，〈訟案〉（二十），頁37-38。

40　「為延案揹冤、乞提伸雪事」，〈訟案〉（十九），頁55-57。

41　「為延案揹冤、乞提伸雪事」，〈訟案〉（十九），頁57。

42　「畏坐串逃，故縱埋冤，親赴臺轅稟訊，懇即提究伸雪事」，〈訟案〉（十九），頁59-61。

43　「畏坐串逃，故縱埋冤，親赴臺轅稟訊，懇即提究伸雪事」，〈訟案〉（十九），頁61。

44　〈訟案〉（二十），頁39。

後，才回府。[45]十一月四日，林戴氏稟請張知府請求巡撫親審。[46]張知府批，已請巡撫親訊。[47]同日，林戴氏亦呈請丁巡撫依上諭，親提訊辦。[48]但丁巡撫批稱，他並未應允親審。[49]

在林戴氏繼續抗爭而官府虛與委蛇之際，官民已聯手進行另一項對抗戰了。原來黃連蒲經保釋在外，後與洪壬厚、林應時之抱告林每連袂赴北京呈控。[50]各種跡象顯示，官府即使不是主導，至少是助成此事。

光緒三年正月二十八日，林戴氏猶不知三人京控之事，呈稟於何璟總督，指責福州府延擱案件，偏袒一方，只勸她「看破了事」，請求其遵旨，親提訊究。[51]此時林應時、黃連蒲、洪壬厚等人之京控案已咨交至閩，何總督乃批飭按察司督福州府將三人之京控案一併澈底訊究。[52]於是，京控案對抗京控案之趣劇開始上演了。

光緒三年二月三日，林戴氏向定保按察呈稟，指稱負責審案之鍾鴻逵委員偏袒，請其親自提訊。[53]定保批，京控之黃連蒲、洪壬厚

---

45 光緒3年5月（？）（無日期，據稟文推斷），丁巡撫「飭遵事」，〈訟案〉（二十），頁63。

46 「為冤沉案擱，籲恩詳請提集伸雪奏結事」，〈訟案〉（十九），頁63-65。

47 「為冤沉案擱，籲恩詳請提集伸雪奏結事」，〈訟案〉（十九），頁65。

48 「為誣逆情露，陷殺冤沉，籲恩親提，按律定擬奏結事」，〈訟案〉（十九），頁67-69。

49 「為誣逆情露，陷殺冤沉，籲恩親提，按律定擬奏結事」，〈訟案〉（十九），頁69。

50 光緒3年1月28日，林戴氏呈何璟總督，「為誣逆擅殺，案捐冤埋、籲懇遵旨親提歸案，伸雪奏結事」稟，〈訟案〉（十九），頁75。

51 光緒3年1月28日，林戴氏呈何璟總督，「為誣逆擅殺，案捐冤埋、籲懇遵旨親提歸案，伸雪奏結事」稟，〈訟案〉（十九），頁76-77。

52 光緒3年1月28日，林戴氏呈何璟總督，「為誣逆擅殺，案捐冤埋、籲懇遵旨親提歸案，伸雪奏結事」稟，〈訟案〉（十九），頁77。

53 「為擅殺捐冤，籲懇迅提歸案伸結事」，〈訟案〉（十九），頁79-82。

及林應時抱告林每均已發交至閩，本案仍由福州府審訊；並指其「所
控鍾委員堂訊偏袒」，「顯係恃老逞刁，意圖挾制，殊為可惡」。定保
仍拒絕親審。[54]

　　事實上，各省對清廷交辦京控案件大多抱敷衍了事態度，少有
平反之例。光緒三年二月七日，四川道監察御史王昕奏稱，地方大吏
承審要案，任意瞻徇，欺罔朝廷，應予嚴懲。[55]王氏又指出，「近年
各省京控，從未見一案平反」，督、撫即使明知有冤，仍以「懷疑誤
控奏結；對欽差查辦事件，也往往「化大為小，化小為無。」[56]有鑑
於此，光緒三年二月十五日，清廷諭令「嗣後各直省督撫等於審辦案
件，務當督飭屬員，悉心研鞫，期於情真罪當，不得稍涉輕率。」[57]

　　上摺出現在〈林家訟案〉資料中，疑又是林家在京活動之結果，
期藉此迫使地方官及早解決其京控案。但毫無成效。

　　光緒三年二月二十三日，[58]按察使不但未接受親審之議，反而將
林戴氏與林奠國京控案，加上林每（林應時抱告）、黃連蒲、洪壬厚
三京控案，一併交付福州府，由現任知府翁學本負責審訊。[59]內稱：

> 現任福州府翁守學本於審斷要案素稱敏鍊，即在讞局各員亦多
> 嫺習聽斷。且案經由府審訊日久，於各案卷宗，自必查閱熟

54　「為擅殺挶冤，籲懇迅提歸案伸結事」，〈訟案〉（十九），頁82。
55　王昕奏「為大吏承審要案，任意瞻徇，有心欺罔，請旨嚴懲，以肅紀綱而昭
　　炯戒」，〈訟案〉（二十），頁45-50。
56　王昕奏「為大吏承審要案，任意瞻徇，有心欺罔，請旨嚴懲，以肅紀綱而昭
　　炯戒」，〈訟案〉（二十），頁48-49。
57　〈訟案〉（二十），頁51-53。
58　丁巡撫，「為飭遵事」，〈訟案〉（二十），頁64。
59　按察司，「為報明事」，〈訟案〉（二十），頁55。

悉，案情必有端緒。應再請將林戴氏、莫國京控兩案，仍飭該
府會督讞局委員，復提質訊，悉心推鞫，秉公擬詳，由司覆訊
詳辦，以期迅速而免曠延。[60]

光緒三年三月二十日，林戴氏得知後，向翁知府呈稟，控稱凌定國擅
殺林文明的兩個告示，審訊員始終置之不究，請求親提凌定國等人審
辦。[61]翁知府批：「該氏身受國恩，深明大義」，應靜候提訊。[62]

　　光緒三年三月間，未有偵訊，林戴氏不耐，乃於四月二十日親
叩福州府衙。據稱，翁知府曾諭之曰「此案誣逆陷殺冤情，督、撫大
冤亦已深知，總須靜候回明審辦」。[63]其後，翁知府經督同讞員審訊
多次，但兩造仍各執一詞，難以審結。因而林戴氏與林賴氏舉止更加
情緒化，屢赴福州府衙哭鬧。四月二十一日，林戴氏「不候傳喚」，
帶林賴氏直入福州府署，「痛哭哀號，欲求立時伸雪」。但翁知府諭
以林文明係「咎由自取」，無法據供伸雪。據稱，林戴氏「尚知大
義」，率其媳離去。但五（原文「本月」）月二十二日傍晚時分，林
戴氏又帶林賴氏至福州府「喊叫伸冤」，而賴氏「袖中藏有小洋刀，
名曰伸冤，跡近挾制」，經隨從僕婦將刀奪下，又經翁知府再三開
導，允稟請上憲伸冤，而林戴氏亦喝令其回府方離去。[64]

　　由於有此困擾，翁知府呈報巡撫稱，「此種無知婦女，本非京控

60　按察司，「為報明事」，〈訟案〉（一十），頁55-56。

61　「為冤銜七載，歷訊未伸，懇提奸員，核卷訊辦雪抵事」，〈訟案〉
　　（十九），頁83-86。

62　「為冤銜七載，歷訊未伸，懇提奸員，核卷訊辦雪抵事」，〈訟案〉
　　（十九），頁86。

63　光緒3年6月28日，林戴氏「具節略」，〈訟案〉（十九），頁99。

64　丁巡撫「為飭遵事」，〈訟案〉（二十），頁64-65。

原告」，卻屢次來府哭鬧，雖經林戴氏喝令回府，「難保日後不故智復萌」，請求察核。丁巡撫批「林戴氏屢率其媳恃婦逞刁，殊不成事體」，乃札按察司飭福州府尅日審訊。[65]

光緒三年五月十八日，讞員雷氏提訊何春林，訊明林文明被害顛末，並由林戴氏提簡明親供。六月五日，王讞員又提訊何春林，但未提凌定國壞質，林戴氏仍不滿。[66]

光緒三年六月九日，翁知府派差前往侯官縣，即刻提調林戴氏抱告林秋來福州府應訊。[67]但，林戴氏報稱林秋因自同治十一年癲狂病發，久醫無效，早已送回臺灣醫治，請求由省控抱告何春林負責應訊之事。[68]翁知府批「將來如有應訊之處，仍著原保交來備質。」[69]

光緒三年六月二十八日，林戴氏向新任按察使李明墀呈一稟，略稱多次審訊，未提凌定國，讞員或「隔靴搔癢，任意捱延」，或勸其「看破了結，空言壓制」，要求遵旨親自提訊。[70]同日，林戴氏亦向李按察呈請親提凌定國歸案，究辦嚇詐二印示。[71]李按察拒絕親訊之要求，批稱既已由府審訊，理應赴府投質候訊，並飭福州府督讞員立即訊案。[72]

光緒三年七月三日，林戴氏又向丁日昌巡撫呈請親提凌定國歸

65　丁巡撫「為飭遵事」，〈訟案〉（二十），頁66-67。

66　光緒3年6月28日，「具節略」，〈訟案〉（十九），頁99-100。

67　福州府翁學本，「單飭事」，〈訟案〉（二十），頁59。

68　光緒3年6月22日，林戴氏呈福州府，「為瀝情稟懇轉詳存案，並乞雪寃詳詰事」稟，〈訟案〉（十九），頁87-89。

69　「為瀝情稟懇轉詳存案，並乞雪寃詳詰事」，〈訟案〉（十九），頁90。

70　〈訟案〉（十九），頁100-101。

71　「為誣逆擅殺，捐案埋寃，籲懇伸結事」，〈訟案〉（十九），頁91-94。

72　「為誣逆擅殺，捐案埋寃，籲懇伸結事」，〈訟案〉（十九），頁94。

案，澈究二示根由。[73]丁巡撫仍批由按察司迅速訊辦。[74]同日，林戴
氏亦向何璟總督呈一稟，簡述以往審訊情形。她特別指出：凌定國連
公帑都敢侵吞，足證其以二示詐財是實，但審案員始終不提凌定
國，追究二示；因而，請求嚴提凌定國審訊。[75]但何總督不但不接
受，反批斥林戴氏之鬧衙事，稱：

> 此案昨據府稟，以該氏於四月念一日不候傳喚，帶同林賴氏直
> 入府署哭號。六月念二月傍炮時候，該氏復帶林賴氏到府喊
> 冤，迹近挾制等語。該氏身受國恩深明大義，此等舉動，尚復
> 成何事體。」[76]

他又查問林賴氏是否即林文明之妻，飭令應由「其子聽審」；並稱林
戴氏是「年老命婦」，而且既然有抱告，「不必屢赴公庭」；並批示按
察司提訊所有京控各案。[77]

在省城衙門之互踢皮球下，京控案又無限期拖下去了。

二、林家之第三次京控

由於福建各衙門互踢皮球，以致案懸未決，光緒三年十月二
日，林戴氏遣馬生赴都察院作第三次京控。呈詞中除申述林文明被陷
殺事件，並指控官方辦案不公。她指稱：林應時稱只捐二千元，經善

73　「為推宕攔冤，乞提伸詰事」，〈訟案〉（十九），頁103-105。
74　「為推宕攔冤，乞提伸詰事」，〈訟案〉（十九），頁105。
75　「為推宕攔冤，乞提伸詰事」，〈訟案〉（十九），頁107-114。
76　「為推宕攔冤，乞提伸詰事」，〈訟案〉（十九），頁114。
77　「為推宕攔冤，乞提伸詰事」，〈訟案〉（十九），頁114。

後局查覆確係六千元；臺灣道臺夏獻綸授意前彰化縣令孫繼祖，串捏黃連蒲控案，「憑空捏出盧貴、蔡興二證」，以為抵制，經查證無此二人；福州府謝員只勸她「看破了結」，而不公正審決。因此，她請求奏請委派大臣，「提凌定國並一干人證、卷宗」解往北京，以便歸案訊辦。[78]她並立下甘結，稱林文明「如有叛逆，全家願甘坐罪。」[79]

光緒三年十一月初，都察院左都御史全慶將呈詞奏聞。[80]但清廷不接受提京審訊之議，在十一月三日，仍諭令督、撫，「親提人證、卷宗，秉公嚴訊，務期水落石出。」[81]

林戴氏京控案在當時可能已成重要新聞。光緒四年一月十四日，〈申報〉出現一篇評論文「書都察院奏福建林戴氏呈控冤案摺後」，對林戴氏深表同情。[82]文中稱：任何案件由州、縣到按察司時，通常已牢不可破；即使經京控奏交各省複審，往往由督、撫再交該管知府或委員會審，結果上下瞻庇，維持原案，奏交了事；因而，京控案得平反者，百無一、二。[83]文中又指出：林戴氏京控案歷時八年，僅經讞局審問，督、撫始終未親提訊問，且庇匿凌定國，延不到案，又不查究凌定國捏詐誘殺之事。該文並為林文明辯稱：「文

78　「為匪奸捏案，任控不提，八載埋冤，案懸莫結，粘結泣懇奏請指提京訊伸雪事」，〈訟案〉（二十一），頁1-7。

79　「為匪奸捏案，任控不提，八載埋冤，案懸莫結，粘結泣懇奏請指提京訊伸雪事」，〈訟案〉（二十一），頁9。

80　ⓐ「為呈覆，呈明事」，〈訟案〉（二十一），頁35。ⓑ「為奏聞請旨事」，〈訟案〉（二十一），頁11-15。ⓒ同ⓑ之摺，見光緒3年12月〈申報〉，引自12月2日〈京報〉，臺灣銀行經濟研究室編，《清季申報臺灣紀事輯錄》，臺文叢247，頁753-755。

81　臺灣銀行經濟研究室編，《清季申報臺灣紀事輯錄》，臺文叢247，頁750。

82　臺灣銀行經濟研究室編，《清季申報臺灣紀事輯錄》，臺文叢247，頁761-763。

83　臺灣銀行經濟研究室編，《清季申報臺灣紀事輯錄》，臺文叢247，頁761。

明以軍功洊保二品武員，縱其人之行為不可深知，然……推求其心，尚不至叛逆；或武夫粗暴，野性未馴，不知制度體統則有之」；而其罪即使在「軍務嚴急之時，亦未必遂可置之死地」！何況，「縣堂之上，非將帥壇前，亦斷無即請軍令正法之事，乃不明不白而死，其冤立見矣」。[84]文中又批評凌定國之不是，稱：

> 凌定國雖係職官，但案情甚重。即使以擅殺平民牽涉案內，亦必對簿公庭，而況死者副將，控者封母，得恃符而不到耶！夫林應時所控罰捐霸產一案，即坐實文明為霸產，亦非死罪；身不「叛逆」，安得謂伏誅！道臺印示內「文明伏誅，脅從罔治」之語，何從而來？文明即屬有罪，法當論死，則林應時控案在同治六年，文明申訴府、縣，亦既投案，此時何不訊辦，而遲至九年二月，始有道臺印示，於三月會審擅殺乎？其中疑竇層出。即不盡如林戴氏呈詞，而凌定國之上下其手，亦可概見。李（鶴年）制軍之駁斥，誠洞悉其冤矣，顧何以飭傳不到？而第二次奏交後，又被譖員阻供、司府互推乎？[85]

此文頗袒林家。自司法觀點看，不失為持平之論。

在林戴氏第三次京控同時，省方也決定提訊凌定國了。理由是凌定國乃林戴氏京控之最主要被告，若不提訊，由雙方對質，終難成定讞，以折服原告。光緒三年十二月十八日，布政使與按察使會銜移文臺灣道，飭尅日押解凌定國至省。[86]但解提工作卻極為曲折、緩

84　臺灣銀行經濟研究室編，《清季申報臺灣紀事輯錄》，臺文叢247，頁762。
85　臺灣銀行經濟研究室編，《清季申報臺灣紀事輯錄》，臺文叢247，頁763。
86　布李、臬葉會銜，「為報明、移提事」，〈訟案〉（二十一），頁29-30。

慢，歷時七、八個月方達成，官府似有敷衍、拖延之嫌。茲略敘如下。

由於夏道臺奉文後，未將凌定國解省，光緒四年二月六日，李明墀按察再移文臺灣道，促其尅日押解。[87]不久，夏道臺稟稱，凌定國前因被參追繳督造砲臺（按即「億載金城」）經費一萬餘兩，仍短欠一千兩，於「上年回廣東原籍告貸，尚未回臺」，「一俟到日，即當解省。」[88]

光緒四年二月二十六日，林戴氏第三次京控抱告馬生與都察院咨文解至福建，督、撫再催按察司加速審理。[89]但李按察呈報督、撫稱，凌定國已於去年回廣東化州故鄉籌款，請咨會廣東督、撫，方能及早提解凌定國來閩質訊。[90]三月四日，督、撫批准，並擬定咨文備發。[91]

光緒四年三月七日，林戴氏再向何總督與葆亨（署理）巡撫，呈請「嚴提凌定國尅日歸案」。但至三月十三日，何總督方批稱，已會咨兩廣總督與廣東巡撫提解凌定國。[92]四月二十一日，葆亨行文按察司，移會布政司，「遴選幹員赴粵，守提凌定國解閩。」[93]但至五月十一日，凌定國仍未解到，因聞悉凌氏「已由原籍赴臺」，按察司乃行文臺灣道夏獻綸，將他「尅日派委員」押解赴閩。[94]

87　「臬憲李催提凌定國移文」，〈訟案〉（二十一），頁31-32。

88　臺灣道夏稟復臬憲函，〈訟案〉（二十一），頁33。

89　「為呈覆、呈明事」，〈訟案〉（二十一），頁35-38。

90　「臬憲李詳請督、撫憲咨提凌定國詳文」，〈訟案〉（二十一），頁39-40。

91　「為詳請咨提解辦事」，〈訟案〉（二十一），頁41-44。

92　「為案久冤埋，籲懇遵旨嚴提究償奏結事」，〈訟案〉（二十一），頁21-24；頁25-28。

93　「撫憲行按察司」，〈訟案〉（二十一），頁45-46。

94　「按察司咨臺灣道」，〈訟案〉（二十一），頁47-48。

光緒四年五月十三日，林戴氏又向何總督催提凌定國。[95]但何總督批，該案應訊情節甚多，不必「專待凌定國至」，可先審訊其它案情。[96]五月十九日，林戴氏也向葆亨署撫呈上同稟。但至六月十一日，葆亨方批飭按察司勒限催提凌定國。[97]六月十八日，林戴氏再向盧士杰按察呈請限期嚴催委員迅解凌定國到案。盧氏批，「已報明遴派委員赴臺勒限提解」。[98]

光緒四年六月二十一日，新任巡撫吳贊誠到職，林戴氏呈稟稱，提解凌定國已數月，仍無著落，請嚴立限期解至。[99]吳巡撫批，按察司已派梁純夫（候補通判）駐臺守提，飭其靜候。[100]同日，按察司飭梁氏尅日東渡，勒提凌定國到案。[101]經一番波折，光緒四年七、八月間，凌定國終於解至省城候審。[102]

解提凌定國居然費時達七、八月之久，充分顯示閩省當局只是在不得已的情況下，勉強敷衍林戴氏的。而即使解提審訊，對林家京控案是否一定有利呢，恐怕大有疑問。

---

95 呈督憲，「為候提已久，望雪無期，籲懇立限催解伸結事」，〈訟案〉（二十一），頁49-50。

96 呈督憲，「為候提已久，望雪無期，籲懇立限催解伸結事」，〈訟案〉（二十一），頁51。

97 呈撫憲，「為候提已久，望雪無期，籲懇立限催解伸結事」，〈訟案〉（二十一），頁53-55。

98 「為提久未到，籲懇遵批勒限，嚴催解案究償」，〈訟案〉（二十一），頁57-59。

99 「為案久冤沉，籲懇嚴催立限，解案伸結事」，〈訟案〉（二十一），頁61-66。

100 「為案久冤沉，籲懇嚴催立限，解案伸結事」，〈訟案〉（二十一），頁66。

101 按察司，「為報明、咨知、飭委事」，〈訟案〉（二十一），頁67-70。

102 凌定國在光緒4年8月9日已至福州府，故當在7月底、8月初抵省城，見〈訟案〉（二十二），頁11。

三、凌定國解省後之審訊

自光緒四年七月起，省方開始積極審訊，凌定國也自臺解到受審。為了解決此一困惱的訟案，高級長官也參與審訊工作，自按察使親審乃至四司道會審。茲簡述如下。

（一）光緒四年七月十八日按察司之提審

由于何璟總督批示按察司親審各京控案，光緒四年七月六日，按察使盧士杰派差往福州府衙門提調林應時、黃連蒲、洪壬厚等三人，在七月十八日赴按察司受審；[103]七月十三日，又派差赴福州府提調林戴氏之抱告何春林、馬生等二人，於七月十八日齊赴按察司受審。[104]

光緒四年七月十八日，盧按察派姜廷璸、劉良荃、王家駒三人主審。[105]何春林口供，大抵重複既有說法：

（一）對林應時之控霸田佔嫂：重複舊說，不贅。[106]

（二）凌定國詐財不遂，謀害林文明：指出凌定國以印示嚇詐八千元不遂，方設計謀殺林文明。對於謀殺證據之二印示之來源，他說一張是凌定國送來被林文明執留的，另一張為橫銜五字句，是從公告牆壁上揭下的。[107]

（三）對洪壬厚之控：稱「所控三年正月起至十一月被家主攻莊折（槳）厝各節，如果實有其事，後到十一月半奉丁道臺移

---

103 〈訟案〉（二十二），頁6。
104 「臬憲傳單」，〈訟案〉（二十二），頁5。
105 「光緒4年7月18日盧臬憲派姜、劉、王提審」，〈訟案〉（二十二），頁7-10。
106 「光緒4年7月18日盧臬憲派姜、劉、王提審」，〈訟案〉（二十二），頁7-9。
107 「光緒4年7月18日盧臬憲派姜、劉、王提審」，〈訟案〉（二十二），頁9-10。

文，會攻萬斗六莊，豈有尚有莊村可攻之理？」[108]

（四）駁黃連蒲之控：內稱「黃連蒲所控命案係二、三十年前之事，俱是無案命案。且同治三年二月，又控殺斃黃存一命。如果有殺過命，其時尚係凌定國在彰化任內之事，求查案便知。」[109]

據上述理由，何春林力稱各控案係挾嫌誣告，而凌定國則詐財未遂而謀害林文明。

至于同堂應訊時林應時、黃連蒲、洪壬厚之供詞，未留資料，不知其詳。惟推測當必重申其對林家之控訴。

（二）光緒四年八月十三日盧士杰按察使親審凌定國

光緒四年八月九日，盧按察派差赴福州府提調凌定國赴八月十三日早堂之審訊。[110]

八月十三日，盧按察親審凌定國。凌氏供稱：

> 當時革員是奉黎道臺札委查辦林文明之案。他係被林應時控告，林文明自己只到過一堂，其餘均係遣抱上堂。其告示係黎道臺交辦之件，預先防備，即便包封，交與彰化縣王令，就因恐辦林文明之後，百姓惶恐，發貼曉諭。到三月十七日，林文明帶有二十餘人上堂，其時他勇丁先傷原告林應時。革員原想將他綑解，因外面餘黨甚多，所以不得已，將他正法，纔將包

---

108 「光緒4年7月18日盧臬憲派姜、劉、王提審」，〈訟案〉（二十二），頁10。
109 「光緒4年7月18日盧臬憲派姜、劉、王提審」，〈訟案〉（二十二），頁10。
110 〈訟案〉（二十二），頁11。

封告示揭開發貼。不料，示內填有正月十六日。[111]

凌氏另提有親供，但未見。惟光緒四年八月間，凌氏呈一稟予何璟總督，何總督批示其向按察司遞親供，推測此稟之內容應與親供類似。[112]主要內容為：

（一）駁「強索洋銀八千元」事：他說，八千元係他與王文棨縣令斷過林應時之田價，並無需索之事。[113]

（二）駁「潛謀陷害」事：他說，楊在元總兵、黎兆棠道臺早在同治八年九月之前已奉英桂總督札，拿辦林文明；而辦此案，又奉有楊鎮、黎道之「從權辦理」、「事機急迫，先行正法」之札，係奉命行事，無謀陷之情。[114]

林戴氏對八月十三日之凌定國供詞極不滿，乃于八月二十九日，向何總督呈稟稱：

「定國仍狡供搪塞，未蒙徹究。審後復未蒙管押。伏思定國伎倆神通，詭逃有術，非嚴訊難得，實供非嚴押，勢必謀脫。當李前憲飭令定國據實稟覆，時氏即呈請歸案訊辦，而定國反謀委脫身。況定國業已貪婪削職，此身更有何顧惜。倘再被其詭計脫逃，則氏子慘殺，將誰抵償，而結案更望何日。」[115]

林戴氏並請求將凌定國管押嚴質。何總督不受理，批駁曰：「不押必被謀脫，係該氏懸揣之詞；應否派員看管，問官自有權衡，毋須該氏

---

111 凌定國堂供，〈訟案〉（二十一），頁71-72。

112 凌定國稟何璟總督，〈訟案〉（二十二），頁13-15、15-16。

113 凌定國稟何璟總督，〈訟案〉（二十二），頁13。

114 凌定國稟何璟總督，〈訟案〉（二十二），頁13-14。

115 「為的犯已到，大冤仍懸，籲迅嚴飭管押究償，按擬究結事」，〈訟案〉（二十一），頁73-74。

呈請」，仍飭按察司速訊。[116]

另一方面，光緒四年九月間，黃連蒲赴督轅呈稟稱，其控案經年未審，其田園仍被林目松（朝棟）霸占；而林目松在省娶妾，並為弟娶婦，應將其提至審訊。[117]惟未見總督批示。閩省當局似一直不願對林朝棟採取行動，此當因其為殉國功臣之嫡長子。

（三）光緒四年九月二十三日盧士杰按察之審訊

光緒四年九月二十三日，盧按察親提何春林、林應時、黃連蒲、洪壬厚審訊，但各人口供仍各說各話。[118]其中，凌定國供稱：當時因林文明將林應時砍傷，城外人眾喧嚷，一時情急，「不得不將其就地正法」，又稱「雖辦太嚴」，卻是奉鎮、道之札辦理的。[119]

然而，林戴氏呈上親供，針對凌定國之說法，逐條詳細辯駁，大意是：

（一）凌定國因詐財未遂而謀害林文明。[120]

（二）凌定國捏造事機急迫，以遂其陷殺之謀。[121]

（三）凌定國稟報不實：例如率黨露刃上彰化公堂，袖出鏢鎗傷人，斷給田價八千元等，均無其事。[122]

林戴氏也要求與凌定國互質，以確定當日是否事機急迫，並徹究二嚇

---

116 「為的犯已到，大冤仍懸，籲迅嚴飭管押究償，按擬究結事」，〈訟案〉（二十一），頁76-77。

117 「為徒訊莫提，久押沉冤，懇迅飭委嚴提律辦事」，〈訟案〉（二十二），頁17-18。

118 光緒4年9月23日盧臬司提審各口供，〈訟案〉（二十一），頁89-92。

119 光緒4年9月23日盧臬司提審各口供，〈訟案〉（二十一），頁92。

120 光緒4年9月23日林戴氏具親供，〈訟案〉（二十一），頁80-81。

121 光緒4年9月23日林戴氏具親供，〈訟案〉（二十一），頁81-82。

122 光緒4年9月23日林戴氏具親供，〈訟案〉（二十一），頁82-84。

詐印示。[123]她並立下甘結，表示林文明始有侵犯公堂之不法情事，全家願坐罪。[124]

其文如下：

> 具甘結臺灣府彰化縣職婦林戴氏，今在
> 大人臺下結得，氏在轅歷控奸員凌定國，籍委串詐，擅殺氏次子文明于縣堂，砌捏叛逆，誣陷成讞一案。氏執有同治九年正月十六日先期殺示，並「謀反有實據」印示鐵據，懇乞徹究便明。氏子當日果有率帶死黨數百人，執持器械，迫紮彰化城外，與率帶死黨多人入城，直詣縣署，露刃登堂各等情，氏願全家坐罪，以為藐法不軌者戒。如係定國挾示索詐，回示被執，架捏事機急迫，萬難解郡情形，藉口于間不容髮，將氏子擅殺滅口，誣逆卸罪，亦應按律定擬，以儆貪殘，方昭公允。合具甘結，是實。
>
> 光緒四年九月　念三
>
> 日具甘結職婦林戴氏

但當局不為所動。

光緒四年十月十二日，按察使盧士杰稟報何總督審訊結果。內稱「兩造供詞，仍各狡展，案難遽定」，並指出林戴氏「恃係年老命婦，屢逞刁蠻」，請求飭令省垣現任司、道，會同按察司審訊。[125]十

123　光緒4年9月23日林戴氏具親供，〈訟案〉（二十一），頁86-87。
124　光緒4年9月23日林戴氏具親供，〈訟案〉（二十一），頁87-88。
125　「福建按察使盧士杰稟」，〈訟案〉（二十一），頁93-95。

月二十五日，何總督批准由省城現任司、道會訊；[126]隨即牌示委派布政使李明墀、督糧道葉（宗元）、鹽法道翁學本，會同按察使審訊此一重大京控案。[127]

光緒四年十月二十六日，林戴氏因審訊未定案，向總督呈請親自審訊。[128]何總督答稱，已添派省城司、道會訊，候錄供後，再會同巡撫親勘。[129]

除了加強省城之偵訊外，省方又決定在臺重新調查林文明被控案件。光緒四年十一月九日，署理巡撫吳贊誠認為，「事雖已隔多年，被害各原告不難傳集查訊」，札委候補同知胡培滋，「立即馳赴彰化，督同該縣，調核案卷，詳細查訪，將林文明被控確有證據各案，並當時格斃情形，逐一查明逐一稟復。」[130]

總之，林戴氏扣緊凌定國是否違法殺害林文明這個問題，省方則以民人控林案相制。此後，省方雙管齊下，一方面在省城加強審訊，一方面至彰化縣查訊林文明被控情形。

（四）光緒四年十一月十一日按察司四讞員之審訊

光緒四年十一月十一日，福州延知府派差命林戴氏抱告何春林，限刻即赴按察司受審。[131]同日，按察司姜、劉、王、胡等四名審

---

126 「福建按察使盧士杰稟」，〈訟案〉（二十一），頁95。
127 「閩浙總督牌仰司、道會訊」，〈訟案〉（二十一），頁97-100。按吳贊誠巡撫帶印巡臺，故由總督單獨發牌。
128 「為狡供卸罪大冤莫伸，籲懇親提嚴訊，按擬奏結事」，〈訟案〉（二十一），頁101-104。
129 「為狡供卸罪大冤莫伸，籲懇親提嚴訊，按擬奏結事」，〈訟案〉（二十一），頁104。
130 「為飛飭事」，〈訟案〉（二十一），頁105-106。
131 〈訟案〉（二十一），頁107。

官提集何春林、黃連蒲、林應時等訊問。[132]黃連蒲在堂上供稱：

> 咸豐三年戴萬生造反時，小的鄉人並沒與戴萬生的黨往來。因
> 林大和尚拿賊，那賊係林文明的本家，被林文明搶去，因此林
> 文明與林大和尚有隙。因林大和尚曾有衣服寄在小的家中，林
> 文明遷怒小的，率黨圍攻焚殺叔子、哥子二人，共十一命；又
> 擄殺黃存一命共十二命，小的從水溝逃出。哥子黃水就赴彰化
> 縣喊告，蒙縣出差勘明，因各屍身被焚，因此縣主並未詣
> 驗。小的有田十甲半，年約收租五百五十石，都被林文明霸
> 去。小的係同治三年纏出來接控，光緒二年七月二十五日赴京
> 具控的。那盧貴係小的左右隣。[133]

林應時供：

> 林進來是胞叔，林泉是堂兄。同治三年三月間，林大人文察遣
> 林家瑞到鄉勸捐軍需，小的鄉人原捐番銀二千元。四月間交番
> 銀一千元，六月間交谷抵價一千元繳清。七月初間，林大人文
> 察內渡，七月尾，林文明又遣邱同仙到鄉勒捐四千元。小的不
> 肯答應，林文明就于八月間，率黨用大砲攻莊。小的害怕，就
> 繳出田契四十宗，交陳福傳，將家搬避九張犁地方去住。那文
> 明給番銀一千元作本錢生理。小的共田九十三段，年約收租谷

一萬零擔，一併被佔。除田契四十宗交與林文明外，尚有田契五十三宗，前已繳在彰化縣。

十一月間，林文明又把寡嫂姦佔。當時嫂子，纔二十九歲，現在四十三歲了。小的來省時，嫂子還在林文明家中，現在不知何往。

那林慧宋今年是五十九歲，聽說本年已死了。

小的于同治三年赴彰化縣具控，代書不肯蓋戳，何處告訴？至六年間，李大老到任，纔告准的。

九年三月十七日，王大老（文棨）先吊小的上堂問供，隨後又吊林文明上堂對質。林文明戴帽穿補掛，有無頂子，小的不曾看清。那林文明帶有用人二十餘人，持械隨他上堂。林文明站立不跪，王大老斷說他霸佔是實，叫他要把田契交還，不然就要追繳。林文明不服喊殺，他手下人就殺起來。小的被傷四刀，當即跑走，因此不曾看見林文明如何被殺身死。

至小的告他在先，林文明隨後纔捏林泉從逆，飾謊抵制的。[134]

何春林供稱：

年五十四歲，彰化縣人。同治三年十月間，小的纔到林家充當管事，在公館伺候香燈，並幫收租谷。戴萬生造反，林泉從逆，六房恩累，公捐六千元贖罪，因林進來是家長，故此出他名字。因無公銀，將田契四十宗，田租應三千二百五十擔，議

---

134 「光緒4年11月11日臬司盧委讞員姜、劉、王、胡會審」〈訟案〉（二十一），頁112-114。

價九千五百元出賣大家主，將老主母養贍銀兩代捐軍需，通報有案。係中人陳福傳經手，備價合找，明買明賣，現在尚少田價一千元，是有的。林應時所控尚有田契五十三宗，委是伊兄嫂李昭涼同伊子經理收租，與二家主並無干涉，也沒霸佔的事。

林應時所控攻家一節，那林應時先于四月間搬三十里外住家，到九月間繞控，那有此事？求查察便明。凌大老于同治八年九月間到彰化城二家主公館說，伊是上憲委辦此案，要二家主賄賂八千元，代為結案。二家主不肯，次子（日？），他即謀聳鎮道，預填正月十六日殺示。到（同治九年）二月間，叫伊家主（丁？）攜告示又來公館勒詐，被二家主執留。後來凌大老又說代為結案，他自己也到公館說代結案。

三月十七日，二家主只帶跟丁四人，冠帶上堂，凌大老即叫勇丁刺殺，並殺死跟丁戴乞、游捷二人，李老馬身受重傷，李祥逃走。此事合邑周知。

至林榮貴等之事，即榮貴與小的們是隣里，屠豬為業，深知他並無田畝，係是做案抵制的。[135]

雙方說法依舊南轅北轍。

林戴氏對十一月十一日之審訊不滿，向何總督呈稟，指控按察司突然傳訊抱告何春林，卻不提凌定國對質，而「徒以林應時等糾纏抵制」；請求總督親自提訊。但何總督駁斥稱：「洪壬厚、黃連蒲等

---

135 「光緒4年11月11日臬司盧委讞員姜、劉、王、胡會審」〈訟案〉（二十一），頁109-110。

均係案中應行提質之人，而林應時尤係當日在場要證」，自然必須傳訊，不能謂之「糾纏抵制」。[136]何總督又批稱：

> 「該氏年逾八十，又屬朝廷命婦，例應親屬代訴，毋庸對簿公堂。今聞該氏每于司訊，輒到該衙門吵鬧，求與凌委員對質，殊屬非是。該氏如恐抱告事有隔膜，不能訴說詳盡，查林文明之子林丁山，年已及歲，正可令其隨案赴質，子訴父冤，尤其職也。本部堂經此，明白批示，該氏當靜候訊辦，毋聽訟棍唆使，動輒嘵瀆。」[137]

顯然，林戴氏要追究凌定國殺林文明之責，而閩官則以民人之控林案對抗。閩官甚至欲迫使男嗣出面，此乃一制林高招，因可將其拘禁，牽制林家。查清律規定，軍民之訴訟「若無故不行親賚，並隱下壯丁，故令老幼殘疾婦女家人抱齎奏訴者，俱立案不行。仍提本身或壯丁問罪」。[138]如前所述，老幼殘疾及婦女犯人可依「收贖」之規定，以銀兩抵罪而免刑。有些人故意隱下壯丁，以老幼殘疾婦女出面呈控，備敗訴時免於刑責，因此，清律有此補充規定，以防止流弊。[139]林戴氏之出面呈控原即有保護林家男嗣之意，故何總督針對其弱點反擁，真可謂切中要害。不過，何總督並未堅持照章辦理。

136　「為延案沉冤，懇提究抵事」，〈訟案〉（二十一），頁115-117。

137　「為延案沉冤，懇提究抵事」，〈訟案〉（二十一），頁117-118。

138　姚雨薌原纂，胡仰山增輯，《大清律例會通新纂》，卷28，頁3，總頁2901。

139　ⓐ 姚雨薌原纂，胡仰山增輯，《大清律例會通新纂》，卷28，頁3，總頁2901。ⓑ 張偉仁，《清代法制研究》，頁300。

（五）光緒四年十二月七日省城司、道會審

光緒四年十二月六日，葉宗元按察使派差赴福州府，提調林戴氏抱告馬生、何春林，及原告林應時、黃連蒲、洪壬厚等五人，於十二月七日赴按察司赴午堂之審訊。[140]

十二月七日布政使盧士杰、按察使葉宗元、督糧道孫、鹽法道翁學本四人升堂會訊，[141]提何春林與凌定國對質。何春林再反駁林應時、黃連蒲、洪壬厚之控訴，而凌定國亦辯稱「並無攜示勒索之事」。[142]雙方依然各說各話，難以斷結。

林戴氏對審訊過程不滿意，光緒四年十二月十五日，向何督呈稟稱，凌定國「所以敢於一味狡供者」，是因她「不得與之對質」；請求親提嚴訊，將凌定國前後之稟，與她的親供內所「逐節指駁者，準情互勘，當堂對質三月十七日有無事機急迫？是否定國捏稟擅殺？」[143]但何總督未正面批示，而稱，已于十一月二十三日，依吳贊誠巡撫之建議，委派胡培滋會同彰化縣再查林文明被控與被害情形。[144]

總之，林戴氏依然盯住凌定國擅殺之失，官府則以林文明被控之案件對付。如今又將注意力轉向臺灣，加強控林案之偵辦，以進一步脅制林家。

140　〈訟案〉（二十一），頁119。

141　省城司道會審，〈訟案〉（二十一），頁121-124。

142　省城司道會審，〈訟案〉（二十一），頁121-124。

143　「為肆誣狡賴，虛實難明，籲懇遵旨親提環質，按擬奏結事」，〈訟案〉（二十一），頁125-128。

144　「為肆誣狡賴，虛實難明，籲懇遵旨親提環質，按擬奏結事」，〈訟案〉（二十一），頁129。

第三節　圍魏救趙——官府再查控林案與清查林家田產

官府將辦案重點放在調查民人控林案，目的在於抵制林家之追究凌定國刑責。由於林戴氏不屈，官府不惜再擴大案情，調查林家之被控「霸產」案，並擬清查追還田產，拿辦林氏族人，以進一步箝制林家。的確，這是圍魏救趙，直攻要害的高招。更具關鍵性的是，上至清廷，下至地方官，逐漸取得制裁林家的共識，至此林家藉京控反制地方官以平反的希望漸趨破滅。

一、清廷決定制裁林家

光緒四年十二月，京師有人上摺攻擊林文明等人之惡行——霸田厝、燒屋、擄人，請查辦餘黨，並追還田產。[145]摺中以嚴厲詞句抨擊林家族人之欺壓百姓，稱：

> 竊惟臺灣為屢反之地，非盡民情浮動，類起於土豪勢惡強凌弱，眾暴寡，以致民不聊生，憤而思逞，此亂所由來也。以臣所風聞，已革副將林文明，即林有田，橫行鄉里，罪大惡極。十餘年來，糾合惡黨林萬得、林清郊、黃阿山等，霸佔民人洪朝隨等數十家田土，每年所收租谷約有一萬餘石。又霸佔林振元等房屋三數百間，燒燬洪林氏等房屋數十間，擄去洪金榜，久未釋放。計其所犯佔產、焚掠、擄捉、姦迫斃命等重案，不下數十起，均經地方官訊詳有案。查林又明係·介武

145　ⓐ 臺灣銀行經濟研究室編，《清德宗實錄選輯》，臺文叢193，頁52。ⓑ 光緒4年26日上諭，〈訟案〉（二十三），頁4-6。

夫，籍伊兄帶勇，冒佔軍功，得保副將，榮幸已極，乃敢目無
法紀，魚肉鄉間，以擄掠為生涯，視人命如草芥，恃強使
勢，驅逐焚奪，忍使數十家良懦農民逃奔失所，無業可歸，殊
堪憫惻。雖經地方官正法，聞其餘黨猶存，所佔民間田產尚未
歸還原主。方今臺灣正切撫番開墾，似宜首務鋤豪，嚴佔佔
侵，俾土著之良氓無虞凌虐，即招徠之佃戶，亦樂耕耘。[146]

上摺者並請下旨飭福建督、撫嚴辦林家數項罪行：

（一）「查明洪朝隨等被佔田屋，如果屬實，早為如數追出，給還
　　　原主。」

（二）「黨惡之林萬得、林清郊、黃河山等，務期按名弋獲，盡法
　　　懲辦。」

（三）「林文明佔收各姓租穀多年，其數已逾鉅萬，應並勒屬比追，
　　　賠償民間被燒各房屋。倘有贏餘，另款存儲留，為臺灣海防
　　　經費，或充被災省分賑需。」

（四）「洪金榜被擄多年，是存是歿，亦宜根究明確，以成信
　　　讞。」[147]

十二月二十六日，清廷諭令督（何璟）、撫（李明墀）照所奏各情，
追查田產，給還原主，並緝拿「惡黨林萬得、林清郊、黃河山等及查
明洪金榜下落。」[148]至此，清廷、京官亦與地方官採取同樣的立場，

146　光緒4年12月26日批，×××奏「為土豪強佔民產，請澈底清查，給還原
　　主，並嚴治惡黨，以除民害而安生業」，〈訟案〉（二十三），頁1-2。

147　光緒4年12月26日批，×××奏「為土豪強佔民產，請澈底清查，給還原
　　主，並嚴治惡黨，以除民害而安生業」，〈訟案〉（二十三），頁3。

148　ⓐ 臺灣銀行經濟研究室編，《清德宗實錄選輯》，臺文叢193，頁53。ⓑ
　　〈訟案〉（二十三），頁4-6。

對付林家。

　　此摺有幾點值得注意，第一，上摺者對林家訟案甚清楚，若非本人與聞其事，即係有人提供情報。第二，這些控案久審未決，可見內情複雜，然而上摺者一口斷定林家之非，顯然與反林派有關。第三、上摺者請求查拿林文明同黨，並追還林文明所佔田產一節，正與福建當局之舉措暗合，顯示其中之關聯性。筆者推測上摺者若非英桂（處決林文明時之總督），即係與英桂有關的官員。日後何璟總督奏結訟案時，特別頌揚英桂之忠誠與遠見，稱其誅殺林文明是「老成謀國，具有深心」，[149]也許自此依稀可看出端倪。如推測無誤，就需問英桂何以多年來不動聲色，而在此時出擊呢？原因是，如上所述，林戴氏已逼使凌定國對質，而凌定國力稱乃奉令行事，英桂既是下令處決林文明的最高長官，一旦林家京控案成立，當然需坐罪，而且罪責非輕。依清律，凡誣人叛逆，「被誣之人已決者，誣告之人，擬斬立決」。[150]何況，設陷斬決官員，也是道德上的污點。

　　查英桂自同治十年入覲，授內大臣之職後，歷任要職，計有：同治十一年六月任兵部尚書；十三年六月，兼署刑部尚書；十三年八月，調吏部尚書，兼步軍統領；十三年九月充覆讞朝審大臣；十三年十一月，兼署兵部尚書；光緒四年正月，因病請假，後又出任大學士；光緒五年，卒。[151]由於英桂是位居要津的滿籍大臣，為維護其聲譽與清政府威信，自不能讓林家京控案成立。原先清廷可能以為可在

---

149 光緒8年5月2日批，何璟總督與岑毓英巡撫奏，「為林戴氏四次京控一案業經在訊取結，分別議擬摺」，《軍機檔》，123917號。

150 崑岡等，《欽定大清會典事例》，卷818，頁3，總頁15348。

151 「英桂列傳」，臺灣銀行經濟研究室編，《清史列傳選》（臺北：臺灣銀行經濟研究室，臺文叢第274種，1968），頁303-304。

閩省了結此案，未料林戴氏窮究不捨，至此不能不採取更嚴厲的手段以制裁林家。

二、閩官複查控林案

在清廷下令嚴懲林家的同時，閩官進一步制裁林家的行動也已積極展開了。

如前所述，光緒四年十一月九日，候補同知胡培滋奉吳贊誠巡撫令渡臺，會同彰化知縣傅端銓，調查當年之控林案。兩人在光緒五年一月提出一調查報告。[152]報告內容相當簡略，要點為：

（一）縣衙門之林家被控案卷「率多錯落不齊」，有的因同治元年戴亂焚失，有的已解交上司。[153]

（二）林文明死有餘辜：稟中稱：「擇其案情緊要而其人又未外出者，先後傳到林允文等十名，分別會同提訊，所供冤情，核與孫前署令大略相同，即取切結附卷。卑職等恐該原告等所供詞出一面，難保無不實不盡，又經明查暗訪，當日林文明恃勢橫行，無惡不作，至今猶藉藉人口，怨言沸騰，實屬罪大惡極，殺有餘辜。惟未經明正典刑，致林戴氏有所藉口。」[154]

（三）縮小打擊面：稟中只針對林文明，而不及他人，甚至頌揚林

152　此件未有日期。何璟總督在光緒5年1月23日將此報告箚行按察司，推測當在一月間呈抵省中，見「閩浙總督箚行福臬司」，〈訟案〉（二十三），頁7。

153　「隨營差遣委員候補同知胡培滋、署臺灣府彰化縣傅端銓稟」，〈訟案〉（二十一），頁132-133。

154　「隨營差遣委員候補同知胡培滋、署臺灣府彰化縣傅端銓稟」，〈訟案〉（二十一），頁133。

文察與林戴氏：內稱，「然伊兄林文察盡忠報國，歿於王
事。其母林戴氏於林文明未死之先，目擊兇暴情狀，曾經屢
加訓誡。迨及格斃之後，隨從黨與虎視耽耽，地方安危，正
在呼吸，該氏復能親出阻止，渙然冰解，尤覺母儀可則，大
義堪嘉。其所以京控不休者，亦無非情殷，舐犢天性使然
耳。」[155]

（四）凌定國無過失：稟中稱：「至該革員凌定國會同王故令審訊
之時，將林文明當堂格斃。經卑職等再四查訪，實因勢情兇
迫，出於萬不獲已，觀者如堵，委無嚇詐情事。」[156]

此報告堪稱為面面俱到的政治性報告，一方面重申林文明正法案之合
法性與正當性，一方面縮小打擊面，甚至在其它方面給予補償以減低
林家對抗程度。

除了在報告中以言辭頌揚林文察之忠與林戴氏之賢外，官府更
採取一具體行動──漳州府城建林文察專祠，以安撫林家。按光緒四
年間，何璟總督奏請在漳州為盡忠殉職的林文察建專祠。十二月
二十一日，清廷批准。光緒五年三月五日正式降諭建祠。[157]這是軟硬
兼施、恩威並重的妙招。

胡培滋報告呈省後，光緒五年正月二十三日，閩浙總督與巡撫
箚按察司，遵照諭旨，會同布政司，移會臺灣道，分別辦理林家案
件。[158]正月二十三日，布政、按察二司移會臺灣道稱，胡委員調查林

155 「隨營差遣委員候補同知胡培滋、署臺灣府彰化縣傅端銓稟」，〈訟案〉
　　（二十一），頁134。
156 「隨營差遣委員候補同知胡培滋、署臺灣府彰化縣傅端銓稟」，〈訟案〉
　　（二十一），頁135。
157 參黃富三，《霧峰林家的興起》，頁347-348。
158 ⓐ「閩浙總督箚行福縣司」，〈訟案〉（二十三），頁7。ⓑ「札按察司為

文明之各案均屬實，請遵旨分別辦理。[159]

　　林戴氏得知胡培滋調查報告內容後，「不勝駁異」，於光緒五年二月一日，向何總督呈稟申訴，反駁胡、傅之說法。[160]要點為：

（一）證人之立場不公：林文察、文明兄弟「以臺人而辦臺匪」，結怨洪、林族人，因此以二族人之供為憑，恐「不實不盡」。[161]

（二）無確證：稟中反駁稱，既已明查暗訪，何以不能舉出林文明「無惡不作」之確證？只以「罪大惡報，殺有無辜」之虛詞入人於罪，以為凌定國脫罪。[162]

（三）無據之言：她駁胡氏所說，林文明生前，她曾屢加訓誡，而死後更阻止其黨與之不軌，是無根據的。[163]

（四）矛盾之詞：胡氏報告稱處決林文明當日乃「情勢兇迫，萬不得已」，她呈上當時鹿港同知孫壽銘之稟，並引稟中之「飭傳（林文明）到案，必可得手」詞句，證明其為預謀，而非事機急迫。[164]

　　由於胡培滋報告不實，林戴氏乃請求何璟總督親自提訊凌定

咨會事」，〈訟案〉（二十一），頁137-138。

159　「藩、縣兩司移會臺灣道文件」，〈訟案〉（二十三），頁9-10。

160　林戴氏，「為串誣捏抵，袒惡陷寃，泣懇親提証訊，伸償奏結事」稟，〈訟案〉（二十三），頁11-15。

161　林戴氏，「為串誣捏抵，袒惡陷寃，泣懇親提証訊，伸償奏結事」稟，〈訟案〉（二十三），頁12-13。

162　林戴氏，「為串誣捏抵，袒惡陷寃，泣懇親提証訊，伸償奏結事」稟，〈訟案〉（二十三），頁13。

163　林戴氏，「為串誣捏抵，袒惡陷寃，泣懇親提証訊，伸償奏結事」稟，〈訟案〉（二十三），頁13-14。

164　林戴氏，「為串誣捏抵，袒惡陷寃，泣懇親提証訊，伸償奏結事」稟，〈訟案〉（二十三），頁14-15。

國，徹究嚇詐、誣逆二示與凌定國同治九年三月十七日之稟的真實性。[165]何總督不接受林戴氏說詞，批稱：

> 林文明所作所為，控詞纍纍，至今京控、省控及臺灣道、
> 府、縣處呈控者，尚不一而足，豈盡虛詞？現詞謂藉虛詞陷以
> 實罪，殊屬混瀆。至告示原係預給，迨林文明伏誅後遍貼各
> 處，人人可得，該氏欲執此為赫詐之據，亦屬謬見。如果凌定
> 國當時執示嚇訴，何以並不即行控發？又逆犯律應財產入
> 官，家口緣坐，林文明之案，並未照此辦理。現詞請究嚇訴誣
> 逆二示，試問從何究辦？[166]

何總督又稱林戴氏為「年老命婦，對簿諸多不便」，而林文明之子已長大，應令其赴按察司投到訊供，再由其與巡撫親自覆勘定案。[167]

傳訊林家男性後代亦是官方戰術之一，林家記取吃上官司的慘痛教訓，絕不願再見到男嗣對簿公堂。

三、圍魏救趙──官府緝拿林家族人、清查田產

官方最屬害的殺手鐧是圍魏救趙，以攻為守之策。其方式有困擾或緝拿林家重要成員，使其失去領導核心；清查追還「霸產」，斷絕林家經濟支柱。

---

165 林戴氏，「為串証揑抵，袒惡陷冤，泣懇親提蒞訊，伸償奏結事」稟，〈訟案〉（二十三），頁15。
166 林戴氏，「為串証揑抵，袒惡陷冤，泣懇親提蒞訊，伸償奏結事」稟，〈訟案〉（二十三），頁16。
167 林戴氏，「為串証揑抵，袒惡陷冤，泣懇親提蒞訊，伸償奏結事」稟，〈訟案〉（二十三），頁16。

　　前已述及，在省城審訊中，林應時、黃連蒲屢次請求傳訊林朝棟，何璟總督也數度批示林戴氏，促其派出林文明之子應訊。其目的均為牽制林家之重要成員，使其失去自由。

　　另一件困擾案是林朝棟呈報丁母憂服闋與祖母（即林戴氏）年歲案。光緒五年正月二十二日，布政司移文夏獻綸道臺稱，前任布政使移交案中有由道、府呈上之「彰化縣郎中丁母憂服闋」一文，因內容不合，予以駁回重辦。內稱：

> 「查該員林朝棟母柩曾否安葬，有無停柩短喪情弊，未據明晰
> 聲敘。且祖母戴氏既存，現年若干歲，亦未填明。種種牽混，
> 未便遽轉。移請轉飭查照，併令換妥適供結送司，詳咨施
> 行。」[168]

　　正月二十七日，夏道臺飭周懋琦知府，轉飭彰化縣查報。三月十六日，彰化縣派差傳示林朝棟，將有無停柩短喪及祖母年歲等情，迅速報明，並另換妥適供結，尅日送縣。[169]

　　查朝棟母曾琴娘生於道光十三年八月二十三日，卒於同治十三年四月十九日，享年四十二歲。[170]三年服闋當在光緒三年四月，故縣、府、道報布政司日期當在三年四月至四年年底間。由於資料不足，無由得知「丁母憂」事的原委，何以官府會查問母柩是否已安葬與是否有「停柩短喪」之弊？如確有此弊，林朝棟又何以要矇混呈報？

　　官府除查問林朝棟丁憂事外，也要求他報明祖母林戴氏之年歲。原來林戴氏呈控時所填報之年齡確有不實。如前所述，林戴氏生

---

168 光緒5年3月16日，彰化縣「特飭傳知事」，〈訟案散件〉（二）(e)，No. 1。
169 光緒5年3月16日，彰化縣「特飭傳知事」，〈訟案散件〉（二）(e)，No. 1。
170 林獻堂等編，《臺灣霧峰林氏族譜》，臺文叢298，頁239-240。

於嘉慶十三年（1808）五月七日，卒於光緒九年（1883）五月七日，享年七十六歲（實歲七十五）。[171]然而，林戴氏在訴訟期間，均浮報年歲，如同治十三年（1874）三月七日，林戴氏向總督李鶴年呈稟時，即填報「年八十四歲」。[172]查對（族譜），該年之年歲應是六十七歲，而非八十四歲，浮報十七歲之多。其它呈稟均類此。林戴氏浮報年歲的目的顯然在於藉「年老」以保護自己，免受刑訊，並爭取同情，以贏得訴訟。官府可能至此方看出破綻，也可能至此方採行動，欲予揭穿，以箝制林家。

除了困擾行動外，官府又使出另一殺手鐧，即緝拿林家族人與清查究追霸產。前已述及，清廷與省方已下令臺灣道擴大查辦林姓族人罪行，即林文明與林萬得、林清郊、黃河山等霸佔洪朝隨等數十家田土與林振元等房屋，燒燬洪林氏房屋，擄去洪金榜等案。夏獻綸道臺奉旨令後，即飭臺灣府，委派候補通判何恩綺，會同彰化縣令傅端銓，查拿追辦。[173]

光緒五年閏三月間，何委員、傅縣令經「周諮博訪」與傳訊洪朝隨堂兄洪振文等十五人後，向夏道臺呈報調查結果，夏道臺再呈報督、撫、司。[174]此報告分三部分：

（一）霸產部分：關於洪朝隨等被霸之田產，有數種情形：

    1. 有始終強霸，另贌新佃耕種，現仍係林文明之子林登山及林萬得等瓜分掌管者。

171　林獻堂等編，《臺灣霧峰林氏族譜》，臺文叢298，頁198。

172　林戴氏，「為法不敵弊，案化冤沉，粘結泣懇提訊雪誣事」，〈訟案〉（十四），頁7。

173　「臺灣道夏稟」，〈訟案〉（二十三），頁17。

174　「臺灣道夏稟」，〈訟案〉（二十三），頁17-23。

2. 亦有當日即被勒寫典賣字據，或先係霸佔，後經陸續給付
價銀，田主出於無奈，寫予契字管業者。

3. 更有田本自種，迨被霸後，已招別佃種作，原告不知各現
佃是何姓名，田段四至有無分併混淆者。

4. 又有原契間或尚存，而續被騙買，鄉愚因貧誤中其計，致
遭中途遣人截奪者。[175]

5. 林振元、洪林氏等之房屋，則「早經拆卸翻造，或改為租
館，或租給與人，甚或連同竹圍掘燬，犁成平地復作水田
者。」[176]

由於情形複雜，又無法傳齊眾人質問，不易清算。但前縣令孫繼祖曾
據林榮貴等四十六人之供，算出被霸田產有六百餘甲，收租一萬數千
石，而林應時等之田產尚不在內。[177]

（二）洪金榜被擄事：「洪金榜係洪連捷之子。洪連捷曾於同治
十二年，經孫前令傳案訊據供稱，同治三年間，被林文明同
林清郊等紮搶霸佔，維時長子洪金榜年甫二歲，被林清郊抱
去，佔為己子。茲復飭差查傳，據洪連捷自行具呈報到，會
同提訊。據稱，伊子洪金榜自被擄後，節次呈控，嗣因伊母
病故，缺乏喪費，經妻舅謝阿魁說合，向林清郊支用銀五十
元，今已八年。迨前年伊因患病，又由謝阿魁經手支銀三十
元，當立賣字付執，甘願息事等語。查洪金榜被擄之處，既
據洪連捷當堂供明其人尚在，自屬鑿鑿可信，惟究係先擄後
賣。且據供已於八年前收過林清郊銀元，何以同治十二年經

---

175 「臺灣道夏稟」，〈訟案〉（二十三），頁18。
176 「臺灣道夏稟」，〈訟案〉（二十三），頁19。
177 「臺灣道夏稟」，〈訟案〉（二十三），頁19。

孫前令傳訊，並不提及？並稱此次來城，係住在生員謝嘉樹
家內，並由謝嘉樹作呈，令伊投遞，更難保無串囑賄和情
弊，當將洪連捷交保候訊。」[178]

（三）查拿林萬得（文鳳）等，務獲訊明歸案。[179]

據此，夏獻綸向省方擬定處理方案：第一、所佔田產給還原主
等，枝節甚多，清查須費時日，恐彰化縣難以勝任，請求省方遴派
道、府大員，赴彰化督同該縣辦理。夏氏並提出以下之處理原則：

> 一面出示曉諭，令被霸田產為原主，赴案呈明，再按鄉逐一查
> 勘。如尚有契串可憑，田界不致混淆者，即按照所載畝數，追
> 給承領。如契券已失及曾遭搶掠，並業被勒賣得過價值，其中
> 糾轕不清者，就近查詢明確酌辦。其被佔、被燒房屋，亦必須
> 傳集原主，令其繳出契券及指出原造基址，由官勘明，方能核
> 斷。[180]

第二、澈究洪金榜被霸後，果否曾由其父洪連捷先後取得身價銀；
又，生員謝嘉樹有無「串囑賄和」之情弊。[181]

光緒五年三、四月間，何總督獲稟報後，稱省中無員可委派，
而「夏道臺在臺日久，辦事認真，先後委查此案，均能不厭詳求，洞
悉底蘊」，四月二十六日，批示將清查林文明霸佔田產事，由夏氏一

---

178 「臺灣道夏稟」，〈訟案〉（二十三），頁20-21。
179 「臺灣道夏稟」，〈訟案〉（二十三），頁21。
180 「臺灣道夏稟」，〈訟案〉（二十三），頁22。
181 「臺灣道夏稟」，〈訟案〉（二十三），頁22。

手經理；洪金榜與謝嘉樹有無串囑賄賂私情弊，亦由其隨時稟覆。[182]

　　由於清代清查田產時弊端百出，何況夏獻綸與凌定國有密切關係，林家面臨空前的危機，稍一失誤，家運即沈淪。

182　「臺灣道夏稟」，〈訟案〉（二十三），頁24。

第八章　困獸之鬥
——第四次京控與案情之逆轉

（光緒五年至光緒八年；1879-1882）

　　林戴氏三次京控，不但久審不決，而且與官府的對立更加激化。光緒五年五月二十六日，林家又發動第四次也是最後一次京控，由下厝、頂厝聯手進行。然而，事與願違，案情急轉直下，終於難挽頹勢，步向敗訴之途。

第一節　第四次京控與督、撫會審

　　林家訴訟案件糾纏八年之久仍未結案，官、紳雙方均失去耐性，急欲了結。因此，頂、下厝林家聯合進行第四次京控，而福建最高長官何璟總督也親自提訊，期早了此案。

一、林家第四次京控

　　光緒五年五月二十六日，林戴氏遣鄭全，而頂厝林文鸞（林奠國子？）則遣林龍，赴北京作第四次京控。[1]林戴氏在呈文中，除重申林應時挾嫌誣告、凌定國嚇詐未遂，謀害文明之說外，對閩省之審訊有多項指責：

　　（一）閩官不肯追究凌定國違法事：她指稱，第三次京控後，有旨令督、撫親提人卷審訊，經數月催提後，凌定國方歸案，然而按察使葉（宗元）未予管押，「且與酬應如常，眾目共觀」；督、撫非但不親提訊，且不准與凌定國對質；歷次審訊中，不准言及嚇詐二印示與凌定國之「捏稟」；問官只相勸「看破了結」，或說「此案窒礙甚多，定國斷難究辦」；光緒四年，吳贊誠巡撫派胡培滋赴彰化查案，因無確證，又照抄凌定國原稟回覆，敷衍搪塞。[2]

1　ⓐ 林戴氏，遣抱鄭全呈都察院，「為藐法袒奸，砌誣串陷，泣粘供結，籲懇奏請提京質訊雪抵事」，〈訟案〉（二十三），頁25-32。
　　ⓑ 例貢生林文鸞遣抱林龍呈都察院，「為父遭枉禁，兄復被誣，架陷卿冤，泣懇奏聞伸釋事」，〈訟案〉（二十三），頁33-36。
2　林戴氏，遣抱鄭全呈都察院，「為藐法袒奸，砌誣串陷，泣粘供結，籲懇奏請提京質訊雪抵事」，〈訟案〉（二十三），頁27-28。

（二）洪朝隨等所控各節均係誣告：她指稱，夏獻綸派委員何恩綺與彰化縣令會訊，但應訊者或有名無人，提訊時報稱身故；或情虛避訊，委員買人頂控，「當堂教具口供」。她又說，明買明賣之田產，竟被誣指為先佔後買，勒寫賣契，或遭人中途截奪；而夏獻綸道臺又欲出告示清查佔田，豈非任何人都可任意誣控嗎？她更指控夏獻綸曾捏造黃連蒲所控之命案，對抗林家，而此次查辦田產事由他負責，可謂「墜落羅網之中」，而「勢必極力傾陷」。[3]

（三）控案在臺、閩兩地任意輪訊：林文明等被控霸產案已轉報省方審訊，如今又撥交臺灣道處理與彰化縣辦理，「九旬老邁，何堪兩地奔波？」[4]

此外，林戴氏對林家之效忠清廷，而落得如此結局，頗表不滿，稱：

> 惟長子為國捐軀，傷悼未泯，次子慘遭枉殺。即胞侄萬得，廢疾在床，亦被惡黨之名，頻蹈羅織之計。是屢經血戰者，卒為奸員詐陷，使不保其身，不保其家，不保其子孫。彼定國貪婪革職，以築造砲臺之庫款，尚敢侵吞，何論氏子，而當道極力為迴護。[5]

3　林戴氏，遣抱鄭全呈都察院，「為藐法袒奸，砌誣串陷，泣粘供結，籲懇奏請提京質訊雪抵事」，〈訟案〉（二十三），頁28-29。

4　林戴氏，遣抱鄭全呈都察院，「為藐法袒奸，砌誣串陷，泣粘供結，籲懇奏請提京質訊雪抵事」，〈訟案〉（二十三），頁30。

5　林戴氏，遣抱鄭全呈都察院，「為藐法袒奸，砌誣串陷，泣粘供結，籲懇奏請提京質訊雪抵事」，〈訟案〉（二十三），頁31。

　　另外，頂厝系亦由林文鸞遣抱林龍京控，為父林奠國與兄林萬得（文鳳）伸冤。此處需先探究一下林文鸞的來歷。據其京控詞，他是彰化縣例貢生，年二十二歲，林奠國之子，例貢生林文鳳之弟。[6]但查族譜，林奠國有三子，即文鳳、文典、文欽，並無文鸞其人。[7]再就年齡推究，光緒五年時，林文鳳40歲，文典28歲，而文欽也已26歲了，[8]均與22歲之齡不合。筆者疑係林家為防任何男嗣再捲入案中受害，乃假名林文鸞呈控。日後結案時，林家與官府均報稱林文鸞離鄉赴海外未歸，也許可證林文鸞是編出之假名。

　　在京控呈詞中，林文鸞言父奠國、兄文鳳（萬得）均曾在同治年間協助平定林、戴、洪三姓之亂，其後，反遭誣陷。[9]他力辯父、兄之冤，稱：

（一）林奠國之冤：「文察奉調剿髮逆，鸞父仍隨營效力。迨文察殉難漳城，中軍賴正修等侵吞餉項，鸞父目　情形，赴京呈控。案經本省訊結，未蒙開釋，經鸞父疊次遣抱赴京剖訴，蒙咨交本省核辦，而各前憲反以鸞父在臺時被人田土控案，覊留收禁。嗣派員往查，臺道稟覆並稱所控案情，俱經調息，而又將黃連蒲捏控命案株累鸞父。然二十年前無案可稽之事，在省對質多堂，黃連蒲之虛情已露，未蒙究誣，自此

6　例貢生林文鸞遣抱林龍呈都察院，「為父遭枉禁，兄復被誣架陷嘿冤，泣懇奏聞伸釋事」，〈訟案〉（二十三），頁33-36。

7　林獻堂等編，《臺灣霧峰林氏族譜》，臺文叢298，頁199。

8　三人之生平分別為道光二十年（1840）、咸豐二年（1852）、咸豐四年（1854），據此推計其年齡而得。林獻堂等編，《臺灣霧峰林氏族譜》，臺文叢298，頁244-247。

9　例貢生林文鸞遣抱林龍呈都察院，「為父遭枉禁，兄復被誣架陷嘿冤，泣懇奏聞伸釋事」，〈訟案〉（二十三），頁33。

無辜臡縻縲絏已十餘年矣。」[10]

（二）兄林萬得（文鳳）之冤：「林、洪逆族挾前剿捕之嫌，於同
　　治六年間，扛幫誣控胞兄萬得霸佔田產，扶同傾陷。或一人
　　而捏數名，或一名而捏數案，事皆架捏，語猶支離。乃地方
　　官不察冤情，信一面之枉誣，張大其詞，申詳大憲，以為實
　　事。縱逆陷良，俾惡黨益肆荼毒，佈謠入都，加兄萬得惡黨
　　之名，致蒙特旨飭查，督、撫行司移道，轉派委員何恩綺，
　　會縣查訊。不知委員作何飭傳控告，各人有與前供不符者，
　　輒令改供，有情虛不敢赴案者，勒差買人頂控，甚至當堂教
　　供，架空砌捏。即洪朝隨、林振元情虛，因提報故，委員竟
　　不嚴究。洪林氏所控被焚之屋，明係同治三年丁道剿捕之
　　事，捏移嫁害，亦不澈究。洪金榜係同治三年臺道丁曰健攻
　　剿萬斗六之時，被其練勇林清郊抱去，與兄萬得何涉？且經
　　其父連捷立字賣與林清郊為子，現有呈供摹結確據。是所控
　　各節盡屬虛詞，而委員矯誣捏稟，鍛鍊以成羅織，則無情者
　　群逞譸張，無辜者受累奚極。」[11]

最後，林文鸞稱老父年屆七旬，「垂斃犴獄」，而胞兄林萬得則因風
溼，遍身拘攣，已十餘載，不可能「恃強霸佔」，請求奏派欽差大臣
赴省，提訊造誣者。[12]

　　光緒五年五月二十六日，都察院左都御史志和將二呈上奏，稱

10　例貢生林文鸞遣抱林龍呈都察院，「為父遭枉禁，兄復被誣架陷喊冤，泣懇
　　奏聞伸釋事」，〈訟案〉（二十三），頁33-34。
11　例貢生林文鸞遣抱林龍呈都察院，「為父遭枉禁，兄復被誣架陷喊冤，泣懇
　　奏聞伸釋事」，〈訟案〉（二十三），頁34-35。
12　例貢生林文鸞遣抱林龍呈都察院，「為父遭枉禁，兄復被誣架陷喊冤，泣懇
　　奏聞伸釋事」，〈訟案〉（二十三），頁35-36。

「此案情節重大，業經三次奏交，何以十年之久，尚未訊結？控關誣逆擅殺，冤陷無辜，亟宜澈底根究。」[13]

　　清廷接摺後，諭稱，此案延宕已久，著閩浙總督、福建巡撫，即行親提全案人證、卷宗，秉公嚴訊，並將林文鸞控案一並訊結。[14]

　　光緒五年六月八日，起居注翰林院編修何金壽也上一「恭闡明旨，瀝陳時弊」摺，內除批評地方督、撫之因循外，提及審訊林文明案之弊。他說：

> 福建林文明誣叛被殺一案，眾口稱冤，乃京控多次，時逾八年，不獲申雪。若非袒庇原辦道、府委員，何以歷任督撫不為奏結？明係冤情顯著，欲斥其曲而不能，欲伸其直而不敢。於是，敕交之案，置之不論不議，專待林文明老母之死而已。[15]

何氏特別奏請將林文明一案「敕下刑部提審」，以便迅速完結。[16]

　　光緒五年六月十（十一）日，上諭，林戴氏之京控已歷四次、逾八年，「延不奉結，殊屬不成事體」，乃勒限三個月，責成督、撫即將此案秉公訊結，並稱如「逾限不能結案，必將該督、撫予以處分。」[17]

13　署都察院志（和）等奏「為請旨摺」（光緒5年6月初9日〈京報〉），臺灣銀行經濟研究室編，《清季申報臺灣紀事輯錄》，臺文叢247，頁863-866。

14　ⓐ〈訟案〉（二十三），頁37。據此件，上諭日期為5月26日。ⓑ朱壽朋纂，臺灣銀行經濟研究室編，《光緒朝東華續錄選輯》，臺文叢277，頁83，此件稱上諭係5月27日，此當是抄出日期。ⓒ臺灣銀行經濟研究室編，《清季申報臺灣紀事輯錄》，臺文叢247，頁859-860。此件亦稱5月27日。

15　ⓐ光緒5年6月8日，《月摺檔》。ⓑ〈訟案〉（二十三），頁81。

16　ⓐ光緒5年6月8日，《月摺檔》。ⓑ〈訟案〉（二十三），頁81。

17　〈訟案〉（二十三），頁81-82。

　　何金壽之上摺為林文明伸冤，疑係林家在京活動的結果。如是，何人赴京活動呢？可能是林朝棟或林文鳳。林文明死後，下厝族長由林朝棟接任，在族運面臨危機時，能出面折衝者，非他莫屬。「家傳」載稱，林朝棟曾「入京，哀叩天閽，濡滯於北京多年」，並「循例納貲，以兵部郎中敘用。」[18]前述林朝棟至遲在光緒四年十二月已申報郎中銜，可見在此之前林朝棟已在京活動了。另一可能人物是林文鳳，「家傳」載，光緒五年夏獻綸道臺欲抄產後，他曾「間關至北京陳冤」。[19]

二、督、撫會審——敗訴之兆

　　在林戴氏、林文鸞京控案發至閩省前，督、撫已決定親自審訊，以了結此案了。

　　光緒五年五月二十八日，何璟總督發出牌示，派差至按察司提調林戴氏抱告馬生及被告各人證，赴五月二十九日之早堂庭訊。[20]按察司立即派差至福州府提馬生、何春林、李祥、及林應時、黃連蒲、洪壬厚、凌定國等人，於二十九日黎明解至督轅。[21]

　　五月二十九日，督、撫開廷審訊。林戴氏呈上一稟，內除簡略說明案情外，稱第二次京控抱告李祥對案情不了解，第三次京控抱告馬生則因有重病，難以應訊，請求以熟悉案情的省中抱告何春林應訊，並要求自己親自與凌定國對質。[22]

18　林獻堂等編，《臺灣霧峰林氏族譜》，臺文叢298，頁119。
19　林獻堂等編，《臺灣霧峰林氏族譜》，臺文叢298，頁111。
20　「督憲牌示」，〈訟案〉（二十三），頁61。
21　「按察使司票」，〈訟案〉（二十三），頁62。
22　林戴氏，「為恩沐親提，遵傳投訊，據實申明，懇准親質事」，〈訟案〉（二十三），頁63。

　　何總督不但未接受林戴氏之說法與請求，反而予以嚴斥，批稱：

　　　　查此案事歷數任，本部堂與撫部院均無所用其迴護。惟疊經明
　　　　查暗訪及會訊林應時等供詞，並前署撫院吳贊誠上年渡臺親歷
　　　　訪察，林文明惡跡昭彰，罪犯應死，斷非纏訟所能制勝。至婦
　　　　女控案，例應親屬抱齋，若隱下壯丁，故令老幼婦女齋訴
　　　　者，例應立案不行，仍提壯丁問罪。該氏以年邁命歸，匍匐公
　　　　庭，本部堂尚有所不忍。林文明有子有姪，年均長成，如果實
　　　　有冤抑，何以堅匿不出？忍令衰老祖母出頭，不獨大干不
　　　　孝，亦足見其情虛。倘再執迷不悟，本部當惟有照例辦理，慎
　　　　勿聽棍刁唆，徒取訟累，切切！23

　　凌定國亦提出親供呈繳。內力稱其辦理林文明案，「實係奉鎮、
道札諭，准予從權辦理，並非擅自殺戮」，亦無索詐誣陷情弊。24

　　當日在督撫會審中，出庭應訊者有林戴氏抱告李祥與馬生，及
林應時、黃連蒲、洪壬厚等五人，各人口供仍舊。25李祥、馬生供
稱：林應時族人因林泉參加亂事，罰捐六千元，缺銀而售田予林家；
而凌定國因嚇詐八千元未遂而謀害林文明。26林應時則稱：其兄僅認
捐二千元，林文明日後又勒捐四千元，未答應，乃被攻莊而霸田二百

23　林戴氏，「為恩沐親提，遵傳投訊，據實申明，懇准親質事」，〈訟案〉
　　（二十三），頁65-66。
24　光緒5年5月29日，「凌定國具親供」，〈訟案〉（二十三），頁67-71。
25　光緒5年5月29日，「督、撫會審各供」，〈訟案〉（二十三），頁73-80。
26　光緒5年5月29日，「督、撫會審各供」，〈訟案〉（二十三），頁73-75。

甲左右；同治九年三月十七日，林文明率黨登縣堂，將他殺傷；而其兄林泉「並沒從逆」。[27]黃連蒲稱：咸豐三年十月間，因林和尚將家物寄其家中，林文明、林天河等挾恨，於十月十一日，率黨二百多人攻家，殺死十一人並霸去柳樹湳莊田三段，計租谷六百七十石；同治三年又殺堂兄黃存；至今田產仍被林目松等霸踞。[28]洪壬厚稱：有萬斗六水田四十六段，年租一千六百石，同治三年正月間，被林文明率黨霸佔。[29]

因未有何總督批示留下，不知如何裁決，但自其對林戴氏呈稟之批語，可推知對林家當非有利。其後，何總督更採取一連串強力對付林家的措施。光緒五年六月間（？），他上摺報告親審結果。內稱，「林文明有子有侄，堅匿不出，獨遣林戴氏恃邁刁瀆，其意在纏訟，冀得長佔所霸田產無疑」，請准予拘捕林文明子登山及其夥黨林萬得等，「解省確審嚴辦」。同時，他又飭令按察司移文臺灣道夏獻綸，將「林文明與其餘黨林萬得等霸佔田屋」，「逐一查取確據，由道核明，分別照追洽領」；並調查「被擄之洪金榜及生員謝嘉樹有無得受身價，串囑賄私各弊」。[30]

由於夏獻綸與凌定國關係密切，具共同利害關係，由其負責查辦林家霸產，對林家大為不利。事實上，這些對付林家的措施極可能是夏氏一手擬定的。〈林文鳳家傳〉載：「光緒五年己卯，獻綸既卸任，至省謁大府，請籍林氏之產；大府利之，命會營往。」[31]此段記

27　光緒5年5月29日，「督、撫會審各供」，〈訟案〉（二十三），頁75-77。

28　光緒5年5月29日，「督、撫會審各供」，〈訟案〉（二十三），頁77-79。

29　光緒5年5月29日，「督、撫會審各供」，〈訟案〉（二十三），頁79。

30　「為飛移事」，〈訟案〉（二十三），頁83-84。

31　林獻堂等編，《臺灣霧峰林氏族譜》，臺文叢298，頁111。

載雖誤記夏獻綸赴省為卸任，但所記之事與史料大致相符。查夏獻綸約在光緒五年五、六月間赴省，六月九日方由省城回臺。[32]筆者推測夏氏赴省日期以五月中、下旬間可能性最大，而赴省任務雖未見諸史料，可能與何璟親審林家訟案之事有關，理由有幾點。

第一、對林家大案之處理，何璟必定徵求、採納夏獻綸的意見：督、撫身為省中最高長官，軍政事務繁忙，無法事事躬親，軍國大事外的事務通常尊重採納各級官員所簽擬的建議。臺灣僻處海外，交通、通訊困難，督、撫難以週知地方性事務，更須信賴臺灣長官之議擬。何況，臺灣鎮、道也因地理、歷史的特殊性而擁有較大的授權。事實上，何璟對夏道臺也寵信有加，推崇備至，甚至倚為左右手。夏氏在光緒五年六月二十三日猝卒後，何氏痛惜不已，稱道夏氏「可為異日封疆之寄」，不幸早卒，請予優恤，可見對夏氏賞識之深。[33]在此情況下，何總督在親自審訊判決林家訟案前，徵調臺灣最高長官夏獻綸赴省研商，是理所當然的，甚至是勢所必然的。

第二、夏獻綸之爭取勝訴：如前所述，夏獻綸與凌定國關係密切。同治八年凌定國之出任辦案委員是在他任布政使時推薦的，凌定國之所作所為當係與夏氏取得某種默契，甚或在雙方合作的情況下進行的。因此，二人具有禍福與共的命運。換言之，如凌定國敗訴，夏

32　ⓐ 臺灣銀行經濟研究室編，《清季申報臺灣紀事輯錄》，臺文叢247，頁897。原文「九日」上缺一字，當為「初」或「十」，而由其死期推斷，當為「初」字，下敘。ⓑ Meskill 言六月由閩回臺，在23日暴卒，見Meskill, *A Chinese Pioneer Family, the Lins of Wu-feng, Taiwan, 1729-1895, p.*170。ⓒ 湯熙勇，〈夏獻綸治臺政績（1873──1879）〉，《史聯雜誌》（臺北），12（1988.6），頁42。文中稱，六月初，夏氏入閩。

33　ⓐ 光緒5年閏3月，何璟以夏獻綸為「得力道員」而奏准繼續留任。ⓑ「閩浙總督何（璟）奏請優予故負卹典片」，臺灣銀行經濟研究室編，《清季申報臺灣紀事輯錄》，臺文叢247，頁899。

氏以推薦人與合作者的身份，必連帶受懲。此正是林戴氏所稱凌定國在京控後求助於夏獻綸，而夏氏不斷尋覓新控林案以對抗林家的原因。

第三、何總督親審後所採行之對策與夏獻綸歷年所行與所擬議者若合符節，若非雙方有良好協議，何以致此？

第四：夏獻綸赴省、離省之日期與何璟親審日期暗合：何總督在光緒五年五月二十九日親審，而夏氏在五月中、下旬間晉省，六月九日離省，二者日期之相符性極高，當非巧合。

由上分析，大致可斷言，夏獻綸於光緒五年五月間赴省與何璟總督會商親訊與處理林家訟案的對策，而於五月九日離閩返臺，準備執行制裁工作。

政治權與經濟權乃紳權之二大支柱，林家之政治權早已喪失殆盡，僅餘之經濟權一旦失去，勢將沉淪不起。此堪稱乾隆年間林石被抄產後的第二次大危機，無怪乎林文鳳聞知此事後，「傍徨終夜，數日不能寢食」。[34]

眼看災難即將臨頭時，主持清查田產的夏道臺卻突然去世，林家暫時躲過一場風暴。〈林文鳳家傳〉載，夏獻綸抵府城後，「未久而逝，事稍止」。[35]此段記載是正確的，但未道出夏氏猝逝的日期與原因。據臺灣知府呈何璟總督之稟報，其經過如下：

> 臺灣道夏獻綸於六月□（按，當為「初」）九日因公由省回臺途中，感受暑邪；復遇暴風，巨浪山立，□甚顛簸，頭暈氣

34　「林文鳳家傳」，林獻堂等編，《臺灣霧峰林氏族譜》，臺文叢298，頁111。

35　林獻堂等編，《臺灣霧峰林氏族譜》，臺文叢298，頁111。

喘，遍身發熱。又於澎湖守風四日，未得醫治。及抵安平，扶
掖坐竹筏冒險進□（「港」？）；湧浪過顙，衣履盡濕。當經
廷醫診□（當為「治」），謂係心氣久虧，外邪入裡，恐成內
陷。其時府、縣往謁，猶能論□（「示」？）臥榻前，告以臺
南北海口防務，斷續數千言，未嘗有一語及私。然自此藥竟無
靈，病益增劇；至六月二十三日出缺。[36]

又據〈申報〉，夏道臺抵安平，因湧大受阻三日，最後乘筏勉強上
岸。其法是筏上置一木桶，人坐桶內，由善泅者以百丈大索牽引上
岸。誰知湧高過頂，桶內鹹水溢顙，髮際盡溼，上岸時，已面無人
色，竟至不起。[37]據上可知，夏氏是在光緒五年六月九日離省，在澎
湖候風四日，當在六月十三日離澎至安平，十六日登岸，至二十三日
去世。[38]

　　由於夏氏死得太突然，其死因之說法頗多。一說是夏氏原染有
瘧疾，渡臺時遭風浪之苦，又染上熱症，以致突然去世。[39]但此說不
盡正確。據上述周知府之稟報，僅稱夏氏「感受暑邪」，未明言得瘧

36　臺灣銀行經濟研究室編，《清季申報臺灣紀事輯錄》，臺文叢247，頁897-
　　898，「閩浙總督何（璟）奏為請旨簡放道員摺」引自八月十三日京報。

37　ⓐ 臺灣銀行經濟研究室編，《清季申報臺灣紀事輯錄》，臺文叢247，頁
　　1082，光緒9年4月8日，「海客談瀛」。ⓑ 竹筏上置木桶充座位乃臺灣河運
　　交通工具之一。據說此原為馬來群島的航海工具，其後絕跡，然臺灣南部之
　　安平、曾文溪、高雄等處仍用以為短程交通工具。參見〈竹筏〉，《臺灣慣
　　習記事》（不詳），1：6（1901.6），頁54-56，圖見卷首。ⓒ 許雪姬，〈竹
　　筏在臺灣交通史上的貢獻〉，《臺灣風物》（臺北），33：3（1983.9），頁
　　4-6。

38　湯熙勇氏認為是6月13日返臺，23日病卒，見湯熙勇，〈夏獻綸治臺政績
　　（1873──1879）〉，頁42。

39　Meskill, *A Chinese Pioneer Family, the Lins of Wu-feng, Taiwan, 1729-1895*, p.170.

疾。目前資料只能說他是中了「暑邪」，而在返臺途中，遇風暴受顛
簸之苦，致發高燒，又延誤至少四日未醫治；而且抵臺時逢可怕的
「安平湧」，又冒險乘竹筏入港，因風浪過大，全身浸淫，終至醫藥
罔效，一病不起。死時年僅43歲。[40]不過，夏氏仍當壯年，何致一病
不起？何總督稱他在臺道七年任期中，任勞任怨，以致「心力交瘁」；
醫生亦稱，「心氣久虧，外邪入裡，恐成內陷」。[41]如此說可信，夏氏
當是積勞成疾，或已有某種潛在病症，加上中了暑邪與浸水感受風
寒，未及時醫治調養而死的。

　　西文報又有一說，稱夏氏自閩省返臺時，在安平口外水淺之
處，「舟不能行，而大浪衝擊，合舟俱淫」，夏氏「受驚殊甚」，或許
因此而死。[42]換言之，因驚嚇、精神受打擊致死。此說當只有部分道
理。如上所述，熱症與風寒當是更重要原因。

　　夏氏之死因，民間另有一種說法。據說由於林家恨夏氏之處處
為敵，如今又面臨抄產厄運，因此設計在夏氏至安平下船登岸時，抽
去其跳板，使之溺斃。[43]由於夏氏與林家長期對立，如今又負有抄產
任務，林家為自保而出此下策，論理非無可能；而夏氏死期又正巧在
回臺執行抄產任務之際，更啟人疑竇，無怪臺灣中部人士言之鑿
鑿。惟考之以上所引資料，此項傳聞當有誤。按十九世紀下半葉，清

40　臺灣銀行經濟研究室編，《清季申報臺灣紀事輯錄》，臺文叢247，「閩浙
　　總督何（璟）奏請優予故員卹典片」，頁899。

41　ⓐ 臺灣銀行經濟研究室編，《清季申報臺灣紀事輯錄》，臺文叢247，頁
　　899。ⓑ 臺灣銀行經濟研究室編，《清季申報臺灣紀事輯錄》，臺文叢247，
　　頁897，「閩浙總督何（璟）奏為請旨簡放道員摺」。

42　「臺道出缺」，光緒五年七月十二日，臺灣銀行經濟研究室編，《清季申報
　　臺灣紀事輯錄》，臺文叢247，頁872。

43　Meskill 採訪中部人士之傳聞，見Meskill, *A Chinese Pioneer Family, the Lins of
　　Wu-feng, Taiwan, 1729-1895*, p.170.

廷已在臺建立相當鞏固的統治基礎，林家何敢向皇權、官權正面挑戰，自取滅族之禍？此外，若其中有蹊蹺，官府何至毫無反應！猜想當是地方人士將夏氏在安平港遭浪浸，不久病卒，聯想渲染為林家設計害死。

西文報還報導稱，據打狗（高雄）寄來之信函，夏獻綸在當日（六月二十三日）「正開筵宴客，猝然而卒」，可能是返臺進安平港時，因大浪衝擊，「合舟俱淫」，「夏驚殊甚」之故。[44]據此說，夏獻綸死時並未臥病，與前述之說法有異。是此報導有誤，亦或官府報告有隱諱，不得而知。由於官府為夏氏奏請優卹，如報飲宴時猝死，不符「積勞成疾」之標準，故予隱諱，非無可能。

夏獻綸死後，光緒五年七月二十四日，何璟一方面奏准為其優卹，一方面派調省辦理通商事務之臺灣府知府張夢元接任臺灣道臺。[45]無論如何，抄查林家田產事暫時緩和下來了，真是託天之祐。

第二節　林家的最後抗爭

自何璟親審林家訟案後，官府辦案方向已極明確，即進一步制裁林家以屈服之。於是，案情惡化，林家被迫漸由攻勢轉採守勢。

前已述及，光緒五年六月間，何璟奏報親審結果，請准予拘捕林文明之子丁山及林萬得等人解省，並清查田產。清廷接受其議，七

44　臺灣銀行經濟研究室編，《清季申報臺灣紀事輯錄》，臺文叢247，頁872，「臺道出缺」，光緒5年7月12日。

45　ⓐ臺灣銀行經濟研究室編，《清季申報臺灣紀事輯錄》，臺文叢247，頁899，光緒5年8月25日，「閩浙總督何（璟）奏委署道員片」。ⓑ臺灣銀行經濟研究室編，《清德宗實錄選輯》，臺文叢193，頁60。

月五日，諭令何璟趕緊將林萬得（文鳳）等拿獲，歸案審訊，限於三個月內訊結。[46]換句話說，以往以控林案制壓林家，如今進一步擴大打擊面，將更多的林家人捲入案內，並追查田產。光緒五年七月二十七日，此諭令由軍機大臣以兵部火票（最速件），迅速寄信予何璟總督，飭其趕緊拿辦林萬得。[47]此似有趕在林戴氏京控案發抵福建之前送達之意。

　　何璟接獲上諭後，並未立即執行諭旨，反而在光緒五年八月八日上摺請求寬展奏結期限（即三個月）。[48]他的理由是：（一）林文明等所佔田產，情況複雜，「清厘非易」。[49]（二）「林萬得漏網餘生，輒思揑詞翻異，跡其怙惡不悛，必有藏身之固，尤恐非尅期所能弋獲。」[50]（三）林家人刁狡，當拿辦嚴緊之際，尚敢任意誣詆越控，如只由其一人審訊，勢必「旋結旋翻」，指他為「凌定國等同鄉」，加以污衊，使案情拖延。[51]因此，何總督請准俟拿獲林萬得後，才起算奏結期限。清廷准奏，但勒令務必拿獲。[52]此外，何璟並奏請將每半年奏結一次的京控案展限，並請將林應時、黃連蒲、洪壬厚等人之京控案亦歸入林戴氏京控案內辦理。[53]何璟的策略依舊是以民人的控

46　〈訟案〉（二十三），頁85。

47　「為恭錄諭旨飭遵、咨會事」，〈訟案〉（二十三），頁86。

48　ⓐ何璟附片，〈訟案〉（二十三），頁87-90。ⓑ臺灣銀行經濟研究室編，《清季申報臺灣紀事輯錄》，臺文叢247，頁919-920。

49　何璟附片，〈訟案〉（二十三），頁88-99。

50　何璟附片，〈訟案〉（二十三），頁89。

51　何璟附片，〈訟案〉（二十三），頁89。

52　何璟附片，〈訟案〉（二十三），頁90。

53　閩浙總督何（璟）奏「遵限查明未接案件片」，〈京報，8月16日〉，臺灣銀行經濟研究室編，《清季申報臺灣紀事輯錄》，臺文叢247，光緒5年8月28日，頁900-901。

林案抵制林家之控凌（定國）案。

何璟放緩行動腳步的真正理由何在，很難判明。其中一個可能是夏獻綸之猝卒，使他一時難定處理林家的方式。另一個可能是緝捕林氏族人與清查田產只是迫使林家就範的手段，並非真欲執行，引發太激烈的官、紳對抗。

此外，何氏自稱怕被林家指為「凌定國等同鄉」一節，倒是值得一探。按何璟亦粵人，前文已言及涉入反林案之閩官，粵人居多，如黎兆棠，今又加上何璟，其中是否含有閩、粵不和之社會因素，頗值研判。事實上，何璟確有偏袒同鄉之傾向，此有例可證。光緒九年，臺灣道劉璈與臺灣總兵吳光亮不和。吳光亮乃粵人，利用何總督與岑毓英巡撫間之不睦，向何總督進言稱劉璈親巡撫而違抗總督，「不利粵人」，致劉璈招來何璟之掣肘。劉璈在上兩江總督左宗棠書中指責何璟：「不察利害是非，專斥與鎮不和」；「徇庇同鄉，太覺顯露，彼同鄉文武盤踞在臺者固多，自此更無忌憚矣！」[54]劉璈一面之詞固不可盡信，然而，證之何氏以往之言行，似有此種傾向。由於林家京控案勝敗涉及凌定國之生死榮辱，何氏不無為鄉人救生之心。

由於官府採取攻勢，步步逼人，林家難以招架，此後反而須尋求自救之道。

光緒五年八月一日，赴省參加鄉試之彰化縣學廩生蘇雲衢等，向何璟總督具稟請命。內稱林文察、文明兄弟為國平亂，反被誣逆殺害，致年近九十之年老一品命婦久離鄉井，「慨慨待斃」，懇請「秉

54　ⓐ 劉璈與何璟、吳光亮齟齬事，參見許雪姬，〈劉璈與中法戰爭〉，《臺灣風物》（臺北），35：2（1985.6），頁4-5。ⓑ 呂實強等編，《中法越南交涉檔》（臺北，中央研究院近代史研究所，1962），頁682-1047。

公訊結」，使「老年命婦，得以生還」。[55]按蘇雲衢、蘇雲裳兄弟日後，分別在光緒十三年、十五年獲選為彰化縣歲貢生。[56]推想這些赴考之彰化縣生員必是由林家策動請願的，至少何璟是如此認定的，因此嚴詞批稱：

> 查林文明惡跡昭著，英桂前部堂慮貽海外隱憂，密飭前臺灣鎮、道及委員等，設法拿辦，並許以便宜從事。原奏謂形同叛逆，非謂其以叛逆查案，亦未照叛逆科罪。嗣經歷任督、撫查訊相同，具在檔卷，本無疑義。況文明伏法，距今十載，當時辦理設有錯誤，果為該生等所素悉，何不早為剖訴？若謂重洋重隔，查呈內諸生如蘇雲衢、曾大猷、林毓培、陳岩、蘇雲裳、陳興文、莊慶祺等，前丙子正科，亦經內渡鄉試，彼時何又均甘緘默，不為一言？是知非出自該生等本意也。至林戴氏有抱告、有親屬，照例毋庸自行待質，該氏甘心逗留，不令丁壯出頭，顯聽訟棍喚使，於人無尤。……毋再多瀆，有干訟累。[57]

於是追究林家案件的工作依舊積極進行著，而由新任道臺張夢元主持。

　　光緒五年八月十五日，張夢元道臺奉何總督札，將同治三年檢舉林奠國之文抄送呈上，內包括丁曰健奏「林奠國激變」案、曾元福

55　黃雲衢等「為老年命婦，久羈省質，僉懇秉公速結，俾獲生還事」，〈訟案〉（二十三），頁91-94。

56　原作者不詳，《臺灣通志》，臺文叢130，頁427。

57　〈訟案〉（二十三），頁94-96。

報告「林天河糾黨搶擄」及彰化縣令韓慶麟申報林天河霸產案。但因
臺灣道衙門，僅有丁曰健之奏稿三件，張夢元乃於八月二十七日，批
飭彰化縣令，將「戴萬生名下叛產及民人田產，林天河作何霸佔焚搶
案」，尅日抄錄呈報。[58]顯然，何總督又欲重追舊案，以制裁林家。

　　面對官府之步步進逼，林戴氏仍在作困獸之鬥。光緒五年八月
十五日，林戴氏赴督轅請求對質。但何總督批斥稱：「不應自行投案
求質，意圖纏訟」；即使「與凌定國對簿，無非各執一詞」。[59]何總督
不但不理林戴氏申訴，反而擴大追拿林氏族人。八月二十三日，他進
一步批示「林戴氏久經逗留內地，其林萬得（文鳳，乃奠國長子）、
林登山（朝昌，乃文明長子）等，難保不無隨同在省」，飭令「就近
一體嚴拿」。九月，按察司與督糧道飭福州府與臺灣道分頭查拿。[60]

　　光緒五年八月二十七日，京控抱告鄭全、林龍解到閩省。[61]林戴
氏得知後，於九月三日，向何總督呈稟稱：凌定國「有無誣陷，一鞫
便明」，何以置本案不問，只查凌氏捏報霸佔事？又稱，孫子登山，
因父文明被害，「驚悸成疾」，對案情毫不了解，「何能赴質」？至於
林萬得被控田土案，與林文明冤殺案是二事，不應相混。戴氏乃請求
提訊凌定國，追究陷殺之罪。[62]換句話說，林戴氏要求將林家控凌案
與民人控林文明、林奠國三案分開審理，但何總督不同意，批駁
稱：

58　臺灣道予彰縣「札飭事」，〈訟案〉（二十三），頁115-116。
59　「為含冤莫白，久揹不伸，泣懇提質雪抵事」，〈訟案〉囯（二十三），頁
　　97。
60　「為飛移事」，〈訟案〉（二十三），頁101-102、103-104。
61　〈訟案〉（二十三），頁105。
62　「為含冤莫白，久揹不伸，泣懇提質雪抵事」，〈訟案〉（二十三），頁97-
　　98。

清追霸產照案給主，係奉旨查辦之件，林萬得等亦奉旨拿辦主犯，何能置諸不問？此案歷查歷訊，均謂林文明並非枉殺。該職婦一面之詞，何能遽信？如果理直氣壯，速令林萬得、林登山等投案備質。毋庸設詞避匿，自涉情虛。[63]

光緒五年九月十　日，何總督發牌由按察使轉飭臺灣道、彰化縣，查究林家田產與緝捕林萬得、林登山等人：

查林戴氏京控一案延今十年，不即究結，實緣惡黨林萬得等，利其所佔田土。深恐案經擬結，即須照追給主，並有應得之罪。以故唆使林戴氏迭次遣抱京控，恃邁刁纏。是此案非將林文明從前所佔田產逐案清出，照數給主，則此案無由結止。然非將其子林登山及林萬得等設法拘拿解省訊辦，則田土亦難遽以清理，且無以息林戴氏恃邁刁瀆之心。除札臺灣道張夢元署道遵照、、尅日督府飭縣暨委員何恩綺等，遵照夏獻綸故道拿辦緣由，出示諭召各原告赴案呈明，將所佔田產，孰為契串猶存，孰為契經燬失，孰為終始強佔，孰為曾被愚勒得受半價，逐一查取確據，分別照追洽領，彙案詳報。一面選差幹役，嚴密拘拿，務將林萬得及林登山等，按名弋獲，派員押解來省，以憑訊辦。[64]

光緒五年九月二日，張夢元道臺依總督令，飭彰化縣令傅端銓

63　「為含冤莫白，久捂不伸，泣懇提質雪抵事」，〈訟案〉（二十三），頁98-99。
64　何璟，「為飭遵事」，〈訟案〉（二十三），頁111-112。

清查當年林奠國等霸田案。但九月十五日,傅縣令回稱,控林案之相
關文件多已無存。[65]

此外,緝拿林氏族人事亦在閩、臺二地加緊進行。光緒五年八
月底,傅縣令奉飭緝拿林登山、林萬得等;九月十七日,又接到臺灣
知府轉飭之總督指令,限於文到一月內,購拿林萬得等,解省歸
案。[66]但傅縣令之拿辦工作相當不順手。他指出林萬得等「居近內
山,竹圍堅密,平時黨與眾多,出入跬涉不離,早得藏身之固,恐非
縣中二、三差勇,可望得手」。因此,他一面密飭差勇購拿,一面覓
尋與林萬得有交往者前往開導;至於興師擒拿,因慮其兔脫遠颺,甚
或激成事變,未能採行。[67]

其後,傅縣令與中路廳孫繼祖密商拿捕林氏族人辦法。孫氏認
為明拿不易,仍以派人設法招致(如調虎離山),較稱妥善。傅氏乃
再逼令地方紳士,早日勸導林萬得等歸案。但該紳士(疑是林志芳)
敷衍稱,林文明子登山願自行赴省報到,又支吾不答何時啟程內
渡,並稱林登山與林萬得等均已外出。但傅縣令再派親信往查,知林
萬得等委實在家,而且揚言,他們是原告,如欲審斷,自有林戴
氏、林奠國、林文鸞在省,何必他們出面?[68]

鑑於上述困難,傅縣令認為仍須依賴妥靠士紳,曉以利害關

65　ⓐ 彰化縣為「遵札查案具覆、報事」,〈訟案〉(二十三),頁119-121。ⓑ
　　「彰化縣為遵札,復請查案,錄送轉覆事」,〈訟案〉(二十三),頁123-
　　126。
66　彰化縣傅(端銓),「稟復臺灣道、府」,〈訟案〉(二十三),頁127-
　　128。
67　彰化縣傅(端銓),「稟復臺灣道、府」,〈訟案〉(二十三),頁128-
　　129。
68　彰化縣傅(端銓),「稟復臺灣道、府」,〈訟案〉(二十三),頁129-
　　130。

係，促其自願投到；若再冥頑不歸，自當調派營勇，會同拿辦。由於此事非一個月內所能完成的，傅氏乃於光緒五年十月間，呈請張道臺准予展限。[69]張道臺接稟後，批示應努力設法招致，勿徒託空言。[70]

　　光緒五年十月二十五日，彰化縣派差協同總理、保甲，「不動聲色」，迅速購拿「要犯林萬得、林清交、黃河山及林文明之子林登山」等人，限三日內拿獲，送縣以憑解省訊辦。[71]但似未有結果。

　　此外，在閩省亦有緝拿林姓族人之行動。光緒五年十一月十三日，黃連蒲查知林目松（朝棟）等人「來省」，向何總督呈稟，請求緝拿。何總督飭閩侯縣查「是否屬實」，嚴拘解訊；並飭臺灣道、府「上緊購拿林萬得務獲，解省審辦」。[72]但未有下文。光緒五年（？）月間，侯官縣風聞林萬得、林登山至省，派差二人赴林戴氏公寓傳訊。但箚差回報稱，二人均在臺，並未來省，經查詢鄰里與明查暗訪，亦獲得證實。[73]

　　另一方面，林戴氏仍在作最後抗爭。光緒五年十一月二十三日，由於新巡撫勒方錡上任，林戴氏呈稟請求與凌定國親質，以伸其冤。[74]但勒巡撫不但不接受，反而批駁她說：

　　　　查此案事隔十年之久，凌定國已係參革人員，歷任督、撫、

69　彰化縣傅（端銓），「稟復臺灣道、府」，〈訟案〉（二十三），頁130-131。

70　彰化縣傅（端銓），「稟復臺灣道、府」，〈訟案〉（二十三），頁131。

71　「彰化縣差票，特再限催密拿事」，〈訟案〉（二十三），頁141-142。

72　〈訟案〉（二十三），頁139。

73　〈訟案散件〉（二）(f) No. 1。

74　林戴氏，「為誣陷制延，大冤久揵，粘供籲懇遵旨，親提環質雪抵奏結事」，〈訟案〉（二十三），頁133-137。

司、道，豈皆與林文明有隙而不為平反乎？亦豈皆與凌定國相
厚而必為袒護乎？此中情理，該氏當平心思之。至林應時、黃
連蒲、洪壬厚等京控各情，不能置之不理。林萬得、林登山
等，疊奉諭旨飭拿，更不能置之不問。該氏始終不令林萬得等
投案備質，是何意也？[75]

至此，可說官府上下均與林家採取敵對態度，而各方面的圍剿也步步
逼近，林家反而要自救圖存。

　　光緒六年三月二十二日，赴京考試之福建舉人邱敏光等十五
人，以「林文明被殺冤抑」，林戴氏「疊次京控，案懸未結」，懇請
都察院奏請「提京伸雪」。[76]都察院左都御史志和將呈文轉奏。[77]推想
這些赴考之舉人若非有林家之資助，似不可能在考試前夕，冒危害前
程之險，出面向當局抗爭。據稱，同治十三年林家曾資助舉子赴京考
試，而府城陳望曾即獲資助者之一，而且不負所望，考取進士。[78]查
同治十三年甲戌之進士題名榜，臺灣確有蔡德芳、陳望曾、施炳修等
三人中進士。[79]陳氏並以「內閣中書」任用。[80]如林家以往即有資助

75　林戴氏，「為誣陷制延，大冤久捂，粘供籲懇遵旨，親提環質雪抵奏結
　　事」，〈訟案〉（二十三），頁138。

76　福建舉人邱敏光等呈都察院，「為僉懇奏提伸雪，以昭公道事」，〈訟案散
　　件〉（二）(f)、No. 4。

77　福建舉人邱敏光等呈都察院，「為僉懇奏提伸雪，以昭公道事」，〈訟案散
　　件〉（二）(f)、No. 4。

78　Meskill, *A Chinese Pioneer Family, the Lins of Wu-feng, Taiwan, 1729-1895*,
　　p.159。氏文係引自《臺灣省通志稿》之「陳望曾傳」，見《臺灣省通志》，
　　卷七，人物志，頁292。

79　臺灣銀行經濟研究室編，《清季申報臺灣紀事輯錄》，臺文叢247，頁108。

80　臺灣銀行經濟研究室編，《清季申報臺灣紀事輯錄》，臺文叢247，頁164。

士子之舉，則在大難臨頭時進一步動員他們，自是可理解之事。

由於清廷已決定重懲林家，未接受福建舉人之陳情，仍於三月二十九日諭令督、撫加緊緝拿林萬得等人歸案，依限訊結。[81]林家之京控目的在於藉皇權以對抗官權，至此希望幻滅。而且挫折與不幸事件接踵而至。

光緒六年六月八日《申報》曾報導：「臺灣彰化縣屬近又出一林大王，比前大王更為兇暴，現因爭水與他姓械鬥，終日砲火轟天，地方官不能禁止，已稟請大吏特調飛虎後營弁兵五百名，於五月初九日由山後大港口乘『琛航』兵船前往彈壓」。[82]此處所謂「前大王」，當指林文明，而「林大王」當指林朝棟無疑。此項報導如實，則顯示林家勢力之大仍未減——甚至敢於動用武力維護或擴張本身權益。然而，此消息也可能是政敵所散佈之謠言，以做為處置林家之口實。由於光緒五年，林家可說已敗訴，林萬得、林丁山等親人被官緝拿，似乎不太可能有予官府鎮壓口實之舉止。

光緒六年六月六日，另一件打擊林家抗爭意願的不幸之事發生了。林奠國在監禁十餘年後，終於老病而死。當日，家丁馬生向福州府呈稟稱：

> 緣前月末旬，感冒風暑，症廷太深，服藥罔效，現成腹脹氣喘，飲食不進，奄奄一息。據醫士云，症由風暑內鬱，年已老邁，中氣久虛，六脈不和，兼之天氣炎熱，恐防內陷難治。若

81　ⓐ 臺灣銀行經濟研究室編，《清德宗實錄選輯》，臺文叢193，頁69。ⓑ 朱壽朋纂，臺灣銀行經濟研究室編，《光緒朝東華續錄選輯》，臺文叢277，頁40。

82　臺灣銀行經濟研究室編，《清季申報臺灣紀事輯錄》，臺文叢247，頁954。

非提釋取保，在外醫治，斷無生機。家主親屬在臺，重洋遠
隔。馬生屬家丁，奉派服役，若不瀝情奉懇，取保醫治，誠有
坐而待斃之虞。憲臺痌瘝在抱，物與民胞，伏乞恩准先將家主
提釋交保，一面具詳列憲，庶蟻命得以保全。至保家係覓誠實
舖戶，加蓋保戳，如有應訊，自當隨傳隨到。現病在垂危，內
司看役人等，莫不週知。非沐恩准提釋交保，倘有不測，禁內
諸多未便。[83]

但延知府尚未來得及批示，司獄即稟報林奠國病重，「醫治無效，在
監病故。」[84]

按林奠國生於嘉慶十九年，計享壽六十七歲。消息傳至阿罩
霧，林文鳳「倉皇赴省治喪事」，至次年，方扶柩歸葬於貓羅堡柳樹
湳莊涼井仔。[85]又，林家有一傳聞，稱林奠國並未死於獄而潛回臺
灣。據稱運柩返臺時，其棺雖加鎖，但無底，屍體不在內。[86]此傳聞
之可信任性因缺實證，只能存疑。

由於緝拿林萬得等人的任務迄未達成，何璟總督認為惟有「遴
委幹員，馳往督緝，澈訊究辦」，方能達成早日結案的目的。當時臺
灣海防同知孫壽銘在省，何總督認為他「人當明幹」，對該處情形

83　家丁林生呈福州府延「為老病垂危，懇提取保醫治，俾全蟻命事」，〈訟案
　　散件〉（二）(f)，No. 5。
84　家丁林生呈福州府延「為老病垂危，懇提取保醫治，俾全蟻命事」，〈訟案
　　散件〉（二）(f)，No. 5。
85　「林奠國家傳」，林獻堂等編，《臺灣霧峰林氏族譜》，臺文叢298，頁
　　108。
86　此乃據1985年8月12日林壽永先生所言，但未知可靠否。據《族譜》，林奠
　　國確卒於此時，地點當是福州府監，如同官方所言。但清代官箴不佳，林家
　　財大，故亦不能排除行賄而居留在外的可能性。

「亦復熟悉」，乃於光緒六年六月十六日，札飭孫氏束裝前往臺灣，會同道、府、營、縣，廣佈線民，限期一個月內緝獲林萬得等解審；此外，林姓房族、林文明子丁山，或其它「棍徒」，如有「同惡庇匿」之情，亦予拘拿訊辦。[87]但孫壽銘奉札後，稟報緝拿之困難稱：

> 林戴氏控案，牽累眾多，案懸年久，且林姓聚族而居，素稱蠻悍，以致首從各犯，迄未弋獲。茲蒙委任，自當恪遵飭旨，前往商辦，何敢稍存畏難之見。惟彰化界連內山，惡黨林萬得等，聞風逃逸，事在意中。[88]

為此，他提議加派熟悉彰化情形之員，偕同赴臺辦理。他推薦之人選是在省之前署彰化縣令朱幹隆，因他「辦事頗有機變」，而且對「彰化地方人情，尤為熟諳。」[89]其後，朱幹隆扮演了結林家與民人互控案的要角。

　　約在光緒六年七、八月間，何璟再奏請展延京控案奏結期限，並請將林應時、黃連蒲、洪壬厚及林文鸞四件京控案併於林戴氏、林奠國京控案內辦理。[90]然而，清廷對此案拖延未結日益不耐，光緒六年十月三日，御史孔憲轂奏請飭令督、撫，迅速依限奏結林戴氏京控案。清廷乃飭令軍機大臣字寄何總督、勒巡撫，責其案延一年，仍未緝獲林萬得等結案之失，飭其務獲歸案，從速「秉公訊結，以清案

87　光緒6年6月，何總督、勒巡撫，「為札飭、飭遵事」，〈訟案散件〉（二）(f)，No. 6。據孫壽銘之稟，得知督、撫札飭日期乃6月16日，見〈訟案散件〉（二）(f)，No. 7。

88　光緒6年6月2日，孫壽銘稟督、撫，〈訟案散件〉（二）(f)。

89　光緒6年6月2日，孫壽銘稟督、撫，〈訟案散件〉（二）(f)。

90　「何璟等片」，光緒6年9月6日京報抄，〈訟案散件〉（二）(f)，No. 8。

牘，毋再藉詞延緩。」[91]

　　光緒六年十月二十四，軍機大臣字寄抵閩。[92]按字寄乃火急文件，何、勒收到後，自需加速依旨辦理。由於自六月派臺防同知孫壽銘，其後又加派朱幹隆赴臺辦案後，已歷數月，仍未稟覆，布政使陳士杰與按察使鹿傳霖乃稟明督、撫，添派官員辦理此案。鹿港廳孫繼祖以「辦事幹練，熟悉臺地情形」，奉派會同臺防同知孫壽銘，督同新彰化縣令朱幹隆，限半個月內，緝獲林萬得等人解審。其他林姓族人或林丁山等，如有「同惡庇匿」，亦一併拘提究辦。[93]

　　前述光緒六年六月間，孫壽銘已奉飭與朱幹隆來臺辦理林家案件。但朱幹隆先至彰化署理縣令職，而孫氏似未即刻動身，直至十月十三日方抵臺。他隨即會晤署臺灣知府趙均，稟商臺灣道張夢元，並會同朱縣令等，廣佈眼線，展開緝拿工作。[94]

　　如今，省方已專委孫壽銘、朱幹隆、孫繼祖緝拿林家族人，三人自不能再怠慢。緝拿的風聲日緊一日，林家至此已面臨玉碎或瓦全的抉擇關頭了。然而，官府的目的只是在迫使林家撤銷京控案，樹立統治權威，而非摧毀林家之紳權。事實上，福建當局之所以選擇「辦事頗有機變」的朱幹隆，正是利用他的特長來解決問題。朱氏在同治十三年曾出任彰化縣令，光緒二年被丁日昌巡撫以「劣跡甚多」的理

91　「軍機大臣字寄閩浙總督何、福建巡撫勒」，〈訟案散件〉（二）(f)，No. 9。

92　「軍機大臣字寄閩浙總督何、福建巡撫勒」，〈訟案散件〉（二）(f)，No. 9。

93　「福建布政使司陳，福建按察使司傅，為飭委事」，〈訟散案件〉（二）(f)，No. 10。按，二人在光緒6年1月21日奉諭出任現職。見臺灣銀行經濟研究室編，《清德宗實錄選輯》，臺文叢193，頁69。

94　臺灣海防同知孫壽銘、署臺灣知府趙均稟何璟總督，〈訟散案件〉（二）(f)，No. 11。此件於11月12日呈至閩。

由嚴參撤任。[95]可見他的紀錄並不好，然而，在「非常」時刻，正可派上用場。因此，在朱氏的軟硬兼施下，林家衡量利害得失，決定向皇權、官權低頭妥協。

95　ⓐ鄭喜夫，《臺灣地理及歷史》，卷9，官師志，頁166。ⓑ臺灣銀行經濟研究室編，《清德宗實錄選輯》，臺文叢193，頁22。

第九章　訟案之終結
——官紳妥協、鞏固皇權

（光緒八年至光緒九年；1881-1882）

　　由於閩浙總督已取得清廷的支持，全力對付林家——緝捕林家重要族人與清查田產，林家若不識時機，繼續頑抗，勢必招來致命性的打擊。為了固本，林家終於向官府低頭妥協，而官府因壓制紳權（林家）的目的已達成，亦不為已甚，官紳雙方終協議了結此一纏訟多年的京控案。

第一節　林家重建官紳關係的努力

　　由於官府步步進逼，林家已陷入四面楚歌的絕境，為挽救族運，惟有低頭妥協。再者，為減少犧牲，保護權益，林家逐漸修正抗官態度，致力於重建官紳之良好關係。其所採取之手段仍不外乎效力官府，爭取職銜等。

　　同治十三年，日本藉口琉球漁民在臺灣南部被殺事，派兵侵臺，此即牡丹社事件。清廷乃派沈葆楨為欽差大臣督辦臺灣軍務。五月二十五日，沈葆楨提出防臺三策：理論（即外交手段）、設防、開禁。沈氏特別重視設防，一方面加強港口防禦設施（如設立安平砲臺，置西洋大砲），另一方面積極開通後山（即臺東、花蓮之生番地），以防日人勾結「番」人而侵入。蘇澳乃後山要地，沈氏報請派遣福建陸路提督羅大春駐防。[1]日人入侵後山之事雖未成真，但沈氏已決心開通後山。羅大春自七月十三日抵蘇澳後，即積極進行此項要務。[2]

　　同治十三年七月十七日，羅大春接替了臺灣道臺夏獻綸之北路開山撫番工作，所部有土勇920人、料匠158人；隨後又加募土勇、料匠，推進開山與駐防工作。[3]由於開山工作艱鉅，又有兇悍的「斗史社番」在前途作梗，兵力顯得過於單薄，乃請求沈葆楨准予添募精勇三營、興泉壯丁千人，專供開山之用。[4]八月三日，在大南澳開路的

1　藤井志津枝，《日本軍國主義的原型──剖析1871-74年臺灣事件》（臺北：著者發行，1983），頁158-159。

2　羅大春，《臺灣海防並開山日記》，臺文叢308，頁14-15。

3　羅大春，《臺灣海防並開山日記》，臺文叢308，頁15。

4　羅大春，《臺灣海防並開山日記》，臺文叢308，頁15-16。

羅大春，獲准招募精勇三營，壯丁三千人。隨後此三營改為四旗，命名為「綏遠」軍，以控制廣大之新開地。為補足兵力，羅大春派李東來、李得升赴嘉義、彰化各募一旗，餘二旗擬赴內地招募。[5]

　　臺灣士紳通常在清廷有危機時，才有立功出頭的機會。林家也趁此良機，效力清廷。同治十三年九月十日，李得升募左旗勇丁至，林文明次子林朝選（紹堂）亦響應羅大春之召募，率領50名壯丁至蘇澳。[6]羅大春令其由海道前往新城以為前軍嚮導，並整修館舍。光緒元年正月九日，羅大春率軍抵新城，以此為基地，進行撫番工作。[7]當時新城僅有漢民三十餘戶，其外全屬番社，招撫工作極為艱鉅。[8]林朝選戮力從公，進行撫番，並有相當大的成果。二月二日，他率領泗波灣以南之隅眉坡、石關等十八社生番五、六百人歸化，立下汗馬功勞。[9]

　　據《族譜》，林文明有六子，分別為朝昌、朝選、朝成、朝斌、朝鑑、朝崧。[10]林朝選乃林文明次子，亦名春江、福濬，字紹堂，生於咸豐九年。[11]稍顯奇特的是，在傳統社會，通常由嫡長子代表整個家族與官府建立關係，那麼，何以林文察長子朝棟、林文明長子林朝昌不出面呢？可能的理由是二人身為長子，忙於訟案。

　　林朝選撫番有功，推想應獲有官府優獎，但目前未有資料可證。即使有，似乎對訟案無明顯助益。不過，對維護家族利益，防範

5　羅大春，《臺灣海防並開山日記》，臺文叢308，頁19。
6　羅大春，《臺灣海防並開山日記》，臺文叢308，頁27。
7　羅大春，《臺灣海防並開山日記》，臺文叢308，頁42-43。
8　羅大春，《臺灣海防並開山日記》，臺文叢308，頁47。
9　羅大春，《臺灣海防並開山日記》，臺文叢308，頁49。
10　林獻堂等編，《臺灣霧峰林氏族譜》，臺文叢298，頁333-339。
11　林獻堂等編，《臺灣霧峰林氏族譜》，臺文叢298，頁335。

危機，當有直接、間接的作用。

此外，據《族譜》記載，林文鳳在光緒五年聞知抄產事，也曾赴北京活動，解除厄運。[12]但據前所述，此說不盡可信。事實是，官府仍步步逼緊，林家被迫低頭。

真能發揮影響力，解除林家厄運者當推林朝棟。林文察生有三子，即朝棟、朝雍、朝宗，朝棟乃嫡長子。[13]林朝棟，亦名松，字蔭堂，號又密，生於咸豐元年九月二十四日。[14]林朝棟頗有乃父之風，厭八股文事而好兵書武藝，自幼喜談「孫子兵法、韜鈐行陣」諸書，不愧將門虎子。同治七年，朝棟年十八時，娶元配楊氏。[15]楊氏，名水萍，生於道光二十八年，較朝棟長三歲。[16]如前已述，楊氏出身彰化城士紳之家，是個家教良好、意志堅定的能幹女性，朝棟深受其影響。[17]楊氏在婚前或婚後曾鼓勵林朝棟考科舉，以洗脫林家勇武不文的面貌。[18]然而，朝棟不喜八股文，究竟非科名中人，似未赴考。[19]林朝棟文事雖不佳，但練武則極勤奮專心。據說，有一天練武時傷了一眼而成獨眼龍，故人稱「目仔少爺」。[20]前文中林家族敵在呈詞時屢提及「林目松」，即指朝棟，此「目」當即是獨目之意。

12　「林文鳳家傳」，林獻堂等編，《臺灣霧峰林氏族譜》，臺文叢298，頁111。

13　林獻堂等編，《臺灣霧峰林氏族譜》，臺文叢298，頁239。

14　林獻堂等編，《臺灣霧峰林氏族譜》，臺文叢298，頁329。

15　「林朝棟家傳」，林獻堂等編，《臺灣霧峰林氏族譜》，臺文叢298，頁119。

16　林獻堂等編，《臺灣霧峰林氏族譜》，臺文叢298，頁330。

17　Meskill, *A Chinese Pioneer Family, the Lins of Wu-feng, Taiwan, 1729-1895*, p.156.

18　參看本書第三章第二節。

19　林獻堂等編，《臺灣霧峰林氏族譜》，臺文叢298，頁119。

20　林衡道，「林朝棟」，《臺灣一百位名人傳》（臺北：正中書局，1984），頁247。

　　林朝棟原本有良好機會可以早日出仕，或與官府建立較佳關係。因藉父之蔭，他可以忠烈之後的資格承襲世職騎都尉。但奇怪的是，他竟未申報，直至光緒十四年，他已有道員銜後，方襲此職。[21]原因何在，令人不解。

　　林朝棟雖未獲官銜，但在林家訴訟期間，似也常赴省城甚或北京活動。林家顯然在福州城旗下街荳芽菜巷置有房屋，[22]可能因長年訴訟，供林戴氏及其他族人居住之用。如前已述，林應時、黃連蒲數度請求官府派差前往提訊，但未成。又據稱，林奠國被拘入獄後，經由其活動，名為監禁，事實上，自由在外。[23]在光緒四年（1878）當官府欲將他拘提到案時，他不但在省城安然無事，且公然娶妾，並為弟弟娶婦。[24]同年年底，何璟總督甚至奏准在漳州為林文察建專祠。由上可見他已與某種層次的官員建立良好關係。

　　此外，《族譜》又載，林朝棟曾呼冤於閩督，「不得直」，乃上北京「哀叩天閣」，停留多年，並納貲「以兵部郎中敘用」。[25]此段話大致可信，惜未道出時間。查光緒五年一月二十二日，布政使曾行文夏道臺，調查「候選郎中」林朝棟「丁憂服闋案」，自此可推斷至遲在光緒四年底，林朝棟已是或正在爭取候選郎中之職銜了。[26]

　　林朝棟之赴京謀取官職，目的顯然在於重建政治地位，以進取

21　參黃富三，《霧峰林家的興起》，頁349。
22　黃連蒲，「為重案久懸，懇飭提追事」，〈訟案〉（二十），頁33。
23　黃連蒲，「為重案久懸，懇飭提追事」，〈訟案〉（二十），頁33。
24　光緒4年9月，黃連蒲呈何璟總督，「為徒訊莫提，久押沉冤，懇迅飭委，嚴提律辦事」，〈訟案〉（二十二），頁17。
25　「林朝棟家傳」，林獻堂等編，《臺灣霧峰林氏族譜》，臺文叢298，頁119。
26　光緒5年1月22日，「布政使移文夏道臺查林朝棟丁憂服闋事」，〈訟案散件〉（二）（七）No. 1。

或自保。原來，自同治初年太平軍之役後，林家之發展方向漸由官權取向轉至紳權取向。然而，紳權雖大，若無官權之支撐，無法獨存。林家可能領悟了此理，林朝棟乃再出發，求仕途之發展。

林朝棟之取得官銜雖未扭轉京控案之敗訴，但至少減低了傷害的程度。他進一步利用機會，與新任巡撫岑毓英建立了某種關係，為訟案之妥善了結舖了一條路，從而開啟了隨後東山再起的機運。

清代臺灣人民——特別是士紳——的命運操於清廷之對臺政策，而清廷之對臺政策高度取決於臺灣的危機性，如內亂、外患。換言之，臺灣有內亂、外患時，士紳才有較大的升遷機會。林家頗善於利用此類機緣，為其族人累積政治資本。如前所述，在同治十三年牡丹社之役時，林家亦派林朝昌效力官府，但效果不盡理想。如今，第二次機會來了，此即「琉球案」的發生。

牡丹社事件後，日本雖未取得臺灣寸土，但卻將琉球併為日本領土。光緒元年，日本派熊本鎮之兵駐琉，迫琉人奉明治年號。光緒五年，又廢琉球，改設沖繩縣。清、日關係再度緊張。[27]光緒六年李鴻章深恐日本藉口琉球案再度侵臺，決定加強臺灣防務。光緒七年二月，福建巡撫勒方錡至臺，查勘海口防務，加強撫番，以防番人與日勾結。[28]惟李鴻章認為閩浙總督何璟、福建巡撫勒方錡「廉慈有餘，才略不足」，而貴州巡撫岑毓英則「勳績夙著，不避艱險，堅忍耐苦，足智多謀」，如以之辦臺灣防務，並就地籌餉練兵，久之必有成

27　張世賢，〈岑毓英治臺政績〉，《臺灣文獻》（臺中），28：1（1977.3），頁107。

28　許雪姬，〈岑毓英來臺背景及其理臺措施之研究〉，收入王國璠纂，《臺北市耆老會談專集》（臺北：臺北市文獻會，1980），頁313。

效，[29]於是將勒方錡調任貴州巡撫，而將「久歷戎行，諳習兵事」之岑毓英調任福建巡撫。[30]

光緒七年四月二十五日，岑毓英奉到調職之上諭；五月六日，上摺謝恩；[31]五月十七日，自貴陽啟程；[32]七月六日，抵閩接巡撫職。[33]由於岑毓英之任閩撫有加強臺防之使命，故抵任後，即遵旨定於閏七月十三日離閩來臺巡視；惟因在馬尾阻風三日，至閏七月十七日方啟航，十八日黎明抵基隆。然後由北向南，一路巡閱，至八月七日抵府城。[34]八月十四、十五日，再往勘鳳山、旗後、安平各海口；十六日，自府城回臺北；八月二十七日，抵基隆，並定日內回省。[35]

岑氏回省後，在光緒七年九月二十六日上摺奏報勘查臺灣心得，並提興革意見。[36]同日，他又附片奏請興修大甲溪河堤。奉片中奏稱，大甲溪地當彰化、新竹二縣要衝，但每年春夏之交，溪水氾濫

29　ⓐ 許雪姬，〈岑毓英來臺背景及其理臺措施之研究〉，頁314。ⓑ 張世賢，〈岑毓英治臺政績〉，頁108-109。ⓒ 李鴻章，「請調岑毓英督辦臺灣片」，〈道咸同光四朝奏議〉（九）（故宮博物館輯），頁4115-6。

30　臺灣銀行經濟研究室編，《清德宗實錄選輯》，臺文叢193，頁77。

31　岑毓英，「謝調福建巡撫恩摺」，見「岑襄勤公奏稿選錄」，臺灣銀行經濟研究室編，《臺灣關係文獻集零》（臺北：臺灣銀行經濟研究室，臺文叢第309種，1972），頁107。

32　光緒6年5月13日，「起程赴閩摺」，臺灣銀行經濟研究室編，《臺灣關係文獻集零》，臺文叢309，頁107。

33　光緒6年7月7日，「抵閩接印謝恩摺」，臺灣銀行經濟研究室編，《臺灣關係文獻集零》，臺文叢309，頁108。

34　光緒7年8月10日，「渡海行抵臺灣府城日期片」，臺灣銀行經濟研究室編，《臺灣關係文獻集零》，臺文叢309，頁111-112。

35　「行抵基隆日間內渡片」，臺灣銀行經濟研究室編，《臺灣關係文獻集零》，臺文叢309，頁114。

36　「渡臺查明情形會籌防務摺」，臺灣銀行經濟研究室編，《臺灣關係文獻集零》，臺文叢309，頁114-116。

無常，淹沒田園，溺斃行人，妨害南北交通，擬予整治；至於經費，可由臺灣、臺北二府舊存海防經費開支；勞力方面，則有地方士紳願於各季農隙時捐助夫役，並派附近防軍協助。[37]

大甲溪橋、堤之工程相當浩大，岑毓英視之為在臺要政之一，因此，在光緒七年（1881）十一月十三日再度渡臺督修。[38]由於大甲溪冬晴水淺，利於工程之進行，岑氏乃留臺度歲，以督視工程。光緒八年（1882）春，橋、堤完工，計全長一百五十丈，護橋（堤）鐵籠四十座。岑氏乃於三月十一日乘輪內渡。[39]

為修建大甲溪堤、橋，官府徵調民夫達萬人。岑氏原擬由每縣各派夫二千五百名，加上地方士紳捐助之夫役。但當時彰化縣濱海地區正逢發生饑荒，官府改行以工代賑之策，即富家出糧，饑民出力，因此夫役全來自彰化、新竹二縣。為管理夫役，各堡設有正副民夫管帶，如揀東堡由社口莊林振芳任正管帶，潭仔墘莊林其中任副管帶。[40]參與此項工程，出錢出力的士紳甚多，除上述林振芳、林其中外，另有苗栗中港陳汝厚、苗栗黃南球、新竹林汝梅等。[41]林家亦不例外。據《族譜》，林朝棟與曾叔祖林志芳（五香）亦出錢出力，效力此項工程。〈林志芳家傳〉載：

37　光緒7年9月26日，「興修大甲溪河堤片」，臺灣銀行經濟研究室編，《臺灣關係文獻集零》，臺文叢309，頁116-117。

38　林文龍，〈清末大甲溪架橋築堤考略〉，《臺灣風物》（臺北），34：1（1984.3），頁30。

39　ⓐ 林文龍，〈清末大甲溪架橋築堤考略〉，頁31。ⓑ 沈茂蔭，《苗栗縣志》（臺北：臺灣銀行經濟研究室，臺文叢第159種，1962；原刊年不詳），頁30。

40　ⓐ 林文龍，〈清末大甲溪架橋築堤考略〉，頁34。ⓑ 陳炎正，〈林振芳年譜〉，《臺灣風物》（臺北），27：3（1977.9），頁135。

41　鄭喜夫，《林朝棟傳》，頁20。

當岑襄勤公毓英之奉旨巡臺也，以大甲溪水有礙交通，擬造橋
以濟之；祖父（志芳）自備餱糧，率眾佃以助力役，大為岑公
所嘉許。[42]

據《族譜》，林志芳（五香）亦曾參加林文察平戴萬生之役，而獲六
品軍功銜。[43]惟查官方記載，只見其子林瑞麟之記錄，但林家族敵在
訟詞中曾言及「林家長香」參與攻莊。此「林家長香」當即林五香，
即林志芳。故林志芳曾參與霧峰林家平亂之事當可信。林志芳是林石
派下子孫中，除霧峰林家外，最具財勢者。再者，他是林石四子棣之
子，是林文察的叔祖，輩份最高，何璟總督在結案奏摺中稱他是「族
長」。[44]因此，日後訟案之了結，由他出面交涉。他也是〈族譜〉中
惟一入傳之非霧峰系者，可見其份量之重。

除林志芳外，林朝棟也利用此機會，效勞岑毓英。[45]〈林朝棟家
傳〉載：

岑毓英奉旨巡臺，治水大甲溪；先考（朝棟）集壯士數百協
助，不費公家一錢。其駕馭之役，用什伍之法，正如王陽明之
督造王越墳也。[46]

42　林獻堂等編，《臺灣霧峰林氏族譜》，臺文叢298，頁121-122。

43　林獻堂等編，《臺灣霧峰林氏族譜》，臺文叢298，頁121。

44　光緒8年5月28日奏，6月21日批，何璟、岑毓英奏「為林戴氏四次京控一
案，業經查訊取結，分別議擬」摺，《軍機檔》，123917號。

45　Meskill, *A Chinese Pioneer Family, the Lins of Wu-feng, Taiwan, 1729-1895*, p.159.

46　ⓐ 林獻堂等編，《臺灣霧峰林氏族譜》，臺文叢298，頁119。ⓑ 惟此橋在光
緒八年之大風雨中，幾乎流失無存。見沈茂蔭，《苗栗縣志》，臺文叢
159，頁30。

據稱，由於林朝棟出錢出力效勞，又統御工役有方，深得岑毓英之賞識。[47]又有一傳聞稱，岑氏督工時，他人均不知禮節，惟林朝棟能行官禮，進退得體，引起岑氏之注意，查問之下，方知是名將後裔，大加褒賞。[48]此類傳聞，甚難遽信。林家訟案既已是閩政中之大案，身為巡撫之岑毓英，按理不應無所聞；而士紳之捐助夫役通常是半強迫性質，林家當在徵召之列，因此二人之結識恐非盡屬偶然。據日後何璟、岑毓英之奏摺，岑氏在臺督辦地方工程時，「林朝棟在工效力，不時接晤，詢及此案情節。」[49]可見雙方似甚熟悉，關係也非泛泛。

無論如何，由於此項機緣，林朝棟、林志芳與岑毓英建立了良好關係，而突破以往官紳對立之局，而官府事實上亦欲早日了結此棘手之官紳鬥法問題，林家訟案之解決遂露曙光。

第二節　官紳妥協下的結案

光緒六年（1880），自清廷中央至閩官已決意全力制裁林家，眼看著一場更劇烈的皇權、官權與紳權之對抗就要爆發了，突然峰迴路轉，官、紳相互妥協而完結此複雜的京控案。結果，官府大獲全勝，林戴氏的京控被全面駁斥。但林家亦非全敗，田產全部保留，只貼補田價。而原本是官府用以抵制林家之控林案民人則被犧牲了，除林應時等少數人獲得數額較大的補償銀外，其餘多被勒令結案，致引

47　ⓐ 林獻堂等編，《臺灣霧峰林氏族譜》，臺文叢298，頁119。ⓑ 惟此橋在光緒八年之大風雨中，幾乎流失無存。見沈茂蔭，《苗栗縣志》，臺文叢159，頁30。

48　據林氏後人言。

49　《軍機檔》，123917號。

來意外之餘波。

一、官紳妥協結案之因

　　官府之施加強大壓力，迫使林家屈服，自然是京控案得以了結之主因。光緒六年十月，清廷下令加緊緝拿林萬得（文鳳）等林姓族人後，奉令執行任務之臺防同知孫壽銘、委員朱幹隆即會同彰化縣令王楨，積極緝拿。朱、王二人除廣佈線民追蹤外，並飭令林氏家長（族長）林志芳（五香）具甘結，限期交出人犯。據稱，林文鳳聞訊，「逃避外洋」，林志芳遍尋無獲，「心懷畏懼」，又因林奠國已病故監獄，乃邀林文察長子兵部郎中林朝棟出面，代替老病之林戴氏清理控案。[50]另外，林奠國子例貢生林文鸞（？）因父已病故，亦請准予「就臺了結」。[51]

　　又，據聞社口莊（今臺中縣神岡鄉社口、社南二村）頭人林振芳在光緒六年冬，奉朱幹隆知縣之令，會同湖日莊生員楊宜春，辦理調停洪、林互控案。林振芳並住楊宅辦事。[52]湖日莊即烏日莊（在今臺中縣烏日鄉），林應時即遷居此地。清廷對地方糾紛，多藉頭人調解。此外，據筆者搜集之地契，光緒七年兩個林家和解契字之公親人中，列有林振芳、施葆修、楊清珠、張春華、吳恩波、林文光等人。[53]可知林振芳等人確曾協助解決此案。

50　閩省司、道，「為會核詳請奏咨事」，〈訟案散件〉（二）(G)(2)，頁7。此時林文鳳可能赴省城辦父喪，當非逃避外洋。

51　ⓐ閩省司、道，「為會核詳請奏咨事」，〈訟案散件〉（二）(G)(2)，頁7。
　　ⓑ何璟摺，《軍機檔》，123917號

52　ⓐ陳炎正，〈林振芳年譜〉，頁135。ⓑ社口莊今址，見洪敏麟，《臺灣舊地名之沿革》，冊二下，頁87。

53　ⓐ〈正墾契〉，堂18，4/4。ⓑ烏日莊今址，見洪敏麟，《臺灣舊地名之沿

　　林朝棟、林文鸞將情願了結之親供呈予朱幹隆、王槙後，由其
呈報臺防同知孫壽銘與臺灣道臺張夢元，再轉報督、撫。[54]光緒七或
八年，巡撫岑毓英批示「林戴氏既遣孝孫林朝棟赴案，懇求息訟，自
應准予完案，以清塵牘」。總督何璟亦批准，飭令按察司，會同在省
司、道，共同會商，妥擬結案奏文。[55]

　　顯然，岑毓英在解決京控案過程中扮演要角，可能在修大甲溪
橋、堤時，他已與林朝棟達成結案協議。〈林文鳳家傳〉載「巡撫岑
毓英來臺，召視案卷，知其誣，而訟始結。」[56]此說雖不完全正確，
但岑氏在臺督辦大甲溪橋堤工程時，確曾多次與林朝棟商及此案，
何、岑二氏在結案奏摺中即稱，當時「林朝棟在工效力，不時接晤，
詢及此案情節，並無異詞」。[57]案之能解決固不自岑氏始，但能完
案，顯然由於岑氏之居間協調。至於傳聞新任道臺劉璈與彭玉麟亦提
供助力，似未有資料可為佐證。[58]

　　光緒七年間，委員朱幹隆與彰化縣令王槙在上級催令下，加緊
審訊結案的工作，終於達成任務，由林朝棟出面交涉完案。何以會有
如此戲劇性的發展呢？稍加分析，倒也不難理解。

　　原來官府監禁林奠國、誅殺林文明可能兼含政治、經濟因素，
與為民人伸冤無關。如第三章所述，臺灣在清廷眼中是多亂之地，林

　　革》，冊二下，頁126-127。

54　〈訟案散件〉（二）(G)(2)，頁7。

55　〈訟案散件〉（二）(G)(2)，頁1。

56　林獻堂等編，《臺灣霧峰林氏族譜》，臺文叢298，頁111。

57　《軍機檔》，123917號。

58　Meskill, *A Chinese Pioneer Family, the Lins of Wu-feng, Taiwan, 1729-1895*,
　　*p.*159。查史料，未見有劉璈涉入此案之紀錄。彭玉麟協助結案之說係據「壽
　　至公堂」，李獻璋編，《臺灣民間文學集》，頁254。但民間傳聞常有誤，
　　未可遽信，推測可能是岑毓英之誤傳。

家財勢膨脹迅速，且有將有兵，對皇權、官權構成隱憂，裁抑之心油
然而生。其次，林家富貴後，似乎不知官場禮節──以財力結交大吏
以自保，更令官府暗嫉。此外，林家又與閩官結怨，尤其是丁曰
健、凌定國，埋下禍根。因此，一旦有把柄，不免被利用為對付的工
具。民人之控林案固是受害豪族結合官府以報復林家的手段，但也是
官、紳鬥法下的籌碼。由於林家已向官府低頭，誅殺林文明之正當
性、合法性已被確認，皇權、官權之尊嚴也獲得維護，抑紳之目的已
達成，官府自然樂得結束這場反常的官紳鬥法，而回歸正規的官紳共
治共利體制。

　　至於林家，何以口口聲聲欲追究林文明命案到底，最後竟至隱
忍而結案呢？理由可歸納為幾點：

（一）勝訴無望：此案含有紳權對抗官權的意味，因此自始即注定必
　　　敗。原來，查辦林文明的閩浙總督英桂是滿人，對清廷政權的
　　　安危較漢官敏感，他之一再渲染林文明之「謀逆」跡象，顯示
　　　其內心的真正憂慮是林家的坐大。以往臺灣的亂事大多是一群
　　　烏合之眾因某種機緣發動的，因此清軍一到，大多迅即平息。
　　　如今，林家不但有財有勢，且擁有良將與兵勇，一旦據地抗
　　　清，恐非旦夕可定的。光緒五年何璟批駁臺籍鄉試考生蘇雲衢
　　　等之請願時，說得很清楚。他說英桂因「慮盼海外隱憂」，故
　　　密飭臺灣鎮、道拿辦林文明，並准予「便宜行事」。他在結案
　　　奏報中讚揚英桂「老成謀國，具有深心」之語，[59]更是意味深
　　　長──頌揚其預為清廷消除亂萌之忠君作法。可見本案原本即

59　ⓐ何璟摺，同前《軍機檔》，123917號。ⓑ鮑書芸參定、祝慶祺編次，《新
　　增刑案匯覽》，卷12，「訴訟」，「越訴」條，頁2(b)-3(a)。

含有翦除地方豪強、鞏固政權的政治目的。因此，林家企圖經由京控，藉皇權以對制官權之如意算盤自始即不可能兌現。林家似乎並不太了解此理，不知見好即收，適可而止，清廷只好亮出底牌，進一步制裁林家。官權猶可制，皇權不可抗，林家除非造反，否則除委屈求全外，已別無選擇了。

（二）粵人當權，不利訴訟：本案與閩（或臺）、粵之互忌有某種微妙的關係，林文明正法時的委員凌定國、臺灣道臺黎兆棠、按察使康國器，均粵人，凌定國的做法顯然已取得粵籍官員的支持。更不幸的是，長期執掌閩政的閩浙總督何璟亦粵人，據稱「狗庇同鄉」，而其「同鄉文武盤踞在臺者固多」，[60]可見粵人聲勢正隆。此外，涉案要角之一的黎兆棠亦官運亨通，光緒六年時，由京官而出任福建船政局之船政大臣，正為清廷所重用，林家更無望勝訴。[61]光緒十一年，林朝棟、林朝昌（即丁山或登山，林文明長子）呈劉銘傳稟中指出：「是時（光緒七年）原辦此案之前臺灣道（即黎兆棠）方以京卿督辦船政，為前督（即總督何璟）同鄉，自知此冤斷難伸雪。」[62]

（三）官府緝拿族人的風險：如前所述，清廷已與閩官站在同一立場（皇權、官權一致化）嚴令緝拿林萬得（文鳳）、林丁山（朝昌）等族人審訊。由於清代司法制度不健全，任何人一旦涉案，落入官府掌握中，即難以安然脫身。林文明之「正法」與林奠國

60　此為臺灣道臺劉璈語，參見第八章第二節與註54。

61　臺灣銀行經濟研究室編，《清德宗實錄選輯》，臺文叢193，頁69-70、73。

62　ⓐ光緒11年，劉銘傳「奏雪林文明冤殺片」，劉銘傳，《劉壯肅公奏議》（臺北：臺灣銀行經濟研究室，臺文叢第27種，1958，1906年原刊），頁383。ⓑ劉銘傳，《劉壯肅公奏議》，臺文叢27，頁39-40，陳澹然「獎賢略序」。

之繫獄老死，記憶猶新，林家絕不能冒險再讓男丁涉案。故當
孫壽銘、朱幹隆會同彰化縣令王楨加緊緝拿時，林文鳳即「逃
避外洋」，而族長林志芳則邀林朝棟出面結案。[63]

（四）經濟壓力：傳統社會，進行訴訟，除了正規費用外，不免須送
禮、打通關節，耗費不小。林戴氏又長年在省城纏訟，居住飲
食以及族人又來往閩、臺二地之費用相當大。其它，如遣人京
控、捐官等支出，所費不貲。林家雖雄於財，那堪長年漏溢？
故林朝棟在光緒十一年稟劉銘傳稱「拖訟多年，產傾債積。」[64]
更嚴重的是，如抗官到底，可能被清查田產，淪為赤貧，其士
紳頭人的地位將盡失。

（五）林奠國之去世與林戴氏之老病：二京控主角均挨不過長年纏
訟，一死一老。如前所述，林奠國已於光緒六年六月六日病
故，其京控伸冤以求出獄的目的已喪失，故其子林文鸞（文
鳳？）願在「從寬斷結」的條件下「息訟」。[65]至於林戴氏已
七十四歲（虛報年逾九十），「衰病日劇」，林朝棟不忍見她「奔
南走北，歷盡艱辛」，亟思早日「侍奉回臺」，乃在「量力度
勢」，勝訴無望下，亦願了結。[66]

（六）審決官提出交換條件：光緒十一年林朝棟呈劉銘傳之稟稱「各
憲又許代胞叔（林文明）湔雪謀反重情，請旌祖母」，因此應

63　何璟摺，《軍機檔》，123917號。

64　劉銘傳，《劉壯肅公奏議》，臺文叢27，頁383。

65　何璟摺，《軍機檔》，123917號。

66　ⓐ 光緒11年，劉銘傳，「奏雪林文明冤殺片」，《劉壯肅公奏議》，臺文叢
27，頁383。ⓑ 光緒11年（？），林朝棟呈劉銘傳，為林文明伸冤案，〈訟
案〉（二十四），頁21-22。

允結案。[67]不過，據何璟、岑毓英之結案奏摺，林戴氏確被表揚，但林文明罪名則絲毫未減。到底是審官急欲結案，而任意承諾條件，抑或林朝棟之稟詞有不實，不得而知。無論如何，除了林文明罪名仍舊外，官府對清查田產事確也退讓了，林家仍保其士紳地位與財富。畢竟，林家是百足之蟲，留得青山在，還怕沒有柴燒嗎？

二、京控案之判決

如上所述，岑毓英對林家訟案之解決，有極大的影響力，但其角色似乎被渲染誇大了。按岑毓英在光緒七年七月六日方接掌巡撫職，七月十七日離閩渡臺，十八日抵基隆，八月七日至府城。[68]然在此之前，閩省當局為儘速了結此案以奏報清廷，早已做相當巧妙的籌劃，即一方面以拿人清產為威脅，迫使林家就範，另一方面以犧牲民人，換取林家的妥協。臺防同知孫壽銘、委員朱幹隆即是執行此項策略的人。

光緒六年秋（當在十月間），朱幹隆開始審案，提集洪得水、洪金、洪文炳、林振旺等原告，諭令有契者驗契，契字燬失或被勒者，呈報田段界址，以備清釐歸管。[69]但朱氏似未採取清釐行動，反勒令他們結案。由於案情之發展過於戲劇化，遂引發一場民人之抗

67　劉銘傳，《劉壯肅公奏議》，臺文叢27，頁383。

68　岑毓英，「岑襄勤公奏摺選錄」，臺灣銀行經濟研究室編，《臺灣關係文獻集零》，臺文叢309，頁108-109、112。

69　ⓐ 光緒7年7月24日，洪得水、洪金、洪文炳等呈何璟稟，「為同遭橫佔，屬控追虛，僉懇嚴檄照案清追事」，〈訟案〉（二十四），頁11-12。ⓑ 光緒7年7月24日，林振旺呈何璟稟「為紫厝姦殺，控追遭遇，懇飭提省，以杜蒙蔽而伸民冤事」，〈訟〉(24)，頁15-16。

爭。

　　洪得水等洪姓族人指控稱：朱幹隆曾任職彰化縣令，與林文鳳家係「舊好」，其出任專案委員，存有為林文鳳脫罪之意。[70]洪氏又指稱：朱幹隆在光緒六年秋初到烏日莊時，「不避嫌疑，即請林目松（朝棟）暢飲商辦。」[71]可見孫壽銘之所以推薦朱幹隆出任專案委員，即在於藉其與林家之良好關係，尋求官紳妥協之道。如果洪姓族人所控屬實，則林朝棟在光緒六年秋應已與朱氏商量好解決之道了。

　　朱幹隆為了加速訟案之了結，乃採重點擊破的方式，即首先解決林應時案。一般以為林應時案是在光緒八年斷結的，[72]事實上，那是奏報結案的時間。據筆者所搜之地契，早在光緒七年（1881）間，該案就已在彰化縣由朱幹隆斷結。斷結的原則是：田園仍歸林家，但每塊田園依其面積、價值，由林家分別貼補多寡不等的價錢。茲據手邊地契，列舉如下表：

70　光緒7年7月24日，洪得水、洪金、洪文炳等呈何璟稟，「為同遭橫佔，屬控追虛，僉懇嚴檄照案清追事」，〈訟案〉（二十四），頁12。

71　光緒7年7月24日，洪得水、洪金、洪文炳等呈何璟稟，「為同遭橫佔，屬控追虛，僉懇嚴檄照案清追事」，〈訟案〉（二十四），頁12。

72　Meskill, *A Chinese Pioneer Family, the Lins of Wu-feng, Taiwan, 1729-1895*, *p.*173。其它著作亦持此說，不贅。

表8　光緒七年林家貼補林應時田價表

田園	面積	座落	應貼銀數	斷結日期	正溆契
1. 水田	0.525甲	草湖莊古亭笨北勢	60元（42兩）	光緒7年4月	堂16, 5/5
2. 水田	0.3甲	草湖莊前南勢	50元	光緒7年4月	堂17, 2/2
3. 水田	0.525甲	草湖莊古亭笨邊	70元	光緒7年4月	堂18, 4/4
4. 旱田	1段	柳仔溝，土名草湖莊，東北勢	270元	光緒7年4月	堂19, 5/5
水田	2段	柳仔溝，土名草湖莊，西勢			
5. 水田	2段	草湖莊崁仔腳西勢	130元	光緒7年4月	堂20, 9/9
6. 水田	3段	柳仔溝，土名崁仔腳	300元	光緒7年4月	堂21, 3/3
7. 田	2處共6段	草湖莊西南勢柳仔溝洋	124兩（177元）	光緒7年4月	堂22, 6/6
8. 田	2段	柳樹湳莊東北勢，土名小份田埔尾洋	290元	光緒7年4月	堂24, 2/2
9. 田	3段，厝地1所	柳樹湳莊北勢（田中有祖墳1穴）	850元	光緒7年4月	堂36, 10/10

田園	面積	座落	應貼銀數	斷結日期	正澍契
10.田	2段，2.5甲	柳樹湳莊東北勢，土名中份小份	1,140元	光緒7年4月	堂37，5/5
合計			3,337元		

以上各契均由林應時代表其族人重新立契。契中除照慣例格式，書明買賣有關條件外，並有官府以硃筆加簽之如下相同文字：

　　前此田經賣與林本堂掌管，因前中（以前的中人）侵用田價銀，以致互控多年。今蒙邑主王（楨）會同委員朱（幹隆），堂斷找足價銀××大員正，即日當堂繳找清楚，銀、契兩相交收足訖。遵即踏明界址，依舊歸付買主掌管，收租納課，永遠為業。日後應時再不敢言及貼贖洗找，異言滋事等情。[73]（參見文書11）

自此共同文詞，可知斷案原則為田業仍歸林家，林應時則爭取較高貼補銀。同時，雙方將互控的責任推稱是以前的中人侵吞價款。可見此乃政治性判決。

　　以上契字並不全，貼銀數目不完整。據何璟、岑毓英奏摺，林朝棟找還林應時之價銀高達14,700元。[74]此數據估計為林本堂年收入的六分之一。[75]

73　見〈正澍契〉堂16等。
74　ⓐ《軍機檔》，123917號。ⓑ Meskill, *A Chinese Pioneer Family, the Lins of Wu-feng, Taiwan, 1729-1895, p.*
75　Meskill 氏之估計，Meskill, *A Chinese Pioneer Family, the Lins of Wu-feng,*

當局為了迅速了斷此案，林應時族人由其一人具名立契。至於
得款如何分配，由林應時自行處理。在契中，王縣令、朱委員均加上
相同之硃批，文為：

> 委員前署彰化縣正堂朱
> 署理彰化縣正堂　　　王
> 查林應時京控各田雖係公案，並無各房出名僉控。今據林應時
> 遵斷立契，將此田斷歸林本堂管業，自毋庸各房到堂，徒多拖
> 累。至當堂斷給之銀應如何分派之處，著令林應時具結領
> 回，自行分給，日後各房子孫不得籍詞找贖，希圖翻異。此
> 判。[76]（參見文書11）

解決林應時這個大案後，朱幹隆再呈報上司，請求將林戴氏京
控案在臺審結。光緒七年四、五月間，臺灣道張夢元稟報何璟總
督，請示可否將林戴氏京控案「就臺了結」。何總督批准，札示按察
使鹿傳霖飭福州府，將在省之京控原告、抱告等人，交委員解臺清
理。當時各人情形如下：林戴氏之京控抱告李祥，由候審所委員交
保；林戴氏京控抱告馬生、鄭全二人，由侯官縣交保；林戴氏省控抱
告何春林、林應時京控抱告林每，由福州府交保；林應時由福州府取
保，回籍（臺灣）葬親；黃連蒲，現押候審所；洪壬厚現押司獄；林
奠國京控抱告林龍，現押閩縣。五月十七日，福州府解知府派差分赴
各處，即日內提集上列人等，備委員押解赴臺歸案。[77]

Taiwan, 1729-1895, p.173.

76　〈正贌契〉，堂18，4/4。

77　光緒7年5月17日，福州府解「為飭傳事」，〈訟案〉（二十四），頁1-2。

　　主案解決後，其它民人控案被犧牲了。光緒七年六、七月間，朱幹隆繼續審訊，黃連蒲、洪壬厚控案原本是官府用以抵制林家的工具，如今利用價值已失，朱幹隆採取強硬手段，迫使結案。黃、洪二人不甘，全力抗爭。然而朱幹隆、王楨因結案目的已達成，不予理會，甚至向臺灣知府袁聞柝、臺防同知孫壽銘稟稱，「該原告等或冀將斷還各田，另行易換；或於原控之外，另圖返（按，字不清），抗不遵依」。袁聞柝、孫壽銘接稟後，認為「所斷尚屬公允」，除轉報張夢元道臺外，並飭彰化縣再訊，諭令遵斷具結；「如敢逞刁，捏詞上控，自應立案不行。」[78]

　　朱、王二氏乃再提訊，再三勸導息訟，但黃、洪等原告，因不遂所欲，仍復「一味固執，屢次翻控」。二氏乃向袁聞柝、孫壽銘二氏呈報稱：黃、洪二人請返田產事，已照案分別斷還歸管，並無偏倚；但「該原告等輒以無據空言，強欲另換添返，實屬枝生節外，非理糾纏，未便任其逞刁延訟，致全案懸而未結」。因此，二氏請准予先將林戴氏、林應時京控正案，「先行擬結」；至於黃、洪二案，仍照前斷，「如敢捏詞上控，立案不行，以杜刁告」，日後「倘知悔悟」，另行核辦。袁聞柝、孫壽銘二人接受此議，向督、撫稟報。[79]

　　岑毓英巡撫接稟後，批准先將林戴氏京控案了結。何璟總督亦接受，並批示按察司與在省之司、道官員，共同擬議奏結文稿，時間當在光緒七年下半年與光緒八年初之間。[80]

78　光緒7年2月，袁聞柝、孫壽銘稟督、撫，〈訟案散件〉（二）(G)，No. 1。
79　光緒7年2月，袁聞柝、孫壽銘稟督、撫，〈訟案散件〉（二）(G)，No. 1。
80　「為會核詳請奏咨事」，〈訟案散件〉（二）(G)，No. 2。此件無日期，推測當在光緒八年五月以前所擬，因正式奏摺在五月遞上。

三、林家京控案之奏結

以往每逢林戴氏欲窮究凌定國擅殺林文明之過失時，官府即以各種民人控案須同時解決的理由相抗，如今僅選擇林應時案優先審結，置它案於不顧，豈非自我矛盾嗎？如同前文一再指出的，林文明「正法」案原本即非純法律案件，甚至可說是官府抑制紳權的一政治行動，今林家既已低頭（紳權），清廷的權威（皇權）與官府的尊嚴（官權）已獲得肯定，目的已達，官府自然樂於及早回歸正常的統治秩序——即皇權→官權→紳權→民權的上下位階關係。為了證明官府執行「正法」的正當性與合法性，需要將牽制林家的主要控案——林應時控案——審結，證明林文明罪有應得。至於其它控訴林家之訟案，如黃連蒲、洪壬厚控案，則暫置一旁，做為與林家妥協的交換條件。自此可看出，民人控林案原是用以抵制林家京控的籌碼而已。

傳統中國原本無行政中立與司法獨立的觀念，司法工作常只是官樣文章，一旦官、紳妥協，京控案迅速結案。光緒七年間，林應時案審結後，即暫擱它案，由彰化縣呈報臺灣海防同知孫壽銘、臺灣道臺；轉呈督、撫。光緒八年五月二十八日，總督何璟、巡撫岑毓英依據各司、道所擬之奏結文，略加修正，正式上奏結案。（參見文書12）其結案要點如下：

（一） 林文明罪有應得，英桂等官員之處置無過失：

「林應時控林文明勒霸田土一節，由印委各員查追，找價一萬四千七百圓之多，餘田四十四宗，悉行清還，即可為林文明勒買強霸實據。李昭涼係年青寡婦，有家可依，何待收養？今斷令歸家，即可為林文明強佔淫兇實據。又林文明伏法時，其隨從人等猶敢狡專思逞，經林戴氏諭止，即可為林文明黨與眾

多，群圖滋事實據。此外被控一家三命、一家十二命，兇暴尤
著。及其露刃登堂，揮黨拒捕，變生不測，稍縱即逝，不能不
立時正法。歷任督、撫臣查訪相同，實屬毫無冤抑。……
已故大學士前閩浙總督臣英桂訪聞林文明結黨滋事，於黎兆棠
赴臺灣道署任時，密飭會鎮設法查辦，許以權宜從事，有原奏
及鎮道印稟可據，老成謀國，具有深心。黎兆棠遵飭委辦，預
給印示，原為事起倉猝，藉安反側起見。示內『謀反有據』一
語，雖不免措詞過當；但謀反叛逆，律應家屬連坐、財產入
官，今林文明罪及一身，未照『反逆』科斷，自不得以此為藉
口。」[81]

（二）凌定國、王文棨奉令合法行事：

「已革知府凌定國、前任彰化縣王文棨，奉飭辦理此案，林文
明死當其罪，委無嚇詐架陷、妄殺無辜情事。凌定國先因承修
安平砲臺，參革回籍，變產措繳賠款，旋即到案備質，並非無
故避延，亦無曲為狗庇。惟辦林文明正法後，該印委員不能將
林應時等控案，就近速為清結，致林戴氏圖保家產，迭行京
控，實屬咎無可辭。凌定國已於另案革職，王文棨業經病故，
均應免其置議。」[82]

（三）林奠國案無冤抑：

「已革候選知府林奠國，即林天河，被控多案，情節繁重，奉

81　光緒8年5月28日上，6月21日批，何璟、岑毓英奏，「為林戴氏四次京控一
　　案，業經查訊取結，分別議擬，恭摺仰祈聖鑒事」，《軍機檔》，123917
　　號。

82　光緒8年5月28日上，6月21日批，何璟、岑毓英奏，「為林戴氏四次京控一
　　案，業經查訊取結，分別議擬，恭摺仰祈聖鑒事」，《軍機檔》，123917
　　號。

旨查辦，奏明收禁，不得謂之羅織冤枉。該革員已在監病故，其子林文鸞相繼京控，係痛父情切所致，現已訊明具結。……受雇作抱之鄭全等，均毋庸議。」[83]

（四）其它善後工作：

「林奠國、林文明被控霸佔各案，業據印委員清理多起，應令掃數查明，趕緊一律斷結。其被控焚殺淫擄各案，正犯業已伏誅，亦應分別查辦擬結，以斷葛藤。林海瑞之女林網涼，因被逼姦自盡，例得請旌，飭縣查明詳辦。林萬得訊係遠颺，訪查屬實。洪壬厚、黃連蒲京控二案，飭司催速斷速結，不得任聽刁難，再事宕延。」[84]

自以上奏結文，可看出其精神是政治導向的。斷決之理由更是牽強巧飾，矛盾百出，自司法觀點看，誠乃一大笑話。例如關於官府預發「謀反有據」之印示一節，稱只是為預防「事起倉猝」之用，並無過失，此誠中外少見之司法判例。又說如依謀反律判決，則「家屬連坐財產入官」，而官府並未如此處置，因此林家「不得以此為藉口」呈控。真是笑話越鬧越大。如林文明確曾謀叛，家屬就應依法處刑，豈可免罪？如不曾謀叛，則他本人自不應被正法。依法二者只能擇其一，豈能以謀逆罪處死本人，而以未罪及家屬證明未以謀逆罪處刑，為官府之失職開脫。其它倒果為因與自由心證以為罪證者，觸目皆是。司法在傳統中國只是統治工具，此乃一鮮明之例證。

83　光緒8年5月28日上，6月21日批，何璟、岑毓英奏，「為林戴氏四次京控一案，業經查訊取結，分別議擬，恭摺仰祈聖鑒事」，《軍機檔》，123917號。

84　光緒8年5月28日上，6月21日批，何璟、岑毓英奏，「為林戴氏四次京控一案，業經查訊取結，分別議擬，恭摺仰祈聖鑒事」，《軍機檔》，123917號。

不過，官府在維護皇權、官權之餘，也不忘對林家略施小惠。何璟、岑毓英在附片中，奏請旌表林戴氏，片中稱：

> 陣亡提督林文察之母林戴氏，於次子林文明誅後，其黨欲聚眾報復，經該氏力為禁阻，銷患無形。復勉其長孫兵部郎中林朝棟，遇有地方善舉工程，捐資出力，情殷報效。並勵諸孫遵其家教，亦皆和睦鄉鄰，各安本分，實屬深明大義，不愧朝廷命婦。該氏已年近百齡，可否仰懇天恩，賞准建坊旌表，以昭激勸？[85]

惟此舉實係明旌暗傷之舉，因片中稱林戴氏曾阻止林文明黨徒之蠢動，正可坐實林文明結黨橫行之罪，此可能亦是官府答應林朝棟表旌林戴氏之真正理由。

光緒八年六月二十一日，清廷批准何璟、岑毓英所擬完案奏摺，並以「年近百齡，深明大義」，予林戴氏「建坊旌表」。[86]至此京控案宣告落幕，然而，被用以節制林家的民人被犧牲了，因此日後仍有餘波蕩漾著。

85　ⓐ 光緒8年5月28日，何璟、岑毓英附片，〈訟案〉（二十五），頁19。ⓑ 同上奏片，《軍機檔》，123918號。惟此件缺文。

86　ⓐ 臺灣銀行經濟研究室編，《清德宗實錄選輯》，臺文叢193，頁82-83。ⓑ 朱壽朋纂，臺灣銀行經濟研究室編，《光緒朝東華續錄選輯》，臺文叢277，頁50。

四、林家伸雪林文明冤殺案之最後努力

光緒八年，中、法在越南交惡，光緒九年（1883），雙方交戰，光緒十年，戰火蔓延至臺灣。清廷為加強臺灣防務，於光緒十年閏五月十二日派遣淮軍名將劉銘傳來臺督辦臺灣軍務。閏五月二十四日，劉氏抵臺，立即展開防務佈署。由於餉匱兵少，除採取捐納、借款方式籌餉外，並號召地方人士輸財募勇，保鄉衛國。[87]六月，法軍開始攻臺，佔基隆、窺滬尾，情勢危急。[88]

如前所指出，清廷有危機時才是臺灣士紳出頭的良機。於是，林朝棟與林朝昌響應號召，「自備資財，募勇五百」，投效劉銘傳。[89]在獅球嶺保衛戰中，林朝棟立下不少功勞，深受劉銘傳之賞識，並予請獎。[90]

光緒十一年中法戰爭結束後，二人利用劉銘傳賞識之良機，上稟為林文明伸冤，並願以其獎賞換取林文明叛逆惡名之撤除而恢復原職銜。稟中稱：

> 光緒七年，朝棟見祖母衰病日劇，亟思侍奉回臺。又因拖訟多年，產傾債積。且是時原辦此案之前臺灣道即黎兆棠方以京卿督辦船政，為前督何璟憲同鄉，自知此冤斷難伸雪。而各憲又許代胞叔淌雪謀反重情，請旌祖母。朝棟量力度勢，迫於無何，代出遵斷完案。……今朝棟兄弟勉效微勞，猶霑殊澤。而胞叔

87　林子候，《臺灣涉外關係史》（嘉義：編者自印，1978），頁408。

88　林子候，《臺灣涉外關係史》，頁437-438。

89　劉銘傳，「奏雪林文明冤殺片」，《劉壯肅公奏議》，臺文叢27，頁384。

90　劉銘傳，《劉壯肅公奏議》，臺文叢27，頁384。

屢著戰功，洊保副將，既被無辜之戮，且蒙不韙之名，飲恨椎心，何顏自立天壤？再四思維，案經朝棟具結，久經奏定，本難再望平反，惟有泣辭本身及朝昌新沐之恩施，冀得湔胞叔被汙之名節。不得已，瀝懇鑒察確情，博訪輿論，奏請將朝棟、朝昌擬保官職，概請撤銷，追復叔父文明副將原官，明叔父被戕之冤慘，慰祖母不瞑之羇魂，朝棟等必當誓死以報朝廷。」[91]

劉銘傳閱稟後，甚為同情，上摺為其伸雪。內稱：

臣查副將林文明被委員凌定國冤殺縣堂一案，伊母林戴氏四控京都，案延不結，中經編修何金壽、御史吳鴻恩、孔憲轂先後入告，並有舉人邱敏先等呈請都察院代奏，疊奉諭旨限催，始於光緒八年間強令該家屬遵斷奏結。……臣曩歲家居，即聞臺灣有此冤獄，及渡臺後又備知此案奏結之未得確情。……臣腹詢訪臺灣紳士林維源、陳霞林、潘成清等，據稱林文明被控，多屬虛誣，被殺尤為奇慘，……均為聯名具稟，代懇奏請昭雪，以明是非。

臣查臺灣誣告之風本盛，地方官不究反坐，富家巨室，時以自危。林文明賦性粗豪，誠不能循循繩墨，然其前此控案，則半由與伊兄林文察剿辦叛賊戴萬生，欲怨鄉黨，遂為仇家所誣。前任督臣訪聞失實，疑為勢豪，遂飭臺灣鎮道便宜從事。林文明被殺之日，實係衣冠至縣庭投質，眾目共瞻，其非

91　ⓐ 劉銘傳，《劉壯肅公奏議》，臺文叢27，頁383-384。ⓑ 〈訟案〉（二十四），頁21-22。此件之文，內容相同而較簡略。

露刃登堂，率黨拒捕，無煩重辨。惟事隔多年，妄殺之委員既因他案參革，督臣之誤辨此案、訊結此案者，或已物故，或已去官。牽累既多，臣亦無庸再請查辦。……可否仰懇天恩，俯念林文察死難之忠勇，林朝棟等數月戰守之勤勞，准將林文明開復花翎副將原官，俾全臺士民，咸知朝廷予奪之公明，不獨林朝棟兄弟感戴鴻慈，涕泣效命已也。」[92]

然而，清廷不同意劉銘傳之奏，降旨稱：

林文明一案，前據何璟等查明，並無冤抑，林朝棟情願遵斷，業經奏結。林朝棟等募勇助勦，著有勞績，自應給予獎敘。朝廷賞功罰罪，各不相蒙，所請撤銷保案、追復林文明原官之處，著毋庸議。[93]

至此，林文明案蓋棺論定，成了林家效力清朝史上的一大憾事。林文明官拜副將，其官位在林家僅次於高居福建陸路提督之林文察，然而，《族譜》中竟不為之立傳，當與此罪名有關。

92　劉銘傳，《劉壯肅公奏議》，臺文叢27，頁384-385。
93　劉銘傳，《劉壯肅公奏議》，臺文叢27，頁385。

第十章　結　論

　　本書基本上以「林文明正法案」為中心，敘述霧峰林家在同治三年至光緒八年（1864-1882年）間的族運，自林家之過度擴張紳權，導致官民之夾擊、林文明之慘死彰化縣公堂，至林家之京控，企圖結合皇權以制官權，而最後終歸失敗。此時期林家族運之起伏過程大致經歷以下四個階段。

　　第一階段是紳權膨脹期（同治三至五年，1864-66）。霧峰林家自咸豐四年（1854）報效清廷，打入官僚階層後，族運昌隆，族勢蒸蒸日上。然而，自太平天國亂事平定與戴潮春事件接近尾聲後，由於政治環境的變化，林家不但不能在宦途上有新發展，反而備嚐打擊、挫折之苦。為了因應這種不利條件，林家改採「鄉紳取向」的策略，以維護家族利益。

　　林家「鄉紳取向」之主要做法有二。一是做好官府的配角，以建立良好的官紳關係，成為地方上的政治、社會領袖。因此，在平定戴潮春餘黨之役中，林氏族人應臺灣道臺丁曰健之徵召，募勇參戰，立下不小戰功。另一做法是藉政治優勢壓制鄰族，擴充財富，增強社會影響力，鞏固紳權的經濟與社會基礎。這二個目標在相當程度內達成了，林家因而發展為獨霸中部的富紳巨室。

　　第二階段是林家的重挫期（同治六至九年，1867-70）。物極必

反，林家的財勢膨脹伏下了無窮的隱憂。首先，林家藉平亂的機會，剷除近鄰的族敵，尤其是後厝林姓與萬斗六洪姓，鄰族的政治、經濟、社會勢力蒙受致命的打擊。此不僅破壞中部地區巨族間的勢力均衡體系，引起嫉視，而且與族敵間在舊仇上又添加新恨。鄰族基於共同的利害關係，自然結成聯合陣線，伺機報復。第二，林家財勢的過度膨脹與不馴也影響地方官僚職權之執行與某些經濟利益之取得，破壞了官權高于紳權的位階關係，招來官府的不滿。官紳衝突在太平天國之役時，已開其端，至戴潮春之役時，林文察、林奠國、林文明又不知自我節制，以致火上添油，官紳關係更加惡化，逐步走上對立的境地。第三，臺灣有明鄭抗清教訓，又是多亂之地，清廷原本即有戒心，一向採取「為防臺而理臺」的政策，因而，對於林家勢力的坐大與獨霸中部，深感疑懼。在皇、官、民因共同利害而結合的情況下，林家（代表紳權）逐步走上坎坷不平、險象環生的旅程。

官、民基本上藉司法手段夾擊林家。自同治六年（1867）起。民間控林案突然如波浪般湧至，此乃不祥預警。然而，以林文明為首的林家並無自覺，不知及時向官府屈服，並廣結善緣，以求在傳統體制中謀取家族的安全，反而自恃其功，桀驁不馴，深深觸犯了皇權的安全性與官權的權威性之政治禁忌。於是，閩浙總督英桂（滿人，代表皇權）決心裁抑林家，委派林家政敵凌定國執行任務。同治九年三月十七日，在官府之「調虎離山」計下，身居副將的林文明在未經合法奏革的情況下，以「謀叛」罪嫌，就地正法於彰化縣公堂。林家遭受突然的重挫。

第三階段是林家自救抗爭期（同治十年至光緒五年，1871-1879）。面對著上下夾殺之厄，林家如何應對呢？一是走暴力路線，但這是冒抄家滅族之險的賭博，已自清政府獲得某種權益的林家自不

敢嘗試。因此，惟一選擇是和平的抗爭，即選適當時機京控，藉皇權以抗官權，尋求平反復仇的機會。

　　林家前後發動四次京控案，歷時十年多方結案，過程極為曲折複雜。然而，審訊過程顯示一基本模式，即官府與民人站在同一陣線上對抗林家，形成一種剪刀、石頭、布的互制關係。更明確地說，林家控訴官府（凌定國、王文棨及所代表的閩官系統）違法處死林文明，官府則以民人控訴林家霸產相抵制。以圖示之如下：

其中，民人雖為復仇或為族利而抗林家，但在整個遊戲中，只是配角，只是官紳對抗的籌碼而已。一旦官紳利害關係取得妥適的協調，民人即被犧牲。

　　第四階段是林家妥協屈服期（光緒六至八年，1880-82）。由於林文明正法案涉及皇權、官權紳權間的複雜關係以及清廷治臺政策問題，一旦翻案，勢必影響清廷威信，因此，林家勝訴的可能性幾等於零。然而，清廷（皇權）、地方官（官權）和地方領袖（紳權）三者間先天上具有共利互補的關係，只要皇、官、紳三權的位階關係獲得保障，相互妥協的可能性立即出現。

　　光緒五年起，官府不但繼續以民人控林案對抗林家京控案，而且，進一步採取「以攻為守」與「圍魏救趙」之策，下令「清查林氏田產」，並緝捕林家重要族人林朝昌、林文鳳等。林家雖嘗試以各種方法抗爭，但隻手難以回天；而繼續頑抗，不但不能平反，且有失人失產之虞，更斷絕東山再起的機會。於是，在林文察長子林朝棟的領

　　導下，林家向官府屈服。光緒七年，透過福建巡撫岑毓英的斡旋，官、紳尋出一妥協方案。光緒八年，由總督何璟與巡撫岑毓英上奏，結束長達十年餘的林家四次京控案。

　　這個妥協方案是高度政治性的，皇、官、紳三者各得其所。第一，清廷統治秩序之維護：林文明正法案的合法性與正當性獲得確認，由此，維護了皇家的尊嚴與官府的權威，並重申皇、官、紳三權的位階關係。第二、紳權之安撫：在確立政治秩序後，官府改變立場，迫使民人撤銷對林家的控案。對主要訟敵林應時，以買賣中介人侵佔田價銀的理由，由林家貼補14,700元，但保有田產所有權。其它原本被官府用來抵制林家的案件則強制結案，雖經民人抗爭，但仍不了了之。因此，清代臺灣史上最嚴重的官紳對抗案終於在含混籠統的情況，用政治手段解決了。無疑地，清廷是最大的贏家，帝國的統治秩序完全確立。但，林家的損失亦不大，雖未能平反林文明冤案，並且付出相當代價，其田產卻仍完整無損，而且因官紳關係的重建，奠立了東山再起之機。民人（或族敵）則除林應時家族獲得金錢上的貼補外，其餘在利用價值喪失後被犧牲了，可說是輸家。回首前塵，一切似乎都是夢，萬般翻騰，卻回歸原點──孫悟空的善跳原本只是如來佛掌中的小把戲。畢竟王朝體制有其結構上的基本性格，即皇權至尊、官紳共治地方，一旦喪失，王朝即不存。任何威脅此種體制的行動，必遭澈底的無情的打擊。

　　綜觀此時期林氏家族史，隱隱約約清代臺灣的某些社會性格與政治性格，其中有三點值得一提。

　　第一、中部巨族間的勢力均衡問題。中部地區至遲在道光年間已形成巨族並立、互相制衡之局。林家在咸、同年間打入官僚體系後，藉政治勢力壓制鄰族，傷害其政治、經濟、社會利益，破壞了均

衡體系，自然成為眾矢之的，招致鄰族的聯手對抗。林家的挫折代表著巨族為消除失衡而尋求新平衡點的努力。訟案結束後，林家雖然仍是中部最大豪紳，但亦自我收斂，轉向其它方向發展，如林文欽之戮力科舉、林朝棟之開山撫番，林家與鄰族間的緊張關係逐漸緩和，為日後（特別是日治時代）林家之成為中部眾望所歸之地方領袖地位鋪了坦途。

　　第二、皇權、官權、紳權間的互利與相剋關係。在王朝體制下，皇權須藉官權展現統治權威，而官權須藉紳權控制地方，紳權則須藉皇權、官權獲取利益，形成互利的共治體系。然而，皇、官、紳三權間有其上下相疊的位階次序，其間有安全界限，一旦踰越，勢必搖撼此一穩定體系，引起不安。咸、同年間的亂世，清廷與地方官均賴士紳捐餉募勇，協助平亂，而士紳也藉機取得政治地位，以擴張其經濟、社會利益，三者形成緊密的互利關係。因此，林家在此期飛黃騰達，躍居為中部惟我獨尊之巨族。然而，林家財勢的膨脹不知不覺間踰越了安全界限，不但影響官權之權威、利益，更威脅皇權的安危，紳權之裁抑乃成不可避免之結局。此證明傳統社會的統治秩序是定型的、不可挑戰的。

　　第三、傳統中國之司法問題在此長達十餘年的訴訟中亦暴露其特質，即行政的中立與司法的獨立是不存在的。在皇家與官僚眼中，行政機構與司法機構只是功能稍有不同的兩隻手而已，目的均在為皇權服務，達成政治目標。在訴訟過程中，至少顯現三大問題。首先是處決林文明過程之失。林文明容或有過失，但官府卻避開正規程序，即奏革、審訊、判決、執刑而以非常手段，即製造「謀叛」證據，達到處決的目的。因此，此案自始即大有可議。其次是審判過程之行政干預。依法，林家控訴凌定國違法處決林文明案與民人控訴林

家霸產案應分別審訊、判決。但官府卻千方百計使二者混淆，利用民人，牽制林家，而官紳一旦妥協，民人立即被犧牲。結果，真相難明，是非不分，司法之公正獨立性摧殘無餘。第三是破壞制度與不遵法規。在訴訟過程中，常發生越訴、不出庭應訊、判決而不執行等事例，官員竟視若無睹，法律尊嚴蕩然無存。由此可見，先進國家的三權分立觀念在傳統政治中尚無影跡，以致政治主導審判，而司法制度與法律條文也不受尊重。

　　總括言之，傳統中國有其固定的統治秩序，即皇、官、紳權的位階關係。林家財勢擴張後，深深威脅到原有體制的安定性，因而遭逢無情的打擊。然而林家一旦屈服，其紳權即獲皇家的保障與官府的支持。於是，至十九世紀下半葉，清朝在臺的統治權已完全建立──皇家遙控，而官紳共治。

引用書目

一、一手史料

（一）故宮檔案

1.軍機檔

95239，同治三年三月二十三日諭，徐宗幹奏片。

98687，同治三年八月二十四日，林文察奏，「擒獲股首陳啞狗弄、張三顯等，先後誅戮，臺地軍務大局底定，彰屬一帶餘匪，飭交副將林文明分別搜捕，趕緊撤隊內渡，商辦邊防」。

99651，丁曰健奏「為彰化餘匪續獲未淨，現在定期酌帶精勇，先往督飭剿捕，並辦理善後事宜，俾絕根株而固疆圉」。

96839，同治三年四月十三日，曾玉明奏「為逆匪復彰化縣城，連夜分隊往援解圍，暨擒獲股匪，會師剿捕各情形摺」。

101012，同治九年四月十六日上，五月六日批，英桂奏「為在籍副將結黨滋事，惡跡昭彰，現已拿獲正法，飭令該管文武解散餘黨，以安反側而靖巖疆」。

123917，光緒八年五月二日，何璟總督與岑毓英巡撫奏，「為林戴氏四次京控一案業經查訊取結，分別議擬摺」。

2.月摺檔

咸豐八年六月六日：總兵邵連科、道臺裕鐸奏。

咸豐十一年八月二十二日，閩浙總督慶端奏。

同治六年六月十二日，道臺吳大廷、總兵劉明燈奏。

光緒五年六月八日，起居注翰林院編修何金壽上摺。

（二）林家文書

〈林家訟案〉（一）；（二）；（三）；（四）；（五）；（六）；（七）；（八）；（九）；（十）；（十一）；（十二）；（十三）；（十四）；（十五）；（十六）；（十七）；（十八）；（十九）；（二十）；（二一）；（二二）；（二三）；（二四）；（二五）。

〈訟案散件〉（一），NO. 2；5；6；7；12；19 之 (2)；23

（二）(e)，NO. 1

（二）(f)，NO. 1；4；5；6；7；8；9；10；11

（二）(G)，NO. 1；2

（三）

〈林家文書散件〉

〈宮保第文書〉

〈戴案具稟〉（三）

（三）林家地契

〈壽永契〉，宿 1,2/2；2,5/6；2；6/6；4,6/6；10,1/2

宙 14,7/7；18(a),6/6；19,3/3；26,8/8；27,2/2；32,4/4；33,8/8；34,6/6；40,3/3；44,3/3；50,3/3；64,4/4；68,9/9；147,1/1

辰 5,3/3；9,4/9；22,4/4

日 21,10/10

荒 2,1/1

天 47(a),5/5

元 114,2/2

地 56,4/4

〈正澍契〉，地 1(a),1/1；3,10/10；7(a),4/4；14,9/9；15(b),4/4

辰 6,3/3；7,5/5；8,2/2；10,2/2；15,4/4；18,5/5

宙 1,3/3；9,2/2；11,7/7；16,2/2；17,11/11；22,2/2；27,3/3；31,4/4；32,4/4；34,3/3；38,5/5；41,12/12；42,3/3；43,3/3；45,2/2；50,3/3；52,1/1；52,8/8；62,3/3；66,5/5；144,2/2

宿 1,2/2；4,5/6；10,1/2

堂 16,5/5；17,2/2；18,4/4；19,5/5；20,9/9；21,3/3；22,6/6；24,2/2；36,10/10；37,5/5

天 44,5/7

〈鶴年契〉，洪 3,3/6；6,2/2；8,2/2；28；29,5/5；30,4/4；31,3/3；32 黃，5,5/5；8,3/3；9,4/4

宙，4,4/4；6,3/3

宇 11,7/7

天 8,9/9；15,1/1

二、已刊史料：臺灣文獻叢刊

林豪，《東瀛紀事》，臺北：臺灣銀行經濟研究室，臺文叢第 8 種，1957；1870 年原刊。

丁曰健，《治臺必告錄》，臺北：臺灣銀行經濟研究室，臺文叢第 17 種，1959；1867 年原刊。

劉銘傳，《劉壯肅公奏議》，臺北：臺灣銀行經濟研究室，臺文叢第 27 種，1958，1906 年原刊。

臺灣銀行經濟研究室編，《同治甲戌日兵侵臺始末》，臺北：臺灣銀行經濟研究室，臺文叢第 38 種，1959。

吳德功，《戴施兩案紀略》，臺北：臺灣銀行經濟研究室，臺文叢第 47 種，1959；原刊年不詳。

盧德嘉，《鳳山縣采訪冊》，臺北：臺灣銀行經濟研究室，臺文叢第 73 種，1960；1894 年原刊。

姚瑩，《中復堂選集》，臺北：臺灣銀行經濟研究室，臺文叢第 83 種，1960；1850 年原刊。

左宗棠，《左文襄公奏牘》，臺北：臺灣銀行經濟研究室，臺文叢第 88 種，1960；1890 年原刊。

柯培元，《噶瑪蘭志略》，臺北：臺灣銀行經濟研究室，臺文叢第 92 種，1961；原刊年不詳。

原作者不詳，《新竹縣制度考》，臺北：臺灣銀行經濟研究室，臺文叢第 101 種，1961；原刊年不詳。

吳德功纂，《彰化節孝冊》，臺北：臺灣銀行經濟研究室，臺文叢第 108 種，1961；1919 年原刊。

連橫，《臺灣通史》，臺北：臺灣銀行經濟研究室，臺文叢第 128 種，1962；1920 年原刊。

原作者不詳，《臺灣通志》，臺北：臺灣銀行經濟研究室，臺文叢第 130 種，1962；原刊年不詳。

劉枝萬，《臺灣中部碑文集成》，臺北：臺灣銀行經濟研究室，臺文叢第 151 種，1962。

臺灣銀行經濟研究室編，《清代臺灣大租調查書》，臺北：臺灣銀行經濟研究室，臺文叢第 152 種，1963；1904 年原刊。

周璽，《彰化縣志》，臺北：臺灣銀行經濟研究室，臺文叢第

156 種，1962；1836 年原刊。

　　沈茂蔭，《苗栗縣志》，臺北：臺灣銀行經濟研究室，臺文叢第 159 種，1962；原刊年不詳。

　　臺灣銀行經濟研究室編，《清文宗實錄選輯》，臺北：臺灣銀行經濟研究室，臺文叢第 189 種，1964。

　　臺灣銀行經濟研究室編，《清穆宗實錄選輯》，臺北：臺灣銀行經濟研究室，臺文叢第 190 種，1963。

　　蔡青筠，《戴案紀略》，臺北：臺灣銀行經濟研究室，臺文叢第 206 種，1964；1923 年原刊。

　　臺灣銀行經濟研究室編，《續碑傳選集》，臺北：臺灣銀行經濟研究室，臺文叢第 223 種，1966。

　　臺灣銀行經濟研究室編，《清季申報臺灣紀事輯錄》，臺北：臺灣銀行經濟研究室，臺文叢第 247 種，1968。

　　臺灣銀行經濟研究室編，《清史列傳選》，臺北：臺灣銀行經濟研究室，臺文叢第 274 種，1968。

　　朱壽朋纂，臺灣銀行經濟研究室編，《光緒朝東華續錄選輯》，臺北：臺灣銀行經濟研究室，臺文叢第 277 種，1969。

　　吳大廷，《小酉腴山館主人自著年譜》，臺北：臺灣銀行經濟研究室，臺文叢第 297 種，1971；原刊年不詳。

　　林獻堂等修輯，《臺灣霧峰林氏族譜》，臺北：臺灣銀行經濟研究室，臺文叢第 298 種，1971；1935 年原刊。

　　羅大春，《臺灣海防並開山日記》，臺北：臺灣銀行經濟研究室，臺文叢第 308 種，1972；原刊年不詳。

　　臺灣銀行經濟研究室編，《臺灣關係文獻集零》，臺北：臺灣銀行經濟研究室，臺文叢第 309 種，1972。

三、前人著作

〈大屯郡公業調查〉，《寺廟臺帳》（1924 年），第 91 件。

《大里莊管內概況及事務概要》，臺中：大里鄉公所編之小冊子，1938。

《臺中沿革志》（二十）（日治時期，確定年代不詳）

小林里平，〈清國政府時代に於ける臺灣司法制度〉，《臺灣慣習記事》（不詳），2：12（1902.12）

李獻璋編，《臺灣民間文學集》，臺中：臺灣新文學社，1936；臺北：龍文出版社重印，1989。

邵鏡文，《同光風雲錄》，臺北：文海出版社，1983。

臨時臺灣土地調查局，《臺灣土地慣行一斑》，第二編，臺北：臺灣日日新報社，1905。

四、近人著作

（一）專書

《林氏宗廟記述》，臺中：財團法人林氏宗廟，1983。

仁井田陞，《中國身分法史》，臺北：司法行政部，1959。

王玉坡，《歷史上的家長制》，臺北：谷風出版社，1988。

王亞南，《中國官僚政治研究》，臺北：谷風出版社翻印，1987。

石田浩，《臺灣漢人村落の社會經濟構造》，大阪：關西大學出版社，1985。

呂實強等編，《中法越南交涉檔》，臺北，中央研究院近代史研究所，1962。

那思陸，《清代州縣衙門審判制度》，臺北：文史哲出版社，1982。

林子候，《臺灣涉外關係史》，嘉義：編者自印，1978。

林衡道，《臺灣一百位名人傳》，臺北：正中書局，1984。

金觀濤、劉青峯，《興盛與危機—論中國封建社會的超穩定結構》，臺北：谷風出版社，1987。

洪敏麟，《臺灣舊地名之沿革》，冊2下，臺中：臺灣省文獻委員會，1983。

洪敏麟主編，《草屯鎮志》，南投：草屯鎮志編纂委員會，1986。

張偉仁，《清代法制研究》，臺北：中央研究院歷史語言研究所，1983。

莊英章，《林圯埔——一個臺灣市鎮的社會經濟發展史》，臺北：中央研究院民族學研究所，1977。

許大齡，《清代捐納制度》，臺北：文海書局印，1977；據燕京大學，哈佛燕京學社，1950。

許雪姬，《清代臺灣的綠營》，臺北：中央研究院近代史研究所，1987。

許雪姬，《龍井林家的歷史》，臺北：中央研究院近代史研究所，1990。

陳其南，《臺灣的傳統中國社會》，臺北：允晨，1987。

傅衣凌，《明清時代商人及商業資本》，臺北：谷風出版社翻印，1986。

滋賀秀三，《清代中國の法と研究》，東京：創文社，1984。

費孝通編，《皇權與紳權》，上海：觀察社，1948。

黃富三，《霧峰林家的興起：從渡海拓荒到封疆大吏（一七二九一一八六四年）》，臺北：自立晚報，1987。

楊玉姿，《清水同發號之研究》，高雄：復文圖書出版社，1988。

臺北市建築公會編，《摘星山莊》，臺北：臺北市建築公會，1984。

劉妮玲，《清代臺灣民變研究》，臺北：國立臺灣師範大學歷史研究所，1983

鄭喜夫，《林朝棟傳》，臺中：臺灣省文獻會，1979。

鄭喜夫，《臺灣地理及歷史》，臺中：臺灣省文獻會，1980。

戴炎輝，《清代臺灣之鄉治》，臺北：聯經出版公司，1979。

藤井志津枝，《日本軍國主義的原型——剖析 1871-74 年臺灣事件》，臺北：著者發行，1983。

（二）論文

古月，〈艋舺三大廟門〉，《臺北文物》（臺北），2：1（1953.4）

吳幅員，〈臺灣冤錄—林文明案叢輯〉，《臺北文獻》（臺北），直字 55/56（1981.6）。

吳金城，〈再論明清時代的紳士層研究〉，「民國以來國史研究的回顧與展望研討會」，國立臺灣大學歷史系主辦，1989.8。

李獻璋，〈彰化南瑤宮的慶成清醮—1964 年 12 月末的探訪紀錄〉，《中國學誌》，第五本（東京：泰山文物社，1969）。

李獻璋，〈笨港聚落的成立及其媽祖祠的發展與信仰實態〉，《大陸雜誌》（臺北），35：8（1967.8）。

林文龍，〈清末大甲溪架橋築堤考略〉，《臺灣風物》（臺北），

34：1（1984.3）

　　林文龍，〈刑期無刑匾及其他〉，《臺灣風物》（臺北），
27：1（1977.3）

　　林文龍，〈古碑偶拾〉，《臺灣風物》（臺中），27：3（1977.9）

　　林五帖，〈追念先伯母林朝棟夫人楊水萍女士勇禦法軍襲臺〉，
《我的記述》（臺中：財團法人素貞興慈會，1970）

　　林美容，〈與彰化媽祖有關的傳說，故事與諺語〉，《民族學
研究所資料彙編》（臺北），2（1990.3）

　　林美容，〈草屯鎮之聚落發展與宗族發展〉，《中央研究院
第二屆國際漢學會議論文集》（臺北：中央研究院民族學研究所，
1989）。

　　林美容，〈由祭祀圈到信仰圈〉，《中國海洋發展史論文集》，
第三輯（臺北：中央研究院三民主義研究所，1988）。

　　林衡道，〈臺中林氏宗廟祭典實況〉，《臺灣文獻》（臺中），
30：2（1979.6）

　　林衡道，〈彰化市的內媽祖與外媽祖〉，《臺灣文獻》（臺中），
31：1（1980.3）。

　　東嘉生，〈清代臺灣之地租關係〉，收入《清代臺灣經濟史二集》
（臺北：臺灣銀行經濟研究室，1955）。

　　施振民，〈祭祀圈與社會組織─彰化平原聚落發展模式的探
討〉，《民族學研究所集刊》（臺北），36（1973 秋季）。

　　洪敏麟，〈草屯茄荖洪姓移殖史〉，《臺灣風物》（臺中），
15：1（1965.4）。

　　陳炎正，〈林振芳年譜〉，《臺灣風物》（臺北），27：3（1977.9）。

　　陳秋坤，〈臺灣住民的歷史命運〉，《當代》（臺北），28

（1988.8）。

　　黃富三，〈林文明正法案真相試探〉，《臺灣風物》（臺北），
39：4（1989.12）。

　　莊英章，〈臺灣漢人宗族發展的若干問題─寺廟祖祠與竹山的
墾殖型態〉，《民族學研究所集刊》（臺北），36（1973 秋季）

　　許嘉明，〈彰化平原福佬客的地域組織〉，《民族學研究所集刊》
（臺北），36（1973 秋季）。

　　許雪姬，〈竹筏在臺灣交通史上的貢獻〉，《臺灣風物》（臺北），
33：3（1983.9）。

　　許雪姬，〈岑毓英來臺背景及其理臺措施之研究〉，收入王國
璠纂，《臺北市耆老會談專集》（臺北：臺北市文獻會，1980）。

　　許雪姬，〈劉璈與中法戰爭〉，《臺灣風物》（臺北），35：2
（1985.6）。

　　張世賢，〈岑毓英治臺政績〉，《臺灣文獻》（臺中），28：1
（1977.3）。

　　張世賢，〈清代臺灣鎮道關係〉，《臺灣風物》（臺北），
26：3（1976.9）。

　　湯熙勇，〈夏獻綸治臺政績（1873─1879）〉，《史聯雜誌》（臺
北），12（1988.6）。

　　溫振華，〈清代臺灣漢人的企業精神〉，《師大歷史學報》（臺
北），9（1981.5）。

　　溫振華，〈清代一個鄉村宗教組織的演變〉，《史聯雜誌》（臺
北），1（1980.12）。

　　鈴木宗言，〈臺灣の舊訴訟法〉，《臺灣慣習記事》（不詳），
2 號（1901.2）。

劉枝萬，〈南投縣革命志稿〉，《南投文獻叢輯》，冊七（南投：南投縣文獻會，1959）。

戴炎輝，〈清代臺灣之家制及家產〉，《臺灣文獻》（臺中），14：3（1963.9）。

田卅輝雄（戴炎輝），〈臺灣の家族制度と祖先祭祠團體〉，《臺灣文化論叢》（臺北：清水書店，1943），第二輯。

關口隆正著，陳金田譯，〈臺中地區移民史〉，《臺灣風物》（臺中），30：1（1980.3）。

（三）學位論文

張舜華，〈臺灣官制中「道」的研究〉，臺北：國立臺灣大學歷史學研究所碩士論文，1979。

蔡淵絜，〈清代臺灣的社會領導階層（1684-1895）〉，臺北：國立臺灣師範大學歷史研究所碩士論文，1980。

賴惠敏，〈明清浙西士紳家族的研究〉，臺北：國立臺灣大學歷史學研究所博士論文，1988。

五、外文著作

Chung-Ii Chang, *The Income of the Chinese Gentry*, Seattle, University of Washington, 1962.

Chung-Ii Chang, *The Chinese Gentry: Studies on Their Role in Nineteenth Century*, Seattle, 1955.

Derk Bodde & Clarence Morris, *Law in Imperial China, Examplified by 190 Ch'ing Dynasty Cases*, Cambridge, Mass, 1967.

E. R. Hilgard, R. C. Atkinson, R. L. Atkinson 著，熊祥林譯，《心

理學導論》，臺北：譯者自印，1983。

Kung-Chuan Hsiao, *Rural China: Imperial Control in the Nineteenth Century,* Seattle: University of Washington Press, 1960.

Johanna Menzel Meskill, *A Chinese Pioneer Family, the Lins of Wufeng, Taiwan, 1729-1895*, Princeton University Press, 1979.

Paul A. Cohen, *Discovering History in China*, New York, Columbia University Press, 1984.

Ping-Ti Ho, *The Ladder of Success in Imperial China*, Columbia University Press, 1964.

Franz Michael 著，楊超塵譯，〈紳士研究導言〉，《亞洲研究譯叢》，3/4（臺北：國立臺灣大學歷史學系，1978）

Wellington K. K. Chan, *Merchants, Mandarins, and Modern Enterprise in Late Ch'ing China,* Cambridge: East Asian Research Center, Harvard University, 1977.

D. C. Buxbaum, "Some Aspects of Civil Procedure and Practice at the Trial Level in Tansui and Hsinchu from 1789 to 1895," *Journal of Asian Studies*, XXX, No. 2 (Feb., 1971).

H. J. Lamley, "Subethnic Rivalry in the Ch'ing Period," in E. M. Ahern & H. Gates ed., *The Anthropology of Taiwanese Society* (Stanford Univ. Press, 1981).

R. II. Myers, "Taiwan Under Ch'ing Rule, 1684-1895, the Traditional Society," *Journal of the Institute of Chinese Studies of the Chinese Univ. of Hong Kong*, v. 2（1972）.

T. K. Ocko, "I'll Take it All the Way to Beijing: Capital Appeals in the Qing," *The Journal of Asian Studies*, 47, No. 2 (May, 1988).

臺灣研究叢刊

霧峰林家的中挫：從宦途巔峰到存亡關頭（1864-1882）

2023年12月初版　　　　　　　　　　　　　　　定價：新臺幣640元
有著作權・翻印必究
Printed in Taiwan.

著　　　者	黃　富　三
特約編輯	陳　韋　聿
	張　佑　豪
內文排版	菩　薩　蠻
封面設計	劉　耘　桑

出　版　者	聯經出版事業股份有限公司	副總編輯	陳　逸　華
地　　　址	新北市汐止區大同路一段369號1樓	總　編　輯	涂　豐　恩
叢書編輯電話	(02)86925588轉5317	總　經　理	陳　芝　宇
台北聯經書房	台北市新生南路三段94號	社　　　長	羅　國　俊
電　　　話	(02)23620308	發　行　人	林　載　爵
郵政劃撥帳戶	第0100559-3號		
郵　撥　電　話	(02)23620308		
印　刷　者	世和印企業有限公司		
總　經　銷	聯合發行股份有限公司		
發　行　所	新北市新店區寶橋路235巷6弄6號2樓		
電　　　話	(02)29178022		

行政院新聞局出版事業登記證局版臺業字第0130號

本書如有缺頁，破損，倒裝請寄回台北聯經書房更換。　　ISBN　978-957-08-7206-4 (精裝)
聯經網址：www.linkingbooks.com.tw
電子信箱：linking@udngroup.com

本書印製獲財團法人曹永和文教基金會補助

國家圖書館出版品預行編目資料

霧峰林家的中挫：從宦途巔峰到存亡關頭（1864-1882）/
黃富三著 . 初版 . 新北市 . 聯經 . 2023年12月 . 32面彩色＋436面黑白 .
14.8×21公分（臺灣研究叢刊）
ISBN　978-957-08-7206-4（精裝）

1.CST：林氏 2.CST：家族史 3.CST：臺灣傳記 4.CST：臺中市霧峰區

544.2933　　　　　　　　　　　　　　　　　　　　112019553